Mary Summer Rain

Leben und Heilen mit der Natur

Mary Summer Rain

Leben und Heilen mit der Natur

Earthway – Die Botschaft einer indianischen Seherin

Deutsch von Ditte König
und Giovanni Bandini

Verlag Hermann Bauer
Freiburg im Breisgau

Die Deutsche Bibliothek – CIP-Einheitsaufnahme

Summer Rain, Mary:
Leben und Heilen mit der Natur : Earthway – die Botschaft einer indianischen Seherin / Mary Summer Rain.
Dt. von Ditte König und Giovanni Bandini. –
3. Aufl. – Freiburg im Breisgau : Bauer, 1997
Einheitssacht.: Earthway ⟨dt.⟩
ISBN 3-7626-0540-8

Die amerikanische Originalausgabe erschien 1990 bei
Pocket Books, New York, unter dem Titel
Earthway

3. Auflage 1997
ISBN 3-7626-0540-8

Einband: ArtConcept, Hannover
Satz: CSF · ComputerSatz GmbH, Freiburg im Breisgau
Druck und Bindung: Wiener Verlag GmbH, Himberg
Printed in Austria

Gewidmet meiner Mutter Erde, die niemals aufhört, für ihre vielen Kinder zu sorgen und ihnen alles zu schenken, was sie besitzt.

Dir gelten meine unendliche Dankbarkeit und Liebe für alles, was du geopfert und erduldet hast. Deine unablässigen Segnungen entfachen die Flamme meines Herzenslichts; mögest du immer dessen strahlenden Glanz gewahren.

Meine Mutter Erde, wie es nicht anders sein kann, mache ich dir das einzige zum Geschenk, was ich habe ... *Earthway*.

Inhalt

Vorwort

Im Jahre 1977 lebten mein Mann, unsere drei Töchter und ich in einem Vorort von Detroit, als eine Stimme uns die Verheißung eines neuen Schicksals zuflüsterte. Die Worte hallten in unseren Seelen wider; sie brachten verwandte Saiten zum Schwingen, deren harmonischer Zusammenklang Wahrheit bedeutete und unseren Herzen einen neuen Grund zur Freude gab. Wir bereiteten uns darauf vor, einen neuen Weg zu beschreiten, der uns, wie sich zeigte, auf eine spirituelle Reise führen sollte.

Wir verkauften unser Haus und den größten Teil unserer dürftigen Habe, ließen alles Gewohnte hinter uns zurück und zogen in die hohen Berge von Colorado. Von da an würde unser Leben nie wieder dasselbe sein.

Es dauerte fünf Jahre, bis jene Stimme des Schicksals erneut zu uns sprach. Doch als sie es tat, kam sie aus dem Munde einer bejahrten Indianerin namens No-Eyes.

Während die Jahreszeiten über das Bergland hingingen, verbrachte ich viel Zeit mit der Greisin, denn sie hatte einen großen Erfahrungsschatz weiterzugeben und nannte mich ihre neue Botin. Die Seherin wußte, daß ihr nur mehr zwei Winter verblieben. Daher wollte sie die Weisheit und die Kraft ihrer Jahre einem anderen Menschen anvertrauen.

Das vorliegende Buch enthält nur einen Teil von No-Eyes enormem Wissen um die Heilkräfte der Natur – von dem Wissen, das sie *Earthway* nannte, den »Weg der Erde« oder die »Erdweise«.

Das Spektrum dieses Earthway-Wissens, an dem No-Eyes mich teilhaben ließ, ist von unglaublicher Vielfalt – reicht es doch von der Gesteinskunde und Geologie bis hin zur Botanik und der Kenntnis weiterer, nichtpflanzlicher Formen lebender Materie. Im vorliegenden Buch habe ich zum ersten Mal diese Fülle an

Informationen zusammengetragen. Ich hoffe, meinen Lesern, dadurch einen Eindruck davon zu vermitteln, wie diese mannigfaltigen und unterschiedlichen Wahrheiten über die Erde zu einem machtvollen Weg des Heilens verschmelzen.

Die alten Ägypter besaßen einen Teil dieses Wissens, desgleichen die Azteken und die Mayas. Manche glauben sogar, daß die Atlanter über ähnliche Kenntnisse verfügten. Die heutigen Indianer erkennen den Wert dieser Schätze der Erde ebenso an, wie es alle Weisen der Vorzeit getan haben. Wie kommt es, daß so unterschiedliche Völker und Kulturen dieses selbe esoterische Wissen besaßen – und zum Teil noch immer besitzen?

Diese Frage läßt sich am besten anhand einer Analogie beantworten. Im Reich der Physik schöpfen Wissenschaftler überall auf der Welt aus einer gemeinsamen »Datenbank« gesicherter und allgemein akzeptierter Tatsachen, um darauf ihre individuellen weiterführenden Theorien aufzubauen. Dieses Grundlagenwissen – oder System von Wahrheiten, das die Physik als solche definiert – wird von jedem anerkannt, der auf diesem Gebiet arbeitet oder mit ihm vertraut ist.

Ebenso existiert eine »Datenbank« von Wahrheiten über die Schwingungsfelder von Materie und Nichtmaterie. Zu allen Zeiten vermochten es bestimmte besonders begabte Menschen immer wieder, intuitiv aus diesem Reservoir zu schöpfen und spezifische Anschauungen und Sätze zu formulieren, die unwandelbar erschienen. Aus ebendieser Lagerstätte unwandelbarer Wahrheiten schöpften die Weisen verschiedener Kulturen, wenn sie – in Form von veränderten Bewußtseinszuständen, Visionen oder aufblitzenden Funken von Erleuchtung – Augenblicke unmittelbarer Erkenntnis erlebten. Deshalb wird sich eine weise Indianerin in derselben Weise der Frequenzen unterschiedlicher Steine bewußt wie ihr Maya-Gegenstück tausend Jahre zuvor.

Diese Wahrheiten sind nicht wählerisch. Sie suchen sich nicht aus, wer sie entdecken soll, denn das Wissen ist wie ein lebendiger Strom, den jeder wahrnehmen kann, wenn der richtige Zeitpunkt für ihn gekommen ist. Das Wissen ist universal. Es ist kollektiv und unwandelbar. Es hat keinen Namen, keine Rasse und kein Geschlecht. Es *ist* nur. Seine Seinsweise ist ein Sichgeben, eine Bereitschaft, sich jedem anzuvertrauen, der sich ihm öffnen will . . . jemandem wie No-Eyes. Sie war eine erfahrene Medizinfrau, die allen Kranken und Hilfesuchenden, die den Weg zu ihrer Hütte fanden, mit Rat und Tat zur Seite stand.

Aus diesem Grunde habe ich auf den folgenden Seiten keine privaten Allheilmittel vorgestellt. Ich habe vielmehr nichts anderes getan, als dasjenige festzuhalten, was mich die weise Seherin lehrte. Dieses Buch ist also das Produkt des von ihr vermittelten Wissens – des Wissens um das unsichtbare, aber starke und wesenhafte Band genetischer Kodierung, die der Mensch mit der gesamten Natur und dem großen Kosmos gemeinsam hat.

No-Eyes war eine Heilerin. Ich bin es nicht, noch gebe ich mich für eine aus. Ich behaupte nicht, Leiden diagnostizieren oder Kranke kurieren zu können: Ich bin durchaus noch ein Lehrling auf dem Earthway-Pfad.

Bei schweren Erkrankungen rate ich jedem eindringlich, sich an einen Arzt zu wenden. Dieses Buch eröffnet Ihnen den indianischen Weg – den natürlichen Weg, Mutter Naturs Weg – zur Gesundheit. Es vermittelt eine Fülle von nützlichen Gedanken und Vorstellungen, die für unsere moderne Gesellschaft »neu« sind. Verwerten Sie davon soviel, wie Sie können.

Seit einiger Zeit ist in der Öffentlichkeit ein reges Interesse an den Traditionen der Ureinwohner Nordamerikas zu verzeichnen. Aus diesem Grund bringen immer mehr Autoren Bücher zu diesem Thema auf den Markt. Manche dieser Werke sind von den Indianern gutgeheißen worden, andere wieder nicht. Ich habe das Glück gehabt, viele, viele Zuschriften zu erhalten, in denen mich indianische Leser dazu ermutigten, die Reihe meiner Veröffentlichungen fortzusetzen, und zugleich ihre tiefe Genugtuung darüber zum Ausdruck brachten, daß ich die geheimeren, heiligeren Aspekte von No-Eyes' Lehren nicht publik gemacht habe. Das ist wahrlich etwas, was ich niemals tun würde, denn jene kostbaren Erfahrungen sind einzig für mein Herz bestimmt.

Da die Zeit mit der Seherin No-Eyes eine ganz besondere Periode meines Lebens war – und da meine Lehrerin wünschte, daß ich das Wissen, das sie mir schenkte, mit möglichst vielen Menschen teile –, begann ich die Ereignisse aufzuzeichnen. Ich hatte geglaubt, das Versprechen, das ich der alten Frau gegeben hatte, durch ein einziges Buch einlösen zu können – *Spirit Song*. Doch was ich bei diesem ersten Anlauf schließlich zuwege brachte, war nicht mehr als eine Skizze, die die vielen Gegenstände, die wir erörtert hatten, nur oberflächlich berührte. Nach Erscheinen von *Spirit Song* erkannte ich, daß solch eine vereinfachende Schilderung meiner Erfahrungen einfach zuviel wertvolles Material aussparte. Das zweite Buch, *Der Phönix erwacht*, war mein Versuch, No-Eyes' Visionen von den uns allen bevorstehenden Veränderungen auf eine angemessenere, detailliertere Weise darzustellen. Die Abfassung dieses Werkes kostete mich erhebliche Mühe, aber ich meinte, daß die Menschen ein Anrecht darauf hätten zu erfahren, was sie in nächster Zukunft erwartet. Sie brauchten diese Informationen, um sich bewußt und selbstverantwortlich für eine bestimmte Handlungsweise entscheiden und ihren jeweiligen persönlichen Weg einer kritischen Überprüfung unterziehen zu können.

Nach Erscheinen von *Der Phönix erwacht* erhielt ich viele Zuschriften, in denen ich nach No-Eyes' pflanzlichen Heilmitteln gefragt wurde. Diesem Themenkomplex maß meine Lehrerin sehr große Bedeutung bei, und wir hatten uns viele, viele Wochen lang damit beschäftigt. Aber ihre Kräuterpräparate stellten nur einen kleinen Aspekt ihrer Heiltechniken dar, und dies mußte ich meinen Lesern unbedingt begreiflich machen. Ich wußte, daß ich diesem Gegenstand ein Buch widmen mußte, aber ich wußte auch, daß mich das Zusammentragen und Ordnen des Materials viel Zeit kosten würde; in vielerlei Hinsicht stellt es das »Rückgrat« dessen dar, was No-Eyes mich lehrte. Ich machte mich an die Arbeit, schrieb gleichzeitig aber auch *Weltenwanderer*, ein Buch über die vielen schönen Dinge, die ich durch No-Eyes' ehemaligen Schüler, Brian Many Heart, erfahren hatte. Ich hoffte, in der Zwischenzeit die Materialsammlung soweit abschließen zu können, daß die Darstellung von No-Eyes' Heilweg mein nächstes Buch werden würde.

Meine Rechnung ging jedoch nicht auf, denn meine geliebte Freundin und Lehrerin wußte, daß ihr Lebensweg auf Erden sein Ende erreicht hatte. Sie kehrte heim, um zu sterben. Doch auch wenn sie die materielle Ebene der Wirklichkeit verlassen hatte, blieb sie weiterhin eine lebendige Wesenheit und fuhr fort, mir lehrreiche Erfahrungen zu schenken. Unmittelbar nach ihrem Weggang erkannte ich, welche neue Richtung ich einschlagen mußte. Jetzt war der Zeitpunkt gekommen, da ich lernen mußte, mit eigensinnigen und verirrten Geistwesen zu arbeiten. Und so schilderte ich diese Erfahrungen in *Phantoms Afoot.*

Danach war ich endlich frei, meine ganze Aufmerksamkeit den inzwischen zusammengetragenen heilkundlichen Aufzeichnungen zu widmen und sie zu einer Darstellung von No-Eyes' Medizinweg zu verarbeiten, die nach Möglichkeit ebenso klar und überzeugend werden sollte, wie es für mich seinerzeit die Worte der Seherin gewesen waren. So entstand *Earthway.* Und rückblikkend meine ich, daß eine unbekannte Macht den Gang meiner Arbeit bestimmt haben muß, denn jetzt ist wahrhaft die Zeit gekommen, den »Weg der Erde« einzuschlagen.

Ich hoffe, daß jeder Leser spirituellen und praktischen Nutzen aus dem kostbaren Wissen ziehen wird, das dieses Buch vermittelt. Doch bevor Sie mit der Lektüre beginnen, muß ich Sie auf einige Dinge aufmerksam machen, die mich in diesem Zusammenhang beschäftigen.

Nach Erscheinen von *Spirit Song* erhielt ich Briefe aus der ganzen Welt, und mit jedem weiteren Band des No-Eyes-Zyklus nahm diese erfreuliche Flut von Zuschriften mehr und mehr zu. Wenngleich die Leser, die mir schrieben, stets eine große Liebe zu No-Eyes zum Ausdruck brachten, ließen sie auch eine gewisse Bewunderung für mich, Summer Rain, erkennen. Diesbezüglich kann ich nur betonen, daß ich lediglich die Botin, das Sprachrohr der Lehrmeisterin bin. Ich melde mich nicht als ein weiterer »Guru« zu Wort. Ich überbringe nur die Botschaft, die mir die Seherin anvertraut hat. Ich bin nur eine ganz gewöhnliche Frau, die eine ganz außergewöhnliche Lehrerin getroffen hat; jetzt ist es meine Pflicht, die Welt an ihrem Wissen teilhaben zu lassen. Und so wird ein Versprechen eingelöst.

Gleichfalls etwas beunruhigend ist für mich der Umstand, daß sich viele meiner Leser, ihren Briefen nach zu urteilen, vor allem auf den »ethnischen« Aspekt meiner Lehren zu konzentrieren scheinen. Das ist ein Fehler. Auch wenn meine Lehrerin eine Indianerin war, ging das Wissen, das sie im Laufe ihres langen Lebens erwarb, weit über die Überlieferungen ihrer Rasse hinaus. Dementsprechend möchte ich nicht den falschen Eindruck erwecken, das, was ich Ihnen mitteile, basiere ausschließlich auf traditionellem indianischem Gedankengut. Zwar erwuchs ein wichtiger Teil von No-Eyes' Wissen aus dem, was sie während ihrer Kindheit unter den Chippewa in Minnesota lernte, doch sie war auch eine eigenständige Persönlichkeit und eine große Seherin, und die Weisheit, an der sie mich gegen Ende ihres Lebens teilhaben ließ, war auch aus vielen anderen Quellen geflossen. Wenn es Ihnen um reine, traditionelle indianische Lehren geht, empfehle ich Ihnen daher die Lektüre einschlägiger ethnographischer Werke.

Dieser Punkt ist für mich von größter Bedeutung. Alle vorausgegangenen Phasen meines Lebens dienten nur dazu, mich auf die Begegnung mit No-Eyes vorzubereiten. Sie war das Schicksal, das mich erwartete. Sie war der Grund dafür, daß mein Geist mich in die Berge von Colorado führte. An dem Tag, da ich nichtsahnend den Wald der Seherin betrat, lösten sich alle Sorgen meines bisherigen Lebens auf wie Nebel an einem strahlenden Morgen im Gebirge. No-Eyes wurde zum Licht meines Lebens und zum ewigen Leuchtfeuer für meinen Geist. Unsere gemeinsame Zeit war der sichtbare Bezugspunkt meines weiteren Schicksals.

Die Indianer sind eine edle Rasse, und innerhalb jedes Stammes werden bestimmte Weise wegen ihres großen Wissens hochgeachtet. Diese Männer und Frauen verlangen und verdienen großen Respekt; ihr höchstes Anliegen ist die Bewahrung ihrer heiligen Überlieferungen. Ich begreife und achte diese Sorge. Daher trete ich nicht als Repräsentantin eines bestimmten Indianerstammes auf. Ich komme nicht, um indianische Überlieferungen zu vermitteln. Ich bin lediglich eine Frau, die ihre persönlichen Erfahrungen mit einer ganz bestimmten indianischen Lehrerin und Seherin mitteilen möchte. Ich bin einfach jemand, der hofft, der Öffentlichkeit eine Botschaft überbringen zu können, aus der die Bedeutung des indianischen Volkes und die Schönheit seiner Lebensweise hervorgeht, auf daß alle sich der Wichtigkeit seiner Funktion in unserer heutigen Welt bewußt werden und den Geboten seiner uralten Weisheit lauschen mögen.

Als jemand, der unendlich viel von seiner Lehrzeit profitiert hat, möchte ich alle Menschen dazu bringen, daß sie auf die

Stimmen der indianischen Weisen hören. Schenken Sie ihren Worten bitte die größte Aufmerksamkeit, denn durch ihre sanfte Führung können die Kinder der Erde wieder zum Bewußtsein ihres Verbundenseins mit allem Lebendigen zurückfinden. Durch sie – nicht durch mich. Ich bin nur die Botin.

Und als das Geschenk von No-Eyes ist *Earthway* die Botschaft.

Einleitung

Meine alte Freundin No-Eyes war eine ganz außergewöhnliche Frau. Ihre bizarren Unterrichtsmethoden waren zugleich schlicht und wirkungsvoll. Ihr Verhalten konnte bisweilen sehr schroff sein, und ihre Erscheinung war meist recht extravagant. Gelegentlich vergaß sie völlig, ihr Haar zusammenzubinden; an manchen Tagen trug sie keine Mokassins; an anderen ging sie ohne Leggings. Aber niemals, niemals traf man sie ohne ihre Hirschledertasche – ihren kostbaren Medizinbeutel.

An einem kühlen Hochgebirgsmorgen, als wir vor ihrem wärmenden Feuer saßen, fragte ich in aller Unschuld, was er enthielt.

Ihre Augen blieben geschlossen, während sich ihre Mundwinkel fast unmerklich hoben. Dann öffnete sie langsam ein dunkles Auge und fixierte mich.

»Das ist ein Geheimnis«, flüsterte sie. »No-Eyes sagt Summer alles, nur das nicht. Medizinbeutel sind heilig. Was drin ist, hat eine besondere Kraft, es ist gute Medizin für den Besitzer.« Sie schloß das Auge wieder und seufzte, während das Feuer in ihrem verräucherten Kamin prasselte und knackte.

Später am selben Tag versank die alte Frau in eine tiefe Melancholie. Sie liebte mich, ebenso wie ich sie liebte, und sie begann, die kostbaren Gegenstände behutsam aus dem abgegriffenen Beutel hervorzuholen.

Es waren schöne Dinge – nicht im äußerlichen Sinne, sondern kraft der persönlichen Gefühle, die an ihnen hafteten. Eines nach dem anderen legte sie sie vor mich hin: einen Stein aus ihrer Heimat, eine Muschel aus dem Halsschmuck ihrer Mutter, eine Perlenschnur, die ihr Vater für sie angefertigt hatte, eine Falkenfeder, eine Adlerklaue, alles zusammen mit etwas Heimaterde im Beutel verwahrt. Es gab auch noch weitere Dinge.

Sie breitete alles auf ihrem Schoß aus und erzählte liebevoll die faszinierende Geschichte jedes einzelnen, wie einen Schatz gehüteten Gegenstands. Dann tat sie etwas Merkwürdiges. Sie zog langsam ihr Messer aus der Scheide, streckte die Hand aus und schnitt mir, direkt am Ohr, eine Haarsträhne ab.

»Das wird das letzte, was in meinen Beutel kommt«, sagte sie leise, während der Widerschein des Feuers in ihren blanken Augen flackerte. »Das schließt den Kreis von No-Eyes' Medizinweg ab. Jetzt kann ich als eine glückliche Frau in die Wälder gehen. Jetzt kann ich den letzten Gang als eine Frau mit großem Herzen tun.« Dann legte sie all ihre Dinge sorgfältig in den weichen Beutel zurück, zog den Schnürriemen stramm und befestigte ihn an dem Gürtel, der ihre magere Taille umgab.

»Summer«, fuhr sie flüsternd fort, »die Leute müssen einen andern Weg einschlagen. Sie haben schlechte Medizinwege. Sie müssen *besser* leben. Sie müssen kapieren, daß sie immer mit Mutter Erdes Nabelschnur verbunden sind, mit dem Himmel, den Sternen und miteinander. Die Leute müssen im Kreis leben, in dem alle Geister des Lebens drin sind. Sie müssen wieder an den Anfang zurück und wieder nach der Weise der Erde leben: nach dem Earthway.«

Ich blickte in die blanken, dunklen Teiche ihrer blinden Augen. Ich sah in ihnen ein uraltes Wesen, das des ewigen Irrens und Herumprobierens der Menschen müde war. Ich blickte in ihr weiches Herz und sah, daß eine große Traurigkeit in ihm wohnte. Ich ergriff ihre kleinen Hände.

»Ich werde den Leuten all die schönen Dinge erzählen, die du mich gelehrt hast. Ich werde ihnen sagen, daß Mutter Erde sie liebt und für sie sorgt. Ich werde ihnen erklären, wie sie wieder zur Erde zurückkehren, wie sie einander lieben und wie sie eins mit allem Seienden werden können.«

Sie tätschelte mir die Hand. »Versprochen?«

Dieses Buch enthält die heilsamen Lehren, die meine weise Freundin mir erteilte. Earthway offenbart, wie wir unserer Bestimmung nach im Einklang mit der Natur leben sollten, im Gleichtakt mit den Schwingungen der Erde und in Harmonie mit unseren Mitmenschen. Ich erhebe nicht den Anspruch, Medizin zu praktizieren, noch behaupte ich, eine gelehrte Heilerin zu sein; das überlasse ich den qualifizierten Ärzten. Ich habe in *Earthway* lediglich das Wissen der weisen Frau festgehalten, auf daß jeder davon profitieren möge.

Dieses Buch stellt einen natürlichen Weg ganzheitlich gesunden Lebens vor – den Earthway.

Erstes Buch

Der Körper

Der Boden des geweihten Bezirks

Erster Teil

Die kosmische Nabelschnur

Die Teilhabe am astralen genetischen Kode des Luftraums und des Himmels

Das Leben in den Bergen, insbesondere in einer entlegenen Gebirgsregion, bietet zahlreiche Gelegenheiten, einen Einblick in die verborgenen Aspekte der menschlichen Existenz zu gewinnen. Es erfüllt uns mit einem Frieden, der den innersten Kern unseres Wesens umfängt. Dieser Frieden erweicht und glättet die scharfen Kanten der Persönlichkeit, schenkt dem Menschen eine veränderte, offenere Einstellung zum Leben – eine Aussicht ins Unendliche. Gerade um dieser stillen Einsamkeit willen lieben Bill und ich das Schweigen unserer Gebirgsnächte so sehr.

Ein Spaziergang durch eine Neumondnacht kann ein recht komisches Erlebnis sein. Ohne erleuchtete Nachbarhäuser, Straßenlaternen oder die Scheinwerfer vorbeifahrender Autos, die einem den Weg erhellen könnten, sieht man buchstäblich nicht die Hand vor Augen. Trotzdem lassen wir es uns niemals nehmen, bei Neumond die gewundenen Pfade zu einer unserer Lieblingslichtungen hinaufzutappen. Dort sitzen wir schweigend beieinander, während sein wärmender Arm mich umfangen hält. Auf diesem hohen Bergrücken üben wir uns in einer Form innerer Glückseligkeit – wir tauchen leise in den funkelnden Kosmos des endlosen Universums ein.

Der vibrierende Himmel einer mondlosen Bergnacht ist einer unserer kostbarsten Schätze. Er wurde für den Menschen erschaffen, und wir schwelgen in seiner wogenden Wirklichkeit, indem wir im Raum aufgehen und zu zwei der winzigen Stäubchen werden, die auf grenzenlos tanzenden Ozeanen funkelnd pulsierender Welten dahintreiben. Die tiefe Schwärze der Nacht schlingt ihre schlanken Arme in einer freundlichen Willkommensgeste um uns, und wir fühlen uns gestillt und geborgen.

Diese regelmäßigen Wanderungen in unser dunkles Hochland haben uns ein deutliches Bewußtsein unserer Identität gegeben sowie der Tatsache, daß wir Teil des kraftvollen Musters sind, das den großen Plan allen Lebens ausmacht. Gemeinsam kosten wir die mystische Erfahrung der unauflöslichen Verbundenheit des Menschen mit der großen kosmischen Lebenskraft aus. Wir wissen, daß sie und wir denselben genetischen Kode haben.

Als wir uns zum ersten Mal in einer mondlosen Nacht hinauswagten, duckten wir uns unter dem wuchtigen Himmel. Wir waren überwältigt, fühlten uns zu völliger Bedeutungslosigkeit herabgewürdigt. Wir waren nur zwei winzige Menschen, die in tintenschwarzer Einsamkeit saßen und zu einer Unendlichkeit blinkender Sterne und Planeten emporstarrten. Wir fühlten uns um keinen Deut wichtiger als Ameisen. Und dennoch, als wir tiefer in die ungeheuren Räume des Nachthimmels blickten, spürten wir eine magnetische Kraft, die an unserem Bewußtsein zog. Schweigend betrachteten wir weiter unsere glitzernde Kuppel, und bald sog es uns empor, in das lebendige Zentrum des langsam rotierenden Universums hinein.

Diese einleitende Verschmelzung unseres Gewahrens mit dem der kosmischen Lebenskraft erfüllte uns mit einem neuen Bewußtsein: der warmen und tröstlichen Gewißheit, daß wir *nicht* als bloße Ameisen angesehen, sondern in jedem Augenblick geliebt und umsorgt werden, daß in uns eine Essenz wohnt, heller als der strahlendste Stern – daß in uns das Universum lebt, die große kosmische Lebenskraft des Urgrunds selbst.

Dieser inneren Offenbarung entsprang eine geläuterte Erkenntnis: Wir verstanden mit einem Mal jeden unserer Mitmenschen gleichfalls als eine Facette dieser lebendigen kosmischen Kraft. Woran jemand glaubt, wofür er sich hält, wie er sich kleidet, welcher Nationalität oder Gesellschaftsschicht er angehört, ist völlig irrelevant. Es bestehen keinerlei Unterschiede zwischen uns, denn die blendende Essenz erstrahlt in jedem Geschöpf, das wir sehen. Die Erfahrung verlieh uns die Fähigkeit und Bereitschaft, unser eigenes Leben und unsere Mitmenschen vorbehaltlos zu akzeptieren. Die grenzenlose Bergnacht mit ihrer Unzahl von Sternen zog uns in ihren wirbelnden Strudel, empor durch ihre nebelhafte Pforte und geradewegs in ihr schlagendes Herz hinein, wo uns ein Gefühl des Erbarmens, der Bejahung und der innigen Liebe zur ganzen Menschheit erfaßte. Die dunkle Bergnacht hatte den hauchfeinen Schleier der Wirklichkeit geteilt und die geheiligte Wohnung offenbart, wo wir demütig unsere zitternden Hände erhoben und es uns gestattet wurde, den ausgestreckten Finger Gottes zu berühren.

Wir stiegen oft auf diesen Bergrücken hinauf. Und wenn wir auch nicht immer diesen letzten Kontakt fanden, so war die ungeheure »Gegenwart« doch stets zu spüren.

Eines Tages, als ich bei der Greisin war, brachte ich diese Erfahrung zur Sprache. Ich erzählte ihr, wie gering, wie minderwertig wir uns anfangs unter der ehrfurchtgebietenden Schönheit des Nachthimmels gefühlt hatten.

Sie schnitt mir das Wort ab, bevor ich mich deutlicher erklären konnte.

»Warum haben sich Summer und Bill so mies gefühlt?«

»Weil der Himmel so ungeheuer und überwältigend erschien. Alles war so schön und strahlend, und die Gewaltigkeit schien sich immer weiter und weiter ins Unendliche fortzusetzen.«

Die Greisin lehnte sich vor und drückte mir einen knochigen Finger gegen die Brust. Sie wiegte ihren Kopf hin und her und schnalzte mit der Zunge.

»Tz, tz. Was ist los mit Summer, hm? Das ganze schöne Leuchtehimmelzeugs ist doch genau da drin!«

Ich sah an mir herunter und ließ mir ihre Worte durch den Kopf gehen. Dann blickte ich ihr wieder in die Augen, die so dunkel wie Obsidianteiche waren.

»Das weiß ich«, sagte ich leise. »Ich wußte auch damals, daß der Geist in mir war, so wie er in allen Menschen ist. Ich sprach vom *Himmel,* den *Sternen,* allen Himmelskörpern zusammen als einer *Ganzheit.*«

Seufzend lehnte sich No-Eyes in ihrem Schaukelstuhl zurück.

»Summer scheint No-Eyes für dämlich zu halten«, flüsterte sie zornig, während das langsame Rumpel-quietsch ihres altersschwachen Schaukelstuhls einsetzte.

»Wie meinst du das?« fragte ich respektvoll.

Das rhythmische Knarren verstummte, als sie die Arme in die Höhe warf.

»Ich red' nicht nur vom Großen Geist hier drin. No-Eyes redet vom *Himmel*zeugs, *Stern*zeugs. Summer hat das *ganze* Sternzeugs hier drin!« rief sie aus, indem sie sich gegen die magere Brust schlug.

»Es tut mir leid, ich dachte, du meinst –«

»Hör zu! Summer denkt sich wieder was zusammen.« Nach dieser Ermahnung schien sie sich zu entspannen. Der Rhythmus des Stuhles nahm seinen gemessenen Takt wieder auf.

»Summer, die Leute sind so dumm. Die wissen nicht mal, was in ihrem eigenen Körper los ist. Die wissen nicht, wie der Himmel, dieses *Stern*zeugs, den Körper beeinflußt.« Sie warf mir einen hintergründigen Blick zu. »Weiß *Summer* darüber Bescheid?«

»Ich weiß, daß die Mondphasen sich auf den Körper auswirken. Ich weiß, daß bestimmte Planetenkonstellationen die Sonne beeinflussen, was wiederum unseren Organismus beeinflußt.« Ich zögerte. »Und das wäre auch wohl schon so ziemlich alles, was ich darüber weiß.«

»Hrmf! Das ist mehr als die meisten wissen. Summer, was ist mit den Planeten? Was ist mit denen, hm?«

»Meinst du die Astrologie?«

Ihre schwarzen Augen weiteten sich. »Summer redet wieder superklug. Was heißt denn das Wort überhaupt?«

»Tut mir leid«, sagte ich. »Die Astrologie untersucht, in welcher Weise die verschiedenen Planeten die Persönlichkeit eines Menschen beeinflussen. Das geht so vor sich, daß man die genaue Stellung der Planeten zum Zeitpunkt von jemandes Geburt in bezug auf dessen Geburtsort errechnet.«

Schweigen. Nachdenken.

Warten.

»Stimmt«, bestätigte sie mit einem strahlenden Lächeln, »das ist richtig. No-Eyes hätte nicht gedacht, daß die Leute so gescheit sind.« Sie grinste.

Ich nicht.

Da runzelte sie die Stirn, zog die dünnen Augenbrauen zusammen. »Was ist los?«

»No-Eyes, die Astrologie ist ... na ja, die meisten Leute nehmen sie nicht ernst. Sie meinen, das sei einfach ... Aberglaube.« Es widerstrebte mir, das Wort auszusprechen, weil ich wußte, daß es sie aufregen würde – wie es jede Demonstration menschlicher Lebensfremdheit tat.

No-Eyes verzog den Mund und ließ die Schultern hängen.

»Siehste?« murmelte sie. »No-Eyes hat die ganze Zeit gewußt, daß die Leute unheimlich dumm sind.«

Ich ließ sie schweigend ihre Enttäuschung verarbeiten, während das Schaukeln wieder einsetzte. Ich war stolz auf ihre Weisheit und haßte es, wenn ich sie über einen weiteren Aspekt der menschlichen Ignoranz in Kenntnis setzen mußte.

Als ein paar Minuten vergangen waren, unterbrach ich die Stille. »Aber, No-Eyes«, sagte ich, wobei ich mich bemühte, optimistisch zu klingen, »vielleicht wird es einmal anders werden. Vielleicht wird man diese Dinge eines Tages als erwiesene Tatsachen anerkennen.«

Sie war niedergeschlagen, aber wie ich wußte, sah sie auch voraus, daß sich die Anschauung, die der Mensch von der Wirklichkeit hatte, früher oder später ändern würde.

»Stimmt, das werden sie. Jammerschade, daß dieser Tag noch nicht gekommen ist. Kommen wird er. Kann nicht ausbleiben.« Sie seufzte. »Summer, die Leute müssen kapieren, daß alles, Luftzeugs, Sternzeugs, Erdzeugs und Menschen, *ein* großes Lebewesen ist. Die sind alle zusammen und leben und atmen wie eins. Verstehst du?«

»Ja. Ich verstehe.« Während sie gesprochen hatte, war vor meinem geistigen Auge eine gewaltige, langsam im Weltraum rotierende Doppelspirale erschienen. Ihre schimmernden Stränge enthielten die Menschheit, die Tiere, die Pflanzen, die Sterne und alle anderen beseelten Geschöpfe. Es war ein schönes Bild.

Sie sprach leise weiter.

»Das ganze Himmelzeugs wirkt auf alle anderen Lebewesen. Himmelbewegungen geben verschieden starke Magnetkräfte ab. Diese große Energie – die drückt und zieht an *allen* Lebewesen. Die hat einen unheimlichen Einfluß auf *alles*. Sogar die kleinen Planetenkreise, die großen Planetenkreise und die Planetenschiefheit haben eine große Wirkung auf die Bewegungen und Tätigkeiten aller anderen. Verstehst du?«

»Du sprichst von der Rotation, Umlaufgeschwindigkeit und Achsenneigung der einzelnen Planeten, stimmt's?«

»Ja, das ist genau, was No-Eyes gesagt hat.«

Ich lächelte, aber dann fiel mir etwas ein. »No-Eyes, wenn der Phönix aufsteigt und die Erde sich verändert, was wird den neuen Neigungswinkel der Erdachse bedingen?«

Als sie meine Frage beantwortete, wurde sie sehr lebhaft und unterstrich ihre Worte mit weit ausholenden Gesten. »Viele, viele große Störungen draußen im Himmel werden das Magnetfeld der Erde durcheinanderbringen, für eine Minute, vielleicht mehrere Minuten. Die Erde wird ganz wirr werden durch die Umwälzungen in der Atmosphäre. Die Erde wird so machen« – sie schlenkerte den Kopf hin und her – »dann wird sie in einer neuen schiefen Lage zur Ruhe kommen.«

»Was für eine neue schiefe Lage? Ich meine, um wieviel Grad wird sie sich von der jetzigen Lage unterscheiden?«

Sie hob ihre runzlige Hand. »No-Eyes sieht, daß sie von hier« – sie neigte die Hand von einer Seite auf die andere – »nach hier gehen wird.«

»Das sieht so aus, als ob sie um, na, so zweiundzwanzig Grad kippen wird, nur in die umgekehrte Richtung.« Ich machte ihr deutlich, was ich meinte.

»So ungefähr«, stimmte sie mir zu. »So wird sie sich einpendeln.« Nach einer kurzen Pause fuhr sie fort: »Die Leute müssen noch eine ganze Menge über den Himmelkram lernen, über die Magnetfelder der Planeten, sogar über die Mondenergien, über die Sonnenspeere – was du ›Eruptionen‹ nennst. Jedes Himmelding übt einen starken Einfluß auf die Menschen aus.« Sie stieß einen langen, müden Seufzer aus. »Die Leute wissen wohl nicht, daß sie das ganze Himmelzeugs drin haben, daß sie schon immer mit den Sternen verbunden waren, wie eine große Nabelschnur, was, Summer?«

Auch ich seufzte. »Wahrscheinlich nicht, No-Eyes. Aber na ja, eines Tages vielleicht.«

»Ja«, sagte sie zuversichtlich, während der knarrende Stuhl wieder langsam zu wippen anfing. »Die werden schon dahinterkommen, werden's schon rauskriegen. Sind noch nicht so weit.« Rumpel-quietsch. Rumpel-quietsch. »Aber das kommt schon noch – eines Tages.«

Was ich an No-Eyes' späteren Ausführungen über die Beziehung des Körpers zum Kosmos nach reiflicher Überlegung einzigartig fand, war das, was sie mich über den Einfluß des Wetters auf unseren Organismus lehrte. Dabei war es nicht die Neuheit oder Fremdartigkeit der Informationen, die mich faszinierte, als vielmehr die Tatsache, daß sie so logisch, so vollkommen einsichtig klangen – sich so unmittelbar richtig »anfühlten«.

Daß ältere Leute einen bevorstehenden Wetterwechsel oft in den Knochen oder den Gelenken spüren und vorhersagen können, ist eine wohlbekannte Tatsache. Viele wissen auch, daß Nebenhöhlenbeschwerden sich verschlimmern, wenn die Luftfeuchtigkeit ansteigt. Aber was mich an No-Eyes' diesbezüglichen Aussagen verblüffte, war nicht die Tatsache, *daß* das Wetter unseren Gesundheitszustand beeinflußt, sondern das unglaubliche *Ausmaß*, in dem es das tut.

Vor Ewigkeiten, als mir noch so viele aufschlußreiche Naturtatsachen unbekannt waren, hörte ich einmal jemanden eine beiläufige Bemerkung machen, die mir zum damaligen Zeitpunkt ausgesprochen lächerlich vorkam. Ein Mann sagte: »Sieh mal an, wie sich die Kühe alle hinlegen. Da braut sich ein ordentlicher Sturm zusammen.«

Ich warf dem Sprecher einen Seitenblick zu, der meine Zweifel an seiner Zurechnungsfähigkeit deutlich zum Ausdruck brachte. Der Himmel war strahlend blau und vollkommen wolkenlos. Aber keine zwei Stunden später brach ein heftiges Gewitter los.

Unwissenheit ändert also nichts an den Tatsachen; die Naturgesetze sind unabänderlich.

Ich erinnere mich, damals gedacht zu haben, daß diese großäugigen Kühe offenbar klüger waren als ich. Sie hatten ein Gespür für Wetteränderungen und hatten die unmißverständlichen Signale, die die Natur sendete, sofort richtig verstanden. Ihr Organismus reagierte auf ihre »wetterkundigen« Wahrnehmungen.

Aus dieser Erfahrung zog ich eine wertvolle Lehre: Zweifle niemals etwas an, das weit hergeholt oder ungewöhnlich klingt, bis du nicht nähere Informationen darüber eingeholt hast; andernfalls könnte es sein, daß du dich ganz gewaltig blamierst!

In diesem ersten Buch von *Earthway* werde ich an Sie weitergeben, was ich von No-Eyes über den mächtigen Einfluß, den das launische Wetter auf unser physisches und emotionales Befinden ausübt, gelernt habe.

Daß das Wetter unser Gefühlsleben beeinflußt, ist gewiß kein Geheimnis. Sie haben mit Sicherheit schon bemerkt, daß Sie an grauen Tagen eher gedrückter Stimmung sind, während, sobald die Sonne durchbricht und die Wolken sich auflösen, Ihre Laune steigt und Sie einen deutlichen Energieschub verspüren. Da

Emotionen in einer so engen Beziehung zu unserem physischen Befinden stehen, verursachen wetterbedingte psychische Veränderungen entsprechende physische Zustände. Allerdings können wir für diese körperlichen Veränderungen nicht nur die Emotionen verantwortlich machen, denn wie ich weiter unten erklären werde, sind viele unserer physischen Beschwerden eine direkte Folge des Wetters – und zwar nicht nur des jeweils gegenwärtigen Wetters, sondern auch meteorologischer Einflüsse, die ohne weiteres zwei bis drei Tage zurückliegen können.

No-Eyes sagte, daß unser Körper aus »Erdzeugs« besteht. Wir sind Kinder der Erde, und das Wetter – beziehungsweise das Klima – ist eines der zahlreichen »Kabel«, die den menschlichen Organismus mit den ihn umgebenden und am Leben erhaltenden kosmischen Kräften verbinden.

Man braucht kein Meteorologe zu sein, um zu begreifen, daß das Wetter uns körperlich und seelisch beeinflußt. Wenn wir bildlich von einem »sonnigen Gemüt«, einem »frostigen Lächeln«, »trüber Stimmung« oder »heiteren Aussichten« sprechen, so erkennen wir damit an, welch starke Wirkung die *reale* Wetterlage, vielleicht ohne daß es uns bewußt wird, auf unsere seelische Verfassung ausübt.

Unsere irdische atmosphärische Umgebung ist unentrinnbar. Unser Körper reagiert unmittelbar auf die Reize solch wechselnder meteorologischer Bedingungen wie Luftdruck und -temperatur, Ionisationsgrad, Windgeschwindigkeit und -richtung, Helligkeitsgrad, relativer Luftfeuchtigkeit, Intensität des Magnetfelds, ganz zu schweigen von den unnatürlichen Giftstoffen, die unsere Atemluft enthält.

Die ständig wandernden Wettersysteme befinden sich in einem fortwährenden Zustand der Metamorphose. Sie strömen heran, bleiben unter Umständen längere Zeit über und um uns, aber früher oder später ziehen sie weiter, und ein anderes System nimmt ihren Platz ein. Man kann diese Wetterzyklen mit den stets wechselnden Gezeiten der Natur vergleichen, die wiederum die feinen, inneren Schwankungen in unserem Organismus beeinflussen.

Unsere eigenen biologischen Rhythmen unterliegen genau denselben Fluktuationen. Klimatische Bedingungen wirken sich auf unsere Atemfrequenz und unser Atemvolumen aus, auf unseren Blutdruck, unseren Säure-Basen-Haushalt, auf hormonelles Gleichgewicht, Kreislauf, Stoffwechselrate und nicht zuletzt auf unsere psychische Verfassung.

Wir wären als Gattung insgesamt viel gesünder, wenn wir uns deutlicher bewußtmachten, daß und in welcher Weise unsere Körper auf meteorologische Veränderungen reagieren . . . denn wir sind auch Sternenwesen. Wir müssen uns nicht nur dieser Beziehung bewußt werden, sondern auch ein weit stärkeres Gefühl für uns selbst entwickeln. Es ist gar nicht so, daß eine gründlichere Erforschung dieses interessanten Aspekts der menschlichen Gesundheit nötig wäre; das bereits *grundsätzlich* vorhandene Wissen reicht völlig aus. Was not tut, sind kundigere Ärzte und Patienten. Die moderne Medizin muß anfangen, den Einfluß zu berücksichtigen, den verschiedene Wettersysteme auf uns ausüben; dieser Gesichtspunkt sollte zu einem selbstverständlichen, regelmäßigen Bestandteil professioneller Diagnostik werden.

Als Kinder der Erde, als Wesen aus Sternsubstanz, müssen wir uns der pulsierenden Nabelschnur bewußt werden, die uns mit den starken meteorologischen Kräften des uns umgebenden Mutterschoßes verbindet. Zwar sind diese allmächtigen Einflüsse unentrinnbar, doch indem wir ihre Wirkung auf uns erkennen und begreifen, erhalten wir die Möglichkeit zu beurteilen, welches »Schwingungsklima« für jeden einzelnen von uns am gesündesten ist.

Ebenso wie wir eine innere Uhr besitzen, die lautlos die Sekunden und Stunden unserer Tage und Nächte mißt, verfügen wir auch über hochempfindliche innere Mechanismen, die uns an die Natur und den Kosmos anschließen. Ebenso wie alle lebenden Organismen auf die äußeren Reize solcher Umweltfaktoren wie Licht, Druck und Wärme ansprechen, reagieren wir auch auf subtilere, irdische und »über-irdische« Kräfte wie Magnetfelder, Konstellationen und Sonneneruptionen.

Wenn wir die Grundbausteine des menschlichen Organismus untersuchen, finden wir vor allem Wasser sowie eine Vielzahl von Mineralien – mit anderen Worten: *Erdsubstanz.* Als aus solchem »Erdzeugs« bestehende Wesen reagieren wir auf die natürlichen Einwirkungen der Erdenergien auf uns.

Alle Lebensformen folgen einem Rhythmus unaufhörlicher

Zyklen – der »großen Uhren« der Natur. Aussaat, Blüte und Ernte, Paarung, Winterruhe, Jahreszeiten, Gezeiten und dergleichen mehr erfolgen in einem direkten Abhängigkeitsverhältnis zu den spezifischen Zyklen der Natur und des Universums. Kaum einer wird bestreiten, daß diese kleineren Zyklen von den größeren beeinflußt werden. Warum ist es aber dann so schwierig für uns zu akzeptieren, daß die allgemeine Vernetztheit alles Seienden uns gestattet, zuverlässige Vorhersagen über künftige Ereignisse zu machen?

Die meisten von uns glauben nicht daran, daß es möglich sei, die Zukunft vorauszusagen. Trotzdem stolzieren wir umher wie viele Gockel, denen kein Nebenbuhler die Herrschaft über »ihren« Hof streitig macht. Mit einem selbstgefälligen Grinsen auf den Lippen werfen wir uns vor dem mächtigen Spiegel des Lebens in Positur und sehen uns darin als Krone der Schöpfung, als strahlenden Gipfel- und Endpunkt der Evolution.

Blickten wir aber ein wenig aufmerksamer in diesen trügerischen Zerrspiegel, unterzögen wir uns einer ehrlichen Musterung, so würden wir eine Leere, ein »Loch«, in diesem Selbstbild erkennen: Tatsächlich haben wir unsere evolutionäre Entwicklung stark beeinträchtigt, indem wir unsere angeborenen Instinkte leugneten. Wenn Sie daran zweifeln, daß wir bewußtseinsmäßig noch unfertig sind, brauchen Sie sich nur daran zu erinnern, daß eine Kuh mehr über das Wetter – also *über die Zukunft* – weiß als Sie.

Jeden Herbst machen Pferd, Hund und eine Unzahl anderer Tiere spontan bestimmte physiologische Veränderungen durch. Sie isolieren ihren Körper durch eine dickere Fettschicht und ein dichteres, längeres Fell, um den Winter besser überstehen zu können. Woher wissen sie, daß es – *mehrere Wochen später* – erheblich kälter werden wird? Und warum wissen *wir* das nicht? Die Instinkte des Tieres reagieren einfach auf die unmißverständlichen Signale der Natur. Die innere Uhr liest die Botschaft und löst automatisch die notwendigen physiologischen Veränderungen aus.

Auch uns Menschen fehlt es nicht an diesen inneren Empfangsmechanismen, noch bleiben wir von den biologischen Auswirkungen der Zyklen und Kräfte des Universums verschont. Wir sind angeblich die am höchsten entwickelte Lebensform, das

Meisterstück der Evolution. Wir täten besser daran, uns so zu *verhalten*, wie wir uns selbst *sehen*. Wir bestehen aus Erdsubstanz, und wir verfügen über die empfindlichen Sensoren, die es uns gestatten, uns psychisch und physisch auf die feinen Wellenschwingungen des Universums einzustimmen. Der moderne Mensch hat schon zu viele kostbare Jahre in Unwissenheit vergeudet. Es ist für uns allerhöchste Zeit, die Augen zu öffnen und die herrliche pulsierende Schönheit der kosmischen Nabelschnur zu erkennen.

Erstes Kapitel

Sternzeugs

Die Teilhabe an der astralen DNS der Sonne und der Planeten

Die Anasazi. Ein edles und friedliebendes Volk. Ein Volk von den Sternen. Sterngeboren.
Und so begab es sich, daß ein Stamm im amerikanischen Südwesten gegründet wurde und sich ansiedelte für eine bestimmte Zeitspanne.
Sie waren wissend, denn ihr Blut-Erbe kreiste im Gleichtakt mit den rhythmischen Bewegungen des fernen Sternbilds, woher sie gekommen waren.
Sie waren weise. Die astralen Vorgänge, die naturgemäß eine zentrale Rolle in ihrer Weltanschauung spielten, waren vollkommen in ihr tägliches Leben integriert und beherrschten die traditionellen Zeremonien des Volkes.

Das Wissen der Anasazi um ihre Himmelswelt war in jeglicher Hinsicht vollkommen. Sie lebten gemäß ihren Wahrheiten, im ständigen Bewußtsein ihrer engen Beziehung zu den Sternen und den kreisenden Planeten. Von Kindesbeinen an lernten sie die Bahnen und Bewegungen aller Planeten kennen und die Wirkungen, die diese auf ihren Organismus, ihre Emotionen und das Land, das sie jetzt bewohnten, ausübten. In dieser Hinsicht unterschieden sich die Anasazi also sehr von vielen anderen früheren Indianerstämmen, denn ihr Leben wurde nicht nur von der Erde, sondern auch – und vor allem – von den Sternen bestimmt. Die Erde war für sie nur ein vorübergehender Aufenthaltsort. Ihr astrales Glaubensgebäude wurde an andere, »jüngere« Stämme weitergereicht und von diesen in ihre eigenen Traditionen eingegliedert, von denen manche noch heute lebendig sind.

Die Anasazi besaßen Sternenmythen. Jedem Planeten sowie der Sonne und dem Mond wurde jeweils ein herrschender Ahn aus der fernen Ursprungszeit des Volkes zugeordnet. Alle diese

Auserwählten waren berühmte Stammesälteste, denn nur die Alten genossen eine solche Verehrung. Die einzige Ausnahme stellte die Erde dar; *sie* nannte man »das Kind«, Maa-ru.

Die Anasazi führten ein im materiellen Sinne sehr einfaches Leben, da sie keinen Wert auf den Besitz kunstvoller, komplizierter Geräte legten. Ihre physischen Bedürfnisse waren bescheiden; sie waren ein zutiefst spirituelles, durch jahrelange Auseinandersetzung mit der Weisheit ihrer Ahnen erleuchtetes Volk. Sie besaßen komplexe Begriffe, die unserer modernen Gesellschaft noch gänzlich unbekannt sind. Und wenn sie sich nachts um das Gemeinschaftsfeuer versammelten, kreisten die Gespräche oft um die fernen Brüder. Sie verehrten die Nacht, denn sie war die Zeit, da sie Muße hatten, von der Heimat zu träumen . . . einer Heimat, zu der sie, wie sie wußten, eines Tages zurückkehren würden. Dieser Glaube lebte seit undenklichen Zeiten in den Herzen der Menschen. Er würde sich einst erfüllen. Das wußten sie, denn die Zahl ihrer Tage auf Maa-ru war von ihren Ahnen vorhergesagt worden. Eines Tages würde der sterngeborene Stamm heimkehren.

Der folgende Abschnitt stellt dar, wie die Anasazi die Himmelskörper sahen und welche biologischen und psychologischen Wirkungen auf den empfindlichen menschlichen Organismus sie deren Schwingungs- und Gravitationsfeldern zuschrieben. Die dort zusammengestellten Informationen stammen von No-Eyes, und indem ich sie Ihnen mitteile, bringe ich sie zum ersten Mal an die Öffentlichkeit. Da man von archäologischer Seite noch so wenig über dieses faszinierende alte Volk weiß, stellt dieses Material einen wichtigen Durchbruch dar – gleichsam eine Öffnung, durch die wir hindurchblicken und einen kleinen Ausschnitt aus dem uralten Wissen der Anasazi erkennen können.

Die Planetenlehre der Anasazi ähnelt bis zu einem gewissen Grad der heutigen Astrologie, allerdings nur oberflächlich betrachtet. Die Anasazi stützten sich bei ihren Aussagen über die Planeten auf Lehren, die sie von ihren Sternenahnen ererbt hatten; daher war ihr Wissen naturgemäß weit exakter und fortgeschrittener als unser heutiges. Beispielsweise ordneten die Anasazi jeden Himmelskörper einem ganzen Monat zu und nannten diesen eine »Jahreszeit«, anstatt den Einfluß des betreffenden Planeten auf verschiedene Monate zu verteilen oder die

Monate in kleinere Einheiten zu zerstückeln. Ihre Heiltechniken waren der Anziehungskraft und Schwingungsfrequenz des jeweils wirksamen Gestirns angepaßt.

Im folgenden werden die einzelnen Planeten nach der unverfälschten, traditionellen Lehre der Anasazi vorgestellt. Sie werden gewisse Ähnlichkeiten mit heute gängigen Anschauungen feststellen, ebenso aber werden Ihnen etliche Unterschiede auffallen. Die zentrale Tatsache bleibt indes bestehen – die biologischen und psychologischen Auswirkungen der Planetenschwingungen sind real. Diese Prinzipien haben die Zeit überdauert. Sie haben heute noch dieselbe Gültigkeit, die sie für die weisen Anasazi im siebten Jahrhundert besaßen.

Die obigen Informationen ebenso wie der Rest dieses Kapitels stellen einen Ausschnitt aus No-Eyes' Wissen um die Planetenlehre der Anasazi dar, insofern sie die Auswirkungen der Himmelskörper auf den Menschen betrifft.

DAS PLANETENSYSTEM DER ANASAZI

Planet	*Symbol*	*Herrschende(r) Ahn(e)*	*Identität*	*Magnetische Jahreszeit*	*Jahreszeitenname*	*Monat*
Merkur		Waa-pu	Der spirituelle Vater	Mond der kleinen Veränderungen	Aa-nu-qu-taa	Mai und August
Venus		Mee-yaa-nu	Die Traumgewährerin	Mond der großen Veränderungen	Nu-raa-taa	April und September
Mars		Qu-say-u	Der alte Krieger	Sprechender-Wind-Mond	Yu-aa-nu-taa	März
Jupiter		Quaa-qu	Der Ernährer	Weiße-Frau-Mond	Maa-ee-tay-taa	Dezember
Saturn		Saa-qu-ya	Die weise Frau	Mond der vielen Feuer	Raa-qu-taa	November
Uranus		Kaa-nu	Der Philosoph	Wolfsmond	Tay-ee-taa	Januar
Neptun		Aaqu-waa	Die Zaubergewährerin	Mond der langen Zählungen	Taa-yaa-nu	Februar
Pluto		Yo-naa	Der Heiler	Kalter Mond	Mee-ee-taa	Oktober
Sonne	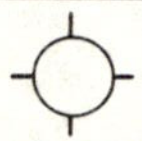	Qu-nu	Die ewige Großmutter	Mond des durstigen Bodens	Taa-qu-aa-pu	Juli
Mond		Naa-yu	Die spirituelle Mutter	Mond der vielen Gaben	Su-aa-ee-taa	Juni

Waa-pu
(Merkur)

Der über Merkur herrschende mythische Ahn der Anasazi war Waa-pu. Er war der hochgeachtete Älteste, der als der spirituelle Vater des Volkes verehrt wurde.

Physikalische und astronomische Daten

Stelle von der Sonne: erste
Mittlere Entfernung von der Sonne: 57.910.000 km
Siderische Umlaufzeit: 87,6 Tage
Mittlere Umlaufgeschwindigkeit: 47,6 km pro Sekunde
Rotationszeit: 58,65 Tage
Äquatordurchmesser: 4840 km
Oberflächentemperatur auf Mittagspunkt: 310° C
Schwerebeschleunigung an der Oberfläche: 0,38
Volumen: 0,0559
Masse: 0,0558
Dichte: 0,99

(Anmerkung: Schwerebeschleunigung an der Oberfläche, Volumen, Masse und Dichte sind in Relation zu den entsprechenden Größen der Erde angegeben)

Wirksame magnetische Jahreszeit

Aa-nu-qu-taa, das bedeutet: Mond der kleinen Veränderungen (Mai und August).

Wirkung auf die menschliche Persönlichkeit

Während der Zeit von Waa-pus stärkstem Einfluß beriet Saa-qu-ya, die Weise Frau, an Rastlosigkeit leidende Stammesmitglieder. Sie empfahl ihnen, ihr plötzliches Aufwallen von Wanderlust dadurch zu beruhigen, daß sie sich auf die Wichtigkeit von Familie und Heim besannen, und riet ihnen, häufiger an den zahlreichen für sie in Frage kommenden Gruppenaktivitäten teilzunehmen. Dadurch würde ihr Gefühl der Öde und Langeweile bald verfliegen.

Saa-qu-ya wußte, daß während der Jahreszeit Aa-nu-qu-taa viele zur Kritiksucht neigten, und sie mußte oft als unparteiische Schlichterin fungieren, um Familienzwiste beizulegen, oder als weises Sprachrohr für Menschen mit inneren Konflikten dienen.

Wirkung auf die menschliche Physis

Der Anasazi-Heiler Yo-naa behandelte während der Jahreszeit Aa-nu-qu-taa mehr Erkrankungen der Atmungsorgane als gewöhnlich. Auch Klanmitglieder, die an chronischer Arthritis litten, suchten ihn während dieser Zeit auf, um ihre schmerzenden Fingergelenke behandeln zu lassen, denn Waa-pu (Merkur) übt einen besonderen Einfluß auf Hände und Arme aus.

Yo-naa verabreichte bestimmte Tränke zur Beruhigung und Linderung von Spannungen und Störungen des Zentralnervensystems, die durch den Einfluß dieses Planeten verschlimmert worden waren. Gegen diese Art von Leiden verordnete er außerdem Ruhe und eine ausgewogene Diät.

Mee-yaa-nu
(Venus)

Die über Merkur herrschende mythische Ahne der Anasazi war Mee-yaa-nu. Sie war die schöne Greisin, die als die Traumgewährerin des Volkes verehrt wurde.

Physikalische und astronomische Daten

Stelle von der Sonne: zweite
Mittlere Entfernung von der Sonne: 108.210.000 km
Siderische Umlaufzeit: 226,3 Tage
Mittlere Umlaufgeschwindigkeit: 35 km pro Sekunde
Rotationszeit: 243 Tage (retrograd)
Äquatordurchmesser: 12.104 km
Oberflächentemperatur: 465° bis 485° C
Schwerebeschleunigung an der Oberfläche: 0,88
Volumen: 0,884
Masse: 0,8148
Dichte: 0,95

Wirksame magnetische Jahreszeit

Nu-raa-taa, das bedeutet: Mond der großen Veränderungen (April und September).

Wirkung auf die menschliche Persönlichkeit

Die Weise, Saa-qu-ya, wurde während der Zeit von Mee-yaa-nu (Venus) seltener um therapeutischen Rat gefragt, da der Planet eine beruhigende Wirkung ausübte, die allen Menschen ein wundervolles Gefühl von Zugehörigkeit schenkte. Sie sah, wie zufrieden die meisten von ihnen waren. Sie liebte die Atmosphäre von Zuneigung, Wohlwollen und Güte, die alle Mitglieder des Klans umgab und miteinander verband.

Dennoch war auch Nu-ra-taa für sie keine Zeit des Müßiggangs. Es kamen weiterhin Hilfesuchende zu ihr, weil Mee-yaa-nus beruhigender Einfluß nicht selten die Fähigkeit der Menschen beeinträchtigte, ihren erwählten Zielen und Idealen treu zu bleiben. Viele Stammesmitglieder wurden während dieser Zeit von einer seelischen Trägheit und Gleichgültigkeit erfaßt, die sie weder verstanden noch mochten.

Wirkung auf die menschliche Physis

Yo-naa, der Heiler, behandelte während der Zeit von Mee-yaa-nus Einfluß mehr Hals- und Schilddrüsenbeschwerden als sonst. Es kamen Patienten zu ihm, die an Mandelentzündung, Laryngitis und Ohrenschmerzen litten. Er wußte, daß diese Störungen durch die unbeständigen Witterungsverhältnisse und die atmosphärischen Schwankungen der Jahreszeit Nu-raa-taa (Mond der großen Veränderungen) verschlimmert wurden; deshalb legte er seinen Patienten ans Herz, sich angemessen zu kleiden, gut zu essen und die Schwitzhütte häufiger als gewohnt aufzusuchen.

Qu-say-u
(Mars)

Der über Mars herrschende mythische Ahn der Anasazi war Qu-say-u. Er war der Alte Krieger, der das Volk beschützte.

Physikalische und astronomische Daten

Stelle von der Sonne: vierte
Mittlere Entfernung von der Sonne: 227.900.000
Siderische Umlaufzeit: 687 Tage
Mittlere Umlaufgeschwindigkeit: 24,1 km pro Sekunde
Rotationszeit: 24 Stunden 37 Minuten
Äquatordurchmesser: 6800 km
Oberflächentemperatur: +13° C bis -53° C (Tagestemperaturen)
Schwerebeschleunigung an der Oberfläche: 0,38
Volumen: 0,15
Masse: 0,1074
Dichte: 0,71

Wirksame magnetische Jahreszeit

Yu-aa-nu-taa, das bedeutet: Sprechender-Wind-Mond (März).

Wirkung auf die menschliche Persönlichkeit

Saa-qu-ya hatte während Qu-say-us Jahreszeit Sprechender-Wind-Mond viel zu tun. Ihre Klienten waren vor allem Stammesmitglieder, die mit Hindernissen auf ihrem Lebensweg zu kämpfen hatten. Es handelte sich bei ihnen durchweg um Menschen von kräftiger Konstitution; und sie benötigten den Rat der Weisen, um die frustrierenden Schwierigkeiten, die sie am persönlichen Weiterkommen zu hindern schienen, überwinden zu können.

Während der Jahreszeit Yu-aa-nu-taa wurde die Weise Frau auch von denjenigen aufgesucht, die selbst weise waren, aber nach tieferer Einsicht dürsteten. Saa-qu-yaas Obergeschoßzimmer beherbergte oft einen Kreis junger, intelligenter Stammesmitglieder, die es danach verlangte, mehr Wissen von ihrer Lehrerin zu empfangen.

Wirkung auf die menschliche Physis

Während der Jahreszeit Yu-aa-nu-taa wurde Yo-naa von den »gezeichneten« Kranken des Stammes aufgesucht. Diese hatten Muttermale oder Leberflecke im Gesicht, doch sie unterschieden sich auch durch kräftigeren Knochenbau und dichteres Haar von ihren Stammesbrüdern und -schwestern. Während dieser Jahreszeit litten sie häufiger an Erkrankungen des Kopfes, wie Migräne, Nebenhöhlenentzündungen oder Augen- und Ohrenleiden.

Der Heiler wußte, wie er diese Störungen, die von den starken Winden Qu-say-us (März) verursacht wurden, behandeln mußte. Er war mit dem Begriff des atmosphärischen Luftdrucks vertraut und nutzte sein Wissen zum Wohle seiner Patienten.

Quaa-qu
(Jupiter)

Der über Jupiter herrschende mythische Ahn der Anasazi war Quaa-qu. Er war der alte Ernährer des Volkes.

Physikalische und astronomische Daten

Stelle von der Sonne: fünfte
Mittlere Entfernung von der Sonne: 778.300.000 km
Siderische Umlaufzeit: 11,86 Jahre
Mittlere Umlaufgeschwindigkeit: 13,06 km pro Sekunde
Rotationszeit: 9 Stunden 50 Minuten (am Äquator)
Äquatordurchmesser: 142.800 km
Oberflächentemperatur: -145° C
Schwerebeschleunigung an der Oberfläche: 2,64
Volumen: 1.330
Masse: 317,83
Dichte: 0,23

Wirksame magnetische Jahreszeit

Maa-ee-tay-taa, das bedeutet: Weiße-Frau-Mond (Dezember).

Wirkung auf die menschliche Persönlichkeit

Der Weiße-Frau-Mond war Saa-qu-yas liebste Zeit des Jahres. Dies war der Monat, Dezember, da alle Anasazi-Ältesten sich in der behaglich warmen Wohnung der Weisen Frau versammelten, um die tieferen spirituellen Lehren ihrer astralen Tradition zu erörtern. Es war eine wundervolle Periode des Mitteilens und Teilhabens. Sie galt als die beste Zeit, um das heilige Wissen der fernen Vorfahren zu verkünden und zu bewahren.

Quaa-qu (Jupiter) übt einen intensivierenden Einfluß auf den Wunsch nach Erkenntnis aus, und so war es nur natürlich, daß sich die Weisen dann zusammenfanden, um über solche Dinge zu sprechen, wenn der Weiße-Frau-Mond rund und kalt vom nächtlichen Dezemberhimmel herabschien.

Wirkung auf die menschliche Physis

Viele klopften während dieser Jahreszeit an die Tür von Yo-naas unterem Endzimmer. Ihre Leiden betrafen die Hüftgelenke, die Leber und den Ischiasnerv, denn Quaa-qu beeinflußt diese ebenso wie die Hypophyse (Hirnanhangsdrüse).

Yo-naa behandelte bereitwillig jeden, der an seine Tür kam. Er wußte, daß diese Patienten problemlos genesen und sich rasch wieder erholen würden, da auf ihnen der Segen des Weiße-Frau-Mondes ruhte.

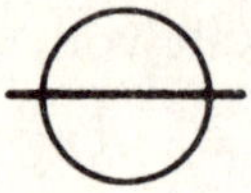

Saa-qu-ya
(Saturn)

Die über Saturn herrschende mythische Ahne der Anasazi war Saa-qu-ya. Sie war die alte Weise Frau des Volkes. Alle Anasazi-Weisen wurden Saa-qu-ya genannt.

Physikalische und astronomische Daten

Stelle von der Sonne: sechste
Mittlere Entfernung von der Sonne: 1.472.000.000 km
Siderische Umlaufzeit: 29,46 Jahre
Mittlere Umlaufgeschwindigkeit: 9,6 km pro Sekunde
Rotationszeit: 10 Stunden 39 Minuten 24 Sekunden
Äquatordurchmesser: 120.660 km
Oberflächentemperatur: -176° C
Schwerebeschleunigung an der Oberfläche: 1,15
Volumen: 744
Masse: 95,17
Dichte: 0,11

Wirksame magnetische Jahreszeit

Raa-qu-taa, das bedeutet: Mond der vielen Feuer (November).

Wirkung auf die menschliche Persönlichkeit

Diejenigen, die Saa-qu-ya während der Zeit von Raa-qu-taa aufsuchten, bedurften des Rats im Zusammenhang mit Problemen, die von ihrem großen Ehrgeiz herrührten. Diese Klienten verspürten den starken inneren Drang, alles, was sie sich vornahmen, perfekt zu tun. Dieses Bedürfnis resultierte aus einem angeborenen großen Verantwortungsgefühl, das ihnen oft viele innere Konflikte verursachte.

Die Weise half diesen Menschen, indem sie sie davor warnte, ihre Zuständigkeiten zu überschätzen, denn ihr vorherrschender Charakterzug verleitete sie oft dazu, sich in das Privatleben anderer einzumischen, was ihnen fast immer Ärger einbrachte.

Wirkung auf die menschliche Physis

Während der Jahreszeit Raa-qu-taa mußte der Heiler mit einem größeren Zustrom von Patienten rechnen, die an den verschiedensten Störungen des Bewegungsapparates litten. Dazu gehörten auch ansonsten latente Leiden wie Rheuma und Arthritis, die zu dieser Zeit zum Ausbruch kamen. Yo-naa machte für diese Beschwerden den Mond der vielen Feuer verantwortlich, denn der November war für seine heimtückische feuchte Kälte bekannt, die sich nur zu leicht in Räume einschlich, in denen die Feuer vernachlässigt wurden.

Kaa-nu
(Uranus)

Der über Uranus herrschende mythische Ahn der Anasazi war Kaa-nu. Er war ein Greis, der als der Philosoph des Volkes verehrt wurde.

Physikalische und astronomische Daten

Stelle von der Sonne: siebte
Mittlere Entfernung von der Sonne: 2.872.000.000
Siderische Umlaufzeit: 84,02 Jahre
Mittlere Umlaufgeschwindigkeit: 6,8 km pro Sekunde
Rotationszeit: 23 Stunden 54 Minuten (retrograd)
Äquatordurchmesser: 51.400 km
Oberflächentemperatur: -215° C
Schwerebeschleunigung an der Oberfläche: 1,15
Volumen: 63
Masse: 14,5
Dichte: 0,23

Wirksame magnetische Jahreszeit

Tay-ee-taa, das bedeutet: Wolfsmond (Januar).

Wirkung auf die menschliche Persönlichkeit

Tay-ee-taa, der Januarmond des Wolfs, war die Jahreszeit, in der Saa-qu-ya diejenigen Stammesmitglieder beriet, die als die Freidenker der Gemeinschaft galten. Unter diesem Begriff wurden Menschen mit sehr unterschiedlichen Charakterstrukturen und Motivationen zusammengefaßt.

Manche Klienten kamen mit innovativen Ideen und Theorien zu der Weisen Frau. Sie waren begierig, ihr Urteil darüber zu erfahren, und hofften auf ihre Zustimmung. Es gab aber auch solche Ratsuchende, deren Seelenqualen verborgene Zweifel an bestimmten traditionellen Glaubenssätzen verrieten. Manche von ihnen waren sich ihrer Skepsis durchaus bewußt, was ihre

Verwirrung noch weiter steigerte – doch nur vorübergehend, denn ihre Probleme waren nur die zeitweilige Wirkung des Planeten Kaa-nu.

Wirkung auf die menschliche Physis

Wer Yo-naa zur Zeit des Wolfsmondes aufsuchte, litt in der Regel an kreislaufbedingten Krankheiten. Die Patienten klagten über verschiedenartige Beschwerden im Zusammenhang mit ihren Extremitäten: Wadenkrämpfe, Krampfadern, kalte und empfindungslose Finger oder Zehen. Der Einfluß dieses Planeten führte zu dem Heiler auch Menschen, die sich Arm- oder Beinverletzungen zugezogen hatten.

Yo-naa rechnete im Januar stets mit einer Zunahme solcher Leiden, denn die Mitglieder des Stammes waren während dieser Jahreszeit besonders aktiv. Er ermahnte sie, sich nicht zu lange der Kälte auszusetzen, und empfahl ihnen, die Dauer ihrer im Freien durchgeführten Himmelsbeobachtungen zu verkürzen.

Aaqu-waa
(Neptun)

Die über Neptun herrschende mythische Ahne der Anasazi war Aaqu-waa. Sie war eine Greisin, die als die Zaubergewährerin des Volkes verehrt wurde.

Physikalische und astronomische Daten

Stelle von der Sonne: achte
Mittlere Entfernung von der Sonne: 4.486.000.000 km
Siderische Umlaufzeit: 164,79 Jahre
Mittlere Umlaufgeschwindigkeit: 5,44 km pro Sekunde
Rotationszeit: 15 Stunden 48 Minuten
Äquatordurchmesser: 50.950 km
Oberflächentemperatur: -233° bis -153° C
Schwerebeschleunigung an der Oberfläche: 1,12
Volumen: 55
Masse: 17,20
Dichte: 0,31

Wirksame magnetische Jahreszeit

Taa-yaa-nu, das bedeutet: Mond der langen Zählungen (Februar).

Wirkung auf die menschliche Persönlichkeit

Der Mond der langen Zählungen war die Jahreszeit, in der Saaqu-ya mehr Besuche von jüngeren Klienten erwartete, besonders von den intelligenten Knaben und Mädchen, die in den esoterischen Lehren des Stammes unterwiesen wurden. Aufgrund ihres zarten Alters waren sie emotional noch sehr labil. Ihr äußerst empfindliches Selbstbewußtsein war Ausdruck ihrer erst knospenden Persönlichkeit.

Taa-yaa-nu, der Mond der langen Zählungen, machte diese nach Erkenntnis strebenden Jugendlichen übersensibel, und die Weise hatte alle Hände voll damit zu tun, sie zu beraten und seelisch aufzubauen. Ihren oft überfüllten Geist auf den rechten Weg zu führen war eine schwierige Aufgabe, der sie sich mit viel Liebe und Geduld widmete.

Wirkung auf die menschliche Physis

Wenn der Februarmond der langen Zählungen über den Klan herrschte, behandelte der Heiler vor allem die unteren Gliedmaßen seiner zahlreichen Patienten. Fußprobleme waren wegen der niedrigen Temperaturen von Taa-yaa-nu an der Tagesordnung. Die meisten Leiden waren eine direkte Folge der strengen Kälte, aber auch andere Fußkrankheiten nahmen während dieser Zeit zu, so Fußpilz, entzündete Fußballen und Unfallverletzungen.

Yo-naa empfahl seinen Patienten, ihre Fußbekleidung häufig zu wechseln und in geschlossenen Räumen barfuß zu gehen, Fußbäder zu nehmen und die Füße warm zu halten.

Yo-naa
(Pluto)

Der über Pluto herrschende mythische Ahn der Anasazi war Yo-naa. Dieser alte Weise war der Heiler des Volkes. Alle Anasazi-Heiler wurden Yo-naa genannt.

Physikalische und astronomische Daten

Stelle von der Sonne: neunte
Mittlere Entfernung von der Sonne: 5.913.608.940 km
Siderische Umlaufzeit: 248,5 Jahre
Mittlere Umlaufgeschwindigkeit: 4,6 km pro Sekunde
Rotationszeit: 6,3874 Tage (retrograd)
Äquatordurchmesser: 3200 km ?
Oberflächentemperatur: -253° bis -213° C
Schwerebeschleunigung an der Oberfläche: 0,04
Volumen: 0,01
Masse: 0,0025
Dichte: 0,25

Wirksame magnetische Jahreszeit

Mee-ee-taa, das bedeutet: Kalter Mond (Oktober).

Wirkung auf die menschliche Persönlichkeit

Während der Jahreszeit Mee-ee-taa beriet Saa-qu-ya mehr angehende Intellektuelle als sonst. Der kalte Oktobermond steigerte die Wißbegier vieler Menschen und erhöhte bei ihnen die Fähigkeit, komplexe Begriffe zu erfassen. Diese Stammesmitglieder würden die künftigen Lehrer sein. Sie würden die Jünger der Weisen werden, denn ihr scharfer analytischer Verstand manifestierte sich bereits in einem frühen Stadium ihres Lebens. Yo-naas Einfluß verstärkte diese angeborenen Geistesgaben in einem solchen Ausmaß, daß die betroffenen Jugendlichen ihre Bestimmung erkannten und sich schon früh für ihren Lebensweg entscheiden konnten.

Wirkung auf die menschliche Physis

Der Heiler behandelte während Mee-aa-taas Jahreszeit vor allem Leiden der Geschlechtsorgane. Dazu gehörten sowohl im engeren Sinn urologische als auch die Zeugungs- und Empfängnisfähigkeit betreffende Störungen. Es kamen mehr Patienten, die an Infektionen der Harnwege litten, ebenso aber auch solche, die einer Sexualberatung bedurften.

Für die Zeit des Kalten Mondes verschrieb Yo-naa die verschiedensten Kräutertränke. Während dieser Jahreszeit war er nicht nur der Heiler, sondern auch der Ehestifter des Stammes.

Qu-nu
(Sonne)

Die über die Sonne herrschende mythische Ahne der Anasazi war Qu-nu. Sie war die uralte Ewige Großmutter des Volkes.

Physikalische und astronomische Daten

Mittlere Entfernung von der Erde: 149.600.000 km
Äquatordurchmesser: 1.392.000 km
Rotationszeit: 26,9 Tage (am Äquator)
Innentemperatur: 20.000.000° C
Innendruck: 400.000.000.000 atü
Temperatur der Photosphäre: 4000° bis 9700° C
Schwerebeschleunigung an der Oberfläche: 27,9
Volumen: 1.306.000
Masse: 333.400
Dichte: 0,26

Wirksame magnetische Jahreszeit

Taa-qu-aa-pu, das bedeutet: Mond des durstigen Bodens (Juli).

Wirkung auf die menschliche Persönlichkeit

Taa-qu-aa-pu ist die Jahreszeit, in der die Sonne ihren stärksten Einfluß ausübt. Im Monat Qu-nu (Juli) warnte die Weise ihre Klienten vor übertriebenem Optimismus und legte ihnen dringend ans Herz, sich bei der Einschätzung ihrer jeweiligen Situation auch der Logik und der Vernunft zu bedienen.

Darüber hinaus beriet Saa-qu-ya während dieser Zeit namentlich die Extrovertierten unter den Stammesmitgliedern. Sie mußte sie ermahnen, ihre überschüssigen Energien und ihre Überschwenglichkeit zu zügeln, da sich ihre Mitmenschen dadurch oft belästigt fühlten.

Wirkung auf die menschliche Physis

Der Julimond des durstigen Bodens beeinflußt den Verdauungsapparat. Der Heiler behandelte Patienten, die an Störungen der Assimilationsfähigkeit ihres Organismus litten. Yo-naa überraschte dies keineswegs, da der Stamm während der Jahreszeit Taa-qu-aa-pu besonders aktiv war und viele Menschen sich nicht die Zeit nahmen, auf eine ausgewogene Ernährung zu achten.

Naa-yu
(Mond)

Die über den Mond herrschende mythische Ahne der Anasazi war Naa-yu. Sie war die uralte spirituelle Mutter des Volkes.

Physikalische und astronomische Daten

Mittlere Entfernung von der Erde: 384.405 km
Siderische Umlaufzeit: 27,32166 Tage
Mittlere Umlaufgeschwindigkeit: 3475,5 km/h
Rotationszeit: gleich Umlaufzeit
Äquatordurchmesser: 3476 km
Oberflächentemperatur: helle Seite: 130° C
dunkle Seite: -173° C
Schwerebeschleunigung an der Oberfläche: 0,17
Volumen: 0,0203
Masse: 0,0123
Dichte: 0,606

Wirksame magnetische Jahreszeit

Su-aa-ee-taa, das bedeutet: Mond der vielen Gaben (Juni).

Wirkung auf die menschliche Persönlichkeit

Die helle Seite: Während der Zeit, da der Mond der vielen Gaben seine helle Seite zeigte, behandelte Saa-qu-ya in verstärktem Maße Klienten, deren angeborenes großes Einfühlungsvermögen eine zusätzliche Steigerung erfahren hatte. Im Leben dieser Stammesmitglieder spielten Freundschaften und Familie eine äußerst wichtige Rolle; daher kreiste ihr Sinnen und Trachten stets um das Wohl eines oder mehrerer anderer Menschen. Die Einfühlsamen segnete die Jahreszeit Su-aa-ee-taa außerdem mit größerer Entschlossenheit und, damit einhergehend, mit einem Mehr an Beharrlichkeit und Durchhaltevermögen.

Die dunkle Seite: Während der gesichtslosen Naa-yu-Phase beriet die Weise Menschen, deren psychisches Problem in einer Kombination aus Nachlässigkeit und rastloser Unternehmungslust bestand. Diese Klienten neigten darüber hinaus oft dazu, sich körperlich zuviel zuzumuten, und tendierten zur Unduldsamkeit. Die Weise ermahnte sie, sich die Bedeutung ihrer Mitmenschen bewußtzumachen und bei Verfolgung ihrer Ziele nicht nur an sich selbst zu denken.

Wirkung auf die menschliche Physis

Die helle Seite: »Energiegeladen« ist der treffendste Ausdruck zur Charakterisierung derjenigen Stammesmitglieder, mit denen es Yo-naa während dieser Mondphase der Jahreszeit Su-aa-ee-taa zu tun hatte. Diese Patienten klagten zwar über die verschiedensten physischen Beschwerden, verfügten aber durchweg über ungewöhnlich große innere Kraftreserven und zeigten alle den starken Willen, die Krankheit zu überwinden. Es war eine wohlbekannte Tatsache, daß Naa-yus helle Seite die angeborene Fähigkeit jedes Menschen, sich selbst – und andere – zu heilen, erheblich verstärkt.

Die dunkle Seite: Naa-yus gesichtslose Seite führte emotional besonders instabile Patienten zum Heiler. Diese seelische Unbeständigkeit bedingt eine Schwächung des Immunsystems. Yo-naa versuchte immer als erstes, die diesen wechselnden Gemütszuständen zugrundeliegende Ursache zu beheben, da er sehr wohl wußte, wie verheerend sich Streß und eine negative gefühlsmäßige Einstellung auf die Physis auswirken, wenn man der Psyche die Gelegenheit gibt, sie zu verinnerlichen. Diese Patienten waren Menschen, die ihre körperlichen Leiden selbst »produzierten« – Psychosomatiker, die oft genug mit dem Leben nicht fertig wurden.

Zweites Kapitel

Luftzeugs

Die Teilhabe an der amniotischen Atmosphäre der Erde

Wie Temperatur und Feuchtigkeit die Wirkung von Drogen und Medikamenten beeinflussen

Unser Organismus reagiert auf jede Veränderung der Witterungsverhältnisse, was wiederum bedeutet, daß diese veränderlichen meteorologischen Bedingungen einen direkten Einfluß auf die Fähigkeit unseres Organismus ausüben, eingenommene Substanzen zu assimilieren.

Viele Produkte – seien es Reinigungs-, Nahrungs- oder vor allem Arzneimittel – tragen auf ihren Verpackungen spezifische Anweisungen bezüglich ihrer Aufbewahrung; meist lesen wir die Vorschrift: »Kühl und trocken lagern«. Der Grund dafür ist, daß Wärme und Feuchtigkeit bestimmte chemische Reaktionen herbeiführen oder beschleunigen können; diese führen wiederum dazu, daß das jeweilige Präparat entweder seine ursprüngliche Wirksamkeit verliert, oder aber, daß diese im Gegenteil auf eine gefährliche Weise potenziert wird.

Die Wirkung von Drogen und Arzneimitteln ist aber auch in anderer Hinsicht von Temperatur und relativer Luftfeuchtigkeit abhängig – also nicht nur insofern, als diese Faktoren zu einer chemischen Umwandlung der wirksamen Inhaltsstoffe führen können. Ebenso wichtig ist der Einfluß, den meteorologische Umweltbedingungen auf unseren Organismus ausüben und dadurch die Weise verändern, wie er die fraglichen Medikamente assimiliert. Substanzen wie Alkohol, Koffein und Nikotin rufen eine viel stärkere Reaktion hervor, wenn sie bei warmem Wetter eingenommen werden – sei es während einer kurzen Hitzewelle, sei es während einer anhaltenden Wärmeperiode. Wenn Sie in einer Gegend mit ausgeprägtem Kontinentalklima leben, müssen Sie im Sommer die veränderten Umweltbedingungen in

Rechnung stellen und Ihren Arzt bitten, die vom Hersteller empfohlene Dosierung aller Ihnen verschriebenen Medikamente entsprechend zu korrigieren. (Dasselbe gilt natürlich, wenn Sie Ihren Urlaub in einem heißen Land verbringen.)

Bei *warmer* Witterung *verringern* Sie bitte die Einnahme oder empfohlene Dosierung der folgenden Substanzen:

Alkohol
Antikoagulanzien
Antispasmodika
Atropin (bzw. atropinhaltige Präparate und Atropinderivate)
Cortison (bzw. cortisonhaltige Präparate und Cortisonderivate)
Diuretika
Sedativa

Bei *kalter* Witterung *verringern* Sie bitte die Einnahme oder empfohlene Dosierung der folgenden Substanzen:

Analgetika
Barbiturate
Halluzinogene
Narkotika
Sulfonamide
Tranquilizer (Anxiolytika)

No-Eyes empfahl diese Korrekturen, weil die Lufttemperatur die Wirksamkeit der genannten Substanzen *erhöht;* dehalb sollten Sie die Dosis *herabsetzen.*

Wie die Luftfeuchtigkeit unsere Gesundheit beeinflußt

Ebenso wie sie die chemische Zusammensetzung von Arzneien verändern kann, beeinflußt Feuchtigkeit auch das biochemische Gleichgewicht unseres Organismus.

Menschen, die in Gegenden mit konstant *hoher* Luftfeuchtigkeit wohnen, sind überdurchschnittlich anfällig für eine Vielzahl von Krankheiten. Verschlimmert wird die Situation, wenn die Feuchtigkeit in Verbindung mit hoher Lufttemperatur auftritt, und besonders gefährlich wird diese Kombination in Landstrichen, die in geringer Höhe über dem Meeresspiegel liegen. Dieses gefährliche Zusammentreffen schädlicher klimatischer Faktoren verlangsamt oder hemmt die Blutzirkulation, was zu einer zusätzlichen Belastung des kardiovaskulären Systems führt, stauungsbedingte Atmungsinsuffizienz hervorrufen kann und den gesamten Organismus einem erhöhten atmosphärischen Druck aussetzt. In Verbindung mit *Hitze* regt hohe Luftfeuchtigkeit die Wärmeregulationszentren zu verstärkter Tätigkeit und damit die Schweißdrüsen zu reichlicher Sekretion an, *hemmt* aber zugleich die Schweißverdunstung. Dadurch nimmt die Oberflächenfeuchtigkeit des Körpers zu, was nicht nur unangenehme subjektive Folgen hat, sondern auch die Wahrscheinlichkeit eines Wärmestaus oder – im Extremfall – eines Hitzschlags erhöht.

In Verbindung mit *niedrigen* Temperaturen hat Luftfeuchtigkeit die entgegengesetzte Wirkung: Die innere Wärmeproduktion wird erhöht und die Wärmeabgabe gesenkt, beides damit die natürliche Körpertemperatur aufrechterhalten werden kann. Sie wissen ja aus eigener Erfahrung, daß hohe Luftfeuchtigkeit die subjektive Temperaturwahrnehmung intensiviert, also Hitze drückend und Kälte besonders durchdringend macht.

Menschen, die ständig in einem feuchten Klima leben, haben allgemein eine schlechtere Gesundheit, sind häufiger lethargisch und neigen mehr zu gelegentlichen Anfällen von Schwäche oder Erschöpfung, sie sind furchtsamer und leiden öfter unter Herz- und Kreislaufbeschwerden, Diabetes und Erkrankungen der Atmungsorgane.

Ein heißes und feuchtes Land ist der letzte Ort, an dem ein älterer Mensch sich niederlassen sollte. Empfehlenswert ist dagegen ein warmes, aber trockenes Klima.

Wie der atmosphärische Druck unsere Gesundheit beeinflußt

Der atmosphärische Druck ist derjenige Druck, den die Luft infolge der Schwerkraft auf eine Fläche – also in unserem Fall auf einen bestimmten Landstrich (und die in ihm lebenden Geschöpfe) – ausübt.

Die Höhe dieses Drucks ist außer vom Gewicht der auf der jeweiligen Fläche lastenden – je nach Höhe über dem Meeresspiegel mehr oder weniger »dicken« – Atmosphäre auch von weiteren veränderlichen Faktoren abhängig: der Temperatur angrenzender Luftmassen, der Feuchtigkeit sowie von Windrichtung und -geschwindigkeit.

Wenn der Luftdruck fällt, werden die Körperflüssigkeiten dikker, fließt das Blut langsamer, ist der Kreislauf gehemmt, setzt bei hochschwangeren Frauen die Wehentätigkeit ein, steigt die Selbstmordrate und fällt der Blutzuckerspiegel.

Im folgenden sind physische und psychische Leiden aufgelistet, die durch *fallenden* und *niedrigen* Luftdruck unmittelbar verschlimmert werden.

Allergien
Arthritis
Asthma
Blinddarmentzündung
Bronchitis
Depressionen
Diabetes
Dysmenorrhö/Hypermenorrhö
Epilepsie
Geschwüre
Herzkrankheiten
Kopfschmerzen/Migräne
Krebs
Kreislaufbeschwerden
Mandelentzündung
Müdigkeit/Erschöpfung
Phlebitis
Rheumatismus
Nebenhöhlenentzündung
Tumore
Unfalldisposition
Unterleibskrämpfe

Wie Windrichtung und -temperatur unsere Gesundheit beeinflussen

Wind entsteht durch variierende Sonneneinstrahlung, das Aneinandergrenzen von Land- und Wassermassen sowie durch die Rotation der Erde. Wasser erhitzt sich langsamer als Erde, was auch eine unterschiedliche Erwärmung der darüberliegenden Luft bedingt. Dieses Temperaturgefälle erzeugt eine Luftströmung – den Wind.

Temperatur und Richtung des Windes wirken sich nicht nur

auf unseren Organismus aus, sondern beeinflussen auch die Funktionen unserer Psyche. Im Westen der Vereinigten Staaten sind beispielsweise der »Chinook« (in Oregon und am Osthang der Rocky Mountains) und die sogenannten »Santa-Ana-Winde« (in Südkalifornien) berüchtigt: Sie bringen einen Überschuß an positiv geladenen Ionen mit sich und verursachen dadurch eine deutliche Verschlechterung des seelisch-geistigen Befindens, indem sie – dem Föhn vergleichbar – die Menschen reizbar und rastlos machen.

Auch wenn No-Eyes und ich nie die Zeit fanden, diese Informationen einer kritischen Überprüfung zu unterziehen, möchte ich sie Ihnen nicht vorenthalten. Im folgenden finden Sie eine – unvollständige – Liste derjenigen körperlichen und psychischen Störungen, die durch die verschiedenen Windarten verschlimmert werden:

Kalter Nordwind: Alterserscheinungen, Diabetes, Gallenblasenerkrankungen und Nierenleiden.

Kalter Westwind: Arthritis, Bursitis/Gelenkversteifung, Muskelschmerzen/-krämpfe und Rheumatismus.

Warmer Südwind: Allergien, Asthma/Bronchitis, Atembeschwerden, Blinddarmentzündung, Depressionen, Emphyseme, Herz-/Kreislaufbeschwerden, Infektionen, Mandelentzündung, Rippenfellentzündung, Schlaflosigkeit und Übererregbarkeit.

Warmer Westwind: Anämie/Hypotonie, Blutungen, Depressionen, Drüsenentzündungen, Epilepsie, Fieber/Erschöpfungszustände, Krebs, Kreislaufstörungen, Kolitis, Konvulsionen, Kopfschmerzen/Migräne, Leberkrankheiten, Phlebitis, Reizbarkeit/Suizidalität und Tumore.

Wie die absolute Höhe (Abstand vom mittleren Meeresspiegel) unsere Gesundheit beeinflußt

Der Aufenthalt in größeren Höhen (2000 m und darüber) wirkt sich in vielfacher Hinsicht positiv auf den menschlichen Organismus aus. Wer allerdings noch nicht an die dort herrschenden spezifischen atmosphärischen Bedingungen gewöhnt ist, muß sich allmählich akklimatisieren, wenn er nicht von der »Bergkrankheit« befallen werden will.

Die Symptome der Berg- oder Höhenkrankheit sind in der Regel eine Abnahme des Konzentrationsvermögens, intensive Kopfschmerzen, hochgradige Ermüdung, Herzklopfen, Schwindel und Erbrechen. Tieflandbewohner, die sich zum ersten Mal im Gebirge aufhalten, sollten daran denken, daß die Atmosphäre in höheren Regionen »dünner« ist, also pro Volumeneinheit weniger Sauerstoff enthält. Um weiterhin die notwendige Menge dieses lebenswichtigen Gases dem Blut zuführen zu können, muß die Lunge daher mehr Arbeit als gewohnt leisten.

Der menschliche Organismus ist kein konstant funktionierendes, geschlossenes System. Er paßt sich automatisch allen äußeren, atmosphärischen Veränderungen an. Deshalb wird ein Tieflandbewohner, der ins Gebirge reist, unter Umständen vorübergehend durch Sauerstoffmangel bedingte Beschwerden verspüren, doch schon nach einer kurzen Periode (von einigen Tagen) der Akklimatisation wird sein Körper selbsttätig beginnen, die erforderlichen Anpassungen vorzunehmen. Die Atmung wird tiefer; der pH-Wert des Blutes verändert sich von sauer zu basisch, was die Konzentration der Erythrozyten (sauerstoffbindenden roten Blutkörperchen) erhöht. Diese beiden Veränderungen tragen zu einer dauerhaft besseren Gesundheit bei.

Der Aufenthalt in größeren Höhen ist aber auch aus mehreren anderen Gründen gesundheitsfördernd: normale körperliche Tätigkeiten kosten weniger Energie; die Luft enthält (oberhalb 2500 m) weniger chemische Giftstoffe; und der Stoffwechsel ist effektiver. Menschen, die das Glück haben, ganzjährig in einer Höhe von 2000 m und darüber zu wohnen, erfreuen sich einer größeren Ausdauer und Vitalität, sind im Durchschnitt gesünder und schlanker.

Namentlich letzteres ist besonders wohltuend für den menschlichen Organismus. Übergewichtige Flachlandbewohner, die sich endgültig im Gebirge in einer Höhe von mehr als 2000 m niederlassen, beginnen bald abzunehmen und fühlen sich dank ihrer zunehmenden Vitalität insgesamt gesünder.

Wie Gewitter unsere Gesundheit und unsere Gemütslage beeinflussen

Gewitterwolken erzeugen in ihrem Inneren eine hohe elektrische Spannung. Diese entsteht dadurch, daß sich positiv und negativ geladene Wasserteilchen trennen und letztere rasch immer mehr entsprechende Ionen einfangen. Zwischen den zwei elektrischen Polen bilden sich allmählich leitende »Kanäle« ionisierter Luft. Übersteigt das Spannungsgefälle einen bestimmten kritischen Wert, so erfolgt in diesen Kanälen eine kurzzeitige, extrem starke Entladung, die mit Licht- und Schallerscheinungen einhergeht. Das ist der Blitz.

Gewitter produzieren eine große Menge *positiv* geladener Ionen in der Luft. Wann immer die Atmosphäre einen deutlichen Überschuß an *positiven* Ionen aufweist, läßt unsere Aufmerksamkeit nach, trübt sich unsere Stimmung und beginnen wir, uns auch körperlich angeschlagen zu fühlen. Unmittelbar nach einem Gewitter enthält die Atmosphäre dagegen einen überdurchschnittlich hohen Anteil an *negativ* geladenen Teilchen, was zu einer deutlichen Besserung unserer psychischen Verfassung führt.

Wie das erdmagnetische Feld unsere Gesundheit beeinflußt

Das erdmagnetische Feld befindet sich in ständiger Bewegung. Es ist weder räumlich stabil noch ist seine Intensität konstant. Allgemein läßt sich sagen, daß Gegenden mit großer Feldstärke durch kühleres Klima gekennzeichnet sind, während schwächere Bereiche des Feldes ein wärmeres Klima zur Folge haben.

Durch sogenannte »paläomagnetische Untersuchungen«, bei denen die Magnetisierungsrichtungen an gezielt entnommenen Gesteinsproben ausgemessen werden, hat man festgestellt, daß die magnetischen Pole der Erde sich in der Vergangenheit schon viele Male umgekehrt haben. In den »magnetischen Pausen«, die im Verlauf dieser Umpolungen des Feldes auftraten, war die Erde vorübergehend extrem harter kosmischer Strahlung ausgesetzt, die durch die ungeschützte Atmosphäre eindringen konnte.

Das erdmagnetische Feld weist jedesmal dann erhebliche Störungen auf, wenn größere Sonnenflecken oder -eruptionen beobachtet werden. Und wann immer das erdmagnetische Feld gestört ist, macht sich bei der Bevölkerung des betroffenen Gebietes eine Zunahme psychischer Störungen bemerkbar: Die Zahl der Einweisungen in psychiatrische Kliniken erhöht sich, die Menschen neigen allgemein zu sprunghaftem, irrationalem Verhalten; die Aufmerksamkeit läßt nach, und die Reflexe stumpfen ab.

Daß der Mensch auch physiologisch auf den Erdmagnetismus reagiert, läßt sich durch Messung der Herzfrequenz einer Versuchsperson nachweisen, die über eine Fläche mit variabler magnetischer Feldstärke geht.

Da das erdmagnetische Feld durch die spezifische Stellung der Planeten und durch die Sonnenaktivität beeinflußt wird, kann kein Zweifel daran bestehen, daß unsere Psyche und unser Organismus aufs engste mit den mächtigen Kräften der Natur und des Kosmos zusammenhängen und auf diese reagieren.

Zweiter Teil

Mutter Erdes Nabelschnur

Die uterine Lebenskraft des Earthway-Lebens

Als ich eines schönen, klaren Morgens zu No-Eyes' Häuschen hinausfuhr, geriet ich in eine nachdenkliche Stimmung. Die Wärme der reinen Gebirgsluft erfüllte mich mit einem Gefühl vollkommener Zufriedenheit, und als ich um mich blickte und meine Augen an den hohen Kiefern beidseits der Straße weidete, floß mein Herz vor Glück über.

Meine Gedanken schweiften ab und kehrten in die Zeit vor zehn Jahren zurück, als wir noch in Westland gewohnt hatten, einem Vorort von Detroit. Ich erinnerte mich an den Tag, da Bill und ich begriffen hatten, daß unser Leben unvollständig war, daß es in unseren Herzen eine Leere gab, die uns in einem Zustand ununterbrochener Rastlosigkeit und Unzufriedenheit hielt. Diese Leere zwang uns anzuerkennen, daß wir ganz offensichtlich nicht in der Gegend lebten, die für unseren Körper und unseren Geist am besten war. Wir beschlossen wegzuziehen, herauszufinden, wo wir hingehörten, nach dieser einen richtigen Gegend zu suchen – gleichgültig, was unsere Freunde und Verwandten dagegen einwenden würden. Wenn ich an all die Probleme zurückdenke, die unser Entschluß verursachte, verspüre ich sofort die beruhigende Gewißheit, daß es sich gelohnt hat – daß unsere Entscheidung hundertprozentig richtig gewesen ist.

Wie ich so fuhr und Erinnerungen nachhing, fiel mir auch ein Gespräch wieder ein, das ich erst kurze Zeit zuvor eines Vormittags in einem Restaurant in meinem jetzigen Wohnort, Woodland Park in Colorado, zufällig mit angehört hatte. Zwei Touristen aus einem anderen Bundesstaat hatten über die Möglichkeit diskutiert, ihren derzeitigen Wohnort zu verlassen und in die Gegend um Pikes Peak zu ziehen. Der Mann wäre am liebsten sofort heimgefahren, um Haus und Habseligkeiten zu verkaufen und sich so schnell wie möglich in den Bergen niederlassen zu können. Seine Frau schien von dieser Idee allerdings überhaupt nicht angetan zu sein. Zwar war auch sie von unserem Städtchen, inmitten von Wäldern, auf dem hohen Paß gelegen, begeistert, aber sie wurde nicht müde zu wiederholen, ihr Mann könne *unmöglich* seinen »guten Job« aufgeben – und sie beide könnten auf keinen Fall ihre Freunde und Verwandten verlassen und ihre im Laufe vieler Jahre »aufgebaute Sicherheit« aufs Spiel setzen. Als das Ehepaar das Lokal verließ, redete er noch immer mit wahrem Feuereifer von seinen Plänen, während sie weiterhin den Kopf schüttelte und wiederholte: »Nein, es ist einfach nicht möglich!«

Das war nicht das erste Mal, daß ich zufällig Zeugin solcher Auseinandersetzungen zwischen Sommerurlaubern geworden war. Der eine Partner sprudelte grundsätzlich vor begeisterten Plänen über, während der andere mit derselben Energie opponierte und mehr oder weniger vernünftige Einwände vorbrachte. Und dann gab es auch die Leute aus unserem Bekanntenkreis, die seit Ewigkeiten hier wohnten und irgendwann beschlossen, in eine andere Ecke des Landes zu ziehen ... nur um schon sechs Monate später wieder zurückzukehren.

Es heißt, die Berge ließen einen nie wieder los. Das scheint auf viele Leute zuzutreffen: Bei Bill und mir ist es jedenfalls ganz gewiß so. Das waren die Gedanken, die mir durch den Kopf gingen, während ich zur abgelegenen Hütte meiner geliebten alten Lehrerin fuhr.

Als ich mein Ziel erreichte, saß No-Eyes auf einem der zerbrechlichen Stühle aus Kiefernästen, die auf ihren sonnenbeschienenen Hof hinausgetragen worden waren. Ich parkte den Wagen in einiger Entfernung und grüßte sie aufgeregt, kaum daß ich ausgestiegen war. Sie blieb ruhig, hob aber eine Hand zur Erwiderung.

Ich zog mir einen Stuhl heran, um mich ihr gegenüberzusetzen.

»Komm her«, befahl sie sanft. »Summer soll an diesem Tag der Sonne nicht den Rücken zukehren.«

Ich stellte den Stuhl um und nahm neben ihr Platz. Ich bog den Kopf zurück und ließ mir die wärmenden Strahlen ins Gesicht scheinen. Mehrere Minuten lang sprachen wir kein Wort, lauschten nur dem Gezwitscher und Gezirp der Waldbewohner rings um uns her. Der rauschende Bach unterhalb der Hütte sang sein niemals endendes Lied, das vom gedämpften Wispern der hohen Ponderosafichten, die sich in der sanften Morgenbrise wiegten und dabei ihre Köpfe zusammensteckten, melodisch begleitet wurde. Es war so friedlich. Und der Frieden erfüllte mein Herz.

Als No-Eyes sprach, verschmolz ihre Stimme mit der Musik der Natur zu einem lieblichen, harmonischen Zusammenklang.

»Summer ist heute mächtig glücklich«, flüsterte die Weise.

Ich lächelte. »Ja, es ist sehr schön.«

»Wo ist dann das Problem?«

Ich blieb in meiner entspannten Haltung, sog die warme Sonne und die zarten Geräusche des Waldes in mich ein.

»Wie kommst du darauf, daß es überhaupt ein Problem gibt?«

Sie richtete sich auf und drehte sich mir zu. »No-Eyes weiß es. No-Eyes *spürt*, daß an diesem schönen Morgen Summer etwas ganz Bestimmtes durch den Kopf geht.«

Ich hatte eigentlich keine Lust gehabt, die liebliche Naturmusik mit unseren groben Stimmen zu stören. Ich rührte mich nicht. Ich antwortete nicht. Das Schweigen hielt an.

Lauschen.

Weiter schweigen.

Plötzlich gab mir die Seherin einen Klaps auf das Knie. »Steh auf! Wir machen einen Spaziergang. Wir wollen reden.«

Ich wußte, daß es, wie immer, nutzlos gewesen wäre, Einwände zu erheben. Ich stand langsam auf und streckte mich.

»Wo gehen wir hin?«

»No-Eyes denkt, wir gehen zum Bach runter. Das ist der richtige Platz für den Unterricht heute.«

Ich hakte mich bei ihr ein, und wir schlenderten zum Westhang ihres Höhenrückens.

»Worüber werden wir heute reden?«

»Wir reden über den ganzen Kram, der Summer durch den Kopf geht. Heute bringen wir den Kram in die Reihe.«

Ich blieb abrupt stehen und zog an ihrem dünnen Arm.

»Du hast wieder in meinem Kopf herumgeschnüffelt«, scherzte ich.

Sie zuckte ihre schmalen Schultern. »No-Eyes wär keine gute Lehrerin, wenn sie nicht wüßte, was ihre Schülerin auf dem Herzen hat. Wie auch immer, das wird eine schöne Stunde. Das sind Sachen, die *jeder* wissen sollte.«

Ich hauchte ihr einen Kuß auf die runzlige Wange, und wir stiegen den Hügel hinunter zum glitzernden Bach.

Wir gingen am rauschenden Wasser entlang, bis wir eine Lichtung erreichten, wo wir uns ins weiche Gras setzten. Nachdem sie ein Weilchen dem friedlichen Plätschern und Glucksen gelauscht hatte, begann No-Eyes zu sprechen.

»Wir werden darüber reden, was in den Leuten drin ist. Dann wird Summer kapieren, was einige Leute dazu bringt, daß sie weg wollen, und andere, daß sie bleiben wollen. Dann werden wir über Farben und Gesundheit reden. Zuletzt werden wir über richtiges Essen reden. Der ganze Kram hängt zusammen, eines führt zum andern, das ist ganz natürlich. Das ist *Earthway.*«

Ich verstand zwar nicht, was die Tatsache, daß jemand einen bestimmten Wohnort einem anderen vorzog, mit seiner Ernährungsweise zu tun haben sollte, aber wenn sie sagte, es gebe da einen Zusammenhang, dann mußte es wohl so sein. Ich legte mich auf die Seite ins kühle Gras und stützte meinen Kopf in die Hand.

Sie schielte zu mir herab. »Summer soll sich's nicht *zu* gemütlich machen. Summer soll gut zuhören.«

Ich versicherte ihr, daß ich das tun würde.

»Zuerst wollen wir klären, warum einige Leute nicht glücklich sind da, wo sie wohnen. Vielleicht haben sie einen guten Job, eine Menge Geld, viele Freunde, alles prima abgesichert, aber hier drin«, sagte sie, indem sie sich die Hand sanft ans Herz legte, »sind sie sehr unglücklich, sind sie nicht zufrieden. Sie haben auch *hier* keine Ruhe.« Sie tippte sich an die Stirn. »Nun, was meint Summer wohl, was der Grund dafür ist, daß die Leute so ruhelos sind?«

Ich grinste sie an. »Ich dachte, *du* würdest *mir* das sagen.«

Augenzwinkernd stieß sie mir mit dem Ellbogen in die Seite und kicherte. »Ich werde nicht die *ganze* Denkarbeit hier machen. Summer soll auch ein bißchen was tun!«

»Na ja«, versuchte ich, »es ist offensichtlich, daß diese Leute irgendeinen Konflikt in sich austragen. Und ich schätze, daß ihnen dessen eigentliche Ursache nicht bewußt ist.« Ich glättete einen Grashalm zwischen den Fingern. »Ich persönlich glaube, daß dieser Konflikt mit dem Wesenszweck der betreffenden Person zu tun hat.«

»Wesenszweck?«

»Ja, warum sie *hier* ist, was sie im Leben *vollbringen* muß. Es ist so, als seien diese Leute körperlich nicht da, wo sie eigentlich sein sollten, und als wüßte das ihr Unterbewußtsein. Es nörgelt und zerrt am Bewußtsein, was ein fortwährendes, unbestimmtes Gefühl der Unzufriedenheit verursacht.«

Sie dachte über meine Theorie nach. »Das ist eine ganz gute Idee, das ist schon ziemlich nah dran. Aber Summer, was *macht* diese Unzufriedenheit? Welches einzelne Konzept läßt sie entstehen?«

Jetzt war ich an der Reihe, mir ein paar tiefere Gedanken zu machen. Sie hatte von einem »Konzept« gesprochen, und ich wußte, daß No-Eyes unter diesem Wort etwas wie eine überpersönliche Lebensregel verstand, eine Gesetzmäßigkeit, die wenigen bekannt ist, aber einen mehr oder weniger starken Einfluß auf den Menschen ausübt.

Ich sah ihr direkt in die Augen. »Ich weiß von keinem solchen Konzept«, sagte ich. »Ich glaube nicht, daß wir schon mal darüber gesprochen haben.«

Die Alte richtete ihr fein ziseliertes Profil zum türkisblauen Himmel empor. Ihre Augen waren in tiefer Kontemplation geschlossen.

Ich wartete.

Langsam, gedankenvoll, kehrte sie schließlich zurück und blickte mich fest an.

»Summer, alle Dinge – lebende und nichtlebende Dinge – bewegen sich. Diese innere Bewegung ist eine feine, ganz besondere Schwingung. Klar?«

»Meinst du so etwas wie eine individuell spezifische Frequenz?«

»Genau. Diese Frequenz ist in jedem lebendigen und nichtlebendigen Ding ganz unterschiedlich. Das ist jetzt sehr wichtig, paß gut auf.« Sie hob einen mahnenden Finger in die Höhe. »Für jede Sache gibt es passende, fast passende und unpassende, verschiedene Frequenzen. Wenn etwas Lebendiges in die Nähe von passenden Frequenzen gestellt wird, dann ist es am glücklichsten. Klar?«

»Ja. Du meinst, daß übereinstimmende Frequenzen eine Harmonie erzeugen. Und daß unterschiedliche Schwingungen seelische und geistige Unzufriedenheit hervorrufen. Unterschiedliche Frequenzen verursachen eine allgemeine innere Rastlosigkeit.«

Sie nickte. »Alle Leute haben einen Kraft-Punkt hier oben«, sagte sie, indem sie auf ihre Stirn zeigte. »Das ist die Stelle, wo diese Schwingung schimmert und wogt wie ein Ozean. Sie ist immer in Bewegung, immer. Wenn die Umgebung der Leute nicht dieselbe Frequenz hat, fühlen sie sich nicht wohl, sind sie unglücklich.«

Das war mir vollkommen einsichtig. »Alle Menschen besitzen also eine individuelle Schwingungszahl, die mit der Schwingungszahl einer bestimmten Gegend übereinstimmen muß, damit sie glücklich und zufrieden sein können. Es ist die Übereinstimmung der Frequenzen, die ihnen das Gefühl gibt, daß sie dort sind, wo sie hingehören, wo sie sein *müssen*, um ihren Wesenszweck erfüllen zu können.«

»Ja, genau so hat No-Eyes das gemeint.«

Ich drehte mich auf den Rücken und verschränkte die Hände unter dem Kopf. Ein paar duftige weiße Wölkchen waren aufgetaucht und trieben sacht über unseren tiefseeblauen Himmel.

»Du hast vorhin gesagt, daß die Farben in diese Schwingungsgeschichte hineinspielen. Wie das?«

Ihre quicklebendigen Augen bohrten sich tief in die meinen. »Das soll Summer No-Eyes sagen.«

Ich richtete meinen Blick wieder auf die treibenden Wolken. »Schön, ich werd's versuchen.« Ich faßte zuerst die mir bekannten Tatsachen zusammen. »Ich weiß, daß jeder eine spezifische primäre Aurafarbe hat und daß Farben selbst eigene, individuelle Schwingungszahlen haben. Also müssen die Frequenz der Aurafarbe und die persönliche Frequenz des betreffenden Menschen übereinstimmen, damit sich dessen Organismus in einem Zustand gesunder innerer Harmonie befinden kann.« Ich wartete auf eine Bestätigung.

Schweigen.

Warten.

Endlich sprach die Seherin. »Also?«

Ich runzelte die Stirn. »Also was? Was kommt denn noch?« fragte ich.

»Summer, das ist alles richtig, aber es ist nur die Spitze der ganzen Angelegenheit. Geh tiefer.«

Ich dachte ein, zwei Minuten lang nach. »Menschen und Farben haben unterschiedliche Schwingungszahlen.« Dann verstummte ich, weil ich nicht recht wußte, wo uns das alles hinführen würde.

No-Eyes nickte. »Weiter.«

Ich beobachtete einen Raben, der sich auf dem äußersten Wipfel einer schwankenden Tanne niederließ. Dann, während mein Blick den majestätischen Nadelbaum hinabglitt, kam mir der nächste Gedanke.

»Und alle lebenden und nichtlebenden Dinge haben bestimmte Frequenzen. Das ist doch so, oder, No-Eyes? *Alle* Dinge haben diese Frequenzen. Also können Bäume, Berge, Gewässer, Wüsten, Felsen – *alles* kann mit jemandes spezifischer Schwingungszahl übereinstimmen oder nicht übereinstimmen!« Erregt über meine neue Erkenntnis, setzte ich mich auf.

No-Eyes warf mir grinsend einen Stein zu.

»Halt den fest«, sagte sie. »Nimm den in die Hand, schließ die Finger leicht, aber fest darum. Sag No-Eyes, was Summer fühlt.«

Ich blickte neugierig auf den ziemlich großen Stein und wollte ihn mir schon näher ansehen.

»Augen *zu!* Ich hab nicht gesagt *angucken,* sondern *festhalten!*«

Ich schloß schnell die Augen. Ich ließ die Welt sich allmählich von mir entfernen. Es gab nur noch mich und die Ganzheit dieses Steins. Ich wartete in klarer Wachsamkeit. Bald verspürte ich ein störendes Gefühl von Fremdheit. Meine Hand schien nicht mehr zum Rest meiner Person zu gehören. Der Stein und ich paßten nicht zusammen.

»Ich fühle mich abgesondert«, sagte ich leise. Ich fühle mich nicht wohl damit. Ich mag das Gefühl nicht.«

»Jetzt kann Summer den Stein angucken – genau angucken.«

Ich öffnete meine Hand und sah einen ungewöhnlichen Stein. »Der ist nicht hier aus der Gegend«, sagte ich, indem ich ihn drehte und wendete. »Wo hast du den her?«

Die Seherin schloß die Augen und lächelte. Sie streckte die Hand aus.

»No-Eyes nimmt ihn jetzt wieder.« Während sie den Stein in ihre Hirschledertasche zurücklegte, fügte sie hinzu: »Der kommt von weit, weit her. Der kommt aus No-Eyes' Heimat.«

Ich grinste. Das erklärte allerdings einiges. »Na ja, dann ist es natürlich kein Wunder, daß ich mich nicht mit ihm anfreunden konnte. Minnesota habe ich noch nie gemocht. Offensichtlich harmonieren meine Schwingungen nicht mit den dortigen.«

No-Eyes lächelte. »Das stimmt. Jetzt kapiert Summer, wie die Schwingungen der Leute mit den Landschwingungen zusammenpassen müssen. Wenn aber«, fuhr sie fort, wobei sie einen dünnen Finger in die Höhe streckte, »Summer krank ist, weil sie zuviel Wasser im Körper hat, dann hilft der Stein beim Heilen, klar?«

Klar . . . so halbwegs jedenfalls.

»Hör zu«, sprach sie weiter, »das ganze Zeugs hat diese Frequenzen. Steine, Mineralien, Blumen, Bäume, Farben, Planeten, Geräusche, Gerüche, *alles*. Und genauso auch die verschiedenen Krankheiten des Körpers. Eine Grippe schwingt anders als ein Knochenbruch, Masern anders als geschwollene Mandeln. Und wenn jemand krank wird, braucht er die richtigen, passenden Schwingungen um sich herum, damit er schnell wieder gesund wird. Kapiert, Summer?«

»Das ist faszinierend! Es ist also so, daß alles in absolutem Einklang miteinander stehen sollte, alle Schwingungen müssen vollkommen übereinstimmen. Und du sagst, wenn jemand krank ist, wird er schneller wieder gesund, wenn er sich mit den richtigen Farb-, Klang- und sonstigen Schwingungen umgibt? Diese ganze Vorstellung ist mir absolut neu, wir werden langsam, Schritt für Schritt vorgehen müssen. Das ist so unglaublich faszinierend!«

»Quatsch. Das ist einfach Tatsache.«

»*Trotzdem* ist es faszinierend, No-Eyes! Hör mal, wenn jeder die richtigen, harmonisierenden Frequenzpaarungen wüßte, dann würde es allen verdammt viel schneller besser gehen, und wenn –«

»Tz-tz«, machte sie, »Summer vergißt hier die allerwichtigste Gesundheitssache. Die besten Paarungen nützen nichts, wenn das *Essen* nicht stimmt. Auch das Essen hat seine Frequenzen.«

Sie hatte recht. Ich hatte völlig vergessen, wie wichtig vernünftige Ernährungsgewohnheiten für eine gute Gesundheit sind. Ich seufzte. »Ich war wohl ein bißchen vorschnell, hm?«

»M-hm.«

Das Geräusch des Wasserlaufs trug meine Überschwenglichkeit talabwärts, während die sanfte Brise wieder etwas Klarheit in meine Gedanken brachte.

»Die Menschen ernähren sich nicht richtig, No-Eyes.«

»Hrmpf! Summer braucht No-Eyes die Welt nicht zu erklären. No-Eyes ist nicht dumm. Die *Leute* sind dumm. Die Leute essen lauter falsche Sachen.«

»Ich glaube allerdings, daß sie langsam dahinterkommen«, sagte ich in der Hoffnung, die mit einem Mal erregte Greisin zu beruhigen. »Eine Menge Leute fangen schon an, diesbezüglich umzudenken, sie –«

»Blabla! Die Leute kochen ihr Zeug in Fett. Die Leute essen zuviel Zucker und Fleisch!« Sie beugte sich vor und fixierte mich. »Bringen die immer noch Vieh um?«

»Na ja, schon, aber –«

»Da siehst du's! Die werden's nie kapieren.« Dann zog ein Grinsen langsam über ihr runzliges Gesicht. »Na ja . . . *eines Tages* werden sie's schon noch, was, Summer?«

»Ja«, sagte ich leise, »eines Tages.«

Sie schüttelte den Kopf. »Aber vorläufig sind sie dumm. Sie ruinieren ihren Körper, sie sind völlig sauer. Niemand kann gesund sein mit der ganzen Säure im Leib.«

»No-Eyes, der Organismus braucht aber *schon* einen gewissen Prozentsatz an Säure, damit er die verschiedenen Nährstoffe, Vitamine und Mineralien richtig aufnehmen kann.«

Sie nickte bestätigend. »Das stimmt schon, aber der Körper kann nicht mehr als *so*viel Säure vertragen«, sagte sie und hielt dabei Finger und Daumen aneinander, um eine winzige Menge anzudeuten.

»Das sieht mir nach – na – zehn Prozent aus«, schätzte ich.

Sie nahm die Finger ein Spürchen weiter auseinander. »Fünfzehn vielleicht«, korrigierte sie.

»Fünfzehn Prozent sauer und fünfundachtzig Prozent basisch kommt wahrscheinlich ziemlich genau hin.« Dann runzelte ich die Stirn. »Es ist für einen Durchschnittsmenschen schwer, dieses Verhältnis aufrechtzuerhalten, No-Eyes.«

»Blabla! Summer tut das. Bill und Familie tun das. Genausogut können das alle anderen auch.«

Sie war wieder nahe daran, die Beherrschung zu verlieren.

»Aber es ist schwer für die Leute, wenn ihnen die Wichtigkeit einer ausgewogenen Ernährung nicht bewußt ist. Sie sind einfach zu sehr darauf konditioniert, Pommes zu essen, fettige Hamburger, Fleisch und Kuchen und Schokolade und –«

»*Summer!*«

Schweigen.

Sie beruhigte sich und sprach leise weiter. »Entschuldige. No-Eyes wollte nicht schreien.« Sie schwieg ein Weilchen und sagte dann: »Summer, die Leute müssen viel mehr auf diesen ganzen Kram achten. Wir reden hier nicht nur von Körper und Gesundheit, es geht dabei auch um *noch* wichtigere Sachen. Würden die Leute Dreck auf die Altäre in ihren Kirchen legen?«

Es war nur allzu klar, worauf sie hinauswollte. »Natürlich nicht«, antwortete ich seufzend.

»Warum füllen die dann den heiligen Bezirk des Geistes mit Drecksessen? Der menschliche Körper ist ein Haus, ist der heilige Bezirk des Großen Geistes, und sie stopfen ihn voll mit den schlechten Schwingungen von getöteten Tieren.« Sie wurde zunehmend trauriger. »Die Menschen müssen begreifen, wie eng sie mit Mutter Erde verbunden sind, müssen die *guten* Essenssachen erkennen, die durch ihre große nährende Mutterschnur zu ihnen kommen.«

»Ich weiß. Erinnerst du dich, was ich dir über die ganzen Antibiotika und Wachstumshormone gesagt habe, die den Rindern gespritzt werden, und die vielen chemischen Zusatzstoffe in ihrem Futter?«

»Ja. Summer sagte, daß die Leute dieses ganze üble Zeugs auch in ihren Organismus kriegen, wenn sie dieses schlechte Fleisch essen.«

»Das stimmt. Und jetzt habe ich gerade gelesen, daß manche Forscher meinen, unsere Kinder würden genau aus diesem Grund physisch zu früh reifen und außerdem gegen Antibiotika resistent werden – eben weil sie soviel Rindfleisch essen.«

»Summer, das kommt jetzt bloß noch dazu. Die Leute sind ja überhaupt nicht dazu *geschaffen*, dieses ganze Fleischzeugs zu essen. Das ist zu schwer für ihren Organismus. Das gibt ihrem Körper Sachen wie Tumore, wie –«

»Ja, ich weiß, No-Eyes.«

Die alte Frau hob ihr müdes Haupt der Sonne entgegen und empfing deren wärmende Liebesgabe auf ihrem Gesicht. Sie sprach lange kein Wort. Der Bach plätscherte und kräuselte sich, an uns vorbeifließend. Die Kiefern und Fichten wiegten sich im sanften Wind. Und ich schwieg still, während meine liebe Freundin an die Menschheit dachte und um ihretwillen stumme Gebete an den Großen Geist richtete.

Als No-Eyes ihre Gebete beendet hatte, erörterten wir die näheren Details ihres »Konzeptes« der sich ineinanderfügenden harmonischen Frequenzen. Sie sprach über die für den Menschen richtige Ernährung und darüber, wie gut Mutter Erde für die Befriedigung all unserer Bedürfnisse sorgt. Und das brachte uns auf das Thema der wildwachsenden Pflanzen und Kräuter, durch die die Natur seit Anbeginn der Zeiten für die Gesundheit des Menschen sorgt.

Die Greisin zählte bestimmte Krankheiten auf, nannte ihre natürlichen pflanzlichen Heilmittel sowie deren verschiedene Schwingungsraten und jene Naturdinge, die am besten mit ihnen harmonieren, wie Farben, Klänge, Windrichtungen, Mondphasen, Gerüche, Lichtqualität und anderes mehr. Diese Unterrichtsstunde dauerte bis in den frühen Abend.

Das in diesem ersten Buch, das vom Körper und seiner ganzheitlichen Gesundheit handelt, vorgestellte Material spiegelt No-Eyes' umfassendes Wissen über dieses Thema wider . . . ein Wissen, das sie vom Atem des Windes empfing, vom Flüstern der Berge, von der Erde selbst und, natürlich, von ihren besonderen kosmischen Freunden.

Drittes Kapitel

Herzklänge

Heimfinde-Instinkte und Lebensstil

Alles Lebendige und Nichtlebendige besteht aus unentwegt schwingenden Molekülen. Einige dieser Moleküle bewegen sich sehr langsam, andere wiederum vibrieren mit einer rasenden Geschwindigkeit. In jedem Individuum aber existiert ein hochempfindlicher Rezeptor, der die gesamte Skala seiner verschiedenen Frequenzen überwacht. Diese fein abgestimmte Funktion hat ihren Sitz in der Epiphyse oder Zirbeldrüse – einem Teil des Zwischenhirns.

Jeder Mensch besitzt eine »mittlere Schwingungszahl«, das heißt eine einzigartige, für ihn charakteristische Frequenz. Wenn jemandem die nötige Sensibilität fehlt, um seine mentalen Energien intuitiv seiner persönlichen Frequenz anzupassen, kann er sein Augenmerk auf bestimmte Indikatoren richten, anhand deren es möglich ist, die eigene mittlere Schwingungszahl zu erschließen. Die folgenden Fragen werden Ihnen dabei helfen, Ihre spezifische Frequenz »einzukreisen«. Dies bedeutet nicht, daß Sie als Ergebnis eine bestimmte Hertz-Zahl erhalten werden; dafür aber – was viel wichtiger ist –, daß Sie Klarheit darüber gewinnen werden, ob sich gewisse zentrale Aspekte Ihres Lebens im Einklang mit Ihrer persönlichen Frequenz befinden oder nicht.

Welche Gegend der Welt (Land, Region) mögen Sie am liebsten?
Ziehen Sie ein Klima mit deutlich wechselnden Jahreszeiten vor oder eher ein mehr oder weniger konstantes?
Wie würden Sie ihren bevorzugten Lebensraum beschreiben?
Wohnen Sie lieber in der Stadt oder auf dem Land?
Aus welcher Epoche stammen die Möbel, mit denen Sie Ihre Wohnung am liebsten einrichten würden?
Aus welchen Materialien sollte Ihr Haus gebaut sein, wenn Sie die Wahl hätten?

Welcher Architekturstil sagt Ihnen am meisten zu?
Was ist Ihr Lieblingsholz?
Was ist Ihre Lieblingsfarbe?
Welche Stoffe bevorzugen Sie für Ihre Kleidung?

Wenn Sie die obigen Fragen ehrlich beantwortet haben, sind Sie vielleicht zu dem Ergebnis gelangt, daß Ihr gegenwärtiges Leben nicht Ihren eigentlichen Wünschen entspricht. Das ist ein Zeichen dafür, daß Ihr Lebensstil nicht im Einklang mit Ihrer persönlichen mittleren Schwingungszahl steht. Vergleichen Sie Ihre Antworten mit Ihren realen Lebensumständen. Wenn sie voneinander abweichen, dann haben Sie die Ursache Ihres Unbehagens, Ihrer Unzufriedenheit gefunden – Sie leben *nicht* in einer kompatiblen »Schwingungs-Umgebung«.

Sehen wir uns zunächst die geographische Frage an. Wenn Sie erkennen, daß Sie mit ihrem gegenwärtigen Wohnort nicht harmonieren, dann eröffnen sich Ihnen zwei Wege: Jetzt müssen Sie entscheiden, ob Sie Ihre Situation ändern wollen oder nicht. Wenn die Antwort »ja« lautet, dann müssen Sie alles in Ihrer Macht Stehende tun, um Ihren Wunsch Wirklichkeit werden zu lassen, Ihren Entschluß also zu realisieren und sich dadurch jene erfreulichen und befriedigenden Lebensumstände zu schaffen, in denen Ihr Geist die besten Voraussetzungen für die Erfüllung seines eigentlichen Zwecks findet.

Vielleicht würden Sie diese Veränderung durchaus gern vornehmen, werden aber von allerlei rational klingenden psychologischen Fallstricken daran gehindert – von Überlegungen wie: »Ich kann nicht in eine andere Gegend ziehen, weil ich hier ein gesichertes Auskommen habe. Meine Nachbarn würden mich für verrückt erklären. Meine Verwandten wären außer sich.« Das sind nichts als Ausreden, hinter denen Sie unbewußt Ihre Angst vor dem Unbekannten und Ihre persönliche Unsicherheit verbergen. Was kann Ihnen ein sicherer Arbeitsplatz, ein gutes Einkommen schon nützen, wenn Sie ein unglückliches, unerfülltes Leben führen? Solche Ausreden verschlimmern in Wirklichkeit nur das Problem: Sie sind schwere Ketten, die Ihr Leben eng umschlossen halten und Sie daran hindern, der Mensch zu sein, der Sie eigentlich sein *sollten*.

Es ist außerordentlich wichtig, daß Sie das begreifen. Sie und nur Sie allein tragen die Verantwortung für Ihr Leben. Sie und nur Sie allein müssen für die Entscheidungen einstehen, die Sie treffen – oder auch nicht treffen. Ihre Freunde, Ihre Verwandten und Ihre Nachbarn sind für *Ihr* Leben *nicht* verantwortlich. Verantwortlich sind einzig und allein *Sie*. Machen Sie Ihre letztendliche Entscheidung nicht von den Ansichten und Kommentaren anderer abhängig. Werden Sie Ihre eigene Zukunft in die Hand nehmen? Werden Sie die Herrschaft über Ihr eigenes Leben an sich ziehen?

Wenn Sie unglücklich sind, dann machen Sie sich auf die Suche nach der wahren Ursache Ihres Zustands und beschließen Sie, Abhilfe zu schaffen. Hinterher werden Sie eine unglaubliche Erleichterung verspüren, gleichgültig, wieviel Aufregung und Streß Ihre Entscheidung zuerst verursacht haben mag. Ergreifen Sie die Initiative! Entdecken Sie Ihre *eigene* Zukunft! Suchen Sie Ihr Glück dort, wo Sie sich heimisch fühlen, und Sie werden es niemals bereuen. Ändern Sie Ihr Leben, wenn es Ihnen nötig erscheint. Finden Sie die Umgebung, die am ehesten Ihrer mittleren Schwingungszahl entspricht, damit Sie in größerer Harmonie mit der Welt und – vor allem – mit *sich selbst* leben können!

Jeder Mensch hat ein tiefes Bedürfnis nach Zugehörigkeit. Ob Sie nun das Gefühl haben, daß Sie eigentlich in das Zentrum einer pulsierenden Großstadt gehören, in ein verschlafenes Fischerdorf am Meer oder in eine Blockhütte mitten in einem Kiefernwald auf dem Gipfel eines Berges – lassen Sie sich dort nieder. Finden Sie Ihre wahren, innersten Bedürfnisse heraus und folgen Sie dem Weg, den sie Ihnen weisen.

Ebenso wie Ihre persönliche mittlere Schwingungszahl mit Ihrer geographischen Umgebung harmonieren sollte, ist es wichtig, daß Sie die Frequenzen verschiedener Farben auf Ihre eigene abstimmen.

Wie schon erwähnt, vibriert alle – lebende und nichtlebende – Materie auf ihrer molekularen Ebene. Dabei gibt sie ein bestimmtes, spezifisches Quantum Energie ab. Diese Energie strahlt von ihrer Primärquelle in Form der sogenannten Aura ab.

Alles besitzt eine solche energetische »Hülle«. Lebende Organismen weisen eine größere und farbigere Aura als unbeseelte Dinge auf. Es sind die Aktivitäten der verschiedenen Organe, die die Farbvariationen und Bewegungen der Aura verursachen.

Fortschrittliche Wissenschaftler haben ein ziemlich grobes, aber nichtsdestoweniger brauchbares Verfahren entwickelt, das die Aktivität der Aura veranschaulicht. Die sogenannte Kirlian-Fotografie hat uns gezeigt, wie Auras aussehen, und seit einiger Zeit versuchen Forscher, die exakte Bedeutung der vielfältigen Lichtmuster zu bestimmen, die an unterschiedlichen Versuchspersonen – und an ein und derselben bei unterschiedlichen Gemütszuständen – festgestellt werden können.

Diejenigen unter Ihnen, die auf dem spirituellen Pfad entsprechende Fortgeschritte gemacht haben, kennen die Schönheit der menschlichen Aura vielleicht auch schon aus eigener Anschauung.

Jedes Geschöpf besitzt eine Aura lebendiger Energie, die seinen physischen Körper umgibt. Ihre Erscheinung steht in einem direkten Zusammenhang mit der seelischen und der körperlichen Verfassung ihres »Trägers«. Indem sie den momentanen Gesundheitszustand des Menschen widerspiegelt, kann die Aura sowohl allgemeine Störungen als auch eng umgrenzte Krankheitsherde anzeigen.

Eines Tages wird zu jeder ärztlichen Routineuntersuchung auch die mittels einer entsprechenden Apparatur durchgeführte Betrachtung der Aura des Patienten gehören. Eigens ausgebildete »Kirlianologen« (wie man solche Spezialisten für »Seelen-Röntgenologie« nennen könnte) werden imstande sein, anhand spezifischer Veränderungen der Aura jede Krankheit zu diagnostizieren – und das vielleicht sogar noch ehe sie sich auf der physischen Ebene bemerkbar gemacht hat. Bevor diese zeitsparende und lebensrettende Diagnosetechnik alltägliche Wirklichkeit werden kann, müssen wir allerdings noch sehr viel lernen.

Ebenso wie er eine mittlere Schwingungszahl hat, besitzt jeder Mensch auch eine charakteristische, ausschließlich ihm eigene, primäre Aurafarbe. Haben Sie schon einmal Kleidung von einer Farbe getragen, die »nicht zu Ihnen paßte«? Gibt es eine Farbe, die Sie lieber als andere tragen? Fühlen Sie sich oft *unbehaglich,* wenn Sie eine bestimmte Farbe anhaben? Oder gibt es gar eine Farbe, die Sie grundsätzlich *niemals tragen?* Ihre Antworten auf diese Fragen stehen in einem direkten Zusammenhang mit Ihrem unbewußten Wissen um Ihre primäre oder »mittlere« Aurafarbe.

Wenn beispielsweise in Ihrer Aura Blau vorherrscht, wird es Ihnen wahrscheinlich unangenehm sein, Rot oder eine andere, dem Rot verwandte Farbe wie Rosa, Pink und möglicherweise auch Orange zu tragen. Am besten werden Sie sich fühlen, wenn Sie etwas anhaben, das farblich Ihrer primären Aurafarbe entspricht oder diese komplementiert. Die sich neuerdings in bestimmten Kreisen einbürgernde Sitte, seine Kleidung auf seinen Teint und seine Haarfarbe abzustimmen, trägt in keiner Weise zu einem ganzheitlichen Wohlbefinden bei, denn oft genug hat der Teint eines Menschen nicht das geringste mit seiner hauptsächlichen Aurafarbe zu tun. Im allgemeinen werden Sie feststellen, daß Sie dann am kreativsten sind und sich besonders selbstsicher fühlen, wenn Sie die Komplementärfarbe Ihrer Aura tragen.

Soweit haben wir gesehen, daß jeder Mensch eine mittlere Schwingungszahl und eine mittlere oder hauptsächliche Aurafarbe besitzt. Wir haben uns bislang vornehmlich mit den inneren Aspekten der Person befaßt; jetzt werden wir unsere Aufmerksamkeit auf den »äußeren« Menschen richten.

Der menschliche Körper bedarf der täglichen vollständigen Reinigung. Besser, weil hygienischer, als ein Wannenbad ist zu diesem Zweck die Dusche. Auch das Haar muß täglich gewaschen werden – und keine Sorge, es wird davon *nicht* austrocknen oder gar ausfallen. Sie würden sich schütteln, wenn Sie die Heerscharen von Bakterien sehen könnten, die die gesamte Oberfläche Ihres Körpers bevölkern! Läßt man diesen Mikroorganismen auch nur ein paar Tage Zeit, sich zu vermehren, kann man das Ergebnis schon bald in Form von Akne, Pusteln, Mitessern und ähnlich unliebsamen Erscheinungen feststellen. Manche dieser Bakterien sind harmlos; es gibt aber durchaus auch solche, die unbedingt regelmäßig entfernt werden sollten. Gönnen Sie Ihrem Körper dieselbe liebevolle Pflege, die Sie einem neuen, teuren Auto angedeihen lassen würden!

Bewegung ist eine weitere Art, den Körper mit dem ihm gebührenden Respekt zu behandeln. Lassen Sie es nicht zu, daß Ihre schöne Gestalt erschlafft und dahinwelkt! Es gibt unzählige Arten mehr oder weniger sportlicher Betätigung, und eine davon eignet sich mit Gewißheit auch für *Sie.* Vom Laufen riet No-Eyes ab, weil es dem Körper auf lange Sicht mehr schadet als nützt. Aerobic ist ausgezeichnet, solange Sie gewissenhaft darauf achten, sich nicht zu überfordern, *und* unter der Aufsicht einer qualifizierten Lehrperson trainieren. Doch selbst dann müssen Sie bedenken, daß nicht alle Übungen eines Aerobic-Kurses für *Ihren* Körper gut sind – insbesondere dann, wenn Sie Probleme mit den Knien, den Fuß- oder den Hüftgelenken haben.

Sehr zu empfehlen sind Spaziergänge und Wanderungen. Gehen ist etwas, was die allermeisten Menschen ihrem Körper gefahrlos zumuten können. Es ist nicht anstrengend, doch es steigert auf sehr effektive Weise die Atemtätigkeit, es erhöht die Lungenkapazität, regt den Kreislauf an, fördert die Schweißabsonderung, erhält die Leistungsfähigkeit der Muskeln und muntert auf, alles zur gleichen Zeit. Sie sollten jeden Tag einen – nicht *zu* gemächlichen – Spaziergang machen.

Regelmäßige Ruhepausen sind ein weiterer wichtiger Aspekt einer gesunden Lebensweise. Ihr Körper braucht wenigstens acht Stunden tiefen Schlafs pro Nacht. Ich sagte »Nacht«, weil der Mensch von Natur aus ein tagaktives Wesen ist und sein Organismus daher so eingerichtet ist, daß es regelmäßige *Nacht*ruhe benötigt. Wir sind keine Eulen. Der Nachtschlaf ist für unser physisches *und* psychisches Wohlbefinden absolut unerläßlich. Jeder noch so raffinierte Versuch, die innere Uhr unseres Körpers umzustellen, wird sich früher oder später katastrophal auf unsere Gesundheit auswirken.

Ein Wasserbett hat lediglich die Wirkung, der Psyche vorzugaukeln, der Körper könne mit fünf bis sechs Stunden Schlaf pro Nacht auskommen. Durch sein sanftes Wogen verschafft es unserem Körper ähnliche Empfindungen, wie sie der Embryo hat, wenn er schwerelos im warmen Fruchtwasser schwimmt. Dieser Zustand ist natürlich ideal für ein noch unentwickeltes, erst heranreifendes Wesen; doch für einen Erwachsenen ist er nicht zu empfehlen, da er den Körper um die notwendigen Ruhestunden betrügt.

Auch die Stellung des Bettes spielt eine wichtige Rolle. No-Eyes erklärte, daß der menschliche Organismus dann die besten Leistungen erbringt, wenn der Körper während des Schlafens direkt auf den magnetischen Nordpol ausgerichtet ist. Mit anderen Worten: Ihr *Kopf* sollte in diese Richtung weisen. Es ist seit ältesten Zeiten bekannt, welch starke »Anziehung« die verschiedenen Himmelsrichtungen bei entsprechender Ausrichtung auf den menschlichen Körper und Geist ausüben. Einige Aspekte dieser Wirkung haben wir bereits im Zusammenhang mit dem Einfluß des Wetters und der verschiedenen Himmelskörper auf die menschliche Gesundheit erörtert. Dasselbe gilt nun in bezug auf die Wirkung, die das erdmagnetische Feld auf den Zustand unseres Körpers ausübt.

Wenn Sie Ihr Bett so aufstellen, daß das Kopfende direkt nach Norden zeigt, werden Sie schon bald merken, daß Sie tiefer und ruhiger schlafen, erfrischter aufwachen und sich allgemein kräftiger und leistungsfähiger fühlen. Alle diese Wohltaten sind die Folge der natürlichen Anziehungskraft des magnetischen Feldpols, der bei dieser Lage Ihre Energien, anstatt sie durch die Füße oder die Seite abzuleiten, durch den Kopf nach »oben« zieht.

Ebenso wie die Ausrichtung Ihres Bettes ist auch die Beschaffenheit unserer Wohnung oder unseres Hauses ein Faktor, der in wesentlichem Maße über unseren Gesundheitszustand entscheidet. Der innenarchitektonische Trend zum Ultramodernen, den ich immer wieder feststellen muß, läßt mich erschaudern. Bei diesem Einrichtungsstil finden vor allem Metalle Verwendung, wie Chrom, Aluminium, Stahl, Bronze, Eisen und dergleichen mehr. Diese Materialien sind extrem schädlich für den empfindlichen menschlichen Organismus, da sie an dessen natürlichen Energien »ziehen« und zufällige Entladungen unkontrollierter Kräfte verursachen. Solche Metalle wirken mit dem Magnetfeld der Erde zusammen und rufen wahre Energiestürme hervor, die die Insassen des Raums, in dem sie sich befinden, einem heftigen Bombardement negativer Einflüsse aussetzen.

Bitte begreifen Sie, daß wir Menschen, als die Kinder der Erde, dazu geschaffen wurden, in Harmonie und Einheit mit unser aller Mutter zu leben. Die *Härte* des Metalls verhindert eine liebevolle, sanfte Vereinigung mit der lebendigen Wesenheit, die die Erde darstellt. Ersetzen Sie bitte alle schädlichen Metalle durch weiche, warme Holzarten. Es ist schon traurig genug, daß der größte Teil der Menschheit sich für kalte, abweisende, schachtelähnliche Behausungen entschieden hat, die buchstäblich mit Lineal und Winkelmesser entworfen werden, anstatt die vereinigende, einschließende Kreisform zu wählen. Verschlimmern Sie die Sache bitte nicht auch noch durch die Verwendung lebensfeindlicher Metalle!

Diejenigen unter Ihnen, die sich mit dem Gedanken tragen, ein Haus zu bauen, sollten die Möglichkeit erwägen, Kurven und kreisförmige Elemente in die Planung einzubeziehen. Runde Häuser und Zimmer halten unsere wertvollen Energien zurück, wodurch diese uns wie eine schützende Hülle umgeben, und können so wesentlich zu unserem Wohlbefinden beitragen. Alle verwendeten Baumaterialien sollten so natürlich wie möglich sein: Stein, Ziegel, Holz – alles, nur keine Metalle.

Keiner dieser Ratschläge ist schwer zu verwirklichen. Es handelt sich dabei um ganz einfache Maßnahmen, die Ihnen dabei helfen, gesund zu bleiben – Maßnahmen, die uns, den Kindern der Erde, eine harmonische Lebensweise ermöglichen: das Earthway-Leben.

Die Wahl eines Lebensstils, der mit der Erde harmoniert, kann uns ein harmonisches Dasein schenken. Doch keine Änderung, die Sie an Ihrer bisherigen Lebensweise vornehmen, wird irgendeinen wirklichen Nutzen haben, solange Sie nicht zuallererst auf die richtige Diät achten, das Fundament, auf das sich jede harmonische Anpassung an die Natur stützt. Mit »Diät« meine ich keines dieser modischen Ernährungsprogramme, mit deren Hilfe Sie in soundsoviel Tagen soundsoviel Pfunde loswerden können. Ich spreche vielmehr von bestimmten allgemeinen »diätetischen Vorschriften«, die für *jeden* Menschen dieselbe Gültigkeit besitzen.

No-Eyes bezeichnete die Menschheit als eine Ansammlung von Ignoranten, die unentwegt die leibliche Hülle ihres Geistes mit schädlichen Speisen verunreinigen. Sie verglich unsere modernen Eßgewohnheiten mit dem Anspucken geweihter Gegenstände wie der Bibel oder der Thora. Sie sagte, der physische Körper des Menschen beherberge die strahlende Essenz des lebendigen Gottes, den Geist. Infolgedessen sei die Weise, wie wir diesen Tempel aus Fleisch und Blut ernähren, eine unmittelbare Entweihung des in ihm wohnenden Geistes.

Nun ist es aber ganz und gar irrelevant, ob Sie oder ob Sie nicht daran glauben, daß Ihr Körper eine geistige Essenz beinhaltet. Entscheidend ist nicht einmal, ob Sie an die Existenz Gottes glauben. Wichtig ist nur, daß Sie einsehen, daß die Nahrung, die Sie zu sich nehmen, Ihrem Körper schaden kann. Mag das Sprichwort »der Mensch ist, was er ißt,« auch schon etwas abgedroschen klingen – es ist nichtsdestoweniger absolut wahr.

Alles, was wir zu uns nehmen, hinterläßt bestimmte Rückstände in unserem empfindlichen Organismus. Manche dieser Rückstände halten sich länger als andere, und manche werden *überhaupt* nicht mehr abgebaut. Dies ist besonders wichtig, wenn wir uns einmal bewußtmachen, wie viele mehr oder weniger schädliche Chemikalien wir Tag für Tag mit unserer Nahrung aufnehmen – mag es sich dabei nun um Kunstdünger, Insektenbekämpfungsmittel, Konservierungsstoffe, Stabilisatoren, Farbstoffe oder sogenannte »naturidentische« Aromen handeln. »Aber ich fühle mich großartig,« behaupten wir, »ich achte durchaus auf eine richtige, ausgewogene Ernährung.« Aber stimmt das? Stimmt das *wirklich?*

Der empfindliche, höchst komplizierte menschliche Organismus unterscheidet sich in seiner Funktionsweise nicht grundsätzlich von dem anderer irdischer Lebensformen. Der Mensch ist von Natur aus so beschaffen, daß er bestimmte Nahrungsmittel benötigt, um vollkommen gesund zu bleiben. Sie würden Ihrem Zwerghasen bestimmt keine Schweinekoteletts auftischen. Ihren Hund würden Sie kaum auf eine reine Schokoladendiät setzen. Warum finden Sie dann nichts dabei, sich selbst in durchaus vergleichbarer Weise falsch zu ernähren?

Denken Sie einmal an die spezifischen Diäten, die bei verschiedenen Krankheiten ärztlich vorgeschrieben werden: Herzpatienten müssen gewisse Nahrungsmittel meiden, Diabetiker wiederum andere. Übergewichtige müssen eine bestimmte, strenge Diät einhalten, und Kreislaufpatienten wird empfohlen, eine andere zu beobachten. Warum ist das so? Weil bestimmte Nahrungsmittel für den menschlichen Organismus *nicht* gesund sind.

Unser Körper bedarf *sorgfältiger Pflege*, wenn er gesund bleiben soll. Und ebenso wie psychische Störungen, beispielsweise Depressionen, körperliche Beschwerden zur Folge haben können, kann ein schlechter physischer Gesundheitszustand zu Depressionen und anderen seelischen Leiden führen. Eine richtige Ernährung ist also für unsere gesamte Person von allergrößter Wichtigkeit.

Negative Emotionen werden oftmals von den Chemikalien verursacht, die in unseren Nahrungsmitteln enthalten sind. Forscher haben herausgefunden, daß hyperaktive Kinder deutlich ruhiger werden, sobald sie aufhören, Zucker und künstliche Farb- und Geschmacksstoffe zu sich zu nehmen. Chronische Krankheiten sind in vielen Fällen die Folge von Depressionen oder Hyperaktivität, die wiederum von den chemischen Zusatzstoffen hervorgerufen werden, die wir zusammen mit unseren Speisen unserem Körper zuführen.

In den folgenden Kapiteln, die sich mit der richtigen Ernährung des Menschen befassen, werden Sie auch einige allgemeine Informationen über Vitamine und Mineralstoffe finden. Bekanntlich regulieren diese Substanzen auf natürliche Weise die biologischen Vorgänge im Organismus und ermöglichen es unserem Körper dadurch, sich selbst und alle seine Organe fortwährend zu regenerieren. Ein schwerer Mangel an lebenswichtigen Vitaminen und Mineralstoffen führt zu einer drastischen Beeinträchtigung aller körperlichen Funktionen und äußert sich in steifen Gelenken, verlangsamten Muskelreflexen, mangelhafter Knochenbildung, geschwächtem Sinnesvermögen, Kreislauf- und Ateminsuffizienz sowie Verwirrung und anderen psychischen Störungen. Solange Sie die richtigen Nahrungsmittel im richtigen, ausgewogenen Verhältnis zu sich nehmen, sollte Ihr Organismus allerdings keinerlei Bedarf an zusätzlichen Vitaminpräparaten haben. Denken Sie bitte immer daran: Auch bei lebenswichtigen Substanzen ist »mehr« nicht nur *nicht* »besser«, sondern oft genug sogar schädlich. Multivitamin-Mineralstoff-Präparate sollten eigentlich nur auf ärztliches Anraten hin genommen werden, also beispielsweise wenn Sie gerade von einer Krankheit genesen oder schwanger sind. Um die vollständige Resorption solcher Präparate zu erleichtern, empfahl No-Eyes die zusätzliche Einnahme von Gelatine. Durch ihre bindende Beschaffenheit bewirkt Gelatine, daß die Vitamine und Mineralstoffe längere Zeit im Organismus verbleiben. Darüber hinaus enthält sie selbst neun Aminosäuren, die der Körper für die Bildung des Hämoglobins benötigt. Im folgenden Kapitel werden alle lebenswichtigen Vitamine und Mineralstoffe aufgelistet und ihre spezifischen positiven Wirkungen genannt.

Viertes Kapitel

Earthway-Genetik

Unser diätetisches Erbe

Die Natur im Gleichgewicht

Der Faktor des »chemischen Gleichgewichts« ist von eminenter Bedeutung für die Erlangung und Erhaltung vollkommener Gesundheit. Dieses Gleichgewicht stellt sich dadurch auf ganz natürliche Weise ein, daß man die richtigen Nahrungsmittel im richtigen Mengenverhältnis zu sich nimmt. Für diejenigen unter meinen Lesern, die noch nicht mit der hier angesprochenen Art von Gleichgewicht vertraut sind, will ich allerdings erst eine kurze Erklärung vorausschicken.

Alle Nahrungsmittel lassen sich jeweils einer von zwei Kategorien zuordnen. Jede Speise erzeugt im Körper entweder Säure oder Base. Ein Überschuß an Säure im Organismus verursacht die verschiedensten physischen Störungen und macht den Körper namentlich für Erkältungskrankheiten und grippale Infekte anfällig. Umgekehrt kann man sagen, daß sich ein Mensch, dessen Körperflüssigkeiten überwiegend alkalisch (basisch) sind, in der Regel guter Gesundheit und eines allgemeinen Wohlbefindens erfreut. Die Aquarianer unter Ihnen, die einige Erfahrung in der Haltung von tropischen Fischen haben, sind vermutlich bereits mit dem Begriff des Säure-Basen-Verhältnisses vertraut. Das empfindliche Gleichgewicht zwischen »sauer« und »basisch«, das es im Wasser zu erzielen und aufrechtzuerhalten gilt, ist eine wesentliche Bedingung für das Wohlergehen Ihrer exotischen Pfleglinge, denn schon eine geringe Abweichung vom Idealwert, gleich in welcher Richtung, kann ein Massensterben im Aquarium verursachen. Für Ihren Organismus ist dieses richtige Verhältnis nicht minder wichtig.

Wie können Sie aber als medizinischer Laie wissen, wie es um Ihren Säure-Basen-Haushalt bestellt ist? Es ist überhaupt kein

Problem. Sie brauchen sich nur einzuprägen, welche Nahrungsmittel im Körper sauer und welche alkalisch reagieren, und Ihre Diät dementsprechend abzustimmen.

Das für den menschlichen Organismus ideale Mengenverhältnis ist fünfzehn Prozent Säure und fünfundachtzig Prozent Base. Nun könnten manche von Ihnen meinen, ein hundertprozentig alkalischer Organismus müßte, wenn Säure doch so schädlich ist, dann noch besser sein. Das trifft aber nicht zu! Erinnern Sie sich, daß ein Mehr des Guten *nicht* »besser« bedeutet. Ihre tropischen Fische würden in einer rein alkalischen Umgebung elendiglich zugrunde gehen. Ebenso muß der menschliche Organismus beide chemischen Verbindungen enthalten, und zwar in einem ganz bestimmten *Mengenverhältnis.* Ein gewisses Quantum an Säure brauchen wir durchaus, um verschiedene Vitamine und Mineralstoffe richtig assimilieren zu können. Daher muß unser Speiseplan zu fünfzehn Prozent säurebildende Nahrungsmittel enthalten – aber *nicht mehr.*

No-Eyes kam zwar nie dazu, mir eine vollständige Liste aller möglichen Speisen und ihrer spezifischen Reaktion im Organismus zu geben, aber schon die folgende Zusammenstellung säure- und basenbildender Nahrungsmittel sollte Ihnen in Ihrem täglichen Leben von einigem Nutzen sein:

Säurebildende Nahrungsmittel	*Basenbildende Nahrungsmittel*
Tierische Fette	Molkereiprodukte (Joghurt, Käse und so weiter)
Pflanzliche Öle	Obst (ausgenommen Pflaumen)
Eiweiß (Eiklar)	Gemüse (ausgenommen Hülsenfrüchte)
Hülsenfrüchte	Fisch/Meeresfrüchte
Nüsse (ausgenommen Mandeln)	Geflügel
Weißes Mehl/Nudeln	Sonnenblumenkerne
Stärke	Mandeln
Schokolade	Vollkornprodukte
Rohrzucker	Honig
Alkohol	Ahornsirup
Chemische Zusatzstoffe	
Pflaumen	

Säurebildende Nahrungsmittel	*Basenbildende Nahrungsmittel*
Preiselbeeren	Eidotter
Rind (Steaks, Hackfleisch, Leber, Herz und so weiter)	Rosinen
Schwein (Koteletts, Schinken, Speck, Eisbein und so weiter)	Müsli
Innereien	Kräutertees

Anhand dieser Liste können Sie ohne Schwierigkeiten Ihre persönliche ausgewogene Diät zusammenstellen. Wenn Sie oft erkältet sind oder allgemein zum Kränkeln neigen, enthält Ihr Organismus möglicherweise einen zu hohen Säureanteil. Königskerzentee und/oder frische Alfalfasprossen tragen zu einer Korrektur des biochemischen Gleichgewichts bei und helfen dem Organismus, seinen überwiegend basischen Idealzustand wiederherzustellen.

Denken Sie bitte daran, daß Rind- und Schweinefleisch, gleich in welcher Form, Säureproduzenten sind. Und nicht genug damit, daß sie in Ihrem Organismus schädliche Säure erzeugen, sie überschwemmen ihn außerdem mit einer Vielzahl gefährlicher Fremdstoffe.

Amerikanische Viehzüchter »reichern« das Mastfutter für ihre Rinder und Schweine nicht nur mit allerlei Chemikalien an, sondern auch mit gehäckselten Zeitungen und anderen »blähenden« Substanzen ohne jeglichen Nährwert. Dann spritzen sie dem Vieh regelmäßig Antibiotika, um es vor Krankheiten zu schützen, sowie Hormone, die ein möglichst schnelles Wachstum gewährleisten sollen. Schon bald sind die Tiere fleischig und reif für den Schlachthof. Dort sterben allerdings sehr viele von ihnen oft schon in den Stallungen und Gehegen. Diese Kadaver werden nicht immer ausgesondert, sondern oft genug in die Schlachthalle geschleppt und ohne viel Federlesens zusammen mit den fachgerecht getöteten Tieren verarbeitet. Von dort gelangt das Fleisch in die Geschäfte, wo es vielfach dank künstlicher Farbstoffe ein appetitlicheres Aussehen erhält.

Nun betritt ein ahnungsloser Kunde die Metzgerei. Er sieht ein schönes rotes Steak, das herrlich saftig und zart zu sein scheint.

Er kauft es, brät es und verspeist es mit großem Genuß. »Hmmm, köstlich!« ruft er am Ende noch aus. Wenn er wüßte ... Er hat gerade Zeitungspapier, Antibiotika, Hormone und, wenn er das Pech gehabt hat, ein Stück von einem nicht ausgesonderten verendeten Tier zu erwischen, auch noch Bakterien und Leichengift zu sich genommen.

Ist es da noch verwunderlich, wenn die Regierungen mehrerer EG-Staaten die Einfuhr von Rindfleisch aus den USA verbieten? *Sie* machen sich offenbar Sorgen um die Gesundheit ihrer Bürger. Warum tun das nicht auch wir?

Wenn Sie besonders gern Leber essen, dann haben Sie sich gerade das Organ ausgesucht, das alle Chemikalien und Gifte aus dem Organismus des Tieres herausfiltert. Alles, was an Schadstoffen durch Futter oder Spritzen in den Körper des Rinds oder Schweins gelangt war, findet sich in konzentrierter Form in der Leber wieder. Vielleicht glauben Sie, Leber sei besonders gesund, weil sie viel Eisen enthält, aber ihr Gehalt an Giftstoffen ist sogar noch höher.

Auch wenn Geflügel im allgemeinen unter kaum besseren Bedingungen aufwächst als Schweine und Rinder, birgt sein Fleisch für uns weit weniger Gefahren, da die in ihm enthaltenen Schadstoffe durch vollständiges Garen und durch Einhaltung strengster Hygiene in der Küche neutralisiert werden können. Truthahn ist ein guter Rindfleischersatz. Warum? Weil sein Fleisch ein Basenproduzent ist. Truthahn kann nicht nur als Braten, Schnitzel oder Gulasch verzehrt werden, sondern läßt sich auch, gehackt, zu praktisch jedem Gericht verarbeiten, das normalerweise Rinder- oder Schweinehack erfordert, wie Lasagne, Spaghetti alla Bolognese, Frikadellen und anderes mehr. Hinzu kommt noch die Tatsache, daß Truthahn zu den Fleischsorten mit dem höchsten Proteingehalt überhaupt gehört und in dieser Hinsicht sogar dem Rind überlegen ist. Und wenn Sie befürchten sollten, bei Ihrer neuen Diät zuwenig Eiweiß zu bekommen, kann ich Ihnen verraten, daß schon eine Handvoll Sonnenblumenkerne soviel davon enthält wie ein mittelgroßes Steak.

Manche Nahrungsmittel sind für den menschlichen Organismus besonders gesund. Hervorragend sind etwa Kartoffeln. Aber bitte, gewöhnen Sie sich ab, sie zu *schälen!* Würden Sie von einem

Hühnchen Haut und Fett verspeisen und das Fleisch wegwerfen? Im Prinzip tun Sie nichts anderes, wenn Sie die Kartoffel schälen oder pellen und nur das Innere essen. Praktisch alle wertvollen Nährstoffe, Vitamine und Spurenelemente der Kartoffel sind in der Schale enthalten.

No-Eyes' diätetische Lehren basierten in erster Linie auf dem, was sie aus eigener Erfahrung für richtig erkannt hatte und ihr von ihren kosmischen Freunden mitgeteilt worden war. Natürlich waren alle Informationen, die sie erhalten hatte und an ihre Schüler weitergab, in ein theoretisches System eingebettet, das die Einzeldaten zu einem Ganzen verband und mit einem geistigen Fundament versah. Dieses spirituelle Gebäude beinhaltete hohe philosophische Gedanken und Offenbarungen, von denen sich die Menschheit noch kaum einen Begriff machen kann. Da aber das allzufrühe Ende meiner Lehrzeit bei No-Eyes es mir unmöglich machte, eine umfassende Kenntnis von diesem System zu erlangen, wäre es äußerst unklug von mir, wollte ich versuchen, die vielen Wissensfragmente, die ich mir aneignen konnte, in irgendeiner Weise zu erklären. Soviel kann ich aber immerhin sagen, daß No-Eyes keineswegs zu einer rein vegetarischen Ernährung riet. Sie empfahl vielmehr ausdrücklich, auch Fisch und Geflügel zu essen. Vierbeinige Tiere, insbesondere Huftiere, schloß sie aber aufgrund ihrer höherentwickelten Seele als Nahrungslieferanten aus.

Meine eigene Erfahrung hat No-Eyes' Lehren durchaus bestätigt. Säugetiere besitzen in der Tat mehr Bewußtsein als ihre niedereren gefiederten oder geschuppten Brüder und Schwestern; schon oft habe ich – wie zweifellos viele von Ihnen – eine tiefe innere Beziehung zu einem Vierbeiner gespürt. Ich könnte es heute nie über mich bringen, ein Huftier zu essen, wie ich es noch vor nicht allzulanger Zeit in meiner Ahnungslosigkeit für mein selbstverständliches Recht hielt.

Die Richtigkeit dessen, was No-Eyes mich lehrte, ist auch durch die vielen Zuschriften, die ich seit Erscheinen meines ersten Buches, *Spirit Song,* empfangen habe, immer wieder bestätigt worden. Namentlich ein Brief ist mir unvergeßlich geblieben. Er kam von einer Frau, die in der Annahme, sie müsse sich rein vegetarisch ernähren, um den spirituellen Pfad beschreiten zu können, mit einem schweren Problem rang. Sie erklärte mir, wie ernst sie ihre »spirituelle« Diät nehme, und berichtete stolz, sie esse nicht nur weder Fleisch noch Fisch, sondern vermeide in ihrer Küche überhaupt alle tierischen Produkte wie Eier, Milch, Butter und Käse. Nun hatte ihr Hausarzt, wie sie mir bekümmert mitteilte, bei ihrem Kleinkind deutliche Symptome von Unterernährung festgestellt. Was mich nun besonders erschütterte, war die Tatsache, daß die Frau nicht etwa aus Sorge um ihr Baby schrieb, sondern weil sie von mir wissen wollte, wie sie trotz allem ihren spirituellen Überzeugungen treu bleiben könne.

Wenn Sie durch die Lektüre eines meiner Bücher von meinen nicht seltenen Temperamentsausbrüchen gegenüber No-Eyes wissen, dann werden Sie keinerlei Schwierigkeiten haben, sich meinen Zorn über diese irregeleitete Frau vorzustellen. Wie konnten einer Mutter ihre diätetisch-religiösen Theorien mehr am Herzen liegen als die Gesundheit und das Wohlergehen ihres eigenen Kindes? Was ging nur im Kopf eines solchen Menschen vor? Wie Sie sich denken können, las ich ihr gehörig die Leviten und befahl ihr, alles stehen und liegen zu lassen und dem armen Wesen *augenblicklich* Milch zu geben! Und Eier! Und viel, viel proteinreiche Babynahrung!

Spiritualität hat nichts mit Vegetarismus zu tun. Unsere kosmischen Brüder haben gelehrt, daß der Mensch durch eine fleischlose Diät um keinen Deut durchgeistigter wird und daß Fisch und Geflügel ausgezeichnete, für unseren Organismus wie geschaffene Proteinlieferanten sind.

Anstatt uns über müßige Fragen den Kopf zu zerbrechen, täten wir besser daran, jeden Menschen als verantwortliches Wesen zu respektieren und ihm das Recht einzuräumen, selbst über seine Diät zu entscheiden. Jemand, der nur Gemüse zu sich nimmt, ist kein bißchen spiritueller als jemand, der auch Fisch und Geflügel ißt. No-Eyes hat diesbezüglich keine Zweifel aufkommen lassen. Ernähren Sie sich ruhig vegetarisch, wenn Sie möchten – aber bilden Sie sich bitte nicht ein, Sie seien deswegen erleuchtet!

Richtlinien für Ihre Earthway-Diät

Die folgenden Richtlinien sollten Sie einhalten, wenn Sie ein gesundes und zufriedenes Leben zu führen wünschen. Diese

Regeln sind überhaupt nicht kompliziert. Sie sind leicht nachvollziehbar und praxisbezogen. Sie sind die Grundsätze der Earthway-Diät.

1. *Essen Sie ausschließlich Gemüse und Obst, das in der näheren Umgebung Ihres Wohnorts gewachsen ist.* Einheimische landwirtschaftliche Erzeugnisse helfen dem Körper, eine natürliche Immunität gegen spezifische pflanzliche und chemische Allergene der betreffenden Region aufzubauen, was sich in einer weit geringeren Anfälligkeit für entsprechende Krankheiten äußert. (Namentlich Honig von örtlichen Imkereien leistet diesbezüglich wertvolle Dienste, indem es die Symptome von Heuschnupfen lindert und gegen lokale Pollenarten immun macht.)
2. *Essen Sie ausschließlich natürlich gereifte Produkte.* Obst und Gemüse, das in unreifem Zustand gepflückt wird, hat nicht ausreichend Zeit gehabt, alle notwendigen Nährstoffe aus der Pflanze und dem Erdboden aufzunehmen.
3. *Kombinieren Sie niemals Zucker mit stärkehaltigen Nahrungsmitteln.* Diese Verbindung verursacht schädliche chemische Reaktionen im Verdauungstrakt, die zu Verstopfungen, Blähungen und Reizungen des Dickdarms führen. Es ist so, als leiteten Sie bewußt einen Gärungsprozeß in Ihrem Magen und Darm ein.
4. *Essen Sie niemals Fleisch zusammen mit stärkehaltigen Nahrungsmitteln.* Diese schädliche Kombination verlangsamt den Verdauungs- und Assimilationsprozeß, was zur Folge hat, daß der Speisebrei zu fermentieren beginnt und somit angegorene Substanzen in die Blutbahn gelangen.
5. *Mischen Sie niemals Zitrusfrüchte oder -säfte mit Milch.* Die Zitronensäure läßt im Magen die Milch gerinnen, was zu Verdauungsproblemen führt und die Assimilation verschiedener Nährstoffe erschwert.
6. *Essen Sie niemals fritierte oder in Fett gebratene Speisen.* Sie dürfen grillen, schmoren, backen, rösten, kochen oder dünsten, aber niemals, *niemals* in Fett braten.
7. *Verwenden Sie niemals Kochgeschirr aus Kupfer oder Aluminium.* Töpfe und Pfannen geben feinste Teilchen ihres jeweiligen Materials an die darin zubereiteten Speisen ab. Aluminium

und Kupfer sind schädlich für den menschlichen Organismus. Sehr zu empfehlen sind gußeiserne Töpfe, weil die Eisenspuren, die die Speisen darin aufnehmen, sich positiv auf unsere Gesundheit auswirken. Werfen Sie bitte alle Ihre nichtemaillierten oder -versiegelten Kochgeräte aus Kupfer oder Aluminium auf den Müll! Sie sehen zwar hübsch aus, aber sie sind lebensgefährlich.

8. *Essen Sie nichts, was künstliche Farb-, Konservierungs- oder sonstige Zusatzstoffe enthält.* Früher oder später werden die Wissenschaftler herausfinden, daß diese Substanzen – vor allem Nitrate und bestimmte Farbstoffe – die wahren Krebserreger sind.
9. *Essen Sie niemals Schokolade.* »Oh, nein!« rufen Sie jetzt vielleicht aus. »Verlangen Sie *das* nicht von mir!« Doch, genau darauf *müssen* Sie verzichten. Schokolade ist einer der gefährlichsten Säureproduzenten überhaupt und muß unter allen Umständen gemieden werden.
10. *Dünsten Sie jedes frische Gemüse.* Das ist die einzige Methode, ein Gemüse zu garen, bei der alle wertvollen Nährstoffe und Vitamine erhalten bleiben.
11. *Schränken Sie Ihren Verbrauch von Süßstoffen und chemisch entkoffeinierten Getränken ein.* Praktisch alle Zuckerersatzstoffe sind in der einen oder anderen Weise schädlich, und Kaffee, dem man auf chemischem Weg das Koffein entzogen hat, enthält dafür andere, nicht minder ungesunde Substanzen. Geringe Mengen von normalem Kaffee belasten unseren Organismus weniger als größere Mengen koffeinfreier, aber chemisch behandelter Produkte, die No-Eyes zufolge den Cholesterinspiegel im Blut erhöhen. Natürlich darf man bei bestimmten Krankheiten überhaupt kein Koffein zu sich nehmen; in solchen Fällen sollten Sie stets den Rat Ihres Arztes befolgen.
12. *Meiden Sie das Weiße vom Ei.* Der Dotter ist nicht nur der nahrhafteste Teil des Eis, sondern auch ein Basenproduzent. Essen Sie den Dotter und lassen Sie das »saure« Eiklar stehen.
13. *Essen Sie niemals Schweinefleisch, Rindfleisch oder irgendwelche Innereien.* Dies ist bereits ausführlich erklärt worden.
14. *Achten Sie stets darauf, tadellos sauberes Geschirr und Besteck zu benutzen.* Das gilt auch, wenn Sie auswärts essen. Vielleicht

genieren Sie sich, Ihren Gastgeber oder Kellner gegebenenfalls um ein anderes Glas oder Messer zu bitten, aber es ist immer noch besser, einen roten Kopf zu bekommen, als sechs bis acht Wochen lang das Bett zu hüten, weil Sie sich eine Hepatitis oder etwas ähnliches zugezogen haben. Im übrigen ist es auch eher Sache des *Gastgebers,* sich zu schämen, wenn er Ihnen kein einwandfreies Geschirr oder Besteck vorgelegt hat!

15. *Essen Sie nie, wenn Sie besorgt, nervös oder zornig sind.* Solche Emotionen üben einen direkten Einfluß auf unsere Verdauung aus. Negative Gefühle können zu Verkrampfungen des Magens und des Darms führen und dadurch Schmerzen, Durchfall und/oder schwere Magenverstimmungen verursachen. Warten Sie mit dem Essen lieber, bis Sie sich beruhigt haben.
16. *Essen Sie möglichst wenig Süßigkeiten.* Wenn Sie unbedingt etwas naschen müssen, dann halten Sie sich lieber an Sonnenblumenkerne, Joghurt, Rosinen oder Mandeln. Wenn Sie sich ohne Nachtisch unglücklich fühlen, dann versuchen Sie es mit einem frischen Obstsalat, und wenn Ihnen der Kaffee ohne Kuchen nicht schmeckt, dann meiden Sie wenigstens alle schweren Torten mit Zuckerguß, Cremefüllung und Schlagsahne.
17. *Schränken Sie Ihren Alkoholverbrauch ein.* Das bedarf keiner weiteren Erklärung.
18. *Achten Sie bei Ihrer Diät auf das richtige Verhältnis von säure- und basenbildenden Nahrungsmitteln.*
19. *Trinken Sie täglich acht Glas Wasser.*
20. *Schlafen Sie jede Nacht wenigstens acht Stunden, und analysieren Sie Ihre Träume.*
21. *Akzeptieren Sie andere so, wie sie sind. Akzeptieren Sie das Leben.*
22. *Lieben Sie sich selbst.* Diese letzte Empfehlung mag ein wenig hochtrabend klingen, aber Sie können nicht physisch gesund bleiben, solange Sie sich für minderwertig, unfähig, häßlich oder sündig halten. Eine gute Gesundheit ist die direkte Folge guter *Gedanken.* Die Liebe muß zuerst das innere Selbst vollkommen ausfüllen, bevor sie überfließen und den äußeren Menschen (Ihren physischen Leib) umhüllen kann.

Die Earthway-Küche

Die Earthway-Küche kann grundsätzlich in jedermanns Heim »installiert« werden, ob Sie nun in einem kleinen Apartment oder in einer Luxusvilla, in einem Hochhaus oder in einer Blockhütte im Wald wohnen. Die Earthway-Küche ist nicht nur das *Zimmer*, in dem Sie kochen, sondern auch eine bestimmte, gesunde *Art* zu kochen.

Die tägliche Arbeit in der Küche kann so sehr zur Routine werden, daß man mit der Zeit alle Handgriffe wie ein Automat verrichtet. Mechanisches Verhalten macht uns aber unaufmerksam und verleitet zu scheinbar praktischen »Abkürzungen«, zu arbeitssparenden Kniffen, von denen manche durchaus gefährlich sein können.

Es gibt bestimmte Grundregeln, deren Befolgung ein gesundes Kochen gewährleistet. Manche dieser Prinzipien sind wohlbekannt, aber einige werden Ihnen vielleicht neu sein. Alle zusammen machen das aus, was man ein »gutes Kochbewußtsein« nennen könnte.

Es ist wichtig, daß Sie die Küche als einen ganz besonderen Bereich Ihrer Wohnung betrachten. Als solcher erfordert dieser Raum von Ihnen ein gewisses Maß an Aufmerksamkeit, wenn Sie sich vor allen Gefahren für Ihre Gesundheit schützen wollen, die gewohnheitsmäßiges Verhalten, Nachlässigkeit oder Übereilung bedingen können. Sowohl die Vorbereitung des Essens als auch der gesamte Bereich, in dem diese erfolgt, müssen so hygienisch wie nur irgend möglich sein. Das ist die Mindestanforderung, die wir an jedes Restaurant stellen, das wir frequentieren. Von unserem Heim dürften wir eigentlich nicht weniger erwarten.

Hier sind einige Tips für die Earthway-Küche:

1. Bevor Sie mit jeder Essensvorbereitung beginnen, waschen Sie sich gründlich die Hände.
2. Wenn Sie Wasser zum Trinken oder Kochen benötigen, lassen Sie es eine Minute lang laufen, bevor Sie die erforderliche Menge abfüllen. Dadurch vermeiden Sie, durch schädliche Ablagerungen in den Rohren verunreinigtes Wasser zu sich zu nehmen.
3. Waschen Sie Geflügel stets gründlich, bevor Sie es in irgend-

einer Weise weiter behandeln. Waschen Sie alle Oberflächen, die mit dem Fleisch in Berührung gekommen sind, und ebenso alles, was Sie mit fleischbeschmutzten Händen berührt haben. Wenn Sie damit fertig sind, waschen Sie sich die Hände gründlich mit Wasser und Seife.

4. Verwenden Sie niemals hölzerne Schneidebretter. In den feinen Rissen und Schnitten des Holzes bleiben Fleisch- und Gemüsepartikel zurück, in denen sich Bakterien einnisten.
5. Auch Schüsseln und Kochlöffel aus Holz können aus demselben Grund zu Brutstätten von Bakterien werden. Verwenden Sie Arbeitsgeräte aus Teflon oder Stahl, niemals aus Holz oder Aluminium.
6. Verwahren Sie geschälte oder gehackte Zwiebeln oder Knoblauch nur in verschließbaren *Glas*behältern. Plastikgefäße nehmen den Geruch an.
7. Ein offenes Glas voll Natriumbikarbonat (Natron) im Kühlschrank bindet alle Gerüche.
8. Waschen Sie jedes Obst und Gemüse vor dem Verzehr.
9. Wischen Sie Konservendosen vor dem Öffnen stets gründlich ab, andernfalls werden Schmutzpartikeln durch den Büchsenöffner hineingetragen und verunreinigen den Inhalt. Wenn Ihnen diese Maßnahme übertrieben erscheint, dann denken Sie nur daran, daß Lagerhallen oft genug ein Tummelplatz für Ratten und Kakerlaken sind und daß Sie nicht wissen können, ob so ein Tierchen bei seinen Wanderungen nicht gerade auf Ihrer Dose seine »Visitenkarte« zurückgelassen hat.
10. Danken Sie, bevor Sie zu essen anfangen, im Geist der Speise für die Lebenskraft, die sie Ihnen schenkt.
11. Nehmen Sie sich für Ihre Mahlzeiten genügend Zeit. Essen Sie niemals, wenn Sie in Eile oder erregt sind. Jede Mahlzeit sollte in einer entspannten und angenehmen Atmosphäre stattfinden.
12. Wenn Sie Teflonpfannen und -töpfe verwenden, dann ersetzen Sie sie, sobald die Beschichtung Sprünge oder Abnutzungserscheinungen aufweist.
13. Reinigen Sie täglich die Oberseite von Salz- und Pfefferstreuern.
14. Wenn Sie Gabeln spülen, wischen Sie sorgfältig zwischen den

Zinken; in diesen Zwischenräumen können sich leicht Schmutzreste festsetzen.

15. Haustiere haben auf Tischen und sonstigen Arbeitsflächen in der Küche nichts zu suchen. Dieser Hinweis mag Ihnen überflüssig erscheinen, aber manch ein Vogelkäfig wird in der Küche gereinigt, und manch eine Katze hält es für ihr selbstverständliches Recht, auf Küchenmöbeln spazierenzugehen. Tierliebe ist etwas sehr Schönes, aber Sie können nicht wissen, in was diese süßen Pfötchen vielleicht erst vor wenigen Minuten hineingetreten sind.
16. Lassen Sie nach der Mahlzeit niemals Essensreste offen herumliegen. Legen Sie sie sofort in den Kühlschrank (das gilt ganz besonders für Fleischwaren).
17. Halten Sie Nahrungsmittel immer zugedeckt. Wenn Sie Ihre Butter außerhalb des Kühlschranks aufbewahren, dann bitte nur in einer entsprechenden, verschlossenen Dose. Fliegen legen ihre Eier mit Vorliebe an Nahrungsmitteln ab. Ungeschützte Speisen können außerdem auch leicht durch unsichtbare Schwebstoffe in der Luft verunreinigt werden.
18. Nehmen Sie immer einen sauberen Löffel, wenn Sie ein Gericht während des Kochens abschmecken. Ich habe sogar Fernsehköche mit demselben Löffel, den sie gerade am Mund gehabt hatten, wieder im Topf rühren sehen! Das ist ganz eindeutig *kein* hygienisches Kochen.
19. Wenn Sie Topfpflanzen in der Küche stehen haben, untersuchen Sie sie regelmäßig nach Ungeziefer.
20. Wenn Sie Ihr Geschirr mit der Hand spülen, achten Sie darauf, daß in der Küche – täglich frische – *gesonderte* Geschirr- und Handtücher hängen und daß sie nur für den ihnen jeweils zugedachten Zweck verwendet werden.
21. Nehmen Sie in Zellophan eingepacktes frisches Obst und Gemüse immer, sobald Sie zu Hause angekommen sind, aus der Verpackung, da es sonst viel schneller verdirbt.
22. Frieren Sie einmal aufgetaute Nahrungsmittel unter keinen Umständen wieder ein.
23. Kaufen oder verzehren Sie keine grünschaligen Kartoffeln.
24. Verwahren Sie keine Arzneien in Schränken neben oder über dem Herd.
25. Halten Sie immer eine frische, rohe Kartoffel griffbereit: Bei

Verbrennungen oder Verbrühungen lindert eine sofort auf die entsprechende Hautpartie gelegte Kartoffelscheibe die Schmerzen, und wenn sie mit Pflaster oder einem Verband auf der verletzten Stelle befestigt wird, heilt die Wunde schneller.

26. Halten Sie in der Küche einen Feuerlöscher bereit. Vergewissern Sie sich, daß er für den Einsatz bei Bränden an elektrischen Anlagen geeignet ist. Vergewissern Sie sich, daß alle im Haus mit dem Gerät umgehen können. Veranstalten Sie regelmäßige »Auffrischungskurse« für Ihre ganze Familie.
27. Servieren Sie niemals innen noch rosiges Geflügel. Wenn das Fleisch nicht mattweiß ist, dann ist es noch nicht richtig gar. *Jede* Fleischsorte muß hundertprozentig »durch« sein.
28. Reinigen Sie Eiswürfelschalen in regelmäßigen Abständen mit Seife und warmem Wasser.
29. Wenn Sie sich bezüglich der Frische eines Nahrungsmittels (etwa im Falle von Speiseresten oder angebrochenen Konservendosen) nicht absolut sicher sind, werfen Sie es lieber weg.
30. Verwenden Sie in der Küche niemals scharfe Reinigungsmittel, da sie giftige Dämpfe entwickeln, die von den Speisen aufgenommen werden können. Natron ist ein hervorragender, unschädlicher Ersatz, mit dem Sie in der Küche praktisch alles sauber und blank bekommen.
31. Halten Sie neben der Spüle ein Stück desinfizierende Seife bereit. Spülen Sie es nach jedem Gebrauch ab. Seife – und ebenso die Seifenschale – sollte immer vollkommen sauber sein.
32. Kochen Sie nie, wenn Sie erregt oder zerstreut sind – denn dann sind Sie eine wandelnde Unfallgefahr.

Die Vitamine und Mineralstoffe der Erde

Obwohl ein Gesundheitsbuch ohne einen Abschnitt über Vitamine und Mineralstoffe strenggenommen unvollständig wäre, erschiene eine solche Darstellung (in Anbetracht der äußerst umfangreichen Literatur, die es zu diesem Thema bereits auf dem Markt gibt) an dieser Stelle überflüssig, wenn sie nicht noch einige neue Aspekte enthielte – in diesem Falle die zusätzlichen Informationen über wildwachsende pflanzliche Nahrungsmittel, die No-Eyes mir im Verlaufe unserer langen Gespräche gab.

Die Frage, welche die gesündeste Weise sei, dem Körper alle notwendigen Vitamine und Mineralstoffe zuzuführen, ist schon seit Jahren heftig umstritten. Manche empfehlen die tägliche Einnahme von chemischen Zusatzpräparaten. Andere vertreten die Ansicht, durch den Verzehr frischer Nahrungsmittel bekomme der Mensch normalerweise eine völlig ausreichende Menge dieser lebenswichtigen Substanzen; darüber hinaus seien solche *natürlichen* Vitamine den künstlich hergestellten unbedingt vorzuziehen.

Als ich No-Eyes fragte, ob man ihrer Meinung nach regelmäßig Multivitamin-Mineralstoff-Präparate einnehmen sollte, antwortete sie, dies sei vom Gesundheitszustand und den Ernährungsgewohnheiten des einzelnen abhängig. Der Mensch, erklärte sie, werde durch Mutter Erde zwar eigentlich mit allem Nötigen versorgt, viele Leute aber äßen nicht genug von den richtigen, vitamin- und mineralstoffhaltigen Nahrungsmitteln, weswegen bei ihnen die Einnahme von Zusatzpräparaten ratsam erscheine. Letztlich könne aber nur ein Arzt – von Fall zu Fall – entscheiden, was für jemanden nötig und empfehlenswert sei.

Bei dem heutigen Trend zu fetter Ernährung und hektischer Lebensweise sind die Vitamine und Mineralstoffe ein wenig in Vergessenheit geraten und rangieren in der »diätetischen Werteskala« der Mehrheit erst nach den Fetten, Kohlenhydraten und dem Cholesterin. Trotz der unbestreitbaren Bedeutung dieser drei Substanzen sind es aber vor allem die Vitamine und Mineralstoffe, die den größten Einfluß auf unser Wohlbefinden, auf unseren Gesundheitszustand, ja sogar auf unsere Lebensfähigkeit ausüben.

Vitamin A

Was es bewirkt: Vitamin A ist von wesentlicher Bedeutung für die gesunde Bildung von Knochen, Zähnen, Haaren und Haut. Es unterstützt die Regeneration von Körpergewebe und Organen; es wirkt Nachtblindheit entgegen; es reguliert die Feuchtigkeitsmenge in den Schleimhäuten von Kehle, Nase, Lungen und Mund; es unterstützt die Blutbildung; es hilft dem Verdauungssystem dabei, Proteine gut zu assimilieren; und es wirkt oxidationshemmend.

Mangelerscheinungen: lockere Zähne, Zahnfleischerkrankungen, häufige Infektionen, Nachtblindheit, brüchige Haare und Nägel, trockene Haut, Nebenhöhlenprobleme, Allergien, Verlust des Geruchssinns, Diarrhö, Erschöpfung und Appetitsmangel.

Wirkt am besten in Verbindung mit: Zink, Kalzium sowie den Vitaminen des B-Komplexes, Vitamin C, D und E.

Neutralisierende Faktoren: Alkohol, Kaffee und übermäßig viel Eisen.

Folgende Lebensmittel enthalten Vitamin A:

Mehle, Müsli-Zutaten & Getreideprodukte

Bananenbrot	Rosinenbrot
Buchweizenmehl	Rosinenkleiemüsli
Corn-flakes	Sojamehl
Haferflocken	Weizenflocken
Haferschrot	Weizenkleieflocken
Kleieflocken	Weizenmehl
Maisgrieß	Weizenvollkornbrot

Ei- & Molkereiprodukte

Blauschimmelkäse	Magermilch
Butter	Milchspeiseeis
Cheddarkäse	Pudding
Eggnog-Cocktail	Sahne
Eidotter	Saure Sahne
Hüttenkäse	Schmelzkäse

Joghurt
Käsesaucen
Kuhmilch
Schweizer Käse
Streichkäse
Ziegenmilch

OBST

Agave
Ananas
Äpfel
Aprikosen
Bananen
Boysenbeeren
Brombeeren
Cantaloupe-Melone
Datteln
Dörrpflaumen
Erdbeeren
Feigen
Grapefruit
Heidelbeeren
Himbeeren
Holunderbeeren
Kakipflaume
Kinnikinnick
Kirschen
Mandarinen
Marmelade/Konfitüre/Gelee
Nektarinen
Orangen
Papaya
Pfirsiche
Rosinen
Stachelbeeren
Wacholderbeerlatwerge
Wassermelonen
Weintrauben
Yucca
Zitronen

FLEISCH

Ente
Gans
Huhn
Truthahn

NÜSSE & SAMEN

Kaschunüsse
Kürbiskerne
Meldensamen
Mesquitebohnen
Pekannüsse
Pistazien
Sonnenblumenkerne
Walnüsse
Ysop

MEERESFRÜCHTE

Austern
Heilbutt
Hering
Hummer
Kabeljau
Krebse
Lachs
Makrele
Miesmuscheln
Sardinen
Schellfisch
Schwertfisch
Shrimps
Thunfisch

Gemüse & Salate	
Auberginen	Oliven
Blumenkohl	Paprikaschoten
Brokkoli	Petersilie
Brunnenkresse	Pilze
Erbsen	Radieschen
Grüne Bohnen	Rhabarber
Gurke	Riesenkürbis
Huflattich	Rosenkohl
Gänsefuß	Rüben
Karotten	Rübstiel
Kohl	Sauerampfer
Kohl-Gänsedistel	Sauerkraut
Kopfsalat	Sellerie
Kürbis	Senfpflanze
Lauch	Spargel
Limabohnen	Spinat
Linsen	Süßkartoffeln
Löwenzahn	Tomaten
Mais	Wald-Weidenröschen
Okraschoten	Zwiebeln

Vitamin B-Komplex

Was es bewirkt: Die Gruppe von Vitaminen, die als B-Komplex bezeichnet werden, umfaßt B_1 (Thiamin), B_2 (Riboflavin), B_3 (Niacin), B_6 (Pyridoxine), B_{12} (Cyanocobalamin), B_{13} (Orotsäure), B_{15} (Pangamsäure), B_{17} (Laetril), Biotin, Cholin, Folsäure, Inositol, PABS (4-Aminobenzoesäure) und Pantothensäure.

Die Vitamine des B-Komplexes sind wichtig für die Umwandlung von Kohlenhydraten in Glucose, die ihrerseits vom Körper verbrannt wird, um Energie zu produzieren. Der B-Komplex reguliert die Stoffwechselvorgänge und die Funktionen des Nervensystems. Er wirkt sich außerdem positiv auf Haut, Haare, Augen und Leber aus. Er sorgt für das geregelte Funktionieren des Magen-Darm-Traktes.

Mangelsymptome: Reizbarkeit, Depressionen, Haarausfall, Akne, Appetitlosigkeit, Erschöpfung, Schlaflosigkeit, trockene Haut, Verstopfung und Anämie.

Wirkt am besten in Verbindung mit: Keine Angaben.

Neutralisierende Faktoren: Alkohol, Kaffee, Antibabypille, Streß, Zucker (in größeren Mengen), Schlaftabletten und Sulfonamide.

Folgende Nahrungsmittel enthalten die Vitamine des B-Komplexes: Alle oben genannten Elemente des B-Komplexes mit Ausnahme von B_{17} (Laetril) finden sich in Bierhefe und allen Vollkornprodukten.

Vitamin B_1 (Thiamin)

Was es bewirkt: Vitamin B_1 ist notwendig für die Regulierung des Hungergefühls und die Assimilation von Nahrungsmitteln. Es verwandelt Kohlenhydrate in Glucose und isoliert die Nerven. Vitamin B_1 wirkt sich positiv auf die Gehirnfunktionen aus, indem es die Lernfähigkeit steigert. Dieses Vitamin ist verantwortlich für einen guten Muskeltonus der Lunge und des Verdauungstraktes. Es hält Augen, Haare, Leber und Mund gesund. Auch lindert es Zahnschmerzen und fördert den Heilungsprozeß.

Mangelsymptome: Wachstumsstörungen, Schwäche, Erschöpfung, Appetitlosigkeit, Taubheit der Hände und/oder Füße, Nervosität, Kurzatmigkeit, Verstopfung, Funktionsstörungen des Herzens, Depressionen und Vergeßlichkeit.

Wirkt am besten in Verbindung mit: Mangan und den Vitaminen des B-Komplexes sowie C und E.

Neutralisierende Faktoren: Alkohol, Kaffee, Fieber, Tabak, Streß und chirurgische Eingriffe.

Folgende Nahrungsmittel enthalten Vitamin B_1:

MEHLE, MÜSLI-ZUTATEN & GETREIDEPRODUKTE

Bananenkuchen	Pumpernickel
Bierhefe	Roggenbrot
Buchweizenmehl	Rosinenbrot
Corn-flakes	Rosinenkleiemüsli
Gerste	Sojamehl
Haferflocken	Weizenflocken
Haferschrot	Weizenkeime
Kleieflocken	Weizenkleieflocken
Maisgrieß	Weizenvollkornbrot
Naturreis	

EI- & MOLKEREIPRODUKTE

Blauschimmelkäse	Kuhmilch
Buttermilch	Magermilch
Cheddarkäse	Milchspeiseeis
Eggnog-Cocktail	Parmesankäse
Eidotter	Pudding
Hüttenkäse	Sahne
Joghurt	Saure Sahne
Käsesaucen	Ziegenmilch

OBST

Ananas	Grapefruit
Äpfel	Heidelbeeren
Aprikosen	Himbeeren
Bananen	Holunderbeeren
Birnen	Kandelaberkaktus
Boysenbeeren	Kakipflaumen
Brombeeren	Kirschen
Cantaloupe-Melone	Orangen
Datteln	Papaya
Dörrpflaumen	Rosinen
Erdbeeren	Wassermelone
Feigen	Weintrauben

FLEISCH

Huhn	Truthahn

NÜSSE & SAMEN

Eicheln der Traubeneiche	Mandeln

Erdnüsse	Paranüsse
Eßkastanien	Pekannüsse
Flatterbinse	Pistazien
Fuchsschwanz	Portulak
Haselnüsse	Sesamsamen
Kaschunüsse	Sonnenblumenkerne
Kürbiskerne	Walnüsse

MEERESFRÜCHTE

Austern	Makrele
Flunder	Miesmuscheln
Flußbarsch	Sardinen
Forelle	Schellfisch
Heilbutt	Schnapperfisch
Hummer	Schwertfisch
Krebse	Shrimps
Lachs	Thunfisch

GEMÜSE & SALATE

Auberginen	Petersilie
Blumenkohl	Pilze
Brokkoli	Portulak
Brunnenkresse	Riesenkürbis
Erbsen	Rohrkolben
Fieberstrauch	Rosenkohl
Gänsefuß	Rüben
Grüne Bohnen	Rübstiel
Hirschbeeren	Sassafras
Huflattich	Schachtelhalm
Karotten	Sellerie
Kartoffeln	Senfpflanze
Kidneybohnen	Sojabohnen
Klettenwurzel	Spargel
Kohl	Spinat
Kopfsalat	Steppenhexe
Lauch	Tomaten
Linsen	Wald-Weidenröschen
Löwenzahn	Wegerich
Mais	Wilder Knoblauch
Natternzunge	Yerba Santa

Paprikaschoten	Yucca
Pastinak	Zwiebeln

Vitamin B_2 (Riboflavin)

Was es bewirkt: Vitamin B_2 ist von wesentlicher Bedeutung für die biochemische Umwandlung von Fetten, Kohlenhydraten und Proteinen. Es ist unerläßlich für die richtige Funktion der Enzyme und die adäquate Sauerstoffversorgung der Zellen. Vitamin B_2 ist notwendig für die Bildung von Antikörpern und roten Blutkörperchen; auch hält es Haut, Haare, Augen, Nägel und Leber gesund.

Mangelerscheinungen: Schwindelgefühl, Dermatitis, Lippen- und Zahnfleischgeschwüre, Entzündungen der Zunge, schuppige Haut an Nase und Stirn, extremer Haarausfall, schlechte Verdauung und Augenprobleme.

Wirkt am besten in Verbindung mit: Phosphor, den Vitaminen des B-Komplexes und Vitamin C.

Neutralisierende Faktoren: Alkohol, Kaffee, Zucker und Tabak.

Folgende Nahrungsmittel enthalten Vitamin B_2:

Mehle, Müsli-Zutaten & Getreideprodukte	
Bierhefe	Roggenbrot
Corn-flakes	Sojamehl
Gerste	Weizenflocken
Haferflocken	Weizenkeime
Haferschrot	Weizenvollkornbrot

Ei- & Molkereiprodukte	
Blauschimmelkäse	Magermilch
Buttermilch	Milchspeiseeis
Cheddarkäse	Parmesankäse
Eggnog-Cocktail	Pudding
Eidotter	Sahne
Hüttenkäse	Saure Sahne

Joghurt	Schmelzkäse
Käsesaucen	Streichkäse
Kuhmilch	Ziegenmilch

Obst

Aprikosen	Heidelbeeren
Avocados	Himbeeren
Bananen	Holunderbeeren
Boysenbeeren	Kirschen
Dörrpflaumen	Mandarinen
Erdbeeren	Rosinen
Feigen	Wassermelone
Felsenbirnen	Würgkirschen

Fleisch

Ente	Huhn
Gans	Truthahn

Nüsse & Samen

Butternüsse	Kürbiskerne
Erdnüsse	Mandeln
Eßkastanien	Sesamsamen
Hirtentäschel	Sonnenblumenkerne
Kaschunüsse	Walnüsse

Meeresfrüchte

Austern	Krebse
Flunder	Lachs
Flußbarsch	Makrele
Forelle	Miesmuscheln
Heilbutt	Sardinen
Hering	Schellfisch
Hummer	Schwertfisch
Kabeljau	Shrimps
Kelp	Thunfisch

Gemüse & Salate

Blumenkohl	Pastinak
Brokkoli	Pilze
Erbsen	Portulak
Gänsefuß	Riesenkürbis

Grüne Paprikaschoten	Rosenkohl
Kartoffeln	Rübstiel
Kohl	Sauerampfer
Kürbis	Senfpflanze
Lauch	Sojabohnen
Lebensbaum-Zypresse	Spinat
Limabohnen	Vogelmiere
Linsen	Wachsbohnen
Löwenzahnblätter	Wald-Weidenröschen
Mais	Yampa
Okraschoten	

Vitamin B_3 (Niacin)

Was es bewirkt: Niacin senkt den Cholesterinspiegel im Blut, reguliert den Fett-Kohlenhydrat-Protein-Stoffwechsel, isoliert die Nerven und ist unerläßlich für eine gesunde Haut sowie für die ordnungsgemäße Funktion des Verdauungsapparates.

Mangelerscheinungen: Dermatitis, Muskelschmerzen oder -krämpfe, Erschöpfung, Schlaflosigkeit, Magenverstimmung, psychische Störungen, Wundsein der Mundschleimhaut, Appetitlosigkeit und trockene Haut.

Wirkt am besten in Verbindung mit: Phosphor und den Vitaminen B_1 und C.

Neutralisierende Faktoren: Alkohol, Kaffee, übermäßiger Genuß von Zucker und Stärke sowie Antibiotika.

Folgende Nahrungsmittel enthalten Niacin:

Mehle, Müsli-Zutaten & Getreideprodukte

Buchweizenmehl	Naturreis
Corn-flakes	Reisflocken
Fuchsschwanzmehl	Roggenbrot
Gerste	Sojamehl
Haferflocken	Trespenschrot
Haferschrot	Weizenflocken

Kleieflocken
Klettenmehl
Maisgrieß
Weizenkeime
Weizenvollkornbrot

Ei- & Molkereiprodukte

Cheddarkäse
Eggnog-Cocktail
Eidotter
Hüttenkäse
Joghurt
Kuhmilch
Milchspeiseeis
Pudding
Schmelzkäse
Schweizer Käse
Ziegenmilch

Obst

Ananas
Aprikosen
Bananen
Boysenbeeren
Brombeeren
Datteln
Dörrpflaumen
Erdbeeren
Grapefruit
Heidelbeeren
Himbeeren
Kandelaberkaktus
Kirschen
Orangen
Pfirsiche
Rosinen
Sauerdornbeeren
Wacholderbeeren
Weintrauben

Fleisch

Ente
Gans
Huhn
Truthahn

Nüsse & Samen

Agave
Erdnüsse
Fuchsschwanz
Kaschunüsse
Kürbiskerne
Mandeln
Pinienkerne
Pistazien
Sesamsamen
Sonnenblumenkerne
Walnüsse
Ysop

Meeresfrüchte

Austern
Flunder
Flußbarsch
Forelle
Krebse
Lachs
Makrele
Schellfisch

Hummer	Schwertfisch
Kabeljau	Shrimps
Kelp	Thunfisch

Gemüse & Salate	
Blumenkohl	Okraschoten
Brokkoli	Petersilie
Brunnenkresse	Pilze
Claytonie	Riesenkürbis
Drüsenklee	Rohrkolben
Flatterbinse	Rosenkohl
Fuchsschwanz	Sauerampfer
Gänsefuß	Senfpflanze
Grüne Paprikaschoten	Sojabohnen
Huflattich	Spargel
Karotten	Steppenhexe
Kartoffeln	Wegerich
Klette	Weiße Bohnen
Mais	Wilder Lauch
Natternzunge	Yampa
Nesseln	Zwiebeln

Vitamin B_6 (Pyridoxine)

Was es bewirkt: Vitamin B_6 ist von wesentlicher Bedeutung für die Regulierung des Stoffwechsels von Fett, Kohlenhydraten und Proteinen; es ist notwendig für die Produktion von Antikörpern und roten Blutkörperchen; es unterstützt den Verdauungsprozeß und sorgt für eine gute Resorption des Vitamins B_{12} sowie von Kalium und Natrium.

Mangelerscheinungen: Dermatitis, Nervosität, Haarausfall, Akne, trockene Lippen, Arthritis und Lernschwierigkeiten.

Wirkt am besten in Verbindung mit: Vitamin-B-Komplex, Magnesium, Kalium und Pantothensäure.

Neutralisierende Faktoren: Alkohol, Kaffee, Antibabypille und radioaktive Strahlen.

Folgende Nahrungsmittel enthalten Vitamin B_6:

MEHLE, MÜSLI-ZUTATEN & GETREIDEPRODUKTE

Corn-flakes	Rosinenbrot
Gerste	Rosinenkleiemüsli
Haferflocken	Weizenflocken
Haferschrot	Weizenkeime
Kleieflocken	Weizenkleie
Pumpernickel	Weizenvollkornbrot
Reisflocken	

EI- & MOLKEREIPRODUKTE

Buttermilch	Magermilch
Cheddarkäse	Sahne
Eggnog-Cocktail	Saure Sahne
Eidotter	Schmelzkäse
Hüttenkäse	Schweizer Käse
Joghurt	Streichkäse
Kuhmilch	Ziegenmilch

OBST

Agave	Grapefruit
Ananas	Heidelbeeren
Äpfel	Himbeeren
Aprikosen	Kirschen
Bananen	Marmeladen/Gelees
Birnen	Nektarinen
Brombeeren	Orangen
Cantaloupe-Melone	Pfirsiche
Datteln	Rosinen
Erdbeeren	Wassermelone
Feigen	Weintrauben

FLEISCH

Geflügel

NÜSSE & SAMEN

Erdnüsse	Paranüsse
Mandeln	Walnüsse

Meeresfrüchte

Flußbarsch
Heilbutt
Krebse
Lachs
Makrele
Miesmuscheln
Sardinen
Stint

Gemüse & Salate

Auberginen
Bergamotte
Blumenkohl
Engelwurz
Farnstrauch
Grüne Paprikaschoten
Gurke
Kandelaberkaktus
Karotten
Kartoffeln
Kohl
Kürbis
Mais
Okraschoten
Petersilie
Pilze
Rhabarber
Riesenkürbis
Rohrkolben
Rosenkohl
Rübstiel
Sauerkraut
Schierlingstanne
Sellerie
Senfpflanze
Sojabohnen
Spargel
Spinat
Wiesenrautenähnliches Caulophyllum
Yampa
Ysop
Yucca
Zwiebeln

Vitamin B_{12} (Cyanocobalamin)

Was es bewirkt: Vitamin B_{12} ist von wesentlicher Bedeutung für die Regulierung des Stoffwechsels von Fett, Kohlenhydraten und Proteinen; es erhält die Zellen und das Nervensystem gesund; es ist außerdem wichtig für die Bildung roter Blutkörperchen, und es unterstützt den Körper bei der Resorption von Eisen.

Mangelerscheinungen: Appetitmangel, Nervosität, Anämie, allgemeine Müdigkeit, Schwächegefühl in den Beinen, Sprechprobleme und Gehirnschäden.

Wirkt am besten in Verbindung mit: Kalium und den Vitaminen B_6 und C.

Neutralisierende Faktoren: Alkohol, Kaffee, Laxativa, Tabak und Antibabypillen.

Folgende Nahrungsmittel enthalten Vitamin B_{12}:

Mehle, Müsli-Zutaten & Getreideprodukte	
Corn-flakes	Maisgrieß

Ei- & Molkereiprodukte	
Buttermilch	Magermilch
Cheddarkäse	Sahne
Eggnog-Cocktail	Schmelzkäse
Eidotter	Schweizer Käse
Hüttenkäse	Streichkäse
Joghurt	Ziegenmilch
Kuhmilch	

Obst	
Felsenbirnen	Fieberstrauch

Fleisch	
Huhn	

Nüsse & Samen	
Fuchsschwanz	Pinienkerne

Meeresfrüchte	
Hummer	Krebse

Gemüse & Salate	
Claytonie	Mais
Erbsen	Natternzunge

Vitamin C (Ascorbinsäure)

Was es bewirkt: Vitamin C stärkt die Blutgefäße; es unterstützt die Bildung und Erhaltung von gesundem Zahnfleisch, gesunden Zähnen und Knochen; es hilft bei der Resorption von Eisen, und es erhöht die Widerstandskraft des Körpers gegen Infektionen. Es schützt außerdem die Vitamine im Körper, wodurch sie besser assimiliert werden können. Vitamin C unterstützt die Heilung von Wunden und Verbrennungen. Es schützt gegen Krebs, hilft dem Körper dabei, toxische Schmermetalle abzubauen, reduziert oxidiertes Cholesterin und wirkt oxidationshemmend.

Mangelerscheinungen: Muskelschwäche, Zahnfleischbluten, Infektanfälligkeit, anomal langsames Ausheilen von Brüchen und Wunden, Neigung zu Blutergüssen, Anämie, Appetitlosigkeit, geschwollene Gelenke und Nasenbluten.

Wirkt am besten in Verbindung mit: Kalzium und Magnesium.

Neutralisierende Faktoren: Aspirin, Antibiotika, Kortison, Streß, Tabak, Sulfonamide, Natriumbikarbonat und kupfernes Kochgeschirr.

Nahrungsmittel, die Vitamin C enthalten:

MEHLE, MÜSLI-ZUTATEN & GETREIDEPRODUKTE

Corn-flakes
Fuchsschwanzmehl
Haferflocken
Kleieflocken
Meldenmehl
Rosinenkleiemüsli
Yampamehl

EI- & MOLKEREIPRODUKTE

Joghurt
Kuhmilch
Magermilch
Milchspeiseeis
Sahne
Ziegenmilch

OBST

Ananas
Äpfel
Aprikosen
Bananen
Beutelmelone
Birnen
Boysenbeeren
Brombeeren
Cantaloupe-Melone
Dörrpflaumen
Erdbeeren
Fieberstrauch
Grapefruit
Heidelbeeren
Himbeeren
Kaktusfeigen
Kürbis
Orangen
Papaya
Pfirsiche
Stachelbeeren
Wassermelone

Feigen	Weintrauben
	Zitronen
Fleisch	
Huhn	Truthahn
Nüsse & Samen	
Erdnüsse	Melde
Fuchsschwanz	Paranüsse
Haselnüsse	Pinienkerne
Meeresfrüchte	
Austern	Kelp
Flunder	Krebse
Heilbutt	Miesmuscheln
Hering	Schellfisch
Hummer	Thunfisch
Gemüse & Salate	
Blumenkohl	Mais
Brokkoli	Riesenkürbis
Brunnenkresse	Rosenkohl
Erbsen	Rübstiel
Huflattich	Sauerampfer
Karotten	Senfpflanze
Kartoffeln	Sojabohnen
Kiefernnadeln	Spargel
Kohl	Spinat
Kürbis	Tomaten
Löwenzahnblätter	

Vitamin D (Cholecalciferol)

Was es bewirkt: Vitamin D ist von wesentlicher Bedeutung für die Knochen- und Zahnbildung bei Kindern. Es hält das Nervensystem gesund und ermöglicht eine normale Blutgerinnung. Es erleichtert die Resorption von Phosphor und Kalzium und fördert die Schilddrüsenfunktion.

Mangelerscheinungen: Rachitis (bei Kindern), Energieabfall, Speicherung von Phosphor in den Nieren, Kurzsichtigkeit, Diarrhö, Nervosität, schlechter Stoffwechsel, Diabetes und fehlerhafte Zahnbildung.

Wirkt am besten in Verbindung mit: Kalzium, Phosphor und den Vitaminen A und C.

Neutralisierende Faktoren: Mineralöl

Bitte beachten Sie: Bei manchen Vitaminen führt eine Überdosierung zu – mitunter schweren – Vergiftungserscheinungen.

Die Symptome einer Überdosierung von Vitamin D sind Übelkeit, Erbrechen, Schwindelgefühl, Appetitlosigkeit, häufiger Harndrang, Kalkablagerung in den Blutgefäßen und im Herzgewebe.

Folgende Nahrungsmittel enthalten Vitamin D:

MEHLE, MÜSLI-ZUTATEN & GETREIDEPRODUKTE

Bananenkuchen	Rosinenkleiemüsli
Corn-flakes	Schachtelhalmmehl
Fuchsschwanzbrot	Trespenschrot
Kleieflocken	Wald-Weidenröschenmehl

EI- & MOLKEREIPRODUKTE

Butter	Kuhmilch
Eggnog-Cocktail	Magermilch
Eidotter	

OBST

Bananen	Kandelaberkaktus

FLEISCH

Huhn

NÜSSE & SAMEN

Fuchsschwanz	Trespe
Schachtelhalm	

MEERESFRÜCHTE

Lachs	Sardinen

Lebertran	Thunfisch

GEMÜSE & SALATE

Drüsenklee	Kohl-Gänsedistel
Fuchsschwanz	Wald-Weidenröschen

Vitamin E (Tokopherol)

Was es bewirkt: Vitamin E verlangsamt den Alterungsprozeß, stabilisiert mehrfach ungesättigte Fettsäuren und Vitamin A und ist unerläßlich für die normale Funktion der männlichen Keimdrüsen, den normalen Schwangerschaftsverlauf und die Funktionstüchtigkeit von Nervensystem und Muskulatur. Es erweitert die Blutgefäße, schützt die Nebennieren- und die Hypophysenhormone und beugt Ödemen vor. Vitamin E wirkt oxidationshemmend und unterstützt die körpereigene Abwehr von Schadstoffen in der Nahrung und Umwelt.

Mangelerscheinungen: glanzloses Haar, Impotenz, Fehlgeburten, Herzkrankheiten, vergrößerte Prostata, Nieren- und Leberschäden, Darmfunktionsstörungen, Anämie bei Kindern, männliche Sterilität und Krebs.

Wirkt am besten in Verbindung mit: Mangan, Phosphor, Selen und den Vitaminen A, B und C.

Neutralisierende Faktoren: Antibabypille, Chlor und Mineralöle.

Bitte beachten Sie: Sollten Sie herzkrank sein oder an Bluthochdruck leiden, dann bedenken Sie bitte, daß übermäßig viel Vitamin E zu einer weiteren Erhöhung des Blutdrucks führt und Herzprobleme verschlimmert.

Folgende Nahrungsmittel enthalten Vitamin E:

MEHLE, MÜSLI-ZUTATEN & GETREIDEPRODUKTE

Bananenkuchen	Puffreis
Maisgrieß	Schachtelhalmmehl
Mesquitegrieß	Weizenkeime

Naturreis

EI- & MOLKEREIPRODUKTE
Eggnog-Cocktail
Eidotter
Milchspeiseeis
Sahne

OBST
Äpfel
Bananen
Cantaloupe-Melone
Erdbeeren
Felsenbirnen
Grapefruit
Orangen

FLEISCH
Geflügel

NÜSSE & SAMEN
Agave
Erdnüsse
Feigenkaktus
Mesquitebohnen
Ysop

MEERESFRÜCHTE
Shrimps

GEMÜSE & SALATE
Karotten
Kohl
Mais
Mesquite
Petersilie
Senfpflanze
Spinat

Vitamin K (Phyllochinon)

Was es bewirkt: Vitamin K ist unerläßlich für die Bildung des Prothrombins (in der Leber) und verschiedener Blutgerinnungsfaktoren (»antihämorrhagisches Vitamin«). Es trägt außerdem zur Verlängerung der Lebensdauer bei.

Mangelerscheinungen: Blutungsneigung, Diarrhö, häufiges Nasenbluten, Kolitis, verlangsamte Blutgerinnung und Fehlgeburten.

Wirkt am besten in Verbindung mit: Gelatine

Neutralisierende Faktoren: Aspirin, ranziges Fett, radioaktive Strahlung, Mineralöle, Antibiotika und Luftverschmutzung.

Bitte beachten Sie: Die Symptome einer toxischen Überdosierung von Vitamin K sind Anämie, Brustschmerzen, Schweißausbrüche und Hitzewallungen.

Folgende Nahrungsmittel enthalten Vitamin K:

MEHLE, MÜSLI-ZUTATEN & GETREIDEPRODUKTE

Bananenkuchen	Rosinenbrot
Haferschrot	Rosinenkleiemüsli
Maisgrieß	Weizenkeime
Pinienkernschrot	Weizenvollkornbrot

EI- & MOLKEREIPRODUKTE

Eggnog-Cocktail	Kuhmilch
Eidotter	Sahne

OBST

Bananen	Orangen
Erdbeeren	Pfirsiche
Fieberstrauch	Rosinen
Kandelaberkaktus	Sauerdornbeeren
Kinnikinnick	

FLEISCH

Huhn

NÜSSE & SAMEN

Eicheln	Pinienkerne
Kaffeebohnen	Spargel

MEERESFRÜCHTE

Keine Angaben

GEMÜSE & SALATE

Blumenkohl	Natternzunge
Brokkoli	Pilze
Brunnenkresse	Portulak
Claytonie	Radicchio
Grüne Bohnen	Sojabohnen

Karotten	Spargel
Kartoffeln	Steppenhexe
Kohl	Tomaten
Mais	

Folsäure

Was sie bewirkt: Folsäure ist für eine gesunde Bildung roter Blutkörperchen nötig. Sie ist wichtig für die Biosynthese von Nukleinsäure, die ihrerseits das normale Zellwachstum und die Neubildung von Zellen gewährleistet. Sie unterstützt die Leberfunktion und die Abwehr von Darmparasiten.

Mangelerscheinungen: Darmfunktionsstörungen, schlechte Assimilation, Anämie, Lernschwierigkeiten, verzögertes Wachstum und ergrauende Haare.

Wirkt am besten in Verbindung mit: Biotin, Pantothensäure und den Vitaminen B_{12} und C.

Neutralisierende Faktoren: Alkohol, Kaffee, Streß, Tabak, Sulfonamide und Streptomycin.

Folgende Nahrungsmittel enthalten Folsäure:

Mehle, Müsli-Zutaten & Getreideprodukte	
Bierhefe	Roggenmehl/-brot
Corn-flakes	Schachtelhalmmehl
Gerste	Sojamehl
Haferflocken	Weizenflocken
Haferschrot	Weizenkeime
Kleieflocken	Weizenvollkornbrot
Maisgrieß	Wildreis/Naturreis
Pinienkernmehl	

Ei- & Molkereiprodukte	
Cheddarkäse	Hüttenkäse
Eggnog-Cocktail	Kuhmilch
Eidotter	Schmelzkäse

Ziegenmilch

Obst

Ananas
Äpfel
Aprikosen
Bananen
Brombeeren
Cantaloupe-Melone
Erdbeeren
Feigen
Felsenbirnen
Fieberstrauch
Grapefruit
Heidelbeeren
Kirschen
Orangen
Pfirsiche
Rosinen/Weintrauben
Wacholderbeerlatwerge
Wassermelone

Fleisch

Huhn
Truthahn

Nüsse & Samen

Agave
Erdnüsse
Gerste
Haselnüsse
Hirtentäschel
Mandeln
Pekannüsse
Walnüsse

Meeresfrüchte

Krebse
Lachs
Makrele
Miesmuscheln
Shrimps
Thunfisch

Gemüse & Salate

Auberginen
Blumenkohl
Brokkoli
Claytonie
Drüsenklee
Endiviensalat
Engelwurz
Huflattich
Klette
Kohl
Kohl-Gänsedistel
Kopfsalat
Lattich
Mais
Petersilie
Portulak
Radicchio
Rosenkohl
Sauerampfer
Spargel
Spinat
Zwiebeln

Pantothensäure *Was sie bewirkt:* Pantothensäure ist ein Koenzym, das die Assimilation des Riboflavins unterstützt. Sie stimuliert das Wachstum, unterstützt die Bildung von Antikörpern, fördert die Produktion der Nebennierenhormone, die für eine gesunde Haut und gesunde Nerven zuständig sind. Sie verhindert vorzeitiges Altern, wirkt der Zerstörung von Zellen infolge radioaktiver Strahlung entgegen und lindert arthritische Beschwerden.

Mangelerscheinungen: Haarausfall, trockene, juckende Haut, Nierenprobleme, Erbrechen, niedriger Blutzuckerspiegel, Infektionen der Atemwege, Depressionen, Geschwüre, Verstopfung und Müdigkeit.

Wirkt am besten in Verbindung mit: Folsäure und den Vitaminen B_6, B_{12} und C.

Neutralisierende Faktoren: Alkohol, Natriumbikarbonat, Kaffee und Essig.

Folgende Nahrungsmittel enthalten Pantothensäure:

Mehle, Müsli-Zutaten & Getreideprodukte

Buchweizenmehl	Roggenbrot
Drüsenkleemehl	Sojamehl
Gerste	Weizenflocken
Hefe	Weizenkeime
Kleieflocken	Weizenmehl
Maisgrieß	Weizenvollkornbrot
Naturreis	

Ei- & Molkereiprodukte

Cheddarkäse	Kuhmilch
Eggnog-Cocktail	Milchspeiseeis
Eidotter	Sahne
Hüttenkäse	Schmelzkäse
Joghurt	Ziegenmilch

Obst

Ananas	Himbeeren

Äpfel	Holunderbeeren
Bananen	Kinnikinnick
Datteln	Kirschen
Erdbeeren	Orangen
Felsenbirnen	Wacholderlatwerge
Grapefruit	Wassermelone
Fleisch	
Huhn	Truthahn
Nüsse & Samen	
Agave	Mandeln
Erdnüsse	Pinienkerne
Kaschunüsse	Sonnenblumenkerne
Meeresfrüchte	
Austern	Lachs
Flußbarsch	Miesmuscheln
Heilbutt	Sardinen
Hummer	Shrimps
Krebse	
Gemüse & Salate	
Auberginen	Kürbis
Blumenkohl	Linsen
Brokkoli	Mais
Drüsenklee	Pilze
Erbsen	Rosenkohl
Kartoffeln	Sauerampfer
Kohl	Sojabohnen
Kohl-Gänsedistel	Yampa

Biotin

Was es bewirkt: Biotin (»Vitamin H«) ist von wesentlicher Bedeutung für die Produktion von Fett, das seinerseits vom Körper in Energie umgewandelt wird. Biotin unterstützt die Assimilation von Eiweiß, Vitamin B_{12}, Folsäure und Pantothensäure. Es fördert in erheblichem Maße das Wachstum und ist notwendig für eine gesunde Muskulatur, gesundes Haar und gesunde Haut.

Mangelerscheinungen: Appetitlosigkeit, Erschöpfung, Muskelschmerzen, Dermatitis, Seborrhö, Schlaflosigkeit, Depressionen und ungesunde Hautfarbe.

Wirkt am besten in Verbindung mit: Folsäure, Pantothensäure und den Vitaminen B_{12} und C.

Neutralisierende Faktoren: Nicht bekannt.

Nahrungsmittel, die Biotin enthalten:

MEHLE, MÜSLI-ZUTATEN & GETREIDEPRODUKTE

Bierhefe	Maisgrieß
Corn-flakes	Pinienkerne
Fuchsschwanz	Sojamehl
Hirtentäschel	Wald-Weidenröschen

EI- & MOLKEREIPRODUKTE

Cheddarkäse	Kuhmilch
Eidotter	Schmelzkäse

OBST

Äpfel	Grapefruit
Bananen	Orangen
Cantaloupe-Melone	Pfirsiche
Erdbeeren	Rosinen
Felsenbirnen	Wassermelone

FLEISCH

Geflügel

NÜSSE & SAMEN

Agave	Pekannüsse
Erdnüsse	Pinienkerne
Haselnüsse	Walnüsse
Mandeln	

MEERESFRÜCHTE

Austern	Makrele
Hering	Sardinen
Lachs	Thunfisch

GEMÜSE & SALATE

Agave	Kohl
Blumenkohl	Linsen
Bohnensprossen	Mais
Boretsch	Pilze
Claytonie	Rüben
Erbsen	Rübstiel
Fieberstrauch	Sojabohnen
Flatterbinse	Spargel
Grüne Bohnen	Süßkartoffeln
Hirtentäschel	Trespe
Karotten	Wiesenrautenähnliches Caulophyllum
Kinnikinnick	Zwiebeln

Paraaminobenzoesäure (PAB)

Was sie bewirkt: Paraaminobenzoesäure wirkt als Koenzym bei der Umsetzung und Verwertung von Proteinen. Sie ist – als Folsäure-Baustein – als Wachstumsfaktor wirksam, unterstützt die Bildung roter Blutkörperchen und die gesunde Pigmentierung von Haut und Haar. Sie ist auch ein natürlicher Sonnenschutz.

Mangelerscheinungen: Verdauungsstörungen, chronische Kopfschmerzen, Depression, Erschöpfung, Anämie und Nervosität.

Wirkt am besten in Verbindung mit: Folsäure und Vitamin C.

Neutralisierende Faktoren: Alkohol, Kaffee und Sulfonamide.

Bitte beachten Sie: Die Symptome einer toxischen Überdosierung von Paraaminobenzoesäure sind Nierenfunktionsstörungen, Herz- und Leberversagen, Übelkeit und Erbrechen.

Die Nahrungsmittel, die den höchsten Prozentsatz an PAB enthalten, sind Bierhefe, Melasse und Weizenkeime.

Inositol

Was es bewirkt: Inositol ist von wesentlicher Bedeutung für den Abbau von Cholesterin im Blut. Es unterstützt die Bildung von Lezithin und ist nötig für ein gesundes Wachstum des Haares. Es ist unerläßlich für die Bildung gesunder Zellen im Darm, in den Augen und den Knochen.

Mangelerscheinungen: Haarausfall, Wachstumsstillstand, hoher Cholesterinspiegel, Verstopfung, Sehstörungen und Hautprobleme.

Wirkt am besten in Verbindung mit: Cholin, Phosphor und den Vitaminen B_{12} und C.

Neutralisierende Faktoren: Alkohol, Antibiotika, Kaffee und Zucker.

Folgende Nahrungsmittel enthalten Inositol:

MEHLE, MÜSLI-ZUTATEN & GETREIDEPRODUKTE

Fuchsschwanzmehl	Sojamehl
Maisgrütze	Trespenschrot
Naturreis	Weizenflocken
Rohrkolbenmehl	Weizenkeime
Schachtelhalmmehl	Weizenmehl/Weizenvollkornbrot

EI- & MOLKEREIPRODUKTE

Kuhmilch

OBST

Äpfel	Kirschen
Erdbeeren	Orangen
Fieberstrauch	Rosinen
Grapefruit	Wassermelonen
Kinnikinnick	

FLEISCH

Huhn

NÜSSE & SAMEN

Erdnüsse	Fuchsschwanz
Feigenkaktus	Trespe

MEERESFRÜCHTE
Lachs

GEMÜSE & SALATE

Blumenkohl	Rohrkolben
Erbsen	Rüben
Karotten	Rübstiel
Kartoffeln	Sojabohnen
Kohl	Wildreis
Limabohnen	Yampa
Nesseln	

Cholin

Was es bewirkt: Cholin ist von essentieller Bedeutung für einen guten Stoffwechsel von Fett und Cholesterin. Es wirkt der Verfettung von Leber und Nieren entgegen, isoliert die Nerven und ist maßgeblich an der Weiterleitung neuronaler Impulse beteiligt. Cholin unterstützt die Regulation der Gallenblase, die Bildung von Lezithin und die Aufrechterhaltung einer normalen Thymusdrüsenfunktion.

Mangelerscheinungen: Leberzirrhose, Fettablagerungen in der Leber, blutende Magengeschwüre, Nierenblutungen, Bluthochdruck und Arteriosklerose.

Wirkt am besten in Verbindung mit: Inositol und den Vitaminen A und B_{12}.

Neutralisierende Faktoren: Alkohol, Kaffee und Zucker.

Folgende Nahrungsmittel enthalten Cholin:

MEHLE, MÜSLI-ZUTATEN & GETREIDEPRODUKTE

Bierhefe	Wald-Weidenröschenmehl
Maisgrieß	Weizenkeime
Naturreis	Weizenmehl
Sojamehl	Weizenvollkornbrot

Ei- & Molkereiprodukte

Cheddarkäse	Kuhmilch
Eggnog-Cocktail	Ziegenmilch
Eidotter	

Obst

Äpfel	Kandelaberkaktus
Fieberstrauch	Melasse
Grapefruit	

Fleisch

Huhn

Nüsse & Samen

Erdnüsse	Pekannüsse

Meeresfrüchte

Keine Angaben

Gemüse & Salate

Bohnensprossen	Kohl
Erbsen	Linsen
Flatterbinse	Mesquite
Fuchsschwanz	Natternzunge
Grüne Bohnen	Rohrkolben
Haferwurzel	Senfpflanze
Kartoffeln	Spargel
Kichererbsen	Ysop

Eisen

Was es bewirkt: Das metallische Element Eisen ist von wesentlicher Bedeutung für die Regulation des Stoffwechsels von Proteinen und die Bildung von Hämoglobin im Blut sowie von Myoglobin im Muskelgewebe. Es stärkt die Widerstandskraft des Körpers gegen Infektionen und Grippeviren.

Mangelerscheinungen: Atembeschwerden, brüchige und schwache Nägel, Anämie, Müdigkeit, Verstopfung und häufige Erkältungen.

Wirkt am besten in Verbindung mit: Kupfer, Folsäure, Phosphor und Vitamin C.

Neutralisierende Faktoren: Kaffee, Tee, Mangel an Salzsäure, übermäßige Einnahme von Phosphor und Zink.

Bitte beachten Sie: Die Symptome einer Eisenvergiftung sind blutiges Erbrechen, Durchfall, Teerstuhl, Zyanose, Diabetes, Funktionsstörungen der Bauchspeicheldrüse und Leberzirrhose.

Folgende Nahrungsmittel enthalten Eisen:

Mehle, Müsli-Zutaten & Getreideprodukte

Corn-flakes
Drüsenkleemehl
Flatterbinsenmehl
Fuchsschwanzbrot
Gerste
Haferflocken
Haferschrot
Kleieflocken
Klettenmehl
Maisgrieß
Mesquitemehl
Pinienkernmehl
Roggenbrot
Rohrkolbenmehl
Rosinenkleiemüsli
Rosinenbrot
Sojamehl
Weizenflocken
Weizenkeime
Weizenvollkornbrot

Ei- & Molkereiprodukte

Alle Käsesorten
Eggnog-Cocktail
Eidotter
Kuhmilch
Magermilch
Milchspeiseeis
Pudding

Obst

Ananas
Äpfel
Aprikosen
Bananen
Birnen
Boysenbeeren
Brombeeren
Datteln
Dörrpflaumen
Holunderbeeren
Kandelaberkaktus
Kinnikinnick
Kürbis
Nektarinen
Orangen
Papaya
Pfirsiche
Rosinen

Erdbeeren
Felsenbirnen
Grapefruit
Heidelbeeren
Himbeeren
Wacholderbeerenlatwerge
Wassermelone
Weintrauben
Würgkirschen

FLEISCH

Ente
Gans
Huhn
Truthahn

NÜSSE & SAMEN

Erdnüsse
Eßkastanien
Fuchsschwanz
Kaffeebohnen
Kaschunüsse
Kürbiskerne
Mandeln
Mesquitebohnen
Paranüsse
Pekannüsse
Pinienkerne
Pistazien
Sesamsamen
Sonnenblumenkerne
Walnüsse

MEERESFRÜCHTE

Austern
Flunder
Flußbarsch
Heilbutt
Hummer
Kabeljau
Kelp
Krebse
Lachs
Makrele
Miesmuscheln
Sardinen
Schellfisch
Schwertfisch
Shrimps
Thunfisch

GEMÜSE & SALATE

Auberginen
Blumenkohl
Bohnensprossen
Brokkoli
Endiviensalat
Erbsen
Fuchsschwanz
Kartoffeln
Kopfsalat
Petersilie
Pilze
Radicchio
Rosenkohl
Rübstiel
Sauerampfer
Sojabohnen
Spargel
Spinat

Linsen
Löwenzahnblätter
Mais
Mesquite
Süßkartoffeln
Tomaten
Vogelmiere

Kalzium

Was es bewirkt: Kalzium trägt in Wechselwirkung mit Phosphor entscheidend zur Bildung und Erhaltung gesunder Knochen und Zähne bei. Es unterstützt den Blutgerinnungsprozeß, reguliert die Muskelreaktionen, den Herzrhythmus und das Säure-Basen-Verhältnis im Blut. Weiterhin sorgt es für eine normale Assimilation von Eisen und anderen lebenswichtigen Nährstoffen in den Körperzellen. Es beugt Arthritis und Rheumatismus vor.

Mangelerscheinungen: Mißbildung von Zähnen und Knochen, schwache Knochen, Muskelkrämpfe, Gelenkschmerzen, Schlaflosigkeit, mangelhafte Blutgerinnung, Herzklopfen und Zahnverfall.

Wirkt am besten in Verbindung mit: Eisen, Mangan, Phosphor, Magnesium und den Vitaminen C, D und F.

Neutralisierende Faktoren: Extrem basischer Organismus, Vitamin-C- und -D-Mangel, Streß, Magnesiummangel, Schokolade und Bewegungsmangel.

Bitte beachten Sie: Hyperkalzämie, der – durch überdosierte intravenöse Gaben bedingte – vermehrte Gehalt des Blutes an Kalzium, führt zu Nierensteinbildung unter Umständen mit Niereninsuffizienz. In schweren Fällen kann es zu Appetitverlust, Übelkeit, Erbrechen, Schwindel, Verstopfung, Muskelhypotonie und psychischen Störungen kommen.

So viele Nahrungsmittel enthalten Kalzium, daß sie sich nicht alle auflisten lassen. Besonders reich an diesem Erdalkalimetall sind alle Körner, Ei- und Molkereiprodukte, alle Fleischsorten und Meeresfrüchte.

Magnesium

Was es bewirkt: Das Erdalkalimetall Magnesium ist von wesentlicher Bedeutung für die gesunde Regulierung des Gleichgewichts zwischen Säuren und Basen im Körper. Es hilft dem Organismus dabei, die Vitamine des B-Komplexes, C und E zu assimilieren; es unterstützt die Funktionen der Muskeln, insbesondere des Herzens, sorgt für einen guten Knochenbau und ist ein ausgezeichneter Nervenisolator.

Mangelerscheinungen: Herzerkrankungen, Arteriosklerose, Nierensteine, Nervosität, Tremor, Muskelkrämpfe, epilepsieartige Anfälle und Durchblutungsstörungen.

Wirkt am besten in Verbindung mit: Proteinen, Kalzium, Phosphor und den Vitaminen C und D.

Neutralisierende Faktoren: Alkohol.

Bitte beachten Sie: Die Symptome einer Magnesiumvergiftung sind Bewußtseinstrübung sowie periphere und zentrale Lähmungen infolge gestörter neuromuskulärer Impulsübertragung.

Folgende Nahrungsmittel enthalten Magnesium:

MEHLE, MÜSLI-ZUTATEN & GETREIDEPRODUKTE

Buchweizenmehl	Pumpernickel
Corn-flakes	Roggenbrot
Drüsenkleemehl	Rosinenkleiemüsli
Fuchsschwanzmehl	Rosinenbrot
Gerste	Sojamehl
Kleieflocken	Weizenflocken
Maisgrieß	Weizenkeime
Mesquiteschrot	Weizenkleieflocken
Naturreis	Weizenvollkornbrot

EI- & MOLKEREIPRODUKTE

Cheddarkäse	Parmesankäse
Eggnog-Cocktail	Sahne
Eidotter	Schmelzkäse

Kuhmilch
Magermilch
Milchspeiseeis
Schweizer Käse
Ziegenmilch

OBST

Ananas
Äpfel
Bananen
Boysenbeeren
Brombeeren
Datteln
Dörrpflaumen
Erdbeeren
Feigen
Feigenkaktus
Felsenbirnen
Fieberstrauch
Grapefruit
Heidelbeeren
Himbeeren
Kirschen
Nektarinen
Orangen
Pfirsiche
Rosinen
Stachelbeeren
Wassermelone
Weintrauben
Würgkirschen

FLEISCH

Huhn
Truthahn

NÜSSE & SAMEN

Agave
Erdnüsse
Fuchsschwanz
Hirtentäschel
Kaschunüsse
Mandeln
Paranüsse
Pekannüsse
Pistazien
Sesamsamen
Sonnenblumenkerne
Walnüsse
Ysop

MEERESFRÜCHTE

Austern
Flunder
Hummer
Kelp
Krebse
Lachs
Shrimps
Thunfisch

GEMÜSE & SALATE

Auberginen
Blumenkohl
Brokkoli
Drüsenklee
Nessel
Pastinak
Riesenkürbis
Rohrkolben

Erbsen
Flatterbinse
Fuchsschwanz
Haferwurzel
Huflattich
Karotten
Kartoffeln
Mais
Mesquite
Natternzunge
Rosenkohl
Rüben
Rübstiel
Sauerampfer
Senfpflanze
Tomaten
Wald-Weidenröschen
Wegerich
Zwiebel

Phosphor

Was er bewirkt: Phosphor ist ein wichtiges Spurenelement, das den Körper dabei unterstützt, den Kohlenhydraten-, Fett- und Eiweißstoffwechsel möglichst effektiv zu nutzen. Es sorgt für normale Nervenreaktionen, unterstützt die Neubildung und die Regeneration der Zellen und wirkt sich in Verbindung mit Kalzium positiv auf die Bildung gesunder Zähne und Knochen aus. Phosphor sorgt für einen ausgewogenen Säure-Basen-Haushalt im Blut und trägt zu einer geregelten Hormonproduktion der Drüsen bei.

Mangelerscheinungen: Arthritis, Mißbildung von Knochen und Zähnen, Zahnfleischerkrankungen, Erschöpfung, Fettleibigkeit, Appetitlosigkeit, Nervosität/Reizbarkeit und Atembeschwerden.

Wirkt am besten in Verbindung mit: Kalzium, Eisen, Mangan sowie den Vitaminen A und D.

Neutralisierende Faktoren: Übermäßig viel Zucker, Kochgeschirr aus Aluminium und die übermäßige Einnahme von Eisen und Magnesium.

Bitte beachten Sie: Die Symptome einer akuten Phosphorvergiftung sind Übelkeit, Erbrechen, schmerzhafte Durchfälle, Leberverfettung, Kopfschmerzen, Halluzinationen, körperlicher Verfall und Koma.

Phosphor ist in allen Milchprodukten enthalten sowie in den

meisten Körnern, Fleischsorten, Meeresfrüchten, Nüssen, Früchten und Gemüsen.

Kalium

Was es bewirkt: Das Alkalimetall Kalium ist von wesentlicher Bedeutung für die Regulierung des Säure-Basen-Haushalts im Körper. Es sorgt zudem für eine normale Funktion der Nieren und ist wichtig für die Nerven- und Muskelarbeit (einschließlich der des Herzens), für die Isolierung der Nerven, den Eiweiß- und Glykogenstoffwechsel und die Regulierung des Wachstums.

Mangelerscheinungen: Verstopfung, Störung der Herztätigkeit, Nervosität/Reizbarkeit, Schlaflosigkeit, Verdauungsstörungen, allgemeine Schwäche und trockene Haut.

Wirkt am besten in Verbindung mit: Natrium.

Neutralisierende Faktoren: Alkohol, Kaffee, Diuretika, übermäßiger Zuckergenuß, länger andauernde Diarrhö und übermäßiges Schwitzen.

Bitte beachten Sie: Die Symptome einer Kaliumvergiftung sind Muskellähmungen und Herzbeschwerden.

Folgende Nahrungsmittel enthalten Kalium:

MEHLE, MÜSLI-ZUTATEN & GETREIDEPRODUKTE
Alle angebauten und wilden Getreidesorten

EI- & MOLKEREIPRODUKTE

Cheddarkäse	Milchspeiseeis
Eggnog-Cocktail	Pudding
Eidotter	Sahne
Hüttenkäse	Streichkäse
Kuhmilch	Ziegenmilch
Magermilch	

OBST

Ananas	Himbeeren

Äpfel
Aprikosen
Bananen
Birnen
Boysenbeeren
Brombeeren
Cantaloupe-Melone
Datteln
Dörrpflaumen
Erdbeeren
Feigenkaktus
Felsenbirnen
Grapefruit
Heidelbeeren
Holunderbeeren
Kirschen
Nektarinen
Orangen
Papaya
Pfirsiche
Rosinen
Stachelbeeren
Wacholderlatwerge
Wassermelone
Weintrauben
Würgkirschen
Zitronen

FLEISCH

Ente
Gans
Huhn
Truthahn

NÜSSE & SAMEN

Erdnüsse
Fuchsschwanz
Kaschunüsse
Mandeln
Pekannüsse
Pistazien
Sonnenblumenkerne
Walnüsse

MEERESFRÜCHTE

Austern
Flunder
Flußbarsch
Heilbutt
Hummer
Kabeljau
Kelp
Krebse
Lachs
Miesmuscheln
Sardinen
Schellfisch
Schnapperfisch
Shrimps
Thunfisch

GEMÜSE & SALATE

Agave
Auberginen
Blumenkohl
Bohnensprossen
Brokkoli
Löwenzahnblätter
Pastinak
Petersilie
Pilze
Portulak

Claytonie	Radicchio
Erbsen	Riesenkürbis
Flatterbinse	Rohrkolben
Fuchsschwanz	Rosenkohl
Grüne Bohnen	Rüben
Grüne Paprikaschoten	Rübstiel
Gurken	Senfpflanze
Huflattich	Spinat
Karotten	Tomaten
Kartoffeln	Wald-Weidenröschen
Kohl	Wilde Zwiebeln
Kürbis	Wilder Lauch
Lattich	Zwiebeln
Limabohnen	

Kupfer

Was es bewirkt: Kupfer ist ein wichtiges metallisches Element, das wesentlich zur Bildung der roten Blutkörperchen beiträgt. Es unterstützt die Assimilation der Aminosäuren, die Resorption von Vitamin C und die Bildung von Elastin, dem Hauptbestandteil des elastischen Bindegewebes.

Mangelerscheinungen: Atembeschwerden, Schwäche, Dermatitis, Anämie und Ödeme.

Wirkt am besten in Verbindung mit: Eisen und Zink.

Neutralisierende Faktoren: Übermäßige Einnahme von Zink und chronische Diarrhö.

Bitte beachten Sie: Die Symptome einer Kupfervergiftung sind Unterleibsschmerzen, Übelkeit, Erbrechen und Diarrhö.

Folgende Nahrungsmittel enthalten Kupfer:

MEHLE, MÜSLI-ZUTATEN & GETREIDEPRODUKTE

Bananenkuchen	Roggenbrot
Drüsenkleemehl	Sojamehl

Haferschrot
Kleieflocken
Maisgrieß
Weizenflocken
Weizenkeime
Weizenvollkornbrot

Ei- & Molkereiprodukte

Cheddarkäse
Eggnog-Cocktail
Eidotter
Hüttenkäse
Kuhmilch
Magermilch
Milchspeiseeis
Sahne
Schweizer Käse
Ziegenmilch

Obst

Äpfel
Aprikosen
Bananen
Birnen
Brombeeren
Cantaloupe-Melone
Datteln
Dörrpflaumen
Erdbeeren
Fieberstrauch
Grapefruit
Heidelbeeren
Kirschen
Orangen
Rosinen
Weintrauben

Fleisch

Huhn
Truthahn

Nüsse & Samen

Erdnüsse
Feigenkaktus
Mandeln
Pekannüsse
Pinienkerne
Pistazien
Sesamsamen
Sonnenblumenkerne
Walnüsse
Ysop

Meeresfrüchte

Austern
Flunder
Flußbarsch
Forelle
Hecht
Heilbutt
Hummer
Kabeljau
Kelp
Krebse
Lachs
Makrele
Schellfisch
Schnapperfisch

Gemüse & Salate

Agave
Pilze

Auberginen	Riesenkürbis
Brokkoli	Sojabohnen
Drüsenklee	Sonnenblumen
Flatterbinse	Tomaten
Kartoffeln	Vogelmiere
Linsen	Ysop
Petersilie	

Jod

Was es bewirkt: Das Halogen Jod ist für den menschlichen Organismus als Spurenelement essentiell, vor allem zum Aufbau der Schilddrüsenhormone. Es ist verantwortlich für die Erhaltung einer gesunden Hautfarbe, gesunder Zähne, Nägel und Haare.

Mangelerscheinungen: trockenes und stumpfes Haar, kalte Hände und Füße, Nervosität und Reizbarkeit, Kropf, Fettleibigkeit, Schwachsinn, brüchige Nägel und Herzklopfen.

Wirkt am besten in Verbindung mit: Keine Angaben.

Neutralisierende Faktoren: Übermäßiger Verzehr von Nüssen.

Folgende Nahrungsmittel enthalten Jod: Spuren von Jod finden sich in vielen Nahrungsmitteln, aber die höchste Konzentration weisen Fischöl, Kelp, Lachs, jodiertes Speisesalz und Truthahn auf.

Fluor

Was es bewirkt: Fluor ist ein gasförmiges Element der Halogengruppe, das den Körper bei der Assimilation von Kalzium unterstützt und der Bildung von Säure im Mund vorbeugt. Die übermäßige Einnahme von Fluor im Trinkwasser kann jedoch eine negative Wirkung zeitigen. Fluor ist zweifellos nützlich, doch ist es nicht das Allheilmittel, für das es von Zahnpastaherstellern ausgegeben wird. Vermeiden Sie also bitte eine übermäßige Einnahme dieses Elements. No-Eyes riet von zahnärztlichen Fluoridbehandlungen und der Verwendung fluorhaltiger Zahnpasten ab. Auch hier gilt wieder: Mehr ist nicht immer besser.

Mangelerscheinungen: schlechte Zahnbildung und erhöhte Kariesanfälligkeit.

Wirkt am besten in Verbindung mit: Keine Angaben.

Neutralisierende Faktoren: Unlösliches Kalzium.

Bitte beachten Sie: Die Symptome einer toxischen Überdosierung von Fluor sind Verfärbung des Zahnschmelzes, Mongolismus, gehemmtes Wachstum, Verhärtung der Ligamente und Funktionsausfall von Herz, Leber und Nebennieren.

Mutter Erdes Speisekammer

Wann immer in einem Gespräch die Rede auf wildwachsende – oder ursprünglich wildwachsende – pflanzliche Nahrungsmittel kommt, muß ich mit Erstaunen feststellen, wie wenig im allgemeinen darüber bekannt ist. Die meisten Menschen scheinen sich überhaupt nicht darüber im klaren zu sein, welch unglaubliche Vielfalt an Speisen Mutter Erde uns zur Verfügung stellt.

Aus dem fruchtbaren Schoß der Erde wachsen sechzehn Arten von Nüssen und Samen, von denen viele zu Mehl für Brot und Gebäck verarbeitet werden können. Neun verschiedene Pflanzen liefern schmackhafte Kaffeesurrogate. Zehn Gewächse ergeben köstliche Suppen – und wußten Sie, daß Mehl aus sage und schreibe dreiunddreißig verschiedenen Pflanzen gewonnen werden kann? Aromareiche Tees lassen sich aus vierunddreißig verschiedenen Pflanzen kochen. Die Natur schenkt uns siebenundvierzig Gemüse- und Salatsorten und fünfzehn wildwachsende Früchte. Selbst Butter und Kaugummi stellt uns die Flora zur Verfügung. Und denjenigen unter Ihnen, die es zu schätzen wissen, wenn ihre heilige Pfeife nicht immer gleich schmeckt, bietet Mutter Erde siebzehn Pflanzen, die anstelle von Tabak geraucht werden können.

Ich halte es für notwendig, alle diese pflanzlichen, zum größten Teil noch immer wildwachsenden Nahrungs- und Genußmittel in diesem Buch über den Earthway vorzustellen, da so viele Menschen einfach nicht wissen, wie großzügig die Natur uns beschenkt. Und das braucht uns nicht zu wundern, da sie wirklich unser aller Mutter ist. Sie sorgt gut für uns. Wie gut? Blättern Sie doch einfach die folgenden Seiten durch und werfen Sie einmal einen Blick in die Regale *ihrer* Speisekammer!

Nüsse und Samen

(Geröstete Nüsse sind, *natürlich*, ungesalzen.)
Agave (Knospe): geröstet
Buche (Nuß): roh oder geröstet
Eßkastanie (Nuß): gesotten oder geröstet
Feigenkaktus (Samen): geröstet
Fuchsschwanz (Samen): geröstet
Gänsefuß (Samen): geröstet
Gerste (Samen): geröstet
Haselnuß (Nuß): roh oder geröstet
Hirtentäschel (Samen): geröstet
Kürbis (Samen): geröstet
Mandel (Nuß): roh oder geröstet
Pinie (Nuß): roh oder geröstet
Schwarznuß (Nuß): geröstet
Sonnenblume (Samen): roh oder geröstet
Spargel (Samen): geröstet
Ysop (Samen): roh oder geröstet

Kaffee-Ersatz

(Alle folgenden Kaffeesurrogate werden zunächst geröstet und dann gemahlen.)
Buche (Nuß)
Douglastanne (Nadel)
Gerste (Samen)
Löwenzahn (Wurzel)
Sonnenblume (Samen)
Spargel (Samen)
Wacholder (Beere)
Wiesenrautenähnliches Caulophyllum (Samen)
Zichorie (Wurzel)

Suppen

Brunnenkresse (Blatt): gekocht
Drüsenklee (Knolle): gekocht
Engelwurz (Blatt): gekocht
Kürbis (Fruchtfleisch): gesotten
Nessel (Wurzel und Blatt): gekocht
Sauerampfer (Blatt): gekocht
Sonnenblume (Blütenboden und Samen): gekocht
Wald-Weidenröschen (junge Triebe): gekocht
Wilde Zwiebel (Zwiebel): gesotten
Wildreis (Korn): geröstet und gekocht

Eintopfwürzpflanzen und natürliche Zusätze

Ahorn (Saft): gekocht
Bergamotte (Blatt): getrocknet und gekocht
Birke (Saft): gekocht
Engelwurz (Blatt): gesotten,
(Wurzel): getrocknet und zermahlen
Fieberstrauch (Beere): getrocknet und zermahlen
Hickory (Saft): gekocht
Hirtentäschel (Samen): roh oder gekocht
Holzapfel (Frucht): roh oder gekocht
Huflattich (Blatt): getrocknet und zu Salz verbrannt
Kinnikinnick (Beere): getrocknet und gesotten
Kirsche (Beere): roh oder gekocht
Klette (Wurzel): getrocknet und gesotten
Kohl-Gänsedistel (Knospen): getrocknet, aufgebrüht und gezogen
Pimentbaum (Blatt): getrocknet und gesotten
Sarsaparille (Wurzel): getrocknet und gesotten
Sassafras (Blatt): getrocknet und aufgebrüht
Sauerampfer (Blatt): roh oder gekocht
Sauerdorn (Beere): getrocknet und gesotten
Traubeneiche (Eichel): geröstet und gemahlen
Wilde Minze (Blatt): roh und aufgebrüht
Wilde Zwiebel (Zwiebel): roh oder gesotten
Wilder Ingwer (Blüte): gekocht

Wilder Knoblauch (Zwiebel): roh oder geröstet
Wilder Senf (Blatt): getrocknet und zermahlen
Zuckerbirke (innere Rinde): gesotten

Brotmehl

Alfalfa (Stiel): getrocknet und zermahlen
Buche (Nuß und Bast): geröstet und zermahlen
Butternuß (Nuß): geröstet und zermahlen
Drüsenklee (Knolle): geröstet und zermahlen
Eßkastanie (Nuß): getrocknet und zermahlen
Feigenkaktus (Samen): geröstet und zermahlen
Flatterbinse (Blütenpollen): getrocknet,
(Samen): getrocknet und zermahlen
Fuchsschwanz (Samen): geröstet und zermahlen
Gänsefuß (Samen): geröstet und zermahlen
Heckenrose (Hagebutte): geröstet und zermahlen
Hickory (Nuß): geröstet und zermahlen
Hirtentäschel (Samen): getrocknet und zermahlen
Kandelaberkaktus (Haut): getrocknet
und zermahlen
Klette (Wurzel): geröstet und zermahlen
Kürbis (Samen): geröstet und zermahlen
Lauch (Zwiebel): geröstet und zermahlen
Mais (Korn): geröstet und zermahlen
Melde (Samen): geröstet und zermahlen
Mesquite (Schote): getrocknet und zermahlen,
(Samen): geröstet und geschrotet
Pinie (Nuß): geröstet und geschrotet
Portulak (Samen): geröstet und zermahlen oder getrocknet
und zermahlen
Rohrkolben (Blüte): getrocknet und zermahlen,
(Wurzel): geröstet und zermahlen
Rotklee (Blüte): getrocknet und zermahlen
Schachtelhalm (Halm): geröstet und zermahlen
Schierlingstanne (Bast): geröstet und zermahlen
Schwarznuß (Nuß): geröstet und zermahlen
Sonnenblume (Samen): geröstet und zermahlen
Topinambur (Knolle): geröstet und zermahlen

Traubeneiche (Eichel): geröstet und zermahlen
Trespe (Samen): getrocknet und geschrotet
Wacholder (Beere): getrocknet und zermahlen
Wald-Weidenröschen (junge Triebe): geröstet und zermahlen
Yucca (Frucht): geröstet und zermahlen

Tees

Alfalfa (Blatt): aufgebrüht und gezogen
Beinwell (Blatt und Wurzel): gekocht
Bergamotte (Blatt): aufgebrüht und gezogen
Boretsch (Blatt): aufgebrüht und gezogen
Brombeere (Blatt): gekocht
Douglastanne (Zweig): gekocht
Erdbeere (Beere): gekocht
Farnstrauch (Blatt): gekocht
Fieberstrauch (Blatt und Rinde): gekocht
Goldrute (Blatt und Blüte): gekocht
Heckenrose (Hagebutte): gekocht
Himbeere (Beere): gekocht
Hirschbeere (Blatt): aufgebrüht und gezogen
Holunderbeere (Beere): gekocht
Huflattich (Blatt und Blüte): aufgebrüht und gezogen
Kamille (Blüte): aufgebrüht und gezogen
Kiefer (Nadel): zerstoßen und gekocht
Kinnikinnick (Blatt): aufgebrüht und gezogen
Klee (Blatt und Blüte): aufgebrüht und gezogen
Lebensbaum-Zypresse (Zweig): gekocht
Löwenzahn (Blüte): gekocht
Minze (Blatt): gekocht
Nessel (Wurzel): gekocht
Pinie (Nadel): zerstoßen und gekocht
Poleiminze (Blatt): aufgebrüht und gezogen
Sarsaparille (Wurzel): gekocht
Sassafras (Blatt und Wurzel): gekocht
Sauerdorn (Blatt): aufgebrüht und gezogen
Veilchen (Blatt): aufgebrüht und gezogen
Wacholder (Beere): gekocht
Weintraube (Beere): gekocht

Wiesenrautenähnliches Caulophyllum (Wurzel): gekocht
Zaubernuß (Blatt): aufgebrüht und gezogen
Zichorie (Blatt): aufgebrüht und gezogen

Gemüse

Agave (Knospe): geröstet
Alfalfa (Keim): roh,
(Zweig): gekocht,
(Blatt): roh oder gedämpft
Brunnenkresse (Blatt): roh oder gedämpft
Claytonie (Kormus): roh oder gekocht,
(Blatt): gedämpft
Drüsenklee (Knolle): gebacken oder gedämpft
Engelwurz (Stengel): gekocht
Flatterbinse (Schößling): roh oder gekocht
Fuchsschwanz (Stengel): gekocht,
(Blatt): gedämpft
Gänsefuß (Blatt): roh oder gesotten
Haferwurzel (Wurzel): geröstet,
(Blatt): gekocht
Himbeere (Blatt): gedämpft
Hirtentäschel (ganz): gekocht
Huflattich (Blatt): gedämpft
Kelp (Blatt): roh oder gedämpft
Kiefer (Bast): roh
Klette (Blatt): gedämpft,
(Wurzel): gebacken,
(Schößling): gekocht
Kohl (Blatt): roh oder gedämpft
Kohl-Gänsedistel (Schößling): gedämpft,
(Schote): gekocht
Lattich (Blatt): roh oder gedämpft
Lilie (Stengel): roh,
(Blatt): gedämpft
Löwenzahn (Blatt): roh
Mais (Korn): gedämpft
Mesquite (Schote): roh oder geröstet

Natternzunge (Blatt): gedämpft,
(Kormus): geröstet
Nessel (Blatt): gekocht
Pastinak (Blatt): roh oder gedämpft,
(Wurzel): gekocht
Portulak (Blatt): gedämpft,
(Stengel): gekocht
Radicchio (Blatt): roh oder gedämpft
Rotklee (Blüte): roh oder gedämpft
Sauerampfer (Blatt): roh oder gedämpft
Senf (ganz): gekocht
Sonnenblume (Blütenboden): gekocht
Spargel (junge Triebe): gekocht
Steppenhexe (Wurzel): gekocht
Topinambur (Knolle): geröstet, gebacken oder gekocht
Veilchen (Blatt): roh oder gedämpft
Vogelmiere (Blatt): gedämpft
Wald-Weidenröschen (Schößling): gekocht
Wegerich (Blatt): roh oder gedämpft
Wilde Zwiebel (Zwiebel): roh oder gekocht
Wilder Knoblauch (Zwiebel): roh oder gekocht
Wilder Lauch (Zwiebel): gedämpft
Wildreis (Korn): gedämpft mit Obst
Yampa (Wurzel): roh oder geröstet
Ysop (Wurzelstock): gekocht
Yucca (Blüte): roh oder gekocht
Zichorie (Blatt): roh oder gedämpft

Obst

Feigenkaktus (reife Frucht): getrocknet als Pemmikan-Zusatz*),
(unreife Frucht): gekocht als Soße
Felsenbirne (Frucht): roh oder getrocknet als Pemmikan-Zusatz
Fieberstrauch (Beere): getrocknet, zermahlen und als Pfeffer verwendet
Heckenrose (Hagebutte): roh oder gekocht als Marmelade

*) Von den Indianern erfundene Dauerware aus pulverisiertem Fleischextrakt und Fett. Anm. d. Ü.

Heidelbeere (Beere): roh oder gekocht als Pemmikan-Zusatz
Holzapfel (Frucht): gekocht als Gelee und Soße
Kandelaberkaktus (Frucht): roh
Kinnikinnick (Beere): roh
Kirsche (Beere): roh oder getrocknet als Pemmikan-Zusatz
Krannbeere (Beere): roh oder getrocknet als Pemmikan-Zusatz
Sauerdorn (Beere): roh oder gekocht als Marmelade,
(Wurzel): roh
Stachelbeere (Beere): roh oder gekocht als Soße
Wacholder (Beere): getrocknet als Pemmikan-Zusatz
Wilde Pflaume (Frucht): roh, gekocht als Marmelade oder
getrocknet als Pemmikan-Zusatz
Würgkirsche (Beere): roh

»Kaugummi«

Haferwurzel (Stengel und Wurzel)
Hartriegel (Zweig)
Kohl-Gänsedistel (Stengel)
Löwenzahn (Wurzel)
Mastbaumkiefer (Saft)
Echter Eibisch (Wurzel)
Süßholz (Wurzel)
Wegerich (Wurzel)
Zichorie (Wurzel)

»Butter« und Öle

Buche (Nuß): zermahlen und gekocht
Schwarznuß (Nuß): zermahlen und gekocht
Sonnenblume (Samen): püriert und gekocht
Traubeneiche (Eichel): zerdrückt und gekocht

»Tabak«

Bilsenkraut (Blatt): getrocknet (Vorsicht: halluzinogen!)
Engelwurz (Blatt): getrocknet
Goldrute (Blatt): getrocknet
Hartriegel (Bast): getrocknet und zermahlen

Huflattich (Blatt): getrocknet
Klee (Blüte): getrocknet zur Aromatisierung von Tabak
Kinnikinnick (Blatt): getrocknet und geraucht oder roh und gekaut
Königskerze (Blatt): getrocknet
Lattich (Blatt): getrocknet
Lobelie (Blatt): getrocknet
Sassafras (Wurzelrinde): getrocknet und zermahlen
Schafgarbe (Blatt): getrocknet
Sonnenblume (Blatt): getrocknet
Stechapfel (Blatt): getrocknet und zerstoßen (Vorsicht: halluzinogen!)
Strohblume (Blatt): getrocknet und geraucht oder roh und gekaut
Sumach (Beere): getrocknet und zermahlen, (Blatt und Wurzel): getrocknet
Yerba Santa (Blatt): getrocknet und zermahlen

Fünftes Kapitel

Eine Medizinfrau namens Mutter Erde

Eine Einführung in die Pflanzenheilkunde

Während meiner naturheilkundlichen Lehrzeit bei No-Eyes hatte ich immer wieder mit erheblichen Verständnisschwierigkeiten zu kämpfen, da ich weder mit No-Eyes' spezifischer Terminologie vertraut war noch über nennenswerte praktische Kenntnisse auf dem Gebiet verfügte. Namentlich letztere wären mir äußerst hilfreich gewesen, aber der Wissensschatz, den die Seherin mit mir zu teilen wünschte, war so umfangreich und so mannigfaltig, daß wir selten die Zeit fanden, in die freie Natur hinauszugehen und nach den Pflanzen und Kräutern zu suchen, die wir gerade besprachen. So war meine Ausbildung gezwungenermaßen überwiegend theoretischer Natur.

Erschwert wurde mir das Verständnis dieser Theorie, wie gesagt, durch No-Eyes' Ausdrucksweise. Ihre private Terminologie und ihre höchst eigenwillige Sprache stellten meine Auffassungsgabe bisweilen auf eine ziemlich harte Probe. Es dauerte zum Teil sehr lange, bis ich alle Pflanzen, von denen sie sprach, eindeutig identifizieren konnte. Da sie die landläufigen – und erst recht die wissenschaftlichen – Namen nicht kannte (noch sich für sie interessierte), verwendete sie eben ihre eigenen.

Diese private Terminologie entbehrte allerdings nicht einer inneren Logik. Manche Pflanzen wurden nach ihrem Duft benannt, andere nach ihrem Standort, ihrem Aussehen, ihrer Blüte- oder ihrer Erntezeit. Ich bekam schnell heraus, daß bei No-Eyes die Namen aller giftigen Pflanzen mit dem Wort *bad* – »schlecht« oder »böse« – anfingen.

Und so mußte ich zuerst ihr Klassifizierungssystem lernen, mich dann nach und nach durch alle Familien, Arten und Unterarten durcharbeiten und schließlich für alles den richtigen Namen herausfinden. Es wäre natürlich viel einfacher gewesen, No-Eyes' originelle Bezeichnungen zu übernehmen, aber dann hätte ich meine eigenen Schwierigkeiten lediglich an den Leser weitergegeben. Möglich war mir die Übersetzung von No-Eyes' Lehren einzig durch die Unterstützung vieler weiser indianischer Freunde, die mir sehr bereitwillig dabei halfen, die gemeinten Pflanzen eindeutig zu bestimmen. Dafür bin ich ihnen unendlich dankbar. No-Eyes' Terminologie bereitete ihnen nicht annähernd so viele Schwierigkeiten wie mir; die Pflanzennamen, die meine Freundin verwendete, waren ihnen entweder bereits bekannt oder aber für sie, die sie in enger Gemeinschaft mit der Erde lebten und selbstverständlich auch die Earthway-Sprache beherrschten, leicht zu verstehen.

Der Rest dieses fünften Kapitels enthält eine Zusammenstellung dessen, was No-Eyes mich über das »Pflanzenzeugs« lehrte. Wie Sie anhand des umfangreichen dargebotenen Materials bald erkennen werden, ist Mutter Erde wahrhaft eine weise und erfahrene Ärztin.

Krankheiten und ihre pflanzlichen Heilmittel

Schon seit ältesten Zeiten kennt der Mensch den therapeutischen Wert der verschiedenen Pflanzen, Bäume und Blumen, die in überreicher Fülle um ihn wachsen. Von den farbenprächtigen Blüten paradiesischer Tropeninseln bis hin zu den Moosen und Flechten der ewig gefrorenen Tundra haben Pflanzen von jeher eine zentrale Rolle in den Heilkünsten sowohl primitiver wie höherentwickelter Kulturen gespielt. Wir reden hier von keiner Voodoo-Medizin. Wir reden von keinem folkloristischen Humbug. Wir reden von unbestreitbaren Tatsachen.

Viele verschiedene Pflanzen können zur Behandlung ein und derselben Krankheit verwendet werden. In der Regel gibt es jedoch stets einige unter ihnen, die aufgrund der chemischen Zusammensetzung ihrer jeweiligen Inhaltsstoffe besonders gut wirken. Eben diese sind es, die sich letztlich als die spezifischen Heilmittel für ein bestimmtes Leiden durchsetzen.

Im folgenden werde ich Sie an meinen Kenntnissen über diese botanischen Heilmittel teilhaben lassen, so wie No-Eyes mir *ihr* Wissen mitgeteilt hat. Halten Sie sich allerdings bitte vor Augen, daß Kräuter zwar einen äußerst wichtigen Aspekt der Earthway-

Medizin darstellen – aber eben nur *einen* Aspekt. Wie Sie in einem späteren Kapitel sehen werden, muß *ganzheitliches* Heilen *viele* Aspekte von Mutter Erdes überreicher Fülle umfassen. Die botanische Facette ist lediglich ein Teil des Ganzen. Das Erlernen der Kräuterheilkunde ist nur ein kleiner Schritt auf dem Weg zum vollkommen ausgebildeten Earthway-Heiler. Ebenso wie ein angehender Internist Chemie, Physik, Anatomie und viele andere Fächer studieren muß, ist es auch für den Earthway-Heiler notwendig, daß er sich nacheinander in die verschiedenen Gebiete seiner Kunst vertieft, damit er wirklich *alle* therapeutischen Möglichkeiten, die Mutter Erde uns bereitstellt, kennenlernt und sich aneignet.

Die Listen, die ich Ihnen anbiete, sind leicht zu benutzen.

1. Zuerst können Sie die spezifische Krankheit oder Beschwerde, um die es Ihnen jeweils geht, in der folgenden Zusammenstellung der »Krankheiten und ihrer pflanzlichen Heilmittel« nachschlagen. (Wie Sie sehen werden, enthält diese Auflistung auch einige Begriffe, die keine *Leiden*, sondern bestimmte *Wirkungen* bezeichnen.)
2. Als nächstes können Sie in der – nach Pflanzennamen geordneten – Tabelle »Von den amerikanischen Ureinwohnern verwendete wildwachsende Pflanzen« (ab S. 187) nähere Informationen bezüglich der konkreten Anwendung des Sie interessierenden Heilmittels finden.
3. Zuletzt empfehle ich Ihnen, sich anhand der tabellarischen Liste »Die dunkle Seite der Natur« (ab S. 247) über etwaige potentielle Risiken zu informieren, die die von Ihnen gewählte pflanzliche Therapie mit sich bringen könnte.

Um Ihnen den Einstieg in die Materie zu erleichtern, habe ich in der hier folgenden Liste »Krankheiten und ihre pflanzlichen Heilmittel« *alle* mir jeweils bekannten Gewächse aufgelistet, die zur Behandlung eines bestimmten Leidens verwendet werden können. Wie ich aber schon sagte, sind einige von ihnen nicht so wirkungsvoll wie andere. Aus diesem Grunde werden Sie in der nächsten Liste, »Von den amerikanischen Ureinwohnern verwendete wildwachsende Pflanzen«, nicht alle hier im Anschluß genannten Pflanzen wiederfinden, sondern nur diejenigen unter ihnen, die die besten Heilerfolge versprechen. (Weiter unten, im Abschnitt »Krankheiten und ihre Pforten-Heilung« – der die wichtigsten heilkundlichen Informationen dieses Buches enthält – habe ich die Liste der Pflanzen dann noch weiter gestrafft und wirklich nur die anerkanntesten und wirkungsvollsten botanischen Heilmittel aufgeführt.)

Abführmittel

Amerikanische Lewisie, Bärentraube, Birke, Butternuß, Cotton Root, Fenchel, Funkelstern, Holunder, Kamille, Kreuzdorn, Nordamerikanische Ulme, Paternostererbse, Pfefferminze, Rainfarn, Rhabarber, Rotklee, Sagradafaulbaum, Sassafras, Thymian, Walnuß, Wasserdost, Wegerich, Weißer Andorn, Ysop, Yucca.

Abszesse

Alaunwurzel, Natternzunge, Sauerdorn.

Adstringenzien

Alaunwurzel, Aloe, Amerikanische Lewisie, Bärentraube, Hirschbeere, Hirtentäschel, Hundstod, Petersilie, Sauerdorn, Schafgarbe, Sumach, Wacholderbeere, Walnuß, Weide, Würgkirsche, Zaubernuß.

Akne

Amerikanische Kermesbeere, Bärentraube (Kinnikinnick), Chaparral, Goldrute, Holunder, Kiefer, Knoblauch, Königskerze, Löwenzahn, Meerrettich, Rizinus, Rotklee, Safran, Sassafras, Wacholderbeeren, Walnuß.

Alkoholismus

Ampfer, Bergahorn, Echter Alant, Engelwurz, Hopfen, Kanadische Gelbwurz, Königskerze, Mais, Petersilie, Rotklee, Salbei, Wegerich, Wermut.

Allergien

Alraune, Amerikanische Kermesbeere, Baldrianwurzel, Eberesche, Fingerkraut, Flechte, Helmkraut, Hopfen, Kanadische Gelbwurz, Kardobenediktenkraut, Knollige Schwalbenwurz, Lattich, Lobelie, Paternostererbse, Schwarzer Senf, Wald-Weidenröschen, Wilde Zwiebel, Zitterpappel.

Altersschwäche

Alfalfa, Alraune, Brunnenkresse, Hundstod, Nessel, Rotklee, Salbei, Schwarzer Senf, Sellerie, Sonnenhut, Weißer Andorn.

Altersflecke

Chaparral, Gotu Kola, Rizinus, Rotklee, Schwarzer Senf, Sibirischer Ginseng, Weißkohl.

Anämie

Alfalfa, Amerikanische Kermesbeere, Ampfer, Baldrian, Brunnenkresse, Felsenbirne, Funkelstern, Hirtentäschel, Kamille, Kiefer, Königskerze, Lattich, Lobelie, Löffelkraut, Löwenzahn, Pimentbaum, Portulak, Rotklee, Sauerampfer, Schwarzer Senf, Steinbrech, Wald-Weidenröschen, Walnuß, Zichorie, Zitterpappel.

Angina, Halsschmerzen

Alaunwurzel, Amerikanische Lewisie, Beinwell, Blauwurz, Eukalyptus, Kerzennußbaum, Pimentbaum, Rizinus, Rotklee, Sumach, Yerba Santa, Zitterpappel.

Antibiotika

Amerikanische Kermesbeere, Bofist, Eiche, Funkelstern, Honig, Kanadische Gelbwurz, Kiefer, Klette, Knoblauch, Kohl, Meerrettichwurzel, Papaya, Paprika, Rohrkolben, Rotklee, Sonnenhutwurzel, Sumach, Wegerich, Weide, Würgkirsche, Zitterpappel, Zwiebel.

Antidepressiva

Baldrian, Brunnenkresse, Ginseng, Gotu Kola, Helmkraut, Hundstod, Paprika, Rosmarin, Salbei.

Antiseptika

Aloe, Amerikanische Lewisie, Amerikanisches Sonnenröschen, Birke, Eberesche, Echter Alant, Feigenkaktus, Fingerkraut, Funkelstern, Gewürznelke, Holunderbeere, Karotte, Kiefer, Löwenzahn, Mauerpfeffer, Nordamerikanische Ulme, Pimentbaum, Rotklee, Salbei, Sarsaparille, Sassafras, Sauerdorn, Schachtelhalm, Sonnenhutwurzel, Sumach, Thymian, Wacholderbeere, Walnuß, Wegerich, Wilder Indigostrauch, Würgkirsche, Yucca, Zitterpappel.

Aphrodisiaka

Akelei, Alfalfa, Amerikanische Lewisie, Ginseng, Gotu Kola, Lobelie, Lupine, Portulak.

Appetitlosigkeit

Kardobenediktenkraut, Kreuzdorn, Leberblümchen, Löwenzahn, Lungenkraut, Rhabarber, Rotklee, Schafgarbe.

Arthritis

Alfalfa, Beinwell, Bittersüßer Nachtschatten, Chaparral, Gelbholzbaum, Klette, Lobelie, Nessel, Paternostererbse, Petersilie, Pfefferminze, Sellerie, Sonnenblume, Thymian, Walnuß, Wanzenkraut, Weißdorn, Wermut, Yucca.

Asthma

Alraune, Amerikanische Kermesbeere, Beinwell, Birke, Engelwurz, Eukalyptus, Gewöhnlicher Stechapfel, Huflattich, Kanadische Gelbwurz, Kerzennnußbaum, Knoblauch, Knollige Schwalbenwurz, Königskerze, Kreuzdorn, Lungenkraut, Portulak, Rosmarin, Walnuß, Wasserdost, Weißer Andorn, Würgkirsche, Yerba Santa, Ysop.

Atemwege, Erkrankungen der

Alraunwurzel, Amerikanische Kermesbeere, Beinwell, Bockshornklee, Echter Alant, Engelwurz, Eukalyptus, Fieberstrauch, Flechte, Funkelstern, Huflattich, Kerzennußbaum, Kiefer, Klette, Knoblauch, Knollige Schwalbenwurz, Königskerze, Lattich, Lobelie, Paternostererbse, Schwarzer Senf, Sonnenblume, Thymian, Walnuß, Weißer Andorn, Würgkirsche, Yerba Santa, Ysop, Zaubernuß.

Augenleiden

Augentrost, Bergahorn, Boretsch, Felsenbirne, Hundstod, Mesquitebaum, Pimentbaumrinde, Sassafras, Schafgarbe, Sumach.

Ausdauer, geringe

Alfalfa, Amerikanische Lewisie, Brunnenkresse, Ginseng, Gotu Kola, Hundstod, Paprika.

Ausschläge

Aloe, Amerikanische Lewisie, Beinwell, Buche, Echter Alant, Eiche, Fingerkraut, Funkelstern, Hopfen, Hundstod, Kamille, Kanadische Gelbwurz, Kiefer, Lattich, Löwenzahn, Milzfarn, Natternzunge, Nordamerikanische Ulme, Portulak, Rohrkolben, Sassafras, Schafgarbe, Sumach, Walnuß, Wilde Zwiebel, Yerba Santa, Yucca, Zichorie, Zitterpappel.

Bindehautentzündung

Augentrost, Bergahorn, Boretsch, Eiche, Felsenbirne, Himbeere, Kanadische Gelbwurz, Pimentbaumrinde, Rosmarin, Sassafras, Schafgarbe, Sumach, Würgkirsche, Zitterpappel.

Bisse/Stiche

Ameise: Knoblauch, Melde, Milzfarn, Schlangen-Knöterich, Zwiebel.

Biene: Geißblatt, Goldrute, Portulak, Ringelblume, Rudbeckie, Schlangen-Knöterich, Wegerich, Zwiebel.

Insekt, allgemein: Echter Alant, Holunderbeere, Hopfen, Knoblauch, Pimentbaum, Rizinus, Wegerich, Wilde Zwiebel.

Klapperschlange: Alraune, Gewöhnlicher Stechapfel, Wegerich, Weißesche.

Schlange, allgemein: Alraunwurzel, Schlangenwurz, Sonnenblume.

Spinne: Blasenschötchen, Feigenkaktus, Gewöhnlicher Stechapfel, Maiglöckchen, Salbei, Sonnenblume.

Zecke: Eiche, Eßkastanie, Fuchsschwanz.

Blasen

Dolden-Winterlieb, Milzfarn, Pfirsichkern-Spülung, Sonnenblume, Sumach, Wegerich.

Blasenleiden

Alraune, Bärentraube, Birke, Dolden-Winterlieb, Echter Eibisch, Ingwerwurzel, Kanadische Gelbwurz, Lobelie, Mais, Petersilie, Schachtelhalm, Sellerie, Steinbrech, Wacholderbeere, Wanzenkraut, Wermut, Ysop.

Blinddarmentzündung

Amerikanische Kermesbeere, Birke, Eiche, Engelwurz, Feigenkaktus, Fingerkraut, Funkelstern, Kamille, Kanadische Gelbwurz, Königskerze, Lattich, Löwenzahn, Mauerpfeffer, Nordamerikanische Verbene, Petersilie, Rotklee, Salbei, Sarsaparille, Schachtelhalm, Wermut, Wilde Zwiebel, Yucca, Zichorie.

Blutandrang

Amerikanische Kermesbeere, Engelwurz, Eukalyptus, Fenchel, Honig, Huflattich, Kampfer, Kerzennußbaum, Knoblauch, Knollige Schwalbenwurz, Königskerze, Lobelie, Sassafras, Schwarzer Senf, Sonnenblume, Weißer Andorn, Wilde Zwiebel, Würgkirsche, Zitterpappel.

Blutbildung

Alfalfa, Ampferwurzel, Ginseng, Ingwerwurzel, Kanadische Gelbwurz, Knoblauch, Löwenzahnwurzel, Paprika, Petersilie, Pimentbaumrinde, Sauerdornrinde.

Blutreinigung

Alfalfa, Alraunwurzel, Amerikanische Kermesbeere, Ampfer, Bärentraube, Chaparral, Eberesche, Enzianwurzel, Funkelstern, Gelbholzbaum, Holunder, Kanadische Gelbwurz, Kerzennußbaum, Klette, Königskerze, Kreuzdorn, Löwenzahn, Myrrhe, Nordamerikanische Verbene, Paternostererbse, Rotklee, Sarsaparille, Schafgarbe, Sellerie, Sonnenhut, Wermut, Ysop.

Blutergüsse

Beinwell, Chaparral, Fingerkraut, Gewöhnlicher Stechapfel, Hirtentäschel, Kohl, Rainfarn, Sassafras, Sauerdorn, Sonnenblume, Wermut, Zaubernuß, Zitterpappel.

Blutgerinnung

Alaunwurzel, Bärentraube, Hirtentäschel, Paprika, Rohrkolben, Sauerampfer, Schafgarbe, Sumach, Wacholderbeeren.

Blutungen

Äußere: Alaunwurzel, Aloe, Amerikanische Lewisie, Bärentraube, Bofist, Hirschbeere, Hirtentäschel, Hundstod, Petersilie, Sauerdorn, Schachtelhalm, Schafgarbe, Sumach, Wacholderbeere, Walnuß, Weide, Würgkirsche, Zaubernuß.

Innere: Bärentraube, Beinwell, Cotton Root, Gewöhnlicher Schneeball, Himbeere, Hirschbeere, Hirtentäschel, Paprika, Petersilie, Sauerampfer, Schwarzdorn, Sumach, Wegerich.

Bronchitis

Amerikanische Kermesbeere, Beinwell, Echter Alant, Engelwurz, Eukalyptus, Fenchel, Flechte, Helmkraut, Honig, Huflattich, Kamille, Kanadische Gelbwurz, Kerzennußbaum, Klette, Knoblauch, Knollige Schwalbenwurz, Königskerze, Kreuzdorn, Lattich, Lobelie, Lungenkraut, Myrrhe, Nessel, Paternostererbse, Portulak, Sarsaparille, Sonnenblume, Thymian, Walnuß, Wermut, Yerba Santa, Ysop, Zaubernuß.

Brüche, siehe Knochenbrüche

Brüste

Entwöhnungsmittel: Aloe in die Brustwarzen eingerieben.

Milchbildungsfördernde Mittel: Boretsch, Christophskraut, Feigenkaktus, Fenchel, Kümmel.

Milchbildungshemmend: Petersilie, Salbei.

Tumore: Amerikanisches Sonnenröschen, Chaparral, Dolden-Winterlieb, Eukalyptus, Gewöhnlicher Schneeball, Natternzunge, Pfirsichbaumrinde, Rotklee.

Wundsein, Brustwarzenentzündung: Adlerfarn, Amerikanische Kermesbeere, Balsamtanne, Beinwell, Fingerkraut, Holunderbeere, Kanadische Gelbwurz, Lobelie, Myrrhe, Portulak, Rizinus, Schafgarbe, Sonnenhutwurzel, Wachslilie.

Brustschmerzen

Echter Alant, Hundstod, Kamille, Klette, Knollige Schwalbenwurz, Königskerze, Lobelie, Nieswurz, Paternostererbse, Pfaffenhütchen, Wasserdost.

Deodorants

Holunderbeere, Kamille, Kiefer, Koriander, Petersilie, Poleiminze, Salbei, Thymian, Wacholderbeere, Weide.

Diabetes

Amerikanische Lewisie, Bärentraube, Dolden-Winterlieb, Fenchel, Kanadische Gelbwurz, Knoblauch, Löwenzahn, Rotklee, Schachtelhalm, Schafgarbe, Weißer Andorn.

Diaphoretika (schweißtreibende Mittel)

Fieberstrauch, Klette, Knollige Schwalbenwurz, Poleiminze, Sassafras, Sonnenblume, Thymian, Wasserdost, Weißer Andorn.

Diarrhö

Adlerfarn, Cotton root, Eiche, Felsenbirne, Heidelbeere, Hirschbeere, Klebkraut, Knoblauch, Milzfarn, Myrrhe, Nessel, Nordamerikanische Ulme, Pfefferminze, Pimentbaum, Schwarzdorn, Wald-Weidenröschen, Yerba Santa.

Diuretika (harntreibende Mittel)

Alaunwurzel, Bärentraube, Birke, Chaparral, Echter Eibisch (Wurzel), Engelwurz, Goldrute, Heckenrose (Frucht), Holunderbeere, Hundsquecke, Kamille, Kreuzdorn, Nessel, Petersilie, Sagradafaulbaum, Schachtelhalm, Sonnenblume, Wacholderbeere, Wanzenkraut.

Divertikulitis (Entzündung einer Organausstülpung)

Fenchel, Himbeere, Ingwerwurzel, Kanadische Gelbwurz, Knoblauch, Lobelie, Sagradafaulbaum, Sauerdorn, Schwarzdorn, Schwarznuß, Wermut.

Ekzeme

Bofist, Felsenbirne, Hirtentäschel, Kanadische Gelbwurz, Knoblauch, Löwenzahn, Milzfarn, Nordamerikanische Ulme, Sassafras, Schafgarbe, Schwarznuß, Sumach, Wegerich.

Emotionaler Streß

Baldrianwurzel, Bilsenkraut, Blauwurz, Cotton Root, Gewöhnlicher Schneeball, Gewöhnlicher Stechapfel, Ginseng, Helmkraut, Hopfen, Hundstod, Lobelie, Nordamerikanische Verbene.

Entbindung

Einleitend: Hirschbeere, Mistel, Rainfarn, Wiesenrautenähnliches Caulophyllum.

Erleichternd: Cotton Root, Dolden-Winterlieb, Goldenes Kreuzkraut, Himbeere, Milzfarn, Nordamerikanische Ulme.

Schmerzlindernd: Adlerfarn, Baldrianwurzel, Cotton Root, Fingerkraut, Gewöhnlicher Schneeball, Gewöhnlicher Stechapfel, Ginseng, Helmkraut, Hirschbeere, Kamelheuwurzel, Vogelkirsche, Wanzenkraut.

Blutstillend: Bärentraube, Buchweizen, Hirschbeere, Hirtentäschel, Schafgarbe, Sumach, Wacholderbeere, Würgkirsche.

Nachwehen fördernd: Paternostererbse, Schlangen-Knöterich.

Postpartale Uteruskontraktion fördernd: Klebkraut.

Epilepsie

Baldrian, Bilsenkraut, Blauwurz, Gewöhnlicher Stechapfel, Helmkraut, Hopfen, Lobelie, Nordamerikanische Verbene, Pastinak, Wanzenkraut.

Erkältungskrankheiten

Echter Alant, Fenchel, Gewürznelke, Helmkraut, Honig, Ingwerwurzel, Knoblauch, Königskerze, Lobelie, Mastbaumkiefer, Wilder Kirschbaum (Rinde), Paprika, Pimentbaumrinde, Schafgarbe, Thymian, Wasserdost, Weißer Andorn, Wilde Zwiebel, Zitterpappel.

Erschöpfung

Amerikanische Lewisie, Baldrian, Brunnenkresse, Ginseng, Gotu Kola, Hundstod.

Expektoranzien (die Schleimentfernung aus den oberen Luftwegen fördernde Mittel)

Fingerkraut, Huflattich, Knollige Schwalbenwurz, Nessel, Portulak, Würgkirsche, Yerba Santa.

Fehlgeburten, Verhütung von

Bärentraube, Cotton Root, Gewöhnlicher Schneeball, Himbeere, Hirschbeere, Schwarzdorn, Wegerich.

Fettleibigkeit

Alfalfa, Alraunwurzel, Fenchel, Ginseng, Gotu Kola, Norwegischer Kelp, Papaya, Paprika, Rhabarber, Saffran, Paternostererbse (Wurzel), Schwarznuß, Sonnenhut.

Fieber

Amerikanische Kermesbeere, Birke, Fenchel, Fieberstrauch, Gewürznelke, Hartriegel, Helmkraut, Himbeere, Knoblauch, Knollige Schwalbenwurz, Lobelie, Magnolie, Mastbaumkieferrinde, Mauerpfeffer, Nessel, Pappel, Paprika, Paternostererbse, Pimentbaum, Portulak, Rainfarn, Sassafras, Sauerdorn, Sonnenhut, Stachelbeere, Wasserdost, Weide, Yucca.

Flatulenz (Darmblähungen)

Adlerfarn, Birke, Fenchel, Ingwerwurzel, Kamelheuwurzel, Knollige Schwalbenwurz, Leberblümchen, Löwenzahn, Pfefferminze, Pimentbaum, Poleiminze, Rhabarber, Rotklee, Salbei, Thymian.

Flechte (Borken-, Schuppenflechte)

Erdnußöl, Funkelstern, Holunderbeeren, Hundstod, Kanadische Gelbwurz, Kiefer, Löwenzahn, Nessel, Nordamerikanische Ulme, Rizinus, Schwarzer Senf, Wacholderbeeren, Wald-Weidenröschen, Walnuß, Weide, Zichorie.

Frigidität, siehe Aphrodisiaka

Furunkel

Amerikanische Kermesbeere, Ampfer, Beinwell, Chaparral, Funkelstern, Kanadische Gelbwurz, Kiefer, Knoblauch, Lobelie, Mauerpfeffer, Myrrhe, Nordamerikanische Ulme (Rinde), Rizinus, Rotklee, Sauerampfer, Schwarznuß, Sonnenhut, Walnuß, Wegerich.

Fußpilz

Bärentraube, Goldrute, Holunder, Kamille, Rizinus, Sagradafaulbaum (Rinde), Schwarznuß, Sellerie, Wacholderbeere.

Gallenblasenleiden

Hopfen, Kamille, Kanadische Gelbwurz, Kreuzdorn, Lobelie, Löwenzahn, Lungenkraut, Nordamerikanische Verbene, Papaya, Rainfarn, Rhabarber, Rotklee, Schafgarbe.

Gallensteine

Amerikanische Lewisie, Haferwurzel, Kreuzdorn, Löwenzahn, Nordamerikanische Verbene, Papaya, Petersilie, Rhabarber, Rotklee, Salbei, Schafgarbe.

Gangräne (Wundbrand)

Amerikanische Kermesbeere, Amerikanische Lewisie, Bofist, Feigenkaktus, Fieberstrauch, Hundstod, Kiefer, Mauerpfeffer, Nordamerikanische Ulme, Sarsaparille, Sauerdorn, Schachtelhalm, Sumach, Weide, Würgkirsche, Yucca.

Gedächtnisstörungen

Beinwell, Ginseng, Gotu Kola, Ingwerwurzel, Kardobenediktenkraut, Lobelie, Nordamerikanische Verbene, Paprika, Rosmarin.

Gelbsucht, siehe Hepatitis

Geschlechtskrankheiten

Amerikanische Lewisie, Gelbholzbaum, Kiefer, Lobelie, Sarsaparille, Sumach, Weide.

Geschlechtstrieb dämpfende Mittel

Baldrianwurzel, Helmkraut, Hopfen, Salbei, Weidenrinde.

Geschwüre

Amerikanische Kermesbeere, Amerikanisches Sonnenröschen, Ampfer, Birke, Dolden-Winterlieb, Eukalyptus, Gewöhnlicher Schneeball, Hirtentäschel, Holunderbeere, Kanadische Gelbwurz, Kanadisches Blutkraut, Kiefer, Königskerze, Mauerpfeffer, Myrrhe, Natternzunge, Nordamerikanische Ulme, Rizinus, Rotklee, Schwarznuß, Sonnenhut, Sumach, Ulmenrinde, Wegerich, Yerba Santa, Yucca, Zaubernuß.

Grauer Star

Augentrost, Bergahorn, Boretsch, Kamille, Kanadische Gelbwurz, Pimentbaum, Rainfarn, Schafgarbe, Sumach, Zaubernuß.

Grippe

Amerikanische Kermesbeere, Eukalyptus, Fenchel, Gewürznelke, Honig, Kerzennußbaum, Kiefer, Knoblauch, Königskerze, Lattich, Paprika, Paternostererbse, Pimentbaum, Poleiminze, Sassafras, Schierlingstanne, Schwarzdorn, Sonnenblume, Stachelbeere, Thymian, Walnuß, Weißer Andorn, Wilde Zwiebel, Würgkirsche, Zitterpappel, Zwiebel.

Haarausfall

Beinwell, Lobelie, Salbei, Schachtelhalm.

Haar, strapaziertes

Birke, Hundstod, Jujube, Kamille, Kiefer, Nessel, Pfefferminze, Yucca.

Halluzinogene

Bilsenkraut, Gewöhnlicher Stechapfel, Hundstod, Peyote-Kaktus, Roßkastanie, Roter Rittersporn, Trichterwinde.

Hämorrhoiden

Alaunwurzel, Eiche, Erlenrinde, Funkelstern, Hundstod, Kanadische Gelbwurz, Lobelie, Mandelöl, Rizinus, Weide, Yerba Santa.

Hautabschürfungen

Beinwell, Hirtentäschel, Olivenöl, Paprika, Pimentbaum, Sassafras, Sauerdorn, Wacholderbeeren, Wegerich.

Hautkrebs

Alraunenharz, Amerikanische Kermesbeere, Amerikanische Lewisie, Amerikanisches Sonnenröschen, Chaparral, Kanadische Gelbwurz, Knoblauch, Kohl, Königskerze, Lobelie, Löwenzahn, Mauerpfeffer, Natternzunge, Nordamerikanische Ulme (Rinde), Papaya, Rainfarn, Rizinus, Rotklee, Salbei, Sauerampfer, Sonnenhut, Walnuß.

Hautpilzerkrankungen

Alraunwurzel, Amerikanische Kermesbeere, Amerikanische Lewisie, Bergahorn, Birke, Kanadische Gelbwurz, Kanadisches Blutkraut, Kohl-Gänsedistel, Nessel, Portulak, Walnuß, Wegerich, Wilde Zwiebel.

Heiserkeit

Eukalyptus, Gewürznelken, Ingwer, Mastbaumkiefer, Myrrhe, Pimentbaumrinde.

Hepatitis

Alfalfa, Alraune, Amerikanische Kermesbeere, Ampferwurzel, Bärentraube, Bergahorn, Brunnenkresse, Chaparral, Eberesche, Engelwurz, Fieberstrauch, Funkelstern, Holunder, Kerzennußbaum, Klette, Königskerze, Lobelie, Löwenzahn, Myrrhe, Nessel, Nordamerikanische Verbene, Petersilie, Rizinus, Rotklee, Salbei, Schafgarbe, Sellerie, Wasserdost, Wegerich, Wermut, Ysop, Zichorie.

Herzklopfen

Amerikanische Kermesbeere, Baldrian, Helmkraut, Nordamerikanische Verbene, Petersilie, Rainfarn, Schwarzdorn, Weißer Andorn, Wildreis.

Heuschnupfen

Baldrian, Cotton Root, Helmkraut, Holunderbeere, Königskerze, Lattich, Lobelie, Löwenzahn, Nordamerikanische Verbene, Pfefferminze, Rainfarn, Rotklee, Würgkirsche, Yucca.

Hodenentzündung

Funkelstern, Schwarzer Senf.

Hormongleichgewicht, gestörtes

Alfalfa, Brunnenkresse, Fenchel, Ginseng, Kanadische Gelbwurz, Norwegischer Kelp, Papaya, Paternostererbse, Rotklee, Sarsaparille, Schwarzer Senf, Sellerie, Sonnenhut, Wanzenkraut, Weißer Andorn.

Husten

Ampfer, Beinwell, Birke, Echter Alant, Engelwurz, Eukalyptus, Fenchel, Fingerkraut, Ginseng, Helmkraut, Honig, Hopfen, Kampfer, Klette, Knoblauch, Kreuzdorn, Lattich, Lobelie, Lungenkraut, Paternostererbse, Portulak, Sarsaparille, Weißer Andorn, Wilde Kirsche, Würgkirsche, Yerba Santa, Zaubernuß.

Hyperaktivität

Amerikanische Lewisie, Baldrian, Helmkraut, Hopfen, Kanadisches Läusekraut, Lobelie, Mistel, Nordamerikanische Verbene, Wanzenkraut.

Hypercholesterinämie (erhöhter Cholesteringehalt des Blutes)

Ginseng, Ingwerwurzel, Kanadische Gelbwurz, Knoblauch, Königskerze, Paprika, Petersilie, Yucca.

Hypertonie (hoher Blutdruck)

Amerikanische Kermesbeere, Helmkraut, Knoblauch, Kreuzdorn, Mais, Nordamerikanische Verbene, Petersilie, Sassafras, Wanzenkraut, Wilde Zwiebel, Wildreis, Ysop.

Hypnotika (Schlafmittel)

Bilsenkraut, Blauwurz, Gewöhnlicher Stechapfel, Lattich, Lobelie.

Hypoglykämie (niedriger Blutzuckerspiegel)

Löwenzahn, Meerrettich, Paternostererbse, Sellerie, Wacholderbeeren, Wanzenkraut.

Hypotonie (niedriger Blutdruck)

Brunnenkresse, Enzian, Erdbeerblätter, Gewürznelke.

Impotenz, siehe Aphrodisiaka

Infektionen

Amerikanische Kermesbeere, Bofist, Eiche, Funkelstern, Honig, Klette, Knoblauch, Kohl, Meerrettichwurzel, Natternzunge, Papaya, Paprika, Rohrkolben, Sonnenhutwurzel, Sumach, Wegerich, Weide, Würgkirsche, Zitterpappel.

Insektenstiche, siehe Bisse/Stiche

Jucken, siehe Ausschläge

Kälteschäden

Buche, Ingwerwurzel, Paprika, Wilde Zwiebel.

Keuchhusten

Eßkastanie, Flechte, Huflattich, Lattich, Portulak, Schwarznuß, Thymian, Wilde Zwiebel, Yerba Santa.

Knochenbrüche/-brüchigkeit

Beinwell, Kerzennußbaum, Lobelie, Schachtelhalm, Wasserdost, Zitterpappel.

Koliken

Allgemein: Echte Katzenminze, Engelwurz, Fenchel, Gewürznelke, Kamelheuwurzel, Kamille, Knoblauch, Lobelie, Pimentbaum, Poleiminze, Thymian.

Darm: Baldrianwurzel, Birke, Fenchel, Fingerkraut, Fuchsschwanz, Gewürznelke, Helmkraut, Ingwerwurzel, Lattich, Mastbaumkiefer (Rinde), Milzfarn, Paprika, Pimentbaum, Poleiminze.

Gebärmutter: Bärentraube, Echter Eibisch (Wurzel), Gewöhnlicher Schneeball, Helmkraut, Himbeere, Hirschbeere, Kamille, Kardobenediktenkraut, Paprika, Wiesenrautenähnliches Caulophyllum, Yamswurzel.

Kolitis (Dickdarmentzündung)

Birke, Enzian, Fenchel, Himbeere, Ingwer, Kanadische Gelbwurz (Rinde), Knoblauch, Lobelie, Paprika, Rhabarber, Sagradafaulbaum (Rinde), Sauerdorn, Wermut.

Kolpitis (Scheidenentzündung)

Bergahorn, Eiche, Gewöhnlicher Schneeball, Himbeere, Kanadische Gelbwurz, Knoblauch, Krannbeere, Myrrhe, Wegerich, Weide.

Kontrazeptiva (Empfängnisverhütungsmittel)

Ambrosiapflanze, Cotton Root, Distel, Fuchsschwanz, Goldenes Kreuzkraut, Hundstod, Ingwerwurzel, Kastillea, Kohl-Gänsedistel, Mistel, Poleiminze, Rainfarn, Salbei, Schafgarbe, Schierlingstanne, Wiesenrautenähnliches Caulophyllum.

Krebs

Alraunwurzel, Amerikanische Kermesbeere, Amerikanisches Sonnenröschen, Beinwell, Chaparral, Funkelstern, Gelbholzbaum, Gewöhnlicher Schneeball, Ginseng, Hundstod, Kanadische Gelbwurz, Kerzennußbaum, Klette, Knoblauch, Kreuzdorn, Löwenzahn, Nordamerikanische Verbene, Norwegischer Kelp, Pfirsichbaumrinde, Pimentbaumrinde, Rainfarn, Rotklee, Sonnenhut.

Kreislaufstörungen

Alraune, Enzian, Gewürznelken, Ginseng, Ingwerwurzel, Knoblauch, Königskerze, Koriander, Löwenzahn, Mastbaumkiefer, Nordamerikanische Verbene, Paprika, Petersilie, Pfefferminze, Pimentbaumrinde, Schwarzdorn, Weißdorn, Zimtbaum.

Kreuzschmerzen

Amerikanische Kermesbeere, Ampfer, Arnika, Echter Alant, Enzian, Erle, Gewürznelke, Kamelheuwurzel, Königskerze, Paternostererbse, Rainfarn, Roßminze, Schwarzer Senf, Thymian, Wanzenkraut, Wasserdost, Wermut.

Krupp

Engelwurz, Eukalyptus, Fenchel, Himbeere, Honig, Ingwerwurzel, Kanadische Gelbwurz, Knoblauch, Lobelie, Paprika, Rhabarber, Sagradafaulbaum (Rinde), Sauerdornrinde, Wilde Zwiebel, Würgkirsche, Zitterpappel.

Laryngitis, siehe Heiserkeit

Läuse

Hundstod, Rittersporn, Walnuß.

Leberleiden, siehe Hepatitis

Lippen, rissige

Beinwell, Buche, Myrrhe, Nordamerikanische Ulme (Rinde), Olivenöl, Rizinus, Wegerich.

Lippengeschwüre

Ampfer, Beinwell, Eukalyptus, Kampfer, Kanadische Gelbwurz (Wurzel), Myrrhe, Nordamerikanische Ulme, Rizinus, Schachtelhalm, Schafgarbe, Sumach, Thymian, Wegerich.

Lungenemphysem

Amerikanische Kermesbeere, Beinwell, Bergamotte, Engelwurz, Fenchel, Flechte, Honig, Huflattich, Knoblauch, Knollige Schwalbenwurz, Königskerze, Lattich, Lobelie, Lungenkraut, Nessel, Pappel, Wermut.

Lungenentzündung

Amerikanische Kermesbeere, Beinwell, Bockshornklee, Echter Eibisch (Wurzel), Fenchel, Gewürznelke, Honig, Kiefer, Knoblauch, Königskerze, Lobelie, Paprika, Pimentbaum, Schwarzer Senf, Sonnenhut, Wilde Zwiebel, Zwiebel.

Mandelentzündung

Alfalfa, Ampfer, Bergahorn, Brunnenkresse, Dolden-Winterlieb, Eiche, Fieberstrauch, Funkelstern, Kerzennußbaum, Königskerze, Nessel, Rotklee, Salbei, Sellerie, Wald-Weidenröschen, Wasserdost, Wegerich, Weißer Andorn, Wermut, Zichorie.

Menstruation

Krämpfe: Adlerfarn, Bärentraub, Echter Eibisch (Wurzel), Gewöhnlicher Schneeball, Helmkraut, Himbeere, Hirschbeere, Kamille, Kardobenediktenkraut, Paprika, Wiesenrautenähnliches Caulophyllum, Yamswurzel.

Hypermenorrhö (zu starke Blutung): Bärentraube, Cotton Root, Gewöhnlicher Schneeball, Himbeere, Hirschbeere, Hirtentäschel, Paprika, Pimentbaum, Salbei, Sauerampfer, Schwarzdorn, Sumach, Thymian, Wacholderbeeren, Wegerich.

Hypo-/Amenorrhö (schwache/ausbleibende Blutung): Ambrosiapflanze, Engelwurz, Fenchel, Helmkraut, Kamille, Poleiminze, Rainfarn, Schachtelhalm, Schwarzer Senf, Wanzenkraut, Zeder.

Menstruationshemmer: Fuchsschwanz.

Milzleiden

Amerikanische Kermesbeere, Ampfer, Bergahorn, Brunnenkresse, Echter Alant, Engelwurz, Eukalyptus, Kamille, Königskerze, Löwenzahn, Milzfarn, Nordamerikanische Verbene, Petersilie, Sellerie, Wermut, Zichorie.

Mumps, siehe Schwellungen

Mundgeruch

Fenchel, Geranie, Himbeere, Ingwerwurzel, Kreuzdorn, Lobelie, Myrrhe, Petersilie, Pfefferminze, Poleiminze, Rhabarber, Sagradafaulbaum, Sauerdorn, Yerba Santa.

Muskelkrämpfe

Baldrianwurzel, Bilsenkraut, Blauwurz, Cotton Root, Gewöhnlicher Schneeball, Gewöhnlicher Stechapfel, Helmkraut, Hopfen, Lobelie, Nordamerikanische Verbene, Wanzenkraut.

Nachgeburtsverhaltung

Ambrosiapflanze, Baldrian, Cotton Root, Goldenes Kreuzkraut, Lattich, Paprika, Rainfarn, Schafgarbe.

Nagel, eingewachsener

Alaunwurzel.

Narben

Erdnußöl, Olivenöl, Rizinus.

Nasenbluten

Cotton Root, Hirtentäschel, Sauerampfer, Schlangenwurz, Sumach, Weide.

Nebenhöhlenentzündung

Amerikanische Kermesbeere, Echter Eibisch (Wurzel), Eukalyptus, Fenchel, Himbeere, Holunderbeere, Huflattich, Ingwer, Kanadische Gelbwurz, Kirschbaumrinde, Königskerze, Nessel, Paprika, Rhabarber, Sagradafaulbaum, Salbei, Sauerdorn, Sonnenhut, Yerba Santa, Ysop, Zichorie, Zitterpappel.

Nervosität

Amerikanische Lewisie, Baldrian, Beinwell, Blauwurz, Cotton Root, Gewöhnlicher Schneeball, Gewürznelke, Hopfen, Kamille, Kohl, Lobelie, Myrrhe, Nordamerikanische Verbene, Paprika, Rosmarin, Salbei, Wanzenkraut.

Neuralgie

Alfalfa, Ampfer, Erle, Gewürznelke, Kamille, Nessel, Paternostererbse, Pfefferminze, Sellerie, Thymian, Wanzenkraut.

Nierenleiden

Alaunwurzel, Bärentraube, Birke, Chaparral, Dolden-Winterlieb, Echter Eibisch (Wurzel), Engelwurz, Erlenrinde, Goldrute, Hekkenrose (Frucht), Holunderbeeren, Hundsquecke, Hundstod, Königskerze, Kreuzdorn, Mandeln, Nessel, Nordamerikanische Ulme, Petersilie, Rotklee, Sagradafaulbaum, Sassafras, Schachtelhalm, Schlangenwurz, Sonnenblume, Steinbrech, Wacholderbeeren, Wanzenkraut.

Nierensteine

Amerikanische Lewisie, Bärentraube, Brunnenkresse, Chaparral, Cotton Root, Kreuzdorn, Mauerpfeffer, Nordamerikanische Verbene, Petersilie, Salbei, Schachtelhalm, Stachelbeere.

Otitis (Ohrentzündung)

Amerikanische Kermesbeere, Ginseng, Ingwerwurzel, Kanadische Gelbwurz, Knoblauch, Lobelie, Paprika, Paternostererbse, Sassafras, Sonnenhut, Wanzenkraut, Wilde Zwiebel.

Pyorrhö (Eiterfluß)

Amerikanisches Sonnenröschen, Fingerkraut, Kanadische Gelbwurz, Myrrhe, Paprika, Salbei, Sauerdorn, Schachtelhalm, Sumach, Yerba Santa.

Quaddeln, siehe Ausschläge

Relaxanzien (entspannende Mittel)

Baldrian, Blauwurz, Cotton Root, Gewöhnlicher Schneeball, Gewöhnlicher Stechapfel, Helmkraut, Hopfen, Lattich, Lobelie, Nordamerikanische Verbene, Wanzenkraut.

Repellents (Insektenvertreibungsmittel)

Fliegen: Holunderbeere, Kanadisches Blutkraut, Rizinus, Rosmarin, Salbei, Wermut.

Mücken: Holunderbeere, Kanadisches Blutkraut, Milzfarn, Rizinus.

Nachtfalter: Rainfarn.

Rheumatismus

Birke, Eukalyptus, Kanadisches Blutkraut, Kerzennußbaum, Löwenzahn, Magnolie, Nessel, Pfefferminze, Schwarzer Senf, Sonnenblume, Thymian, Wanzenkraut, Wermut, Yerba Santa, Yucca.

Rippenfellentzündung

Birke, Engelwurz, Eukalyptus, Flechte, Kiefer, Klette, Knollige Schwalbenwurz, Königskerze, Lobelie, Wanzenkraut, Weißer Andorn, Würgkirsche, Zitterpappel.

Rissige Haut

Beinwell, Buche, Erdnußöl, Hopfen, Nordamerikanische Ulme (Rinde), Olivenöl, Pfefferminze, Rizinus, Schwarzer Senf, Wegerich.

Rundwürmer

Alraunwurzel, Amerikanische Lewisie, Brombeere, Kürbissamen, Maryländisches Wurmkraut, Nessel, Portulak, Wegerich, Wermut, Wilde Zwiebel.

Runzeln

Erdnußöl, Myrrhe, Olivenöl, Rizinus, Sumach.

Schlaflosigkeit

Alraune, Baldrianwurzel, Bilsenkraut, Gewöhnlicher Stechapfel, Helmkraut, Hopfen, Nordamerikanische Verbene, Portulak, Sellerie, Wanzenkraut.

Schleimbeutelentzündung (Bursitis)

Amerikanische Kermesbeere, Ampfer, Chaparral, Enzian, Gewürznelke, Kerzennußbaum, Magnolie, Nessel, Nordamerikanische Ulme, Paternostererbse, Pfefferminze, Schafgarbe, Schwarzer Senf, Sellerie, Sonnenblume, Wanzenkraut, Yerba Santa, Yucca.

Schmerzen

Adlerfarn, Baldrian, Blauwurz, Fingerkraut, Gewöhnlicher Schneeball, Helmkraut, Holunderbeere, Hopfen, Kamelheuwurzel, Kamille, Königskerze, Lattich, Lobelie, Nessel, Paprika, Rotklee, Schafgarbe, Thymian, Vogelkirsche, Wanzenkraut, Weide, Yucca.

Schnittwunden

Beinwell, Hirtentäschel, Olivenöl, Paprika, Pimentbaum, Sassafras, Sauerdorn (Rinde), Wacholderbeere, Wegerich.

Schuppen

Amerikanische Kermesbeere, Birke, Erdnußöl, Funkelstern, Hirtentäschel, Holunderbeere, Hopfen, Hundstod, Kanadische Gelbwurz, Kiefer, Klette, Löwenzahn, Magnolie, Nessel, Nordamerikanische Ulme, Schlingmyrte, Schwarzer Senf, Wacholderbeere, Wald-Weidenröschen, Walnuß (grüne Außenhülle der Nuß), Weide, Zichorie.

Schüttelfrost

Knollige Schwalbenwurz, Magnolie, Paprika, Poleiminze, Sassafras, Schwarzdorn, Sonnenblume, Stachelbeere, Weißer Andorn.

Schwellungen

Alfalfa, Alraunwurzel, Amerikanische Kermesbeere, Ampferwurzel, Bärentraube, Beinwell, Bergahorn, Bilsenkraut, Brunnenkresse, Buche, Chaparral, Dolden-Winterlieb, Eberesche, Engelwurz, Fieberstrauch, Fuchsschwanz, Funkelstern, Gewöhnlicher Stechapfel, Holunder, Huflattich, Kerzennußbaum, Klette, Königskerze, Lobelie, Löwenzahn, Myrrhe, Nessel, Nordamerikanische Verbene, Petersilie, Rizinus, Rotklee, Sassafras, Schafgarbe, Sellerie, Wald-Weidenröschen, Wasserdost, Wegerich, Wermut, Ysop, Zaubernuß, Zichorie.

Sedativa (Beruhigungsmittel)

Baldrianwurzel, Bilsenkraut, Blauwurz, Cotton Root, Gewöhnlicher Schneeball, Gewöhnlicher Stechapfel, Helmkraut, Hopfen, Kamille, Lattich, Lobelie, Nordamerikanische Verbene, Rotklee, Wanzenkraut.

Skorbut

Alfalfa, Ampfer, Bärentraube, Eberesche, Felsenbirne, Gewöhnlicher Schneeball, Hirtentäschel, Indianischer Lattich, Kiefer, Lobelie, Löffelkraut, Löwenzahn, Nessel, Pimentbaum, Poleiminze, Rotklee, Sauerampfer, Schlingmyrte, Sonnenblume, Steinbrech, Wald-Weidenröschen, Wilde Zwiebel, Zichorie, Zitterpappel.

Sommersprossen

Amerikanische Kermesbeere, Chaparral, Rizinus, Rotklee, Schwarzer Senf, Weißkohl.

Sonnenbrand

Aloe, Beinwell, Birke, Buche, Holunderbeere, Nordamerikanische Ulme, Rainfarn, Rohrkolben, Rotklee, Schachtelhalm, Schafgarbe, Sonnenhut, Sumach, Wacholder, Zitterpappel.

Übelkeit/Brechreiz

Basilikum, Honig, Ingwer, Kanadische Gelbwurz, Natternzunge, Pfefferminze, Salbei.

Übersäuerung des Organismus

Alfalfa, Beifuß, Brunnenkresse, Kardobenediktenkraut, Königskerze, Kreuzdorn, Löwenzahn, Rotklee, Schafgarbe.

Unruhe

Baldrian, Blauwurz, Fenchel, Helmkraut, Hopfen, Lobelie, Pfefferminze.

Unterschenkelschmerzen

Ampfer, Beinwell, Buche, Fuchsschwanz, Gewöhnlicher Schneeball, Hirtentäschel, Lobelie, Löwenzahn, Nordamerikanische Verbene, Paprika, Portulak, Rainfarn, Sassafras, Schachtelhalm, Schwarzdorn, Wald-Weidenröschen, Wermut, Zichorie, Zitterpappel.

Uterusgeschwüre

Weiße Seerose.

Verbrennungen

Aloe, Beinwell, Birke, Bofist, Buche, Heidelbeere, Holunderbeeren, Kartoffel, Kiefer, Klette, Nordamerikanische Ulme, Rohrkolben, Rotklee, Schachtelhalm, Schafgarbe, Sonnenhut, Sumach, Wacholderbeeren.

Verdauungsstörungen

Adlerfarn, Birke, Fenchel, Gewöhnlicher Schneeball, Ingwerwurzel, Kamelheuwurzel, Knollige Schwalbenwurz, Leberblümchen, Löwenzahn, Pfefferminze, Pimentbaum, Rhabarber, Rotklee.

Vergiftungen

Amerikanische Kermesbeere, Beinwell, Chaparral, Eberesche, Funkelstern, Gelbholzbaum, Klette, Königskerze, Kreuzdorn, Nordamerikanische Ulme (Rinde), Paternostererbse (Wurzel), Petersilie, Pfirsichbaum (Rinde), Rotklee, Sagradafaulbaum (Rinde), Sarsaparille, Sonnenhut, Wermut.

Verstauchungen

Chaparral, Fingerkraut, Fuchsschwanz, Gewöhnlicher Stechapfel, Kerzennußbaum, Klette, Myrrhe, Rainfarn, Rizinus, Sassafras, Sauerdorn, Schwarzer Senf, Wegerich, Wermut, Wilde Zwiebel, Zaubernuß, Zichorie, Zitterpappel, Zwiebel.

Verstopfung

Amerikanische Lewisie, Birke, Cotton Root, Fenchel, Funkelstern, Himbeere, Holunderbeere, Kanadische Gelbwurz, Kreuzdorn, Lobelie, Nordamerikanische Ulme, Paternostererbse (Wurzel), Rhabarber, Rotklee, Sagradafaulbaum, Sassafras, Sauerdorn (Rinde), Wegerich, Yucca.

Vitaminmangel

Alfalfa, Amerikanische Kermesbeere, Ampfer, Brunnenkresse, Eberesche, Felsenbirne, Funkelstern, Gewöhnlicher Schneeball, Hirtentäschel, Holunderbeere, Indianischer Lattich, Kiefer, Löffelkraut, Petersilie, Pimentbaum, Portulak, Rotklee, Sauerampfer, Schlingmyrte, Schwarzer Senf, Steinbrech, Wald-Weidenröschen, Walnuß, Wilde Zwiebel, Zichorie, Zitterpappel.

Warzen

Alraune, Amerikanische Kermesbeere, Chaparral, Feigenkaktus, Knoblauch, Knollige Schwalbenwurz, Kohl, Kohl-Gänsedistel, Königskerze, Kreuzdorn, Lobelie, Löwenzahn, Mauerpfeffer, Rainfarn, Salbei, Sauerampfer, Schlüsselblume.

Wasserretention (ungenügende Ausscheidung von Körperflüssigkeit)

Bärentraube, Chaparral, Echter Eibisch (Wurzel), Engelwurz, Goldrute, Holunderbeere, Hundsquecke, Ingwerwurzel, Nessel, Petersilie, Heckenrose (Frucht), Sagradafaulbaum, Schachtelhalm, Sonnenblume, Wacholder, Wanzenkraut.

Windpocken

Aloe, Beinwell, Buche, Echter Alant, Eiche, Fingerkraut, Funkelstern, Hopfen, Hundstod, Kamille, Kanadische Gelbwurz, Kiefer, Lattich, Löwenzahn, Milzfarn, Natternzunge, Nordamerikanische Ulme, Portulak, Schafgarbe, Walnuß, Yerba Santa, Yucca, Zitterpappel.

Wunden, schwärende

Alaunwurzel, Amerikanische Kermesbeere, Amerikanische Lewisie, Amerikanisches Sonnenröschen, Ampfer, Anemone, Beinwell, Birke, Bofist, Echter Alant, Eiche, Feigenkaktus, Funkelstern, Hundstod, Kamaswurzel, Kanadische Gelbwurz, Knoblauch, Kohl, Mauerpfeffer, Nordamerikanische Ulme, Papaya, Rohrkolben, Rotklee, Sarsaparille, Sauerdorn, Schachtelhalm, Sonnenhut, Sumach, Walnuß, Wegerich, Weide, Wilde Zwiebel, Würgkirsche, Yucca, Zitterpappel.

Zahnfleischentzündung

Amerikanisches Sonnenröschen, Beinwell, Fingerkraut, Kanadische Gelbwurz, Myrrhe, Schachtelhalm, Thymian, Yerba Santa.

Zahnschmerzen

Echter Alant, Gewürznelke, Kanadische Gelbwurz, Lattich, Myrrhe, Schafgarbe, Schwarzer Senf, Sumach, Thymian, Wegerich, Weide.

Zysten

Alraunwurzel, Amerikanische Kermesbeere, Ampfer, Beinwell, Chaparral, Echter Eibisch (Wurzel), Funkelstern, Hirschbeere, Kanadische Gelbwurz, Königskerze, Nordamerikanische Ulme (Rinde), Rotklee.

Von den amerikanischen Ureinwohnern verwendete wildwachsende Pflanzen

Das gesamte Pflanzenreich galt den Ureinwohnern Nordamerikas als Medizin – buchstäblich als Medizin. Es gab keine synthetischen, von Menschen ersonnenen Surrogate, die man als wirkungsvoller angesehen hätte. Die Indianer verwendeten lediglich das, was ihre Mutter, die Erde, ihrem Volk zur Verfügung stellte. Und damit heilten sie einander. Wie einfach das war – wie schön in seiner Schlichtheit!

Ohne medizinische Handbücher, ohne pharmazeutische Ausbildung entdeckten diese Menschen der Berge, der Ebenen und der Prärie das einzigartige Band, das sie mit der alles gewährenden Erde verknüpfte. Und sie experimentierten und lernten alles, was sie über die natürlichen Heilmethoden wissen mußten.

Doch das war nur der Anfang. Dieselbe Wurzel, die, zu einer bestimmten Zeit des Jahres ausgegraben und eingenommen, ein wunderbares Heilmittel darstellt, kann, wenn sie zu einer anderen Jahreszeit gesammelt und verwendet wird, unter Umständen eine toxische, vielleicht sogar tödliche Wirkung besitzen. Jede Pflanze hatte also ihre spezifische Erntezeit, die man sich genauestens einprägen mußte. Und verwendete man die Wurzel, den Stengel, das Blatt oder die Blüte? Wurde das Kraut vielleicht giftig, wenn man es abkochte?

Eine erschöpfende Darstellung der indianischen Naturheilkunde würde allein ein viel umfangreicheres Buch als dieses füllen. Die folgende Liste ist also nur als eine kleine, aber repräsentative Auswahl der von den nordamerikanischen Ureinwohnern als Heil- und Nahrungsmittel verwendeten Pflanzen zu verstehen.

VON DEN AMERIKANISCHEN UREINWOHNERN VERWENDETE WILDWACHSENDE PFLANZEN

* steht für Gift, Narkotikum oder Abtreibungsmittel

Pflanze	*Teil*	*Zubereitung*	*Darreichungsform*	*Indikationen/ Wirkungen, Eigenschaften*	*Nahrungsmittel*
ADLERFARN (Pteridium)	Wurzel	roh/gekocht	Tee	Blähungen, Diarrhö, Dysmenorrhö, Magenverstimmung, Brustwarzenentzündung	Tee
ALFALFA (Medicago sativa)	Blatt	getrocknet/aufgebrüht	Tee	Lymphknoten-/Mandelentzündung, Frühjahrsmüdigkeit, Hepatitis, Alterserscheinungen, Arthritis; blutreinigend, Sexualtonikum	Tee
	Blatt	roh	Gemüse	Skorbut, Übersäuerung des Organismus	Salat
	Samen	getrocknet/gemahlen			Mehl
ALOE (Aloe)	Saft der Blätter	roh	Salbe	Verbrennungen, Sonnenbrand, Insektenstiche; auf Brustwarzen zur Entwöhnung	

VON DEN AMERIKANISCHEN UREINWOHNERN VERWENDETE WILDWACHSENDE PFLANZEN

* steht für Gift, Narkotikum oder Abtreibungsmittel

Pflanze	*Teil*	*Zubereitung*	*Darreichungsform*	*Indikationen/ Wirkungen, Eigenschaften*	*Nahrungsmittel*
ALAUNWURZEL (Geranium maculatum)	Wurzel	getrocknet/pulverisiert	Kompresse	Hämorrhoiden, äußere Blutungen	
	Wurzel	roh/zerstampft	Kompresse	Gelenkschmerzen, Hämorrhoiden, wunde Füße	
	Wurzel	getrocknet/aufgebrüht	Tee	harntreibend	Tee
	Wurzel	roh/zerstampft	Paste	Mundsoor, eingewachsene Nägel	
	Blatt	gekocht	Kompresse	Angina	
ALRAUNE * (Mandragora officinarum)	Wurzel	getrocknet/aufgebrüht	schwacher Tee	Harninkontinenz, Leberleiden, Asthma, Kreislaufstörungen, Schlaflosigkeit, Würmer, Vergiftungen, Altersschwäche	Tee
	Harz	roh/gekocht	Paste	Warzen, Tumore, Hautkrebs	

VON DEN AMERIKANISCHEN UREINWOHNERN VERWENDETE WILDWACHSENDE PFLANZEN

* steht für Gift, Narkotikum oder Abtreibungsmittel

Pflanze	*Teil*	*Zubereitung*	*Darreichungsform*	*Indikationen/ Wirkungen, Eigenschaften*	*Nahrungsmittel*
AMBROSIA-PFLANZE * (Ambrosia)	Blatt	getrocknet/aufgebrüht	schwacher Tee	ausbleibende Menstruation	Tee
	Blatt	getrocknet/gekocht	starker Tee	Empfängnisverhütung	
AMERIKANISCHE KERMESBEERE * (Phytolacca americana)	Schößling	gekocht	Gemüse	Vitaminmangel, Anämie	»Spargel«
	Keimling	gekocht	Gemüse	Vitaminmangel, Anämie	»Spinat«
	Wurzel	gekocht/aufgebrüht	Tee	Asthma, Bronchitis, Geschwüre, Lymphknotenentzündung, Flechte/Borkenkrätze, Tumore, Warzen, Milzschmerzen, Herzklopfen, Bluthochdruck, Hepatitis, Blinddarmentzündung	Tee
	Beere	roh/zerstampft	Paste	Hautkrebs, Furunkel, Ohrentzündung, Mastitis, Warzen, Akne, Vergiftungen; Wunddesinfektion	

VON DEN AMERIKANISCHEN UREINWOHNERN VERWENDETE WILDWACHSENDE PFLANZEN

* steht für Gift, Narkotikum oder Abtreibungsmittel

Pflanze	*Teil*	*Zubereitung*	*Darreichungsform*	*Indikationen/ Wirkungen, Eigenschaften*	*Nahrungsmittel*
AMERIKANISCHE LEWISIE (Lewisia rediviva)	Wurzel	gekaut und geschluckt		Angina	
	Wurzel	getrocknet/aufgebrüht	Tee	Geschlechtskrankheiten, Diabetes, Würmer, Nierensteine, Gallensteine; Abführmittel	Tee
	Wurzel	roh/zerstampft	Kompresse	Wundsein, Quaddelausschlag, äußere Blutungen, Hautkrebs; Wunddesinfektion	
	Samen	geröstet		Nervosität, Erschöpfung	Kaffee-Ersatz
AMERIKANISCHES SONNENRÖSCHEN (Helianthemum)	Blatt	roh/zerstampft	Kompresse	Hautkrebs, Tumore; Wunddesinfektion	
	Blatt	getrocknet/aufgebrüht	Gurgelwasser	Verletzungen der Mundschleimhäute	
	Blatt	roh/aufgebrüht	Tee	innere Krebsgeschwülste, Geschwüre	Tee

VON DEN AMERIKANISCHEN UREINWOHNERN VERWENDETE WILDWACHSENDE PFLANZEN

* steht für Gift, Narkotikum oder Abtreibungsmittel

Pflanze	*Teil*	*Zubereitung*	*Darreichungsform*	*Indikationen/ Wirkungen, Eigenschaften*	*Nahrungsmittel*
AMPFER (Rumex)	Blatt	roh	Gemüse	Skorbut; hoher Gehalt an Vitamin A und C	Salat
	Wurzel	getrocknet/aufgebrüht	Tee	Geschwüre, Lymphknoten-/Mandelentzündung, Leber-/Milzleiden, Anämie, Husten; blutbildend	Tee
	Wurzel	roh/zerstampft	Kompresse	Schwellungen, Zysten, Beinschmerzen; Wunddesinfektion	
BALDRIAN (Valeriana officinalis)	Wurzel	getrocknet/gemahlen			Mehl
	Wurzel	roh/gekocht	Badezusatz	Erschöpfung	
	Wurzel	getrocknet/gekocht	Tee	Unterleibskrämpfe, Kopfschmerzen, Herzklopfen, Schlaflosigkeit, Hypertonie, Anämie, Krämpfe; Sedativum	Tee

VON DEN AMERIKANISCHEN UREINWOHNERN VERWENDETE WILDWACHSENDE PFLANZEN

* steht für Gift, Narkotikum oder Abtreibungsmittel

Pflanze	*Teil*	*Zubereitung*	*Darreichungsform*	*Indikationen/ Wirkungen, Eigenschaften*	*Nahrungsmittel*
BÄRENTRAUBE, Kinnikinnick (Arctostaphylos uva-ursi)	Blatt	roh/aufgebrüht	Tee	Hepatitis, innere Blutungen, Akne; blutreinigend	Tee und »Tabak«
	Beere	roh	Gemüse/Salat	Diabetes, Prostataerkrankungen, Nierensteine; harntreibend	Obst
BEINWELL (Symphytum officinale)	Blatt	roh/zerstampft	Kompresse	Verbrennungen, Zahnfleischverletzungen, Blutergüsse, Angina, Furunkel, Husten, Arthritis; Wunddesinfektion	
	Wurzel	getrocknet/gekocht	Tee	Knochenbrüche, Nervosität, innere Blutungen, Vergiftungen	Tee

VON DEN AMERIKANISCHEN UREINWOHNERN VERWENDETE WILDWACHSENDE PFLANZEN

* steht für Gift, Narkotikum oder Abtreibungsmittel

Pflanze	*Teil*	*Zubereitung*	*Darreichungsform*	*Indikationen/ Wirkungen, Eigenschaften*	*Nahrungsmittel*
BERGAHORN (Acer pseudoplatanus)	geschälter Zweig	roh/gekocht	Spülung	Augenentzündung, Gerstenkorn, grauer Star; Scheidenspülung	Gewürz
	Rinde	roh/gekocht	Tee	Würmer	Tee
	Blatt	getrocknet/aufgebrüht	Tee	Leber-/Milzleiden, Mandel-/Lymphknotenentzündung	Tee
BILSENKRAUT * (Hyoscyamus)	Blatt	roh	Badezusatz	Schwellungen	
	Blatt	getrocknet	»Tabak«	Hypnotikum, Halluzinogen	»Tabak«
	Blatt	roh/aufgebrüht	schwacher Tee	Schlaflosigkeit, Krämpfe; Sedativum	Tee

VON DEN AMERIKANISCHEN UREINWOHNERN VERWENDETE WILDWACHSENDE PFLANZEN

* steht für Gift, Narkotikum oder Abtreibungsmittel

Pflanze	*Teil*	*Zubereitung*	*Darreichungsform*	*Indikationen/ Wirkungen, Eigenschaften*	*Nahrungsmittel*
BIRKE (Betula)	Rinde	roh/aufgebrüht	Tee	Geschwüre, Fieber, Kolitis, Blähungen, Flechte/Borkenkrätze; harntreibend	Tee
	Blatt	roh/aufgebrüht	Spülung	Wunden, Verbrennungen; Shampoo	
	Saft	gekocht	Sirup	Husten, Unterleibskrämpfe, Blinddarmentzündung, Asthma, Rippenfellentzündung; Abführmittel	Sirup und Gewürz
BLAUWURZ (Lachnanthes tinctoria)	Blatt	getrocknet/aufgebrüht	Tee (Gurgeln)	Angina	
	Wurzel	roh/gekocht	Tee	Kopfschmerzen, Gelenkschmerzen, Muskelschmerzen, Krämpfe; Sedativum	Tee

VON DEN AMERIKANISCHEN UREINWOHNERN VERWENDETE WILDWACHSENDE PFLANZEN

* steht für Gift, Narkotikum oder Abtreibungsmittel

Pflanze	*Teil*	*Zubereitung*	*Darreichungsform*	*Indikationen/ Wirkungen, Eigenschaften*	*Nahrungsmittel*
BOFIST (Globaria bovista)	ganze Pflanze	getrocknet	Puder	Wunden, Verbrennungen, äußerliche Infektionen, Blutungen; Antibiotikum	
BRUNNENKRESSE (Nasturtium officinale)	Blatt	roh	Gemüse	Übersäuerung des Organismus; hoher Vitamin-E-Gehalt	Salat
	Blatt	roh/gekocht	Tee	Leberleiden, Leistungsschwäche, Mandel-/Lymphknotenentzündung, Nierensteine, Milzschmerzen, Alterserscheinungen, Anämie, Übersäuerung des Organismus; Sedativum, herzstärkend	Tee und Suppe

VON DEN AMERIKANISCHEN UREINWOHNERN VERWENDETE WILDWACHSENDE PFLANZEN

* steht für Gift, Narkotikum oder Abtreibungsmittel

Pflanze	*Teil*	*Zubereitung*	*Darreichungsform*	*Indikationen/ Wirkungen, Eigenschaften*	*Nahrungsmittel*
BUCHE (Fagus)	Blatt	roh/aufgebrüht	Spülung	Kälteschäden, Verbrennungen	
	Blatt	roh/zerstampft	Kompresse	Schwellungen, Beinschmerzen	
	Rinde	roh/gekocht	Spülung	Hautreizungen/Dermatitis, Quaddelausschlag, Windpocken	
	Rinde	getrocknet/gemahlen			Mehl
	Buchecker	getrocknet/gemahlen			Kaffee-Ersatz und Öl
CHAPARRAL	Blatt	roh/aufgebrüht	Tee	Hepatitis, Arthritis; harntreibend, blutreinigend, krebshemmend	Tee
	Blatt	getrocknet/gekocht	Spülung	Blutergüsse, Pigmentflecke, Furunkel, Warzen, Verstauchungen	

VON DEN AMERIKANISCHEN UREINWOHNERN VERWENDETE WILDWACHSENDE PFLANZEN

* steht für Gift, Narkotikum oder Abtreibungsmittel

Pflanze	*Teil*	*Zubereitung*	*Darreichungsform*	*Indikationen/ Wirkungen, Eigenschaften*	*Nahrungsmittel*
COTTON ROOT*	Bast	getrocknet/gekocht	schwacher Tee	innere Blutungen; lindert Wehenschmerzen	Tee
	Wurzel	getrocknet/gekocht	starker Tee	Kontrazeptivum	
	Blatt	roh/aufgebrüht	Tee	Diarrhö, Nierensteine	Tee
	Samen	roh/gekocht	Tee	Kopfschmerzen, Krämpfe; Abführmittel, Sedativum	Tee
DOLDEN-WINTER-LIEB (Chimaphila maculata)	Blatt	getrocknet/aufgebrüht	Tee	Diabetes, Blasenleiden; erleichtert Entbindung	Tee
	Wurzel	roh/zerstampft	Kompresse	Lymphknoten-/Mandelentzündung, Geschwüre, Blasen, Brustkarzinom	
EBERESCHE (Sorbus aucuparia)	Rinde	roh/aufgebrüht	Tee	Hepatitis, Allergien; blutreinigend, antiseptisch	Tee
	Beere	roh	gekaut und geschluckt	Skorbut	Obst

VON DEN AMERIKANISCHEN UREINWOHNERN VERWENDETE WILDWACHSENDE PFLANZEN

* steht für Gift, Narkotikum oder Abtreibungsmittel

Pflanze	*Teil*	*Zubereitung*	*Darreichungsform*	*Indikationen/ Wirkungen, Eigenschaften*	*Nahrungsmittel*
ECHTER ALANT (Inula helenium)	Wurzel	roh/gekocht	Spülung	Wunden, Jucken, Hautausschläge	
	Wurzel	roh/aufgebrüht	Tee	Kreuzschmerzen, Zahnschmerzen, Würmer, Erkrankungen der Bauchspeicheldrüse/Milz/Lunge, Husten, Alkoholismus	Tee
EICHE (Quercus)	Eichelhumus	roh	Kompresse	Bindehautentzündung, Zecken; Wunddesinfektion	
	Rinde	roh/zerstampft	Kompresse	Hämorrhoiden	
	Rinde	roh/gekocht	Tee	Diarrhö, Blinddarmentzündung	Tee
	Bast	roh/gekocht	Gurgelwasser/ Spülung	Mandelentzündung, Scheidenentzündung	
	Eichel	geröstet/gemahlen			Gewürz, Mehl, Öl

VON DEN AMERIKANISCHEN UREINWOHNERN VERWENDETE WILDWACHSENDE PFLANZEN

* steht für Gift, Narkotikum oder Abtreibungsmittel

Pflanze	*Teil*	*Zubereitung*	*Darreichungsform*	*Indikationen/ Wirkungen, Eigenschaften*	*Nahrungsmittel*
ENGELWURZ (Angelica archangelica)	Wurzel	getrocknet/aufgebrüht	Tee	Blinddarmentzündung, Leber-/Milz-/Nierenleiden, Koliken; harntreibend	Mehl und Tee
	Wurzel	roh/zerstampft	Kompresse	Bronchitis, Asthma	(Blatt) »Tabak«
ESSKASTANIE (Castanea sativa)	Kastanie	roh/gekocht	Paste	Zeckenbisse	Sirup
	Kastanie	getrocknet/gemahlen			Mehl
EUKALYPTUS (Eucalyptus)	Blatt	getrocknet/aufgebrüht	Tee	Asthma, Bronchitis, Milzleiden, Rheumatismus, Tumore, Geschwüre, Würmer, Rippenfellentzündung, Angina, Nebenhöhlenentzündung	Tee
	Blatt	roh/zerstampft	Kompresse	Brustkatarrh, Angina	

VON DEN AMERIKANISCHEN UREINWOHNERN VERWENDETE WILDWACHSENDE PFLANZEN

* steht für Gift, Narkotikum oder Abtreibungsmittel

Pflanze	*Teil*	*Zubereitung*	*Darreichungsform*	*Indikationen/ Wirkungen, Eigenschaften*	*Nahrungsmittel*
FEIGENKAKTUS (Opuntia)	Schößling	roh/zerstampft	Kompresse	fördert die Milchbildung	Samen
	Fruchtfleisch	zerstampft/gekocht	Kompresse	äußere Infektionen, Blinddarmentzündung, Spinnenbisse	getrocknete Frucht
	Stengel	geschält/zerstampft	Kompresse	schwärende Wunden, Warzen	Mehl (Samen)
FELSENBIRNE (Amelanchier ovalis)	Bast	roh/gekocht	Spülung	Augenentzündung	
	unreife Beere	roh/aufgebrüht	Tee	Diarrhö	Tee
	reife Beere	roh/zerstampft	Frucht	Skorbut, Anämie	Pemmikan-Zusatz
FIEBERSTRAUCH (Benzoin aestivale)	Rinde	roh/gekocht	Tee	Husten, Würmer, Fieber, Ruhr, Gelbsucht, Gangrän, Mandelentzündung, Hepatitis; schweißtreibend	Tee, Obst, Gewürz

VON DEN AMERIKANISCHEN UREINWOHNERN VERWENDETE WILDWACHSENDE PFLANZEN

* steht für Gift, Narkotikum oder Abtreibungsmittel

Pflanze	*Teil*	*Zubereitung*	*Darreichungsform*	*Indikationen/ Wirkungen, Eigenschaften*	*Nahrungsmittel*
FINGERKRAUT (Potentilla)	Blatt	getrocknet/aufgebrüht	Tee	Unterleibskrämpfe, Allergien, Blinddarmentzündung; Anästhetikum	Tee
	Wurzel	roh/zerstampft	Paste	juckende Ausschläge, Wundsein, Blutergüsse, Verstauchungen	
	Wurzel	Saft	Gurgelwasser	Husten, Zahnfleischbluten	
	Wurzel	geröstet			»Kartoffel«
FLECHTE (Lichenes)	ganze Pflanze	roh/aufgebrüht	Tee	Husten, Rippenfellentzündung, Bronchitis	Tee
FUCHSSCHWANZ, Inkaweizen (Amaranthus caudatus)	Blüte	getrocknet/aufgebrüht	Tee	Kontrazeptivum, menstruationhemmend	Tee
	Blatt	gekocht	Kompresse	Schwellungen, Verstauchungen, Zeckenbisse	
	Blatt	roh/aufgebrüht	Tee	Magenschmerzen	Tee
	Blatt	gekocht		hoher Kalzium- und Eisengehalt	»Spinat«
	Samen	getrocknet/gemahlen		reich an Lysin (essentielle Aminosäure)	Mehl und Samen

VON DEN AMERIKANISCHEN UREINWOHNERN VERWENDETE WILDWACHSENDE PFLANZEN

* steht für Gift, Narkotikum oder Abtreibungsmittel

Pflanze	*Teil*	*Zubereitung*	*Darreichungsform*	*Indikationen/ Wirkungen, Eigenschaften*	*Nahrungsmittel*
FUNKELSTERN (Chamaelirium luteum)	Blatt	roh/zerdrückt	Kompresse	Schwellungen, Abszesse, Furunkel, schwärende Wunden, äußere Infektionen, Hämorrhoiden	
	Blatt	getrocknet/aufgebrüht	Tee	Krebs, Verstopfung, Hepatitis, Lymphknoten-/Mandelentzündung, Blinddarmentzündung; blutreinigend	Tee
	Blatt	roh	Gemüse	Vitaminmangel, Anämie	Salat
GEWÖHNLICHER SCHNEEBALL (Viburnum opulus)	Stengel	roh/gekocht	Tee	innere Blutungen, Dysmenorrhö, Hypermenorrhö, Magenverstimmung; wehenhemmend	Tee
	Rinde	roh/gekocht	Tee	Krämpfe; Sedativum	Tee
	Beere	roh	gekaut und geschluckt	Skorbut	Obst
	Beere	roh/zerstampft	Kompresse	Geschwüre, Tumore	

VON DEN AMERIKANISCHEN UREINWOHNERN VERWENDETE WILDWACHSENDE PFLANZEN

* steht für Gift, Narkotikum oder Abtreibungsmittel

Pflanze	*Teil*	*Zubereitung*	*Darreichungsform*	*Indikationen/ Wirkungen, Eigenschaften*	*Nahrungsmittel*
GEWÖHNLICHER STECHAPFEL* (Datura stramonium)	Blatt	getrocknet	geraucht	Asthma, Schlaflosigkeit, Krämpfe; Hypnotikum, Sedativum, Halluzinogen	»Tabak«
	Blatt	roh/zerstampft	Kompresse	Blutergüsse, Schwellungen, Verstauchungen, Spinnen- und Klapperschlangenbisse	
GINSENG (Panax quinquefolius)	Blatt	getrocknet/aufgebrüht	Tee	Husten, Erschöpfung, Gedächtnisschwäche; blutbildend, Sexualtonikum	Tee
	Wurzel	roh	gekaut und geschluckt	fördert Verdauung und Prostatafunktion; krebshemmend	
	Wurzel	roh/gekocht	Tee	Dysmenorrhö; lindert Strahlenschäden im Organismus	Tee

VON DEN AMERIKANISCHEN UREINWOHNERN VERWENDETE WILDWACHSENDE PFLANZEN

* steht für Gift, Narkotikum oder Abtreibungsmittel

Pflanze	*Teil*	*Zubereitung*	*Darreichungsform*	*Indikationen/ Wirkungen, Eigenschaften*	*Nahrungsmittel*
GOLDENES KREUZKRAUT * (Senecio aureus)	Blatt	roh/zerstampft	Kompresse	Gegengift bei subkutanen Vergiftungen	
	Blatt	getrocknet/aufgebrüht	schwacher Tee	erleichtert Entbindung	Tee
	Blatt	getrocknet/aufgebrüht	starker Tee	Kontrazeptivum	
HAFERWURZEL (Tragopogon porrifolium)	Saft	gekocht	Tee	Gallensteine	Salat (Blatt)
	Saft	getrocknet	gekaut		»Kaugummi«
HELMKRAUT (Scutellaria)	Blatt	getrocknet/aufgebrüht	Tee	Kopfschmerzen, Fieber, Unterleibskrämpfe, Schlaflosigkeit, Bluthochdruck, Husten, Herzklopfen, Allergien; Sedativum	Tee

VON DEN AMERIKANISCHEN UREINWOHNERN VERWENDETE WILDWACHSENDE PFLANZEN

* steht für Gift, Narkotikum oder Abtreibungsmittel

Pflanze	*Teil*	*Zubereitung*	*Darreichungsform*	*Indikationen/ Wirkungen, Eigenschaften*	*Nahrungsmittel*
HIMBEERE (Rubus idaeus)	Blatt	roh/gekocht	Tee	Fieber, innere Blutungen, Dysmenorrhö, Hypermenorrhö, Verstopfung, Krupp, Mundgeruch; erleichtert die Entbindung	Tee und Salat
	Beere	roh/aufgebrüht	Tee	verhütet Fehlgeburten	Tee
	Beere	roh	gekaut und geschluckt	Erbrechen, Diarrhö, Kolitis	
HIRSCHBEERE (Polycodium stamineum)	Beere	roh	Gemüse/Salat	Diarrhö	Obst
	Blatt	getrocknet/aufgebrüht	Tee	Blutungen, Hypermenorrhö, Dysmenorrhö; verhütet Fehlgeburten	Tee

VON DEN AMERIKANISCHEN UREINWOHNERN VERWENDETE WILDWACHSENDE PFLANZEN

* steht für Gift, Narkotikum oder Abtreibungsmittel

Pflanze	*Teil*	*Zubereitung*	*Darreichungsform*	*Indikationen/ Wirkungen, Eigenschaften*	*Nahrungsmittel*
HIRTENTÄSCHEL (Capsella bursa pastoris)	Blatt	roh/zerdrückt	Kompresse	Wunden, Blutergüsse, Ohrentzündung	
	Blatt	roh/gekocht	Tee	innere Blutungen, Blutungen während/nach der Entbindung, Geschwüre	Tee
	Blatt	roh	Gemüse	Skorbut	Salat
	Samen	roh	Gewürz	Vitaminmangel, Anämie	Samen, Gewürz, Mehl
	Schote	geröstet	Gemüse/Salat	Vitaminmangel, Anämie	Gemüse
	Saft	mit Moos aufgesogen	Kompresse	Nasenbluten	

VON DEN AMERIKANISCHEN UREINWOHNERN VERWENDETE WILDWACHSENDE PFLANZEN

* steht für Gift, Narkotikum oder Abtreibungsmittel

Pflanze	*Teil*	*Zubereitung*	*Darreichungsform*	*Indikationen/ Wirkungen, Eigenschaften*	*Nahrungsmittel*
HOLUNDER * (Sambucus)	Blatt	roh/zerstampft	Salbe	Mücken-/Fliegenrepellent, Deodorant	
	Rinde	roh/zerstampft	Kompresse	Geschwüre, Blasen, Verbrennungen, Fußpilz	
	Beere	roh		Vitamin- und Mineralstoffmangel; harntreibend, Abführmittel	Obst und Tee
	Beere	roh/zerstampft	Kompresse	Kopfschmerzen	Sirup
	Wurzel	roh/zerstampft	Kompresse	Brustwarzenentzündung/ -wundsein	
HOPFEN (Humulus lupulus)	Fruchtzapfen	getrocknet/gemahlen	Tee	Husten, Schlaflosigkeit, Gallenblasenleiden, Allergien; Sedativum	Tee
	Fruchtzapfen	roh/zerstampft	Salbe	Jucken, Ausschläge, Quaddeln	
	Wurzel	getrocknet/aufgebrüht	Tee	Leberleiden	Tee

VON DEN AMERIKANISCHEN UREINWOHNERN VERWENDETE WILDWACHSENDE PFLANZEN

* steht für Gift, Narkotikum oder Abtreibungsmittel

Pflanze	*Teil*	*Zubereitung*	*Darreichungsform*	*Indikationen/ Wirkungen, Eigenschaften*	*Nahrungsmittel*
HUFLATTICH (Tussilago farfara)	Blatt	getrocknet/aufgebrüht	Tee	Bronchitis, Husten, Asthma, Keuchhusten, Nebenhöhlenentzündung	Tee und Salat
	Blatt	roh/zerstampft	Kompresse	Schwellungen	Gewürz und »Tabak«
	Stengel	geröstet			Salz
HUNDSTOD * (Apocynum cannabinum)	Blatt	roh/zerstampft	Umschlag	Hämorrhoiden, Gerstenkorn	
	Blatt	getrocknet/gemahlen	Paste	schwärende Hautabschürfungen; löst Hauttumore auf	
	Blatt	roh/aufgebrüht	Spülung	Schuppen, Läuse; Shampoo	
	Wurzel	roh/aufgebrüht	schwacher Tee	Nierenleiden, Kreislaufstörungen, Altersschwäche, Asthma, Erschöpfung, Herzinsuffizienz; Antidepressivum	»Tabak«
INDIANISCHER LATTICH	Blatt	roh	Gemüse	Skorbut, Anämie	Salat

VON DEN AMERIKANISCHEN UREINWOHNERN VERWENDETE WILDWACHSENDE PFLANZEN

* steht für Gift, Narkotikum oder Abtreibungsmittel

Pflanze	*Teil*	*Zubereitung*	*Darreichungsform*	*Indikationen/ Wirkungen, Eigenschaften*	*Nahrungsmittel*
JUJUBE (Simmondsia californica)	Nuß	geröstet			Kaffee-Ersatz
	Wurzel	gekocht	Paste	Shampoo	
KAMELHEU (Cymbopogon schoenanthus)	Wurzel	roh	gekaut und geschluckt	Flatulenz	
	Wurzel	roh/gekocht	Tee	Koliken, Verdauungsbeschwerden	Tee
	Wurzelstock	roh	gekaut und geschluckt	Schmerzen	
KAMILLE (Matricaria chamomilla)	Blüte	roh/zerstampft	Extrakt, Tee	Gelbsucht, Wassersucht, Hypo-/ Amenorrhö	Tee
	Blüte	getrocknet/aufgebrüht	Spülung	Leber- und Milzschmerzen, Fußpilz; Deodorant, Shampoo	
	Blatt	getrocknet/gekocht	Tee	Koliken, Kleinkindkrämpfe, Masern, Gallenblasenleiden, Anämie, Blinddarmentzündung; harntreibend	Tee

VON DEN AMERIKANISCHEN UREINWOHNERN VERWENDETE WILDWACHSENDE PFLANZEN

* steht für Gift, Narkotikum oder Abtreibungsmittel

Pflanze	*Teil*	*Zubereitung*	*Darreichungsform*	*Indikationen/ Wirkungen, Eigenschaften*	*Nahrungsmittel*
KANADISCHE GELBWURZ (Hydrastis canadensis)	Wurzel	roh/zerstampft	Paste	Wunden, Ekzeme, Furunkel, Brustwarzenentzündung, Hautkrebs, Zahnfleischverletzungen/-entzündungen, Zahnschmerzen, Hämorrhoiden	
	Wurzel	getrocknet/aufgebrüht	Tee	Prostatabeschwerden, Asthma, Krebs, Gelbsucht, Kolitis, Diabetes, Geschwüre, Blasenleiden, Unterleibsbeschwerden, Alkoholismus; blutbildend und -entschlackend	Tee
KANADISCHES BLUTKRAUT * (Sanguinaria canadensis)	Wurzel	roh/aufgebrüht	schwacher Tee	Rheumatismus, Flechte, Geschwüre	Tee
	Wurzel	roh/gekocht	Spülung	Repellent	
KARDOBENEDIKTENKRAUT (Cnicus benedictus)	ganze Pflanze	roh/aufgebrüht	Tee	Allergien, Appetitlosigkeit, Dysmenorrhö, Gedächtnisstörungen, Übersäuerung des Organismus	Tee

VON DEN AMERIKANISCHEN UREINWOHNERN VERWENDETE WILDWACHSENDE PFLANZEN

* steht für Gift, Narkotikum oder Abtreibungsmittel

Pflanze	*Teil*	*Zubereitung*	*Darreichungsform*	*Indikationen/ Wirkungen, Eigenschaften*	*Nahrungsmittel*
KERZENNUSS-BAUM (Aleurites moluccana)	Wurzel	roh/gekocht	Tee	Bronchitis, Angina, Mandel-/Lymphknotenentzündung, Hepatitis, Knochenbrüche, Verstauchungen, Rheumatismus, Milzschmerzen, Schleimbeutelentzündung, Krebs; blutreinigend	Tee
KIEFER (Pinus)	Rinde	roh/zerstampft	Kompresse	zur Wundantisepsis bei Verbrennungen	
	Bast	gekocht/zerstampft	Kompresse	Rippenfellentzündung	Gemüse
	Bast	gekocht/zerstampft	Paste	schwärende Wunden, Furunkel, Akne	
	Saft	gekocht	Spülung	Akne, Schuppen; Antiseptikum, Deodorant	»Kaugummi«
	Samen	geröstet/gemahlen		Vitaminmangel	Mehl
	Nadeln	gekocht	Tee	Skorbut, Geschwüre, Geschlechtskrankheiten, Anämie	Tee

VON DEN AMERIKANISCHEN UREINWOHNERN VERWENDETE WILDWACHSENDE PFLANZEN

* steht für Gift, Narkotikum oder Abtreibungsmittel

Pflanze	*Teil*	*Zubereitung*	*Darreichungsform*	*Indikationen/ Wirkungen, Eigenschaften*	*Nahrungsmittel*
KLEBKRAUT (Galium aparine)	Stengel und Blatt	roh/aufgebrüht	Tee	Diarrhö	Tee
	Wurzel	getrocknet/gekocht	Tee	zur postpartalen Uteruskontraktion	Tee
KLETTE (Arctium)	Wurzel	getrocknet/aufgebrüht	Tee	Rippenfellentzündung, Hepatitis, Lymphknotenentzündung, Husten, Krebs; antibiotisch, schweißtreibend, blutreinigend	Gemüse, Tee
	Wurzel	roh/zerstampft	Salbe	Verbrennungen, Vergiftungen, Verstauchungen	Gewürz
	Wurzel	geröstet			Kaffee-Ersatz und Mehl

VON DEN AMERIKANISCHEN UREINWOHNERN VERWENDETE WILDWACHSENDE PFLANZEN

* steht für Gift, Narkotikum oder Abtreibungsmittel

Pflanze	*Teil*	*Zubereitung*	*Darreichungsform*	*Indikationen/ Wirkungen, Eigenschaften*	*Nahrungsmittel*
KNOLLIGE SCHWALBENWURZ (Asclepias tuberosa)	Blatt	roh/gekocht	Tee	Fieber, Brustschmerzen, Schüttelfrost; Expectorans, Brechmittel; schweißtreibend	Tee
	Wurzel	getrocknet/gekocht	Tee	Flatulenz	Tee
	Wurzel	geröstet	gekaut und geschluckt	Bronchitis, Rippenfellentzündung, Asthma	»Kartoffel«
	Wurzel	roh/zerstampft	Paste	Wunden	
	Saft	roh	Paste	Warzen	
	Saft	getrocknet	gekaut		»Kaugummi«

VON DEN AMERIKANISCHEN UREINWOHNERN VERWENDETE WILDWACHSENDE PFLANZEN

* steht für Gift, Narkotikum oder Abtreibungsmittel

Pflanze	*Teil*	*Zubereitung*	*Darreichungsform*	*Indikationen/ Wirkungen, Eigenschaften*	*Nahrungsmittel*
KÖNIGSKERZE (Verbascum)	Blüte	roh/aufgebrüht	Tee	Schmerzen, Kopfschmerzen	Tee
	Blatt	getrocknet	»Tabak«	Asthma, Stauungslunge, Rippenfellentzündung	»Tabak«
	Blatt	roh/zerstampft	Kompresse	Mandelentzündung, Geschwüre, Hautkrebs, Kreuzschmerzen, Akne, Warzen	
	Blatt	getrocknet/aufgebrüht	Tee	Übersäuerung des Organismus, Akne; krebshemmend, blutreinigend	Tee
	Wurzel	roh/aufgebrüht	Tee	Leber- und Milzleiden, Lymphknoten-, Blinddarmentzündung	Tee
LATTICH (Lactuca canadensis)	Saft	roh	Sirup	Schmerzen, Unterleibskrämpfe, Darmkoliken; Hypnotikum, Sedativum	Sirup
	Saft	roh/gekocht	Paste	Quaddelausschlag, Zahnschmerzen	»Tabak« und Gemüse (Blatt)
	Saft	roh/gekocht	Sirup	Bronchitis, Husten	

VON DEN AMERIKANISCHEN UREINWOHNERN VERWENDETE WILDWACHSENDE PFLANZEN

* steht für Gift, Narkotikum oder Abtreibungsmittel

Pflanze	*Teil*	*Zubereitung*	*Darreichungsform*	*Indikationen/ Wirkungen, Eigenschaften*	*Nahrungsmittel*
LOBELIE * (Lobelia)	Blatt	getrocknet/aufgebrüht	schwacher Tee	Hepatitis, Krämpfe, Koliken, Geschlechtskrankheiten, Kolitis, Husten, Rippenfellentzündung, Bronchitis, Arthritis, Blasenleiden	»Tabak«
	Schößling	roh	Gemüse	Skorbut, Anämie, Knochenbrüche/-brüchigkeit	Salat
	Wurzel	getrocknet/aufgebrüht	schwacher Tee	Schlaflosigkeit, Kopfschmerzen; Hypnotikum	Tee
	Wurzel	roh/zerstampft	Kompresse	Hämorrhoiden, Hautkrebs; »zieht« Furunkel	
LÖFFELKRAUT (Cochlearia officinalis)	Blatt und Stengel	roh	Gemüse	Skorbut, Anämie	Salat
	Wurzel	geröstet			»Kartoffel«

VON DEN AMERIKANISCHEN UREINWOHNERN VERWENDETE WILDWACHSENDE PFLANZEN

* steht für Gift, Narkotikum oder Abtreibungsmittel

Pflanze	*Teil*	*Zubereitung*	*Darreichungsform*	*Indikationen/ Wirkungen, Eigenschaften*	*Nahrungsmittel*
LÖWENZAHN (Taraxacum officinale)	Blatt	roh	Gemüse	Ekzeme, Quaddelausschlag, Skorbut, Krebs, bösartige Hautgeschwülste, Kreislaufstörungen, Akne, Schuppen, Warzen; blutreinigend, antiseptisch	Salat
	Saft	getrocknet		Appetitlosigkeit	»Kaugummi«
	Wurzel	roh/gekocht	Tee	Rheumatismus, Leber-, Milz- und Gallenblasenleiden, Kopfschmerzen, Blinddarmentzündung; blutbildend	Tee
	Wurzel	geröstet			Kaffee-Ersatz
MAGNOLIE (Magnolia)	Blüte	gekocht	Ölspülung	Schuppen	
	Wurzel	getrocknet/aufgebrüht	Tee	Rheumatismus, Fieber, Schüttelfrost, Schleimbeutelentzündung	Tee
MAIS (Zea mays)	Korn	gekocht			Gemüse, Mehl
	Narbenfäden	roh/gekocht	Tee	Bettnässen, Bluthochdruck	Tee
	Öl	gekocht	Tee	regt Lebertätigkeit an	Öl

VON DEN AMERIKANISCHEN UREINWOHNERN VERWENDETE WILDWACHSENDE PFLANZEN

* steht für Gift, Narkotikum oder Abtreibungsmittel

Pflanze	*Teil*	*Zubereitung*	*Darreichungsform*	*Indikationen/ Wirkungen, Eigenschaften*	*Nahrungsmittel*
MAUERPFEFFER (Sedum)	Blatt	roh/zerdrückt	Umschlag	Warzen, Hauttumore, Hautkrebs, Gangrän (Wundbrand)	
	Blatt	roh/gekocht	Tee	Fieber, Geschwüre, Nierensteine, Blinddarmentzündung	Tee
	Blatt	roh/zerstampft	Saftspülung	schwärende Hautabschürfungen, Furunkel	
MILZFARN (Asplenium)	Blatt	roh/gekocht	Tee	Unterleibskrämpfe, Diarrhö, Milzleiden; erleichtert die Entbindung	Tee
	Blatt	roh		Repellent	
	Blatt	roh/gekocht	Spülung	Blasen, Dermatitis, Hautabschürfungen und Wundsein, Insektenbisse/-stiche, Milzleiden	

VON DEN AMERIKANISCHEN UREINWOHNERN VERWENDETE WILDWACHSENDE PFLANZEN

* steht für Gift, Narkotikum oder Abtreibungsmittel

Pflanze	*Teil*	*Zubereitung*	*Darreichungsform*	*Indikationen/ Wirkungen, Eigenschaften*	*Nahrungsmittel*
MISTEL * (Viscum album)	Blatt	getrocknet/aufgebrüht	schwacher Tee	regt Wehentätigkeit an	Tee
NATTERNZUNGE (Ophioglossum)	Blatt	roh/zerstampft	Paste	Geschwüre, Tumore, Abszesse	Gemüse
	ganze Pflanze	gekocht	Spülung	Entzündungen, Quaddelausschlag	
	Wurzel	getrocknet/aufgebrüht	Tee	Übelkeit/Brechreiz, Schluckauf	Tee
NESSEL (Urtica)	Blatt	getrocknet/aufgebrüht	Tee	Fieber, Bronchitis, Skorbut, Mandelentzündung, Altersschwäche	Salat und Tee
	Blatt	roh/zerstampft	Kompresse	Rheumatismus, Neuralgie, Arthritis	
	Blatt	roh/zerdrückt	Saft	Diarrhö, Würmer	
	Wurzel	roh/gekocht	Tee	Leberleiden, Prostatabeschwerden, Altersschwäche; harntreibend	Suppe und Tee
	Wurzel	roh/zerstampft	Kompresse	Gelenkschmerzen, Schleimbeutelentzündung	

VON DEN AMERIKANISCHEN UREINWOHNERN VERWENDETE WILDWACHSENDE PFLANZEN

* steht für Gift, Narkotikum oder Abtreibungsmittel

Pflanze	*Teil*	*Zubereitung*	*Darreichungsform*	*Indikationen/ Wirkungen, Eigenschaften*	*Nahrungsmittel*
NORDAMERIKANISCHE ULME (Ulmus fulva)	Bast	roh/zerstampft	Paste	schwärende Wunden, Furunkel, Hautkrebs, Verbrennungen	
	Bast	roh/gekocht	Tee	Schleimbeutelentzündung, Vergiftungen; Abführmittel	Tee
	Bast	roh/gekocht	Spülung	rissige Haut, Ausschläge	
	Wurzel	roh/gekocht	Tee	Geschwüre; erleichtert Entbindung	Tee
NORDAMERIKANISCHE VERBENE, Eisenkraut (Verbena hastata)	Wurzel	roh/gekocht	Tee	Nervosität, Würmer, Milz- und Leberleiden, Kreislaufstörungen, Kopfschmerzen, Epilepsie, Schlaflosigkeit, Gallen-/Nierensteine, Bluthochdruck, Herzklopfen, Blinddarmentzündung, Krebs, Gedächtnisstörungen	Tee
	Blatt	getrocknet/aufgebrüht	Tee	Krämpfe	Tee

VON DEN AMERIKANISCHEN UREINWOHNERN VERWENDETE WILDWACHSENDE PFLANZEN

* steht für Gift, Narkotikum oder Abtreibungsmittel

Pflanze	*Teil*	*Zubereitung*	*Darreichungsform*	*Indikationen/ Wirkungen, Eigenschaften*	*Nahrungsmittel*
PAPRIKA (Capsicum)	Frucht	getrocknet/gemahlen	Tee	Ohrentzündung, Fieber, Kreislaufstörungen, Hypermenorrhö, Dysmenorrhö, Erkältungskrankheiten, Lungenentzündung, innere Blutungen, Schüttelfrost, Nebenhöhlenentzündung; blutbildend, antibiotisch; Antidepressivum	Tee
PATERNOSTER-ERBSE (Abrus precatorius)	Wurzel	roh/gekocht	Tee	Fieber; Abführmittel	Tee
	Wurzel	roh/zerstampft	Öl	Ohrenschmerzen, Neuralgie	
	Wurzel	roh	»Kaugummi«	Husten, Bronchitis, Innenohrdruck	»Kaugummi«

VON DEN AMERIKANISCHEN UREINWOHNERN VERWENDETE WILDWACHSENDE PFLANZEN

* steht für Gift, Narkotikum oder Abtreibungsmittel

Pflanze	*Teil*	*Zubereitung*	*Darreichungsform*	*Indikationen/ Wirkungen, Eigenschaften*	*Nahrungsmittel*
PETERSILIE (Petroselinum hortense)	Blatt	roh	gekaut und geschluckt	erfrischt den Atem	
	Blatt	getrocknet/aufgebrüht	Tee	Nieren-/Gallensteine, Herzklopfen, Kreislaufstörungen; blutbildend; reich an Vitamin B und Kalium	Tee
	Blatt	roh/zerstampft	Kompresse	Lymphknotenentzündung, Insektenbisse und -stiche; hemmt die Milchbildung	
	Wurzel	roh/gekocht	Tee	Leber- und Milzleiden, Bluthochdruck, Arthritis; harntreibend	Tee
PEYOTE-KAKTUS * (Lophophora williamsii)	Buttons	getrocknet	gekaut	Halluzinogen (Meskalin)	

VON DEN AMERIKANISCHEN UREINWOHNERN VERWENDETE WILDWACHSENDE PFLANZEN

* steht für Gift, Narkotikum oder Abtreibungsmittel

Pflanze	*Teil*	*Zubereitung*	*Darreichungsform*	*Indikationen/ Wirkungen, Eigenschaften*	*Nahrungsmittel*
PIMENTBAUM, Nelkenpfefferbaum (Pimenta acris)	Rinde	getrocknet/pulverisiert	Tee	Diarrhö, Angina, Fieber, Kreislaufstörungen, Lungenentzündung, Grippe	Tee
	Rinde	gekocht/zerstampft	Paste	Schnittwunden, Insektenbisse/-stiche	
	Wurzel	gekocht	Tee	Hypermenorrhö, Krebs; blutbildend	Tee
	Blatt	getrocknet/aufgebrüht	Tee	Skorbut	Gewürz
	Beere	roh	gekaut und geschluckt	Flatulenz, Koliken, Magenkrämpfe	
POLEIMINZE (Mentha pulegium)	Blatt	getrocknet/aufgebrüht	Tee	Skorbut, Flatulenz	Tee
	Blatt	roh	gekaut und geschluckt	erfrischt den Atem	Salat
	Blatt	roh/gekocht	starker Tee	Schüttelfrost, Unterleibskrämpfe, Koliken; schweißtreibend; Kontrazeptivum, regt Monatsblutung an	

VON DEN AMERIKANISCHEN UREINWOHNERN VERWENDETE WILDWACHSENDE PFLANZEN

* steht für Gift, Narkotikum oder Abtreibungsmittel

Pflanze	*Teil*	*Zubereitung*	*Darreichungsform*	*Indikationen/ Wirkungen, Eigenschaften*	*Nahrungsmittel*
PORTULAK (Portulaca)	ganze Pflanze	roh	gekaut und geschluckt	Vitaminmangel, Anämie	Salat
	ganze Pflanze	gekocht	Spülung	Fieber, Dermatitis, Quaddeln, juckende Ausschläge	
	Stengel	Saft	Gurgelwasser	Husten, Bronchitis, Stauungslunge	Gemüse
	Samen	roh/gekocht	Tee	Schlaflosigkeit, Würmer; Aphrodisiakum	Tee, Mehl

VON DEN AMERIKANISCHEN UREINWOHNERN VERWENDETE WILDWACHSENDE PFLANZEN

* steht für Gift, Narkotikum oder Abtreibungsmittel

Pflanze	*Teil*	*Zubereitung*	*Darreichungsform*	*Indikationen/ Wirkungen, Eigenschaften*	*Nahrungsmittel*
RAINFARN * (Tanacetum vulgare)	ganze Pflanze	roh/gekocht	starker Tee	Kontrazeptivum	Tee
	Blüte	roh/aufgebrüht	schwacher Tee	Fieber, Gallenblasenleiden, Würmer, Herzklopfen	Tee
	Blatt	roh/gekocht	Spülung	Unterschenkelschmerzen	
	Blatt	roh/zerdrückt	Kompresse	Verstauchungen, Kopfschmerzen	
	Samen	roh/aufgebrüht	schwacher Tee	Abführmittel; regt Monatsblutung an	Tee
	Samen	gekocht/zerstampft	Kompresse	Blutergüsse, Sonnenbrand, Warzen, Sommersprossen, Kreuzschmerzen, Hauttumore, Krebs	
	Saft	gekocht	Spülung	Repellent	
RITTERSPORN * (Delphinium)	Wurzel	roh/gekocht	Tee	Husten, Rippenfellentzündung, Bronchitis	Tee

VON DEN AMERIKANISCHEN UREINWOHNERN VERWENDETE WILDWACHSENDE PFLANZEN

* steht für Gift, Narkotikum oder Abtreibungsmittel

Pflanze	*Teil*	*Zubereitung*	*Darreichungsform*	*Indikationen/ Wirkungen, Eigenschaften*	*Nahrungsmittel*
RIZINUS * (Ricinus communis)	ganze Pflanze	roh/gekocht	Spülung	Repellent	
	Samen	roh/zerdrückt	Einreibung	Hautunreinheiten, -wucherungen, Tumore, rissige Haut, Runzeln	
	Blatt	roh/zerstampft	Kompresse	innere Krankheiten, Tumore, Hepatitis	
	Blatt	roh/gekocht	Kompresse	Furunkel, Schwellungen, Verstauchungen, Brustwarzenentzündung, Angina, Geschwüre	
ROHRKOLBEN (Typha)	Kolbenflaum	roh	Tupfer	Absorbens	
	Wurzel	roh/gemahlen	Salbe	schwärende Wunden, Wundsein, Quaddelausschlag; blutgerinnungsfördernd	Mehl
	Wurzel	geröstet			»Kartoffel«
	Stengel	roh/zerstampft	Salbe	Verbrennungen	Gemüse

VON DEN AMERIKANISCHEN UREINWOHNERN VERWENDETE WILDWACHSENDE PFLANZEN

* steht für Gift, Narkotikum oder Abtreibungsmittel

Pflanze	*Teil*	*Zubereitung*	*Darreichungsform*	*Indikationen/ Wirkungen, Eigenschaften*	*Nahrungsmittel*
ROTKLEE (Trifolium pratense)	Blüte	roh/gekocht	Tee	Leber-, Gallenblasenleiden, Geschwüre, Vergiftungen, Diabetes, Mandelentzündung, innere Karzinome, Altersschwäche, Blinddarmentzündung, Kopfschmerzen; Abführmittel, Gurgelwasser; blutreinigend; Sedativum	Tee
	Blüte	roh/zerdrückt	Salbe	schwärende Wunden, Tumore, Furunkel, Hautkrebs, Altersflecke	Mehl
	Blatt	roh	gekaut und geschluckt	Skorbut, Appetitlosigkeit	Salat
	Blatt	roh/gekocht	Kompresse	Abszesse, Verbrennungen, Furunkel, Hautkrebs, Altersflecke, Sommersprossen	»Tabak«

VON DEN AMERIKANISCHEN UREINWOHNERN VERWENDETE WILDWACHSENDE PFLANZEN

* steht für Gift, Narkotikum oder Abtreibungsmittel

Pflanze	*Teil*	*Zubereitung*	*Darreichungsform*	*Indikationen/ Wirkungen, Eigenschaften*	*Nahrungsmittel*
SALBEI (Salvia)	Blatt	roh/gekocht	starker Tee	reguliert den Menstruationszyklus, reduziert die Milchproduktion; Deodorant	Tee
	Blatt	getrocknet/aufgebrüht	Tee	nervöse Verdauungsstörungen, Übelkeit/Brechreiz, Flatulenz, Leberleiden, Nierensteine, Gallensteine, Verletzungen der Mundschleimhaut, Lymphknoten-/Mandelentzündung, Hepatitis, Altersschwäche; Antidepressivum	Tee
	Blatt	roh/Saft	Tropfen	Warzen, Hautkrebs, Tumore	
SARSAPARILLE (Smilax)	Wurzel	roh/gekocht	Tee	Geschlechtskrankheiten, Blinddarmentzündung; blutreinigend	Tee
	Wurzel	roh/zerstampft	Kompresse	infizierte Wunden, Vergiftungen	Gewürz

VON DEN AMERIKANISCHEN UREINWOHNERN VERWENDETE WILDWACHSENDE PFLANZEN

* steht für Gift, Narkotikum oder Abtreibungsmittel

Pflanze	*Teil*	*Zubereitung*	*Darreichungsform*	*Indikationen/ Wirkungen, Eigenschaften*	*Nahrungsmittel*
SASSAFRAS (Sassafras albidum)	Blüte	roh/gekocht	Tee	Fieber, Schüttelfrost, Blutandrang, Verstopfung	Tee
	Blatt	getrocknet/pulverisiert			Verdickungsmittel
	Blatt	roh/zerdrückt	Kompresse	Hautverletzungen, Wunden, Quaddelausschlag	»Tabak«
	Rinde	roh/zerstampft	Kompresse	Augenentzündungen, Ohrentzündung	
	Wurzel	roh/zerstampft	Kompresse	Blutergüsse, Verstauchungen, Schwellungen	
	Wurzelrinde	getrocknet/aufgebrüht	Tee	Nierenleiden, Bronchitis, Bluthochdruck; schweißtreibend; Abführmittel	Tee

VON DEN AMERIKANISCHEN UREINWOHNERN VERWENDETE WILDWACHSENDE PFLANZEN

* steht für Gift, Narkotikum oder Abtreibungsmittel

Pflanze	*Teil*	*Zubereitung*	*Darreichungsform*	*Indikationen/ Wirkungen, Eigenschaften*	*Nahrungsmittel*
SAUERAMPFER (Rumex acetosa)	Blatt	roh/gekocht	Getränk	Magenblutungen	Limonade und Gewürz
	Blatt	roh	Gemüse	Skorbut, Anämie	Salat
	Blatt	roh/zerdrückt	Kompresse	Hauttumore, Furunkel, Warzen	
	Wurzel	roh/gekocht	Tee	Nasenbluten; verringert Monatsblutung	Tee und Suppe
SAUERDORN (Berberis vulgaris)	Beere	roh	gekaut und geschluckt	Fieber, Kolitis, Diarrhö; blutbildend	Marmelade und Obst
	Wurzel	roh/gekocht	Spülung	Schnittwunden, Blutergüsse, äußere Blutungen, Verstauchungen	Gewürz
	Wurzel	roh/zerstampft	Paste	schwärende Wunden	

VON DEN AMERIKANISCHEN UREINWOHNERN VERWENDETE WILDWACHSENDE PFLANZEN

* steht für Gift, Narkotikum oder Abtreibungsmittel

Pflanze	*Teil*	*Zubereitung*	*Darreichungsform*	*Indikationen/ Wirkungen, Eigenschaften*	*Nahrungsmittel*
SCHACHTEL-HALM (Equisetum)	Blatt	roh/aufgebrüht	Tee	Diabetes, Nierenleiden, Blinddarmentzündung; harntreibend	Tee
	Blatt	roh/zerstampft	Kompresse	Gangrän, schwärende Wunden, Verbrennungen, Knochenbrüche	
	Blatt	in Schmalz erhitzt	Salbe	Lippengeschwüre, Zahnfleischverletzungen	
	Stengel	roh/zerstampft	Kompresse	äußere Blutungen	Mehl
	Stengel	getrocknet/aufgebrüht	Tee	Wassersucht; regt Monatsblutung an	Tee

VON DEN AMERIKANISCHEN UREINWOHNERN VERWENDETE WILDWACHSENDE PFLANZEN

* steht für Gift, Narkotikum oder Abtreibungsmittel

Pflanze	*Teil*	*Zubereitung*	*Darreichungsform*	*Indikationen/ Wirkungen, Eigenschaften*	*Nahrungsmittel*
SCHAFGARBE * (Achillea millefolium)	Blatt	roh/zerstampft	Umschlag	Zahnschmerzen, Zahnfleischverletzungen, Ohrentzündung	»Tabak«
	Blatt	roh/zerstampft	Kompresse	äußere Blutungen; Anästhetikum	
	Blatt	roh/gekocht	Spülung	Verbrennungen, Brustwarzenentzündung, Augenreizungen, Masern, Windpocken, Quaddelausschlag, Dermatitis; Anästhetikum	
	Wurzel	roh/aufgebrüht	schwacher Tee	innere Blutungen, Erkältungskrankheiten, Lymphknotenentzündung, Hepatitis, Gallenblasenleiden, Appetitlosigkeit, Diabetes; blutreinigend	Tee
	Wurzel	roh/gekocht	starker Tee	Kontrazeptivum	Tee
SCHLINGMYRTE (Medeola virginiana)	Blatt und Schößling	roh	Gemüse	Skorbut, Schuppen	Salat

VON DEN AMERIKANISCHEN UREINWOHNERN VERWENDETE WILDWACHSENDE PFLANZEN

* steht für Gift, Narkotikum oder Abtreibungsmittel

Pflanze	*Teil*	*Zubereitung*	*Darreichungsform*	*Indikationen/ Wirkungen, Eigenschaften*	*Nahrungsmittel*
SCHLÜSSEL-BLUME * (Primula)	Saft	roh	Tropfen	Warzen, Tumore, Hautwucherungen	
SCHWARZDORN (Prunus spinosa)	Wurzelrinde	roh/gekocht	Tee	Schüttelfrost, Fieber, Ruhr, Diarrhö, Kreislaufstörungen, Herzklopfen; verhütet Fehlgeburten	Tee
SCHWARZER SENF (Brassica nigra)	Blatt	roh/zerstampft	Umschlag	Zahnschmerzen	
	Blatt	roh	Gemüse	Vitaminmangel, Schuppen	Gemüse
	Samen	getrocknet/aufgebrüht	Tee	Altersschwäche, Anämie, geschwollene Hoden; regt Monatsblutung an	Tee
	Samen	roh/gemahlen	Paste	Rheumatismus, Verstauchungen, Kreuzschmerzen, Flechte	
	Samen	roh/zerdrückt	Badezusatz	Blutandrang, Lungenentzündung	
	Samen	roh/gekocht mit Honig	Salbe	trockene Haut, Pigmentanomalien	

VON DEN AMERIKANISCHEN UREINWOHNERN VERWENDETE WILDWACHSENDE PFLANZEN

* steht für Gift, Narkotikum oder Abtreibungsmittel

Pflanze	*Teil*	*Zubereitung*	*Darreichungsform*	*Indikationen/ Wirkungen, Eigenschaften*	*Nahrungsmittel*
SELLERIE (Apium graveolens)	Samen	getrocknet/gemahlen	Tee	Harninkontinenz, Leber-/Milzleiden, Lymphknoten-/Mandelentzündung, Neuralgie, Schlaflosigkeit, Altersschwäche, Arthritis; blutreinigend	Tee
SONNENBLUME (Helianthus)	Blüte	roh/gekocht	Spülung	Arthritis, Rheumatismus, Schleimbeutelentzündung	»Rosenkohl«, Suppe
	Samen	roh	Gemüse/Salat	Bronchitis, Skorbut, Schüttelfrost; schweißtreibend	Samen und Kaffee-Ersatz
	Samen	roh/gekocht	Tee	fördert Prostatafunktion; harntreibend	Mehl und Tee
	Wurzel	roh/zerstampft	Kompresse	Blutergüsse, Blasen, Schlangen- und Spinnenbisse	»Tabak« (Blatt)
SONNENHUT, Igelkopf (Rudbeckia)	Wurzel	roh/gekocht	Spülung	Verbrennungen, Wunden, Furunkel, Hautkrebs	
	Wurzel	getrocknet/aufgebrüht	Tee	Vergiftungen, Lungenentzündung, Nebenhöhlenentzündung, Geschwüre, Krebs, Altersschwäche; blutreinigend	Tee

VON DEN AMERIKANISCHEN UREINWOHNERN VERWENDETE WILDWACHSENDE PFLANZEN

* steht für Gift, Narkotikum oder Abtreibungsmittel

Pflanze	*Teil*	*Zubereitung*	*Darreichungsform*	*Indikationen/ Wirkungen, Eigenschaften*	*Nahrungsmittel*
STACHELBEERE (Ribes uva-crispa)	Blatt	getrocknet/aufgebrüht	Tee	Nierensteine	Tee
	Beere	gekocht	Mus	Fieber, Schüttelfrost	Obst
STEINBRECH (Saxifraga)	Blatt	roh/gekocht	Tee	Nieren- und Blasenleiden	Tee
	Blatt	roh	Gemüse	Skorbut, Anämie	Salat
SUMACH (Rhus canadensis)	Blüte	roh/gekocht	Spülung	Augenentzündungen, Gerstenkorn	
	Rinde	roh/gekocht	Spülung	Verbrennungen, Sonnenbrand, Ekzeme, Blasen, äußere Blutungen, Quaddeln, juckende Ausschläge, Runzeln	
	Bast	roh/gekocht	Spülung	Adstringens	
	Saft	roh	Paste	Zahnschmerzen	
	Saft	roh	Salbe	infizierte Hautabschürfungen/ Wunden	
	Beere	roh/gekocht	Gurgelwasser	Angina, Zahnfleischverletzungen	»Tabak«
	Wurzel	roh/gekocht	Tee	innere Blutungen, Geschwüre	

VON DEN AMERIKANISCHEN UREINWOHNERN VERWENDETE WILDWACHSENDE PFLANZEN

* steht für Gift, Narkotikum oder Abtreibungsmittel

Pflanze	*Teil*	*Zubereitung*	*Darreichungsform*	*Indikationen/ Wirkungen. Eigenschaften*	*Nahrungsmittel*
THYMIAN (Thymus vulgaris)	Blatt	roh/zerdrückt	Kompresse	Lippengeschwüre; Antiseptikum	Gewürz
	Blatt	getrocknet/aufgebrüht	Tee	Koliken, Flatulenz, Erkältungskrankheiten, Bronchitis, Keuchhusten; schweißtreibend	Tee
	Blatt	roh/zerdrückt	Einreibung	Neuralgie, Arthritis, Rheumatismus, Zahnschmerzen, schmerzhafte Schwellungen; Deodorant	
WACHOLDER (Juniperus communis)	Blatt	roh/zerstampft	Kompresse	Verbrennungen	»Tabak«
	Zweig	roh/zerstampft	Kompresse	Akne, Fußpilz, Schuppen; Antiseptikum	
	Beere	roh/aufgebrüht	Paste	äußere Blutungen	Kaffee-Ersatz, Tee, Mehl

VON DEN AMERIKANISCHEN UREINWOHNERN VERWENDETE WILDWACHSENDE PFLANZEN

* steht für Gift, Narkotikum oder Abtreibungsmittel

Pflanze	*Teil*	*Zubereitung*	*Darreichungsform*	*Indikationen/ Wirkungen, Eigenschaften*	*Nahrungsmittel*
WALD-WEIDEN-RÖSCHEN (Epilobium angustifolium)	Keim	gekocht	Gemüse	Skorbut, Anämie, Schuppen	Gemüse
	Stengel	gekocht	Gemüse	Skorbut, Anämie	Suppe
	Stengel	getrocknet/gemahlen			Mehl
	Wurzel	roh/zerstampft	Kompresse	Schwellungen, schmerzende Beine	
	Wurzel und Blatt	getrocknet/aufgebrüht	Tee	Heuschnupfen, Diarrhö, Mandelentzündung	Tee

* steht für Gift, Narkotikum oder Abtreibungsmittel

Pflanze	*Teil*	*Zubereitung*	*Darreichungsform*	*Indikationen/ Wirkungen, Eigenschaften*	*Nahrungsmittel*
WALNUSS (Juglans regia)	Blatt	roh/gekocht	Spülung	Ekzeme, Quaddelausschlag, Furunkel, schwärende Hautabschürfungen, äußere Blutungen; Adstringens	
	Rinde	roh/gekocht	Spülung	Arthritis, Hautkrankheiten, Windpocken, Masern, juckende Ausschläge	
	Rinde	roh/gekocht	Tee	Geschwüre, Divertikulitis; Abführmittel	Tee
	grüne Außenschale	roh/zerstampft	Sirup	Würmer	Sirup (Saft)
	Saft der grünen Außenschale	roh/zerstampft	Spülung	Kleider- und Kopfläuse, Schuppen	
	Saft der grünen Außenschale	roh mit Honig	Sirup	Bronchitis, Husten, Asthma	
	Nuß	roh	Gemüse/Salat	Vitaminmangel, Anämie	Nüsse, Öl, Mehl

VON DEN AMERIKANISCHEN UREINWOHNERN VERWENDETE WILDWACHSENDE PFLANZEN

* steht für Gift, Narkotikum oder Abtreibungsmittel

Pflanze	*Teil*	*Zubereitung*	*Darreichungsform*	*Indikationen/ Wirkungen, Eigenschaften*	*Nahrungsmittel*
WANZENKRAUT (Cimicifuga racemosa)	Wurzel	getrocknet/aufgebrüht	Tee	Rheumatismus, Bluthochdruck, Krämpfe, Rippenfellentzündung; harntreibend, Sedativum; regt Monatsblutung an	Tee
WASSERDOST (Eupatorium cannabinum)	Blatt	roh/aufgebrüht	heißer Tee	Erkältungskrankheiten; Abführmittel, Brechmittel; schweißtreibend	Tee
	Blatt	roh/aufgebrüht	kalter Tee	Fieber, Gelbsucht, Knochenschmerzen, Hepatitis, Lymphknoten-/Mandelentzündung, Kreuzschmerzen	

* steht für Gift, Narkotikum oder Abtreibungsmittel

Pflanze	*Teil*	*Zubereitung*	*Darreichungsform*	*Indikationen/ Wirkungen, Eigenschaften*	*Nahrungsmittel*
WEGERICH (Plantago)	Blatt	roh/zerstampft	Kompresse	Schnittwunden, Hautabschürfungen	
	Blatt	gekocht/zerdrückt	Paste	Blasen, Infektionen, Furunkel, rissige Lippen	
	Blatt	getrocknet/aufgebrüht	Tee	Würmer, Hypermenorrhö	Tee, Gemüse
	Blatt	roh/zerdrückt	Saftspülung	Klapperschlangenbiß, Insektenstiche, Ekzeme, Verbrennungen, schwärende Wunden, rissige Lippen	
	ganze Pflanze	zerdrückt/gekocht	Kompresse	Verstauchungen	
	Samen	roh/aufgebrüht	Tee	Geschwüre, Leberleiden, Lymphknoten-/Mandelentzündung; Abführmittel	Tee
	Wurzel	roh/zerstampft	Umschlag	Zahnschmerzen	
	Saft	getrocknet	»Kaugummi«		»Kaugummi«

VON DEN AMERIKANISCHEN UREINWOHNERN VERWENDETE WILDWACHSENDE PFLANZEN

* steht für Gift, Narkotikum oder Abtreibungsmittel

Pflanze	*Teil*	*Zubereitung*	*Darreichungsform*	*Indikationen/ Wirkungen, Eigenschaften*	*Nahrungsmittel*
WEIDE (Salix)	Blatt	roh/zerstampft	Umschlag	Nasenbluten, Zahnschmerzen, Hämorrhoiden	
	Rinde	getrocknet/pulverisiert	Spülung	Schuppen; Adstringens; Reinigungsmittel	
	Bast	roh/gekocht	Tee	Geschlechtskrankheiten	Tee
	Bast	roh/zerstampft	Kompresse	Infektionen, Wunden, Gangrän, Blutungen; Antibiotikum	
WEISSER ANDORN (Marrubium vulgare)	Blatt	getrocknet/aufgebrüht	Tee	Husten, Lungenkrankheiten, Gelbsucht, Asthma, Würmer, Heiserkeit, Schüttelfrost, Mandelentzündung, Diabetes, Altersschwäche; schweißtreibend; Abführmittel	Tee

VON DEN AMERIKANISCHEN UREINWOHNERN VERWENDETE WILDWACHSENDE PFLANZEN

* steht für Gift, Narkotikum oder Abtreibungsmittel

Pflanze	*Teil*	*Zubereitung*	*Darreichungsform*	*Indikationen/ Wirkungen, Eigenschaften*	*Nahrungsmittel*
WERMUT (Artemisia absinthium)	Blatt	roh/gekocht	Tee	Blasenleiden, Lungenemphysem, Band- und Rundwürmer, Mandelentzündung, Leber- und Milzleiden, Kolitis, Blinddarmentzündung; blutreinigend	Tee
	Blatt	roh/zerdrückt	Einreibung	Verstauchungen, Blutergüsse, Schwellungen, Rheumatismus, Arthritis, Kreuzschmerzen	
WILDE ZWIEBEL (Allium cepa)	Zwiebel	roh/zerstampft	Kompresse	Lungenentzündung, äußere Infektionen, Blutandrang, Verstauchungen	Gemüse
	Zwiebel	roh/gekocht	Tee	Skorbut, Würmer, Grippe, Allergien, Blinddarmentzündung, Keuchhusten; Antibiotikum	Tee und Suppe
	Zwiebel	roh/gekocht	Spülung	Quaddeln, juckende Ausschläge, Bisse/Stiche, Kälteschäden	Gewürz
	Zwiebel	roh/zerstampft	Saft	Ohrenschmerzen	
WILDREIS (Zizania aquatica)	Körner	roh/gekocht	Gemüse/Salat	Bluthochdruck, Herzklopfen	Brei und Mehl

VON DEN AMERIKANISCHEN UREINWOHNERN VERWENDETE WILDWACHSENDE PFLANZEN

* steht für Gift, Narkotikum oder Abtreibungsmittel

Pflanze	*Teil*	*Zubereitung*	*Darreichungsform*	*Indikationen/ Wirkungen, Eigenschaften*	*Nahrungsmittel*
WÜRGKIRSCHE * (Prunus virginiana)	Rinde	roh/aufgebrüht	Tee	Stauungslunge, Erkältungskrankheiten, Husten, Gelbsucht; Antibiotikum	Obst (Beere)
	Rinde	getrocknet	»Tabak«	Kopfschmerzen	
	Bast	getrocknet/gemahlen	Kompresse	schwärende Wunden, äußere Blutungen, Bindehautentzündung; Antibiotikum	
YERBA SANTA	Blatt	roh/zerstampft	Kompresse	Rheumatismus, Hautschmerzen, Hämorrhoiden, Quaddelausschlag, Schwellungen, Wundsein	
	Blatt	roh	»Kaugummi«	Mundgeruch	»Kaugummi«
	Blatt	getrocknet	»Tabak«	Asthma, Bronchitis, Stauungslunge	»Tabak«
	Blatt	roh/aufgebrüht	Gurgelwasser	Angina, Zahnfleischverletzungen	
	Blatt	roh/gekocht	Tee	Erbrechen, Diarrhö, Husten, Geschwüre, Bronchitis	Tee

VON DEN AMERIKANISCHEN UREINWOHNERN VERWENDETE WILDWACHSENDE PFLANZEN

* steht für Gift, Narkotikum oder Abtreibungsmittel

Pflanze	*Teil*	*Zubereitung*	*Darreichungsform*	*Indikationen/ Wirkungen, Eigenschaften*	*Nahrungsmittel*
YUCCA (Yucca)	Blüte	roh	Gemüse/Salat		Snack
	Blatt	getrocknet/aufgebrüht	Tee	Arthritis, Fieber, Kopfschmerzen, Rheumatismus, Geschwüre, Blinddarmentzündung	Tee und Salat
	Frucht	roh	Gemüse/Salat	Abführmittel	Obst
	Frucht	gebacken	Gemüse/Salat		Mehl
	Wurzel	roh/zerstampft	Kompresse	schwärende Abschürfungen und Wunden, Quaddeln, Windpocken, juckende Ausschläge, Gangrän	
	Wurzel	getrocknet/gemahlen	Seife und Shampoo	Hygiene	
ZAUBERNUSS (Hamamelis virginiana)	ganze Pflanze	roh/gekocht	Stengel	Bronchitis, Grippe, Husten	
	Blatt	roh/zerdrückt	Kompresse	Schwellungen, Blutergüsse, Verstauchungen	
	Blatt	roh/gekocht	Tee	Magengeschwüre, äußere Blutungen	Tee

VON DEN AMERIKANISCHEN UREINWOHNERN VERWENDETE WILDWACHSENDE PFLANZEN

* steht für Gift, Narkotikum oder Abtreibungsmittel

Pflanze	*Teil*	*Zubereitung*	*Darreichungsform*	*Indikationen/ Wirkungen, Eigenschaften*	*Nahrungsmittel*
ZICHORIE, Wegwarte (Cichorium intybus)	Blatt	getrocknet/aufgebrüht	Tee	Leber- und Milzleiden, Mandelentzündung, Vitamin- und Mineralstoffmangel, Anämie, Blinddarmentzündung	Tee
	Blatt	roh	Salat	Skorbut, Schuppen	Salat
	Blatt	roh/zerstampft	Kompresse	Schwellungen, Entzündungen, Quaddeln, Verstauchungen	
	Wurzel	geröstet			Kaffee-Ersatz und »Kaugummi«
ZITTERPAPPEL (Populus tremula)	Blattknospe	roh/zerstampft	Kompresse	Wunden, Sonnenbrand, Windpocken; Antibiotikum	
	Harz der Knospe	aufgebrüht	Tee	Skorbut	Tee
	Wurzelrinde	roh	»Kaugummi«	Angina	
	Wurzel	roh/zerstampft	Kompresse	Blutergüsse, Verstauchungen	
	Rinde	aufgebrüht	Tee	Erkältungskrankheiten, Grippe, Allergien, Anämie; Antibiotikum	Tee

Die dunkle Seite der Natur

Es gibt unzählige Aspekte des täglichen Lebens, die den dualen und widersprüchlichen Charakter alles Seienden veranschaulichen: Licht und Dunkel, Wärme und Kälte, Freude und Schmerz. Ebenso kennen wir viele Dinge, die solche positiven und negativen Aspekte in sich vereinigen, wie Feuer, Autos und Messer – nützlich und hilfreich dem Vorsichtigen, schädlich oder gar tödlich, wenn unsachgemäß oder böswillig gehandhabt.

Bisweilen kann man allerdings etwas von Natur aus Negatives in etwas Positives verwandeln. So werden aus zahlreichen Pflanzen, die im Naturzustand »giftig« sind, durch zum Teil sehr komplizierte physikalische und/oder chemische Verfahren einzelne Wirkstoffe isoliert, die dann, zu Arzneien verarbeitet, Menschen heilen können, also einen eindeutig positiven Zweck erfüllen.

Wenn wir allerdings Pflanzen in mehr oder weniger natürlicher, jedenfalls chemisch unbehandelter Form zu Heilzwecken verwenden wollen, müssen wir uns ihrer potentiellen Gefährlichkeit bewußt sein. Wir müssen uns genau einprägen, welche von ihnen giftig sind, ob sie eher innerlich oder äußerlich wirken und welche Symptome sie zeitigen. Viele von ihnen sind beliebte Topfpflanzen oder »ganz gewöhnliche« Blumen. Manche haben Sie vielleicht selbst in Ihren Garten gepflanzt. Sie sind schön und erfreuen das Auge, aber sie können eine ernste Gefahr für unsere Gesundheit darstellen.

Wissen ist für den Pflanzenfreund also nicht nur wichtig, es kann sich unter Umständen sogar als lebensrettend erweisen.

Die Natur sorgt in all ihren wunderbaren Aspekten immer wieder für Ausgleich, für ein Gegengewicht. Deshalb enthalten manche Pflanzen – oder auch nur bestimmte Teile von ihnen – Substanzen, die für den Menschen schädlich oder sogar tödlich sein können.

Kein Buch, das von Heilkräutern handelt, darf diese dunkle Seite der Natur außer acht lassen. Die folgende Tabelle listet solche Pflanzen auf, die im menschlichen Organismus eine mehr oder weniger heftige negative Reaktion auslösen. Gerade wenn wir die natürlichen Arzneien, die Mutter Erde uns schenkt, kennenlernen wollen, ist es außerordentlich wichtig, daß wir uns auch mit allen Gefahren, die der Umgang mit der Pflanzenwelt für uns bergen kann, vertraut machen.

In der Spalte »Giftart« habe ich die drei folgenden Begriffe verwendet:

Oral bedeutet, daß der Verzehr der betreffenden Pflanze eine mehr oder weniger starke Reizung der Mund- und Rachenschleimhäute verursacht.

Systemisch bedeutet, daß das Gift ein Organsystem – wie die Atemorgane, den Verdauungsapparat, das Nervensystem – oder den Gesamtorganismus angreift.

Dermal bedeutet, daß das Gift die Haut angreift und Rötungen, Schwellungen, Juckreiz und so weiter auslöst.

DIE DUNKLE SEITE DER NATUR

Pflanze	*Weitere Namen*	*Giftiger Teil*	*Giftart*	*Symptome*	*Therapie*
AKELEI (Aquilegia vulgaris)	keine	ganze Pflanze (bei einigen Arten)	systemisch	Schwindelgefühl Atemdepression Muskellähmung Krämpfe u.U. Koma KANN TÖDLICH SEIN	sofortige Einweisung ins Krankenhaus
ALRAUNE (Mandragora officinarum)	keine	ganze Pflanze	systemisch	Erbrechen Durchfall Unterleibsschmerzen Muskelschwäche u.U. Koma KANN TÖDLICH SEIN	sofortige Einweisung ins Krankenhaus
AMARYLLIS (Amaryllis belladonna)	Belladonnalilie	Zwiebel	systemisch	Erbrechen und Durchfall Unterleibsschmerzen/-krämpfe Atemlähmung KANN TÖDLICH SEIN	sofortige Einweisung ins Krankenhaus
AMBROSIAPFLANZE (Ambrosia)	keine	Blatt	systemisch	Unterleibsschmerzen/-krämpfe Uteruskontraktionen SPONTANER ABORT MÖGLICH	sofortige Einweisung ins Krankenhaus

DIE DUNKLE SEITE DER NATUR

Pflanze	*Weitere Namen*	*Giftiger Teil*	*Giftart*	*Symptome*	*Therapie*
APFEL (Pyrus malus)	keine	Kerne	systemisch	Kopfschmerz, Schwindelgefühl, Herzjagen, Atemnot, Erbrechen, Krämpfe, u.U. Koma KANN u.U. TÖDLICH SEIN	sofortige Einweisung ins Krankenhaus
ARNIKA (Arnica montana)	Berg-Wohlverleih, Gemsblume, Fallkraut	Blüte/Wurzel	systemisch	Erbrechen, Atemdepression, Muskelschwäche, u.U. Koma KANN TÖDLICH SEIN	sofortige Einweisung ins Krankenhaus
		Stengel	dermal	Hautreizung bei Berührung möglich	gründliches Waschen, Antihistaminika
AZALEE (Azalea)	keine	ganze Pflanze (einschl. des aus dem Blütennektar gewonnenen Honigs)	oral	Verätzung von Mund- und Rachenschleimhaut	sofortige Einweisung ins Krankenhaus
			systemisch	Erbrechen, Durchfall Bindehautreizung mit Tränenfluß, Kopfschmerz, Sehstörungen, Muskellähmung, Krämpfe, u.U. Koma KANN TÖDLICH SEIN	sofortige Einweisung ins Krankenhaus

DIE DUNKLE SEITE DER NATUR

Pflanze	*Weitere Namen*	*Giftiger Teil*	*Giftart*	*Symptome*	*Therapie*
BILSENKRAUT (Hyoscyamus)	keine	Blatt/Samen	oral	Mundtrockenheit	sofortige Einweisung ins Krankenhaus
		Blatt/Stengel	dermal	trockene Haut oder heftiger Ausschlag	gründliches Waschen, Antihistaminika
		ganze Pflanze	systemisch	Fieber, Sehstörungen, Kopfschmerz, Verwirrung, erhöhte Herzfrequenz Halluzinationen	sofortige Einweisung ins Krankenhaus
BREITBLÄTTRIGE KALMIE (Kalmia latifolia)	Berglorbeer	Blatt/Nektar	oral	heftige Reizung der Mundschleimhaut	ärztliche Beobachtung ratsam
			systemisch	Erbrechen, Durchfall, Kopfschmerz, verzerrte optische Wahrnehmung, herabgesetzte Herzfrequenz, Tränenfluß, Krämpfe, u.U. Koma KANN TÖDLICH SEIN	sofortige Einweisung ins Krankenhaus
BRENNESSEL (Urtica dioica)	Große Brennnessel	Haare auf Blatt und Stengel	dermal	juckender/brennender Quaddelausschlag, der bis zu 48 Stunden und mehr anhalten kann	gründliches Waschen, Antihistaminika

Pflanze	*Weitere Namen*	*Giftiger Teil*	*Giftart*	*Symptome*	*Therapie*
CALLA (Calla palustris)	Drachenwurz, Schlangenkraut	Blatt	oral	Verätzung von Mund- und Rachenschleimhaut mit möglicher Schwellung KANN TÖDLICH SEIN, wenn Schwellung die Atemwege blockiert	ärztliche Beobachtung ratsam
			dermal	Berührung kann Hautreizung hervorrufen	gründliches Waschen, Antihistaminika
CHRISTOPHSKRAUT (Actaea spicata)	keine	ganze Pflanze	oral	schwärende Verätzung von Mund- und Rachenschleimhaut	sofortige Einweisung ins Krankenhaus
			systemisch	blutiger Brechdurchfall Verwirrung, Krämpfe, KANN TÖDLICH SEIN	sofortige Einweisung ins Krankenhaus
CHRISTUSDORN (Euphorbia milii)	Dornenkrone	ganze Pflanze	oral	Verätzung von Mund- und Rachenschleimhaut	ärztliche Beobachtung ratsam
			systemisch	heftige Unterleibsschmerzen und -krämpfe, Atemdepression, Erbrechen, Durchfall	sofortige Einweisung ins Krankenhaus
		Saft	dermal	Berührung kann Hautreizung hervorrufen	gründliches Waschen, Antihistaminika

DIE DUNKLE SEITE DER NATUR

Pflanze	*Weitere Namen*	*Giftiger Teil*	*Giftart*	*Symptome*	*Therapie*
COTTON ROOT	keine	Wurzel	systemisch	Unterleibsschmerzen und -krämpfe, Uteruskrämpfe/ -kontraktionen SPONTANER ABORT MÖGLICH	sofortige Einweisung ins Krankenhaus
DIEFFENBACHIE (Dieffenbachia)	Schweigohr	Blatt	oral	heftige Entzündung und Schwellung der Mund- und Rachenschleimhaut, dadurch Sprachstörungen KANN TÖDLICH SEIN, wenn Schwellungen die Atemwege blockieren	sofortige Einweisung ins Krankenhaus
		Saft	dermal	Berührung kann Hautreizung hervorrufen	gründliches Waschen, Antihistaminika
DREIBLÄTTRIGE ZEICHENWURZ (Arisaema triphyllum)	keine	ganze Pflanze	oral	Entzündung der Mund- und Rachenschleimhaut, u.U. Schwellung KANN TÖDLICH SEIN, wenn Schwellung die Atemwege blockiert	ärztliche Beobachtung ratsam

DIE DUNKLE SEITE DER NATUR

Pflanze	*Weitere Namen*	*Giftiger Teil*	*Giftart*	*Symptome*	*Therapie*
EFEU (Hedera helix)	keine	Blatt, Beere	oral	Reizung von Mund- und Rachenschleimhaut	ärztliche Beobachtung ratsam
			systemisch	Erbrechen, Durchfall Unterleibskrämpfe Atemdepression u.U. Koma KANN TÖDLICH SEIN	sofortige Einweisung ins Krankenhaus
EIBE (Taxus baccata)	keine	ganze Pflanze	systemisch	Erbrechen Darmkolik Muskelkrämpfe Verwirrung Herzjagen u.U. Koma KANN TÖDLICH SEIN	sofortige Einweisung ins Krankenhaus
EISENHUT (Aconitum napellus)	Sturmhut, Blauer Eisenhut	ganze Pflanze	oral	heftige Reizung der Mund- und Rachenschleimhaut	ärztliche Beobachtung ratsam
			systemisch	Erbrechen, Herzjagen, verzerrte optische Wahrnehmung, Muskellähmung KANN BINNEN WENIGER STUNDEN ZUM TOD FÜHREN	sofortige Einweisung ins Krankenhaus

Pflanze	*Weitere Namen*	*Giftiger Teil*	*Giftart*	*Symptome*	*Therapie*
FILZIGES HORNKRAUT (Cerastium tomentosum)	keine	Blatt/Stengel/Saft (einschließlich des aus dem Nektar gewonnenen Honigs)	oral	schwere Verätzungen von Lippen-, Zungen-, Mund- und Rachenschleimhaut	ärztliche Beobachtung ratsam
			systemisch	Erbrechen, Durchfall niedriger Blutdruck herabgesetzte Herzfrequenz Atemnot KANN TÖDLICH SEIN	sofortige Einweisung ins Krankenhaus
FINGERHUT (Digitalis)	keine	ganze Pflanze	oral	sehr schmerzhafte Reizung von Zunge und Mundschleimhaut	sofortige Einweisung ins Krankenhaus
			systemisch	Erbrechen, Durchfall Unterleibskrämpfe Herzrhythmusstörungen Muskelkrämpfe u.U. Koma KANN TÖDLICH SEIN	sofortige Einweisung ins Krankenhaus
FLAMINGOBLUME (Anthurium scherzerianum)	Schwanzblume, Blütenschweif	Blatt/Stengel	oral	Entzündung und Blasenbildung in Mund- und Rachenraum KANN TÖDLICH SEIN, wenn Schwellung die Atemwege blockiert	ärztliche Beobachtung ratsam

DIE DUNKLE SEITE DER NATUR

Pflanze	*Weitere Namen*	*Giftiger Teil*	*Giftart*	*Symptome*	*Therapie*
GÄNSEFUSS (Chenopodium)	Guter Heinrich	ganze Pflanze	systemisch	Erbrechen, Kopfschmerz, Schwindelgefühl, Verwirrung, Atemdepression, Krämpfe, u.U. Koma KANN TÖDLICH SEIN	sofortige Einweisung ins Krankenhaus
GARTENWICKE (Lathyrus odoratus)	Spanische Wicke, Wohlriechende Platterbse	ganze Pflanze	systemisch	herabgesetzte Herzfrequenz Atemnot, Muskellähmung, u.U. Koma KANN TÖDLICH SEIN	sofortige Einweisung ins Krankenhaus
GEISSBLATT (Lonicera)	Heckenkirsche, Jelängerjelieber	Beere	systemisch	Erbrechen, Durchfall Unterleibsschmerzen erhöhte Herzfrequenz Krämpfe, Atemdepression bis Atemstillstand, KANN TÖDLICH SEIN	sofortige Einweisung ins Krankenhaus
GEWÖHNLICHER STECHAPFEL (Datura stramonium)	Schwarzer Kreuzkümmel, Rauchapfelkraut, Tollkörner, Datura	ganze Pflanze (einschließlich des Nektars)	oral systemisch	Mundtrockenheit gerötete Haut, Bluthochdruck, Herzjagen, Kopfschmerz, Verwirrung, Halluzinationen, u.U. Koma KANN TÖDLICH SEIN	ärztliche Beobachtung ratsam sofortige Einweisung ins Krankenhaus

Pflanze	*Weitere Namen*	*Giftiger Teil*	*Giftart*	*Symptome*	*Therapie*
GIFTSUMACH (Rhus toxicodendron)	keine	ganze Pflanze	dermal	heftige Hautreizung bei Berührung	gründliches Waschen, Antihistaminika
GLYZINIE (Wisteria sinensis)	Glyzine, Blauregen	ganze Pflanze	systemisch	Erbrechen heftige Unterleibsschmerzen	sofortige Einweisung ins Krankenhaus
GOLDREGEN (Laburnum)	Bohnenbaum	ganze Pflanze	systemisch	Erbrechen, Durchfall heftige Unterleibsschmerzen Kopfschmerz, Verwirrung erhöhte Herzfrequenz KANN TÖDLICH SEIN	sofortige Einweisung ins Krankenhaus
HAHNENFUSS (Ranunculus)	Butterblume	ganze Pflanze	oral	Entzündung und Blasenbildung in Mund- und Rachenraum	sofortige Einweisung ins Krankenhaus
		Blatt/Saft	systemisch	Erbrechen und Durchfall Schweißausbruch reichlicher Speichelfluß Benommenheit, Verwirrung, Krämpfe, u.U. Koma KANN TÖDLICH SEIN	sofortige Einweisung ins Krankenhaus
			dermal	Berührung mit Saft kann heftige Hautreizung verursachen	ärztliche Beobachtung ratsam

DIE DUNKLE SEITE DER NATUR

Pflanze	*Weitere Namen*	*Giftiger Teil*	*Giftart*	*Symptome*	*Therapie*
HOLUNDER (Sambucus)	Holler, Holder	ganze Pflanze	systemisch	Erbrechen, Durchfall heftige Unterleibsschmerzen und -krämpfe	ärztliche Beobachtung ratsam
HORTENSIE (Hydrangea)	keine	ganze Pflanze	systemisch	Erbrechen, Durchfall Unterleibsschmerzen erhöhte Herzfrequenz Schweißausbruch Krämpfe u.U. Koma KANN TÖDLICH SEIN	sofortige Einweisung ins Krankenhaus
HUNDSPETERSILIE (Aethusa cynapium)	Glanzpetersilie	ganze Pflanze	systemisch	Kopfschmerz krampfartiges Erbrechen	ärztliche Beobachtung ratsam
HUNDSTOD (Apocynum cannabinum)	Hanfartiger Hundswürger, Hanfartiger Hundskohl, Amerikanischer Hanf	ganze Pflanze	systemisch	STARKE NARKOTISCHE WIRKUNG Erbrechen Halluzinationen KANN TÖDLICH SEIN	bei Überdosis sofortige Einweisung ins Krankenhaus
HYAZINTHE (Hyacinthus)	keine	ganze Pflanze	systemisch	Erbrechen, Durchfall heftige Unterleibsschmerzen und -krämpfe	sofortige Einweisung ins Krankenhaus
		Zwiebel	dermal	Berührung kann Hautreizung hervorrufen	gründliches Waschen, Antihistaminika

Pflanze	*Weitere Namen*	*Giftiger Teil*	*Giftart*	*Symptome*	*Therapie*
JASMIN, wilder (Gelsemium nitidum od. sempervirens)	keine	ganze Pflanze (einschließlich des Nektars)	oral	Mundtrockenheit	ärztliche Beobachtung ratsam
			systemisch	gerötete Haut, Bluthochdruck, erhöhte Herzfrequenz, Kopfschmerz, Verwirrung, Halluzinationen, u.U. Koma KANN TÖDLICH SEIN	sofortige Einweisung ins Krankenhaus
KALADIE (Caladium)	Buntwurz	ganze Pflanze	oral	heftige schmerzhafte Reizung und Schwellung des Mund- und Rachenraums KANN TÖDLICH SEIN, wenn Schwellung die Atemwege blockiert	ärztliche Beobachtung ratsam
KAMASWURZEL (Zygadenus venenosus)	keine	ganze Pflanze	oral	Verätzung von Mund- und Rachenschleimhaut	ärztliche Beobachtung ratsam
			systemisch	Erbrechen, Kopfschmerz, Verwirrung, herabgesetzte Herzfrequenz, Krämpfe, u.U. Koma KANN TÖDLICH SEIN	sofortige Einweisung ins Krankenhaus
KANADISCHES BLUTKRAUT (Sanguinaria canadensis)	keine	Wurzel/Saft	systemisch	Erbrechen Muskelschwäche herabgesetzte Herzfrequenz KANN TÖDLICH SEIN	sofortige Einweisung ins Krankenhaus

Pflanze	*Weitere Namen*	*Giftiger Teil*	*Giftart*	*Symptome*	*Therapie*
KANDELABER-KAKTUS (Carnegiea gigantea)	Riesenkaktus, Saguarokaktus	ganze Pflanze	oral	Verätzung von Mund- und Rachenschleimhaut	ärztliche Beobachtung ratsam
			systemisch	Erbrechen, Durchfall mit heftigen Unterleibsschmerzen und -krämpfen, verzerrte optische Wahrnehmung	sofortige Einweisung ins Krankenhaus
		Saft	dermal	Berührung kann Hautreizung hervorrufen	gründliches Waschen, Antihistaminika
KARTOFFEL (Solanum tuberosum)	Erdapfel	*grüne* Kartoffeln/Triebe/unreife Beeren	systemisch	Erbrechen, Durchfall heftige Unterleibskrämpfe Kopfschmerz, Atemdepression, herabgesetzte Herzfrequenz, Muskellähmung, u.U. Koma KANN TÖDLICH SEIN	sofortige Einweisung ins Krankenhaus
KERMESBEERE (Phytolacca americana)	keine	ganze Pflanze	oral	Verätzung von Lippen-, Zungen-, Mund- und Rachenschleimhaut	ärztliche Beobachtung ratsam
			systemisch	Erbrechen, Durchfall heftige Unterleibskrämpfe Schweißausbruch, Atemdepression, Muskelkrämpfe, Stupor, Bewußtlosigkeit KANN TÖDLICH SEIN	sofortige Einweisung ins Krankenhaus

Pflanze	*Weitere Namen*	*Giftiger Teil*	*Giftart*	*Symptome*	*Therapie*
KLEMATIS (Clematis)	Waldrebe	ganze Pflanze	oral	heftige, schmerzhafte Entzündung der Mund- und Rachenschleimhaut	sofortige Einweisung ins Krankenhaus
			systemisch	blutiger Brechdurchfall Unterleibskrämpfe Verwirrung Muskelkrämpfe KANN TÖDLICH SEIN	sofortige Einweisung ins Krankenhaus
		Blatt	dermal	Hautreizung bei Berührung möglich	gründliches Waschen, Antihistaminika
KLETTERNDER BAUMWÜRGER (Celastrus scandens)	keine	ganze Pflanze	systemisch	heftiger Brechdurchfall Herzjagen, Erregung mit anschließender Erschöpfung	sofortige Einweisung ins Krankenhaus
KOHL-GÄNSEDISTEL (Sonchus oleraceus)	Gemeine Gänsedistel	ganze Pflanze	systemisch	Erbrechen, Durchfall heftige Unterleibsschmerzen und -krämpfe Muskelschwäche Atemdepression KANN TÖDLICH SEIN	sofortige Einweisung ins Krankenhaus

DIE DUNKLE SEITE DER NATUR

Pflanze	*Weitere Namen*	*Giftiger Teil*	*Giftart*	*Symptome*	*Therapie*
KORNELKIRSCHE (Cornus mas)	Herlitze, Dirlitze	ganze Pflanze	systemisch	Erbrechen, Unterleibsschmerzen/-krämpfe, u.U. Muskelkrämpfe KANN TÖDLICH SEIN	sofortige Einweisung ins Krankenhaus
		Blatt	dermal	Berührung kann Hautreizung hervorrufen	gründliches Waschen, Antihistaminika
KREUZDORN (Rhamnus cathartica)	keine	ganze Pflanze	systemisch	heftige Unterleibskrämpfe Atemdepression bis -lähmung KANN TÖDLICH SEIN	sofortige Einweisung ins Krankenhaus
KÜCHENSCHELLE (Pulsatilla vulgaris)	Gemeine K., Aufrechte K., Gewöhnliche K., Pelzanemone	ganze Pflanze	oral	heftige Entzündung von Mund- und Rachenschleimhaut	sofortige Einweisung ins Krankenhaus
			systemisch	blutiger Brechdurchfall Herzjagen, Unterleibskrämpfe, KANN TÖDLICH SEIN	sofortige Einweisung ins Krankenhaus
		Blatt	dermal	Blasenausschlag möglich	ärztliche Beobachtung ratsam

Pflanze	*Weitere Namen*	*Giftiger Teil*	*Giftart*	*Symptome*	*Therapie*
LAUBHEIDE (Clethra alnifolia)	Scheinerle	Blatt/Nektar	oral	schwere Verätzung von Zunge und Mundschleimhaut	ärztliche Beobachtung ratsam
			systemisch	Erbrechen und Durchfall Kopfschmerz, Muskelschwäche, verzerrte optische Wahrnehmung, u.U. Koma KANN TÖDLICH SEIN	sofortige Einweisung ins Krankenhaus
LEDERHOLZ (Dirca palustris)	Bleiholz	ganze Pflanze	oral	schwere Verätzung von Lippen-, Zungen-, Mund- und Rachenschleimhaut	ärztliche Beobachtung ratsam
		Saft	dermal	Hautreizung möglich	gründliches Waschen, Antihistaminika
LIGUSTER (Ligustrum vulgare)	Rainweide, Tintenbeere	ganze Pflanze	systemisch	Erbrechen, Durchfall Darmkolik Muskelschwäche Muskelkrämpfe KANN TÖDLICH SEIN	sofortige Einweisung ins Krankenhaus
LOBELIE (Lobelia)	Indianer-Tabak, Aufgeblasene Lobelie	ganze Pflanze	systemisch	Erbrechen, Kopfschmerz, Schwindelgefühl, Unterleibsschmerzen und -krämpfe, Verwirrung, Atemdepression, Muskelkrämpfe, u.U. Koma KANN TÖDLICH SEIN	sofortige Einweisung ins Krankenhaus

DIE DUNKLE SEITE DER NATUR

Pflanze	*Weitere Namen*	*Giftiger Teil*	*Giftart*	*Symptome*	*Therapie*
LUPINE (Lupinus polyphyllus)	Feigbohne, Wolfsbohne	ganze Pflanze	systemisch	Verwirrung, Atemdepression, Krämpfe, u.U. Koma KANN TÖDLICH SEIN	sofortige Einweisung ins Krankenhaus
MAIGLÖCKCHEN (Convallaria majalis)	Maiblume	ganze Pflanze	oral	Verätzung der Mundschleimhaut	ärztliche Beobachtung ratsam
			systemisch	Erbrechen, Durchfall, Kopfschmerz, Schwindelgefühl, Unterleibskrämpfe, Herzjagen, Muskellähmung, u.U. Koma KANN TÖDLICH SEIN	sofortige Einweisung ins Krankenhaus
MAULBEERBAUM (Morus)	keine	unreife Frucht/ Saft	systemisch	Erbrechen, Muskellähmung, Halluzinationen, Krämpfe KANN TÖDLICH SEIN	sofortige Einweisung ins Krankenhaus
		Saft	dermal	Hautreizung möglich	gründliches Waschen, Antihistaminika
MISTEL (Viscum album)	keine	ganze Pflanze	systemisch	Erbrechen, Durchfall, Darmkolik, verminderte Herzfrequenz, heftige Uteruskontraktionen, Krämpfe, u.U. Koma SPONTANER ABORT MÖGLICH KANN TÖDLICH SEIN	sofortige Einweisung ins Krankenhaus

Pflanze	*Weitere Namen*	*Giftiger Teil*	*Giftart*	*Symptome*	*Therapie*
NACHTSCHATTEN, schwarzer/bittersüßer (Solanum nigrum/ dulcamara)	keine	ganze Pflanze	systemisch	heftige Unterleibsschmerzen, Muskellähmung, Schweißausbruch, verzerrte optische Wahrnehmung, Fieber, Halluzinationen, Herzjagen, u.U. Koma KANN TÖDLICH SEIN	sofortige Einweisung ins Krankenhaus
			dermal	heftiger Ausschlag möglich	ärztliche Beobachtung ratsam
NARRENKRAUT (Astragalus und Oxytropis)	keine	Blatt	systemisch	Erbrechen, Durchfall, Unterleibsschmerzen, Schwindelgefühl, Verwirrung	sofortige Einweisung ins Krankenhaus
ODERMENNIG (Agrimonia eupatoria)	Kleiner O. Gemeiner O.	Stengel	dermal	Berührung kann Hautreizung hervorrufen	gründliches Waschen, Antihistaminika
OLEANDER (Nerium oleander)	Rosenlorbeer	ganze Pflanze (einschließlich des Nektars, des aus dem Nektar gewonnenen Honigs und des Verbrennungsrauches	oral	heftige Schmerzen in Mund- und Rachenraum	sofortige Einweisung ins Krankenhaus
			systemisch	Erbrechen, Durchfall, heftige Unterleibsschmerzen und -krämpfe, herabgesetzte Herzfrequenz, Atemnot, Krämpfe, Koma, TOD BINNEN 24 STUNDEN	sofortige Einweisung ins Krankenhaus
		Blatt	dermal	Berührung kann Hautreizung hervorrufen	ärztliche Beobachtung ratsam

DIE DUNKLE SEITE DER NATUR

Pflanze	*Weitere Namen*	*Giftiger Teil*	*Giftart*	*Symptome*	*Therapie*
OSTERGLOCKE (Narcissus pseudo-narcissus)	Gelbe Narzisse	Zwiebel	systemisch	Erbrechen, Durchfall Muskelkrämpfe KANN TÖDLICH SEIN	sofortige Einweisung ins Krankenhaus
		Blatt/Zwiebel	dermal	Hautreizung möglich	gründliches Waschen, Antihistaminika
PEYOTE-KAKTUS (Lophophora williamsii)	Peyotl, Schnapskopf	»Buttons« (oberirdische Teile)	systemisch	Erbrechen, verzerrte optische Wahrnehmung, Schwindelgefühl, Halluzinationen	bei Überdosis sofortige Einweisung ins Krankenhaus
PFIRSICHBAUM (Prunus persica)	Pfirsich	Kern	systemisch	Erbrechen, Schwindelgefühl, Kopfschmerz, Verwirrung, Atemnot, Herzjagen, Krämpfe, u.U. Koma KANN TÖDLICH SEIN (Blausäurevergiftung!)	sofortige Einweisung ins Krankenhaus
PHILODENDRON (Monstera deliciosa)	Fensterblatt	Blatt	oral	Verätzung von Lippen-, Zungen-, Mund- und Rachenschleimhaut	ärztliche Beobachtung ratsam
			dermal	bei empfindlicher Haut Reizung möglich	gründliches Waschen, Antihistaminika

DIE DUNKLE SEITE DER NATUR

Pflanze	*Weitere Namen*	*Giftiger Teil*	*Giftart*	*Symptome*	*Therapie*
ROSSKASTANIE (Aesculus hippocastanum)	Gemeine R.	ganze Pflanze (einschließlich des aus dem Nektar gewonnenen Honigs)	systemisch	Unterleibskrämpfe, Verwirrung, Schwindelgefühl, heftige Uteruskontraktionen, u.U. Koma SPONTANER ABORT MÖGLICH KANN TÖDLICH SEIN	sofortige Einweisung ins Krankenhaus
RAINFARN (Tanacetum vulgare)	Wurmkraut	ganze Pflanze	systemisch	heftige Unterleibsschmerzen und -krämpfe, heftige Uteruskontraktionen SPONTANER ABORT MÖGLICH	sofortige Einweisung ins Krankenhaus
RHABARBER (Rheum palmatum)	keine	Blatt/Wurzel	oral	Verätzung von Lippen, Mund- und Rachenschleimhaut, Schwellung im Rachenraum möglich KANN TÖDLICH SEIN, wenn Schwellung die Atemwege blockiert	sofortige Einweisung ins Krankenhaus
			systemisch	Erbrechen, Durchfall, heftige Unterleibskrämpfe, Kopfschmerz, Atemnot, u.U. Koma KANN TÖDLICH SEIN	sofortige Einweisung ins Krankenhaus

DIE DUNKLE SEITE DER NATUR

Pflanze	*Weitere Namen*	*Giftiger Teil*	*Giftart*	*Symptome*	*Therapie*
RITTERSPORN (Delphinium)	keine	ganze Pflanze	oral	Verätzung der Mundschleimhaut	ärztliche Beobachtung ratsam
			systemisch	Erbrechen, erhöhte Herzfrequenz, Atemdepression, Krämpfe, u.U. Koma KANN TÖDLICH SEIN	sofortige Einweisung ins Krankenhaus
		Stengel	dermal	Hautreizung möglich	gründliches Waschen, Antihistaminika
RIZINUS (Ricinus communis)	Wunderbaum, Christuspalme	ganze Pflanze	oral	Verätzung der Mund- und Rachenschleimhaut	ärztliche Beobachtung ratsam
			systemisch	Erbrechen, heftige Unterleibskrämpfe, starker Durchfall, verzerrte optische Wahrnehmung, Atemnot, Krämpfe, Herzversagen KANN TÖDLICH SEIN	sofortige Einweisung ins Krankenhaus
		Samen	dermal	Berührung kann Hautreizung hervorrufen	gründliches Waschen, Antihistaminika
SCHAFGARBE (Achillea millefolium)	Grillenkraut, Achille, Judenkraut, Tausendblatt	Wurzel	systemisch	heftige Unterleibsschmerzen und -krämpfe, heftige Uteruskontraktionen SPONTANER ABORT MÖGLICH	sofortige Einweisung ins Krankenhaus

DIE DUNKLE SEITE DER NATUR

Pflanze	*Weitere Namen*	*Giftiger Teil*	*Giftart*	*Symptome*	*Therapie*
SCHEINAKAZIE (Robinia pseudoacacia)	Robinie	ganze Pflanze	systemisch	Erbrechen und Durchfall, Muskelschwäche, Schweißausbruch, Atemdepression, u.U. Koma KANN TÖDLICH SEIN	sofortige Einweisung ins Krankenhaus
SCHIERLING (Conium maculatum)	Echter S., Gemeiner S., Gefleckter S.	ganze Pflanze	oral	Verätzung von Lippen-, Zungen-, Mund- und Rachenschleimhaut	ärztliche Beobachtung ratsam
			systemisch	Erbrechen, heftige Unterleibskrämpfe, Kopfschmerz, Verwirrung, u.U. Koma KANN TÖDLICH SEIN	sofortige Einweisung ins Krankenhaus
SCHLAFMOHN (Papaver somniferum)	keine	ganze Pflanze	systemisch	Atemnot, Verwirrung, Halluzinationen, Stupor, Bewußtlosigkeit, u.U. Koma KANN TÖDLICH SEIN	sofortige Einweisung ins Krankenhaus
SCHLANGENWURZ (Aristolochia serpentaria)	Schlangenluzei	ganze Pflanze	systemisch	krampfartiges Erbrechen, Atemdepression, Verwirrung, Leberschädigung, u.U. Koma KANN TÖDLICH SEIN	sofortige Einweisung ins Krankenhaus

DIE DUNKLE SEITE DER NATUR

Pflanze	*Weitere Namen*	*Giftiger Teil*	*Giftart*	*Symptome*	*Therapie*
SCHLÜSSELBLUME (Primula)	Himmelschlüssel, Petriblume, Auritzel, Primel	ganze Pflanze	oral systemisch	starke Entzündung von Mund- und Rachenschleimhaut heftige Unterleibskrämpfe mit blutigem Brechdurchfall	sofortige Einweisung ins Krankenhaus sofortige Einweisung ins Krankenhaus
SCHNEEBEERE (Symphoricarpos racemosus)	Schneeholder, Knackbeere, Knallerbse	Beere	systemisch	Erbrechen und Durchfall	ärztliche Beobachtung ratsam
SCHWALBENWURZ (Vincotoxicum hirundinaria)	keine	ganze Pflanze	systemisch	Erbrechen, Durchfall, Atemnot, Kopfschmerz, Fieber, u.U. Koma KANN TÖDLICH SEIN (Herzstillstand)	sofortige Einweisung ins Krankenhaus
SCHWARZER SENF (Brassica nigra)	keine	Wurzel/ Samen	systemisch	Erbrechen und Durchfall Unterleibsschmerzen/ krämpfe	sofortige Einweisung ins Krankenhaus
SCHWERTLILIE (Iris)	Iris	Wurzel	systemisch	Erbrechen, Durchfall Unterleibsschmerzen und -krämpfe	Einweisung ins Krankenhaus nur bei besonders starken Symptomen, oder wenn keine Besserung eintritt

Pflanze	*Weitere Namen*	*Giftiger Teil*	*Giftart*	*Symptome*	*Therapie*
SPARGEL (Asparagus officinalis)	keine	Beere	systemisch	Erbrechen, Durchfall	keine Einweisung nötig
		Stengel	dermal	Berührung kann Hautreizung hervorrufen	gründliches Waschen, Antihistaminika
STECHPALME (Ilex)	keine	Beere	systemisch	Erbrechen, Durchfall, heftige Unterleibsschmerzen KANN TÖDLICH SEIN	sofortige Einweisung ins Krankenhaus
STERN VON BETHLEHEM (Ornithogalum umbellatum)	Doldiger Milchstern, Vogelmilch	ganze Pflanze	oral	sehr schmerzhafte Reizung von Lippen-, Zungen-, Mund- und Rachenschleimhaut	ärztliche Beobachtung ratsam
			systemisch	Erbrechen, Durchfall, heftige Unterleibskrämpfe	sofortige Einweisung ins Krankenhaus
TRÄNENDES HERZ (Dicentra spectabilis)	Flammendes Herz	ganze Pflanze	systemisch	Atemdepression, herabgesetzte Herzfrequenz, u.U. Krämpfe KANN TÖDLICH SEIN	sofortige Einweisung ins Krankenhaus
		Stengel	dermal	Berührung kann Hautreizung hervorrufen	gründliches Waschen, Antihistaminika

DIE DUNKLE SEITE DER NATUR

Pflanze	*Weitere Namen*	*Giftiger Teil*	*Giftart*	*Symptome*	*Therapie*
TRICHTERWINDE (Ipomoea)	Prachtwinde	Samen	systemisch	Erbrechen, Durchfall, heftige Unterleibsschmerzen, Verwirrung, Halluzinationen, u.U. Koma KANN TÖDLICH SEIN	sofortige Einweisung ins Krankenhaus
WASSERSCHIERLING (Cicuta virosa)	keine	ganze Pflanze	systemisch	Erbrechen Krämpfe IN DER REGEL TÖDLICH	sofortige Einweisung ins Krankenhaus
WEIHNACHTSSTERN (Euphorbia pulcherrima)	Adventsstern, Poinsettie	Blatt/Stengel/Saft	oral	Verätzung von Lippen-, Zungen-, Mund- und Rachenschleimhaut	ärztliche Beobachtung ratsam
			systemisch	Erbrechen, Durchfall, Verwirrung	sofortige Einweisung ins Krankenhaus
		Saft	dermal	bei empfindlicher Haut kann Reizung auftreten	gründliches Waschen, Antihistaminika
WEISSER GERMER (Veratrum album)	Weiße Nieswurz	ganze Pflanze	oral	sehr schmerzhafte Reizung der Mundschleimhaut	sofortige Einweisung ins Krankenhaus
			systemisch	Erbrechen, Durchfall, Unterleibskrämpfe, Atemdepression, u.U. Koma KANN TÖDLICH SEIN	sofortige Einweisung ins Krankenhaus

Pflanze	*Weitere Namen*	*Giftiger Teil*	*Giftart*	*Symptome*	*Therapie*
WIESENRAUTEN-ÄHNLICHES CAULOPHYLLUM (Caulophyllum thalictroides)	keine	Wurzel/Beere	systemisch	Darmkolik, Durchfall	reichliche Flüssigkeitsgaben zur Verhinderung von Dehydration
WÜRGKIRSCHE (Prunus virginiana)	keine	ganze Pflanze	systemisch	Erbrechen, Durchfall, Unterleibsschmerzen und -krämpfe, Schweißausbruch, Atemdepression, Muskelkrämpfe, u.U. Koma KANN TÖDLICH SEIN	sofortige Einweisung ins Krankenhaus

Sechstes Kapitel

Der Weg des Heilens

Die Anwendung der Pforten-Heilkunst

Die geöffnete Pforte

Meine Gespräche mit No-Eyes über das Earthway-Leben erwiesen sich mit der Zeit als weit komplizierter und anspruchsvoller, als ich mir jemals hätte vorstellen können. Angesichts der großen Spannbreite und Differenziertheit ihrer botanischen Ausführungen hatte ich anfangs geglaubt, das heilkundliche Wissen, das sie mir mitzuteilen gedachte, würde sich darin erschöpfen.

Doch eines Tages, nachdem wir des Menschen Beziehung zum Luftraum, den Gestirnen und dem gesamten Pflanzenreich erörtert hatten, verfiel ich auf den törichten Einfall, es könnte eine nette Geste sein, nun meinerseits No-Eyes etwas Neues mitzuteilen und ihr zu erzählen, womit sich die sogenannten New-Age-Heiler beschäftigten. Ich hätte mir nicht träumen lassen, wie sie darauf reagieren würde – und erst recht nicht, wieviel mehr sie mich noch zu lehren hatte.

»No-Eyes«, fing ich an, »wußtest du, daß es Leute gibt, die sich darauf spezialisieren, mit Steinen zu heilen?«

»Nein.«

»Das ist gut, nicht?«

Sie zuckte nur die schmächtigen Schultern. »Kann sein ... vielleicht.«

Ich wurde aus ihrer Reaktion nicht recht klug.

»Und andere benutzen Kristalle.«

»Und?«

»Na ja, ich finde das gut. Ich meine, wir haben diese schöne Beziehung zur Erde, und da ist es doch ein gewaltiger Fortschritt, wenn man sich beim Heilen ihrer Produkte bedient.«

»Kann sein«, lautete ihre knappe Antwort.

Ich wußte nicht recht, ob ich fortfahren oder lieber das Thema wechseln sollte. Ich entschied mich zu einem letzten Versuch.

»Manche benutzen sogar Farben.«

»Was noch?« fragte sie.

»Und etwas, was man Aromatherapie nennt oder Heilen durch Essenzen. Es basiert auf der Wirkung von Blütendüften.«

»Hrmpf! Nur Blüten? Was machen die noch?«

»Heilmassage.«

»Was noch?«

Ich versuchte mich zu erinnern, ob mir noch weitere naturheilkundliche Techniken bekannt waren, doch ohne Erfolg. »Mehr fällt mir nicht ein.«

Schweigen.

»Ich kann dir im Moment nicht sagen, ob es noch mehr in der Art gibt oder nicht, No-Eyes.«

»Summer braucht nicht alles wiederholen. No-Eyes ist nicht schwerhörig.«

»Wir haben schon ganz ansehnliche Fortschritte auf dem Gebiet gemacht, hm, No-Eyes?«

Schweigen.

»No-Eyes?«

»Das ist Kinderkram.«

»Was?«

»Jetzt sitzt *Summer* auf ihren Ohren. No-Eyes hat gesagt, das ganze Zeugs ist nur Anfängerkram. Babykram.«

»Wieso denn das?«

»Weil das alles so stückweise ist, deswegen. Wie soll denn die Heilerei funktionieren, so hier ein Stückchen, da ein Stückchen?«

»Ich komme nicht ganz mit.«

Ihre Augen wurden weicher. »Was für Totems benutzen die?«

»Totems?«

Die weisen Augen schlossen sich, öffneten sich dann wieder und fixierten mich gütig.

»Sag' No-Eyes die Tageszeit für jede einzelne Heilung. Was ist das richtige Geräusch dafür? Welcher Wochentag ist für welche Heilung?«

Ich hatte nicht die blasseste Ahnung, wovon sie sprach, und gab es auch offen zu. »Ich habe noch nie davon gehört, daß diese Dinge beim Heilen eine Rolle spielen. Ist das was Neues?«

Ihre dünnen Lippen verzogen sich zum Anflug eines verschmitzten Lächelns. Über dem Lächeln erhellte ein glitzerndes Leuchten die Tiefen ihrer alles sehenden Augen.

»No-Eyes wird heute Summer was Wichtiges beibringen. All die Sachen haben unheimlich viel mit richtigem Leuteheilen zu tun.«

Die Art, wie sie diese Worte aussprach, und ihre ganze Haltung erfüllten das Zimmer mit einer Aura des Geheimnisvollen, kurz vor der Offenbarung Stehenden.

»Du meinst, Heilungen sollten nur zu einer bestimmten Tageszeit erfolgen?«

Sie lächelte. »*Sechs* Tageszeiten.«

»Sie können den *ganzen* Tag über durchgeführt werden?«

»Nein.«

»Aber du hast doch gerade gesagt ...«

Ein zur Vorsicht mahnender Finger reckte sich vor meiner Nase in die Höhe.

»Paß gut auf, was No-Eyes jetzt sagt. No-Eyes sagt, es gibt sechs Tageszeiten fürs Heilen – nicht für *jedes* Heilen.«

Was sie da sagte, kam mir äußerst merkwürdig vor. Ich ließ mir das ein wenig durch den Kopf gehen. »Es gibt besondere Zeiten für jede Art von Heilbehandlung?«

Sie strahlte mich nur an.

»Aber das höre ich zum ersten Mal. Ist das so etwas wie, na ja, daß zu bestimmten Zeiten – bei Vollmond – nicht operiert werden sollte?«

»Und?« Sie zuckte die Schultern. »Ja, das ist auch so was. Von so was redet No-Eyes.«

»Aber woher weiß man, welche Zeit für welches Heilen die richtige ist?«

Ihre Augen glitzerten, funkelten. »Die Sonne hat verschiedene Kraft. Verschiedene Kraft macht verschiedene Schwingung. Jede Schwingung muß zum Zweck der Heilung passen. Klar?«

Sie hatte mich hoffnungslos abgehängt. Ich zog die Augenbrauen in die Höhe.

Und sie lachte. »Wir sind zu weit gegangen. Wir müssen wieder zurück und über den Anfang reden.«

Ich seufzte. »Das wäre nett.«

Rumpel-quietsch. Rumpel-quietsch.

»Wo kommen denn diese ganzen neuen Aspekte her?« fragte ich, begierig, mehr über das Thema zu erfahren.

»Neu?«

»Na ja, zumindest habe *ich* noch nie ein Gesundheitsbuch gesehen, in dem die Uhrzeit eine Rolle gespielt hätte!«

Schweigen.

»Oder gibt es doch welche?«

Achselzucken. »No-Eyes kann nicht lesen.«

»Aber du würdest es *wissen.*«

Nur der Schaukelstuhl antwortete.

»Also?« drängte ich.

»Also was?«

Ich seufzte und wartete darauf, daß meine weise Freundin den Zeitpunkt für gekommen hielt, mit den Spielchen aufzuhören. Ich mußte ziemlich lange warten.

»Summer?« kam die ersehnte Einleitung.

»Ja.«

»Was No-Eyes jetzt sagen wird, steht in keinem Buch.«

»Das war mir irgendwie klar, daß du das sagen würdest.«

Sie lächelte nicht. Sie war sehr ernst. »Dieses Zeugs ist auch nix Neues. Das hat man schon vor langer, langer Zeit gemacht.«

Schweigen.

Rumpel-quietsch. Rumpel-quietsch.

»No-Eyes?«

»Ja.«

»Darf ich dir ein paar Fragen zu diesem Thema stellen?«

»Das hat Summer immer gedurft. Auf die Art lernt Summer.«

»Vor *wie* langer Zeit?«

»Vor langer, *langer* Zeit.

»Haben die Indianer diese Art des Heilens praktiziert?«

»Nur am Anfang.«

»Na gut, war sie dann vor oder nach ihnen weit verbreitet?«

Sie warf mir einen eigentümlichen Blick zu. »Summer, die Indianer waren schon immer hier.«

»Ja, sicher ...« Es war noch nie einfach gewesen, No-Eyes zu exakten Datierungen zu bewegen. »Wurde diese Art des Heilens von einem Geschlecht praktiziert, das mit Kristallen arbeitete und Flugmaschinen besaß?«

Ihr Grinsen ging in die Breite. Sie lehnte sich weit vor. »Wird *noch immer*«, flüsterte sie.

Die Augen traten mir aus dem Kopf.

Sie kicherte hinter vorgehaltener Hand.

Und ihre koboldhafte Heiterkeit war ansteckend. Ich lächelte über ihre Vergnügtheit.

»Willst du damit sagen, daß ... daß du dieses Wissen durch eine ... Vision empfangen hast?«

Das Gekicher explodierte jetzt zu einem ausgewachsenen, zahnlosen Lachen.

Ich grinste. »Ich habe was Komisches gesagt, hm, No-Eyes?«

Kopfnicken.

Grinsendes Schweigen.

Rumpel-quietsch.

Unsere Blicke versenkten sich ineinander, während ich mir den Kopf zermarterte, aber einfach auf keine Lösung kam, die nicht zum Lachen gewesen wäre. Schließlich feuerte ich einen Schuß ins Blaue ab.

»Deine besonderen Freunde. *Die* haben dir diese Dinge erzählt, oder, No-Eyes?«

Der Schaukelstuhl verstummte. Es hatte sich ausgelacht und ausgekichert. Sie lächelte nicht einmal. Jetzt wurde es ernst – *sehr* ernst.

Ich ging nun behutsam vor. »Wie bedienen *sie* sich dieser Methode? Sie sind doch ganz anders als wir.«

»Sie benutzen sie für *andere* ... nicht für sich: für *uns.*«

Ich dachte ein Weilchen darüber nach. Also offenbarten ihr ihre besonderen Freunde diese uralten Heiltechniken, damit die Menschheit wieder begänne, sich ihrer zu bedienen, so wie sie es vor langer, langer Zeit getan hatte. Jetzt schwirrte und summte mir der Kopf vor tausenderlei Fragen.

»Haben sie sie auch schon anderen mitgeteilt? Warum haben wir noch nie etwas davon gehört? Hat diese besondere Heiltechnik einen Namen? Braucht ein Heiler lange, um sie zu erlernen? Ist das der Grund, warum sie noch unbekannt ist? Hat –«

»Summer!«

»Entschuldige, aber ich finde das so unglaublich aufregend!«

Ihre runzligen Hände bedeuteten mir, nichts zu überstürzen. Sie sagte, wir würden am weitesten kommen, wenn wir einen Schritt nach dem anderen täten. Bei allem ginge es immer einen Schritt nach dem anderen.

»Jetzt kommen erst mal die Fragen dran, dann gehn wir wieder ganz zum Anfang zurück und gucken uns an, wie alles so zusammenhängt. No-Eyes' Freunde sagen, daß es jetzt Zeit ist, über diesen Heilweg zu reden. Sie reden zu No-Eyes darüber, weil wir so nah sind. Sie sagen, jetzt müssen die Leute den Körper auf eine neue Ebene bringen. Der Heilweg hilft ihnen dabei.«

»Dann ist das also *doch* was Neues.«

»Nix. Das hat man schon vor langer, langer –«

»No-Eyes, ich meine neu für *uns* – *jetzt.*«

»Schön. Das ist neuer *alter* Kram.«

»Hat das irgendwie einen Namen?«

»Ja.«

»Nämlich?«

»Die nennen das immer Pforten-Heilen.«

Ich sprach mir das Wort probeweise ein paarmal lautlos vor. »Klingt gut, aber warum ›Pforte‹?«

»Einfach. Wegen der Pforten.«

Das erklärte natürlich alles. Auch mein verständnisloses Schweigen erklärte alles.

»Summer«, fing No-Eyes geduldig an, »Mutter Erde hat Kraftpunkte in ihrem Körper. Auch wir haben Kraftpunkte. Wir sind ihre Kinder. Wir sind genau wie sie.« Dann zeigte sie an ihrem Körper, wo sich diese Kraftpunkte befanden. Sie stimmten mit den Chakra-Zentren überein ... oder fast.

»Du hast auf sechs gezeigt«, sagte ich.

»Stimmt.«

»Fehlt da nicht noch einer?«

Sie blieb dabei. »Sechs.«

Ich wollte ganz gewiß nicht ihre Weisheit in Frage stellen noch, natürlich, den hohen Wissensstand ihrer Freunde. Aber solange sie nicht expliziter wurde, kamen wir nicht weiter.

»No-Eyes«, begann ich respektvoll, »die Leute glauben heute, daß es sieben sind.«

»Die Leute glauben heute einen Haufen Blödsinn.«

»Na gut, okay, aber laß mich zuerst zeigen, wo sich, wie man glaubt, diese sieben befinden.« Langsam berührte ich die verschiedenen Stellen meines Körpers und benannte sie. Ich führte die Hand an die Stirn. »Hypophyse.«

»Stimmt.«

Die Hand wanderte zum Hinterkopf, zur Schädelbasis. »Zirbeldrüse.«

Nicken.

»Schilddrüse«, sagte ich, indem ich auf den Halsansatz zeigte.

Wieder ein Nicken.

So weit so gut. Die Hand auf der Herzregion, flüsterte ich: »Thymus oder Herz.«

»Weiter«, drängte sie mich.

Jetzt griff ich mir an die Lendengegend. »Nebennieren.«

»Stimmt.«

Die Hand ging ein bißchen tiefer. »Leydig-Zel –«

Sie schüttelte heftig den Kopf. »Nein.«

Meine Hand ging noch ein Stück tiefer. »Keimdrüsen.«

»Stimmt.«

Schweigen.

Rumpel-quietsch. Rumpel-quietsch.

»Es gibt keine Leydig-Zellen?«

»Schon, aber die sind kein Kraft*punkt*. Die Freunde sagen, die sind überhaupt kein Punkt! Die sind was anderes. Die Zellen heißen die *Kraft*.«

Kraft? Etwa die ... Kundalini?

»Ist diese Kraft etwas wie ein Strom, der durch den Körper fließt?«

»Ja. Sie sagen, No-Eyes soll Summer was sagen. Sie sagen, du sollst dein Wort, Dingszell, nachgucken und kapieren, was das wirklich heißt. Das ist keine eigene Kraftdrüse, das sind Zellen, die ›sich bewegen‹, *nachdem* die Drüse hier oben und die Drüse hier unten aufgewacht sind!« Sie hatte dabei auf ihre Stirn und zwischen ihre Schenkel gezeigt. Die Hypophyse und die Gonaden ... Hormone ... Kundalini-Kraft. *Die* Kraft.

»Sie sagen also, daß es sechs Kraftpunkte gibt und daß das, was man für den siebten hält, in Wirklichkeit die treibende Kraft ist?«

»Jetzt hat Summer das kapiert.«

Ich verstummte, während ich diesem neuen Gedanken Zeit ließ, sich zu setzen. Ich machte mir im Kopf eine Notiz, die Angelegenheit zu überprüfen, sobald ich wieder zu Hause sein würde. Dann fiel mir etwas anderes ein. »No-Eyes, hast du jemals von einer Sache namens Solarplexus gehört? Manche Leute glauben, das sei auch ein Kraftpunkt.«

»Nix. Das ist Denkmischmasch. Das ist überhaupt keine Drüse. No-Eyes hat das Wort von ihren Freunden gehört. Diese Plexusstelle ist bloß die Verbindung, mehr nicht.«

»Verbindung? Du meinst, wo die Silberschnur befestigt ist. Das würde die Empfindlichkeit dieser Region erklären. Psychische Eindrücke stimulieren sie manchmal.«

»Das stimmt. Aber Summer soll sich nicht zu sehr an diese Schnurgeschichte hängen. Summer ist auch *ohne* schon ›draußen‹ gewesen.«

»Ja«, sagte ich und erinnerte mich an bestimmte Übungen, die wir gemeinsam durchgeführt hatten. Aber ich wollte nicht vom Thema abkommen. »Diese Kraftpunkte«, sagte ich, »werden heute Chakras genannt, No-Eyes.«

»No-Eyes weiß das. Aber das ist ein fremdes Wort.«

»Gibt's denn ein anderes dafür?«

»Die Freunde sagen, die heißen Pforten. Das sind Pforten, weil die Kraft durch alle durchgeht. Die Pforten sind zu, und dann gehen sie für die Kraft auf. Klar?«

»Und du hast gesagt, der Heilweg heißt Pfortenweg – dann hat das Heilen also etwas mit den Pforten zu tun?«

»Der Heilweg hat *alles* mit den Pforten zu tun, Summer. Heilen hat *ganz und gar* mit den Kraftpunkten zu tun, mit den Pforten.

Jede Pforte kontrolliert ein bestimmtes Organ und Leiden. Jede Pforte hat auch ihre eigene, besondere Schwingung. Also muß der ganze Heilkram mit der Hauptschwingung der herrschenden Pforte zusammenpassen. Klar? Deswegen ist der Heilkram, wo Summer von erzählt hat, nicht so gut. Das Ganze hat nur einen Wert, wenn alles zusammengetan und mit derselben Schwingung der Pforte richtig verbunden wird. Klar? Summer, wir müssen die Schwingungen abstimmen, wenn wir auf die nächste Ebene hochsteigen wollen. Klar? Die Leute müssen zur nächsten Schwingungsebene hochsteigen, sonst können sie nicht überleben, was noch kommt. Klar?«

Junge Junge, da gab's noch einiges zu klären!

Aber was mir No-Eyes an dem Tag noch alles mitteilte, war viel zu kompliziert, als daß ich es wörtlich referieren könnte. Stattdessen werde ich versuchen, Ihnen eine Zusammenfassung von No-Eyes' Pfortenheilkunst zu geben, und dieser zur Veranschaulichung zwei Tabellen sowie eine Reihe konkreter Beispiele beifügen.

Die herrschenden Pforten

und ihre Lage im Verhältnis zur menschlichen Wirbelsäule

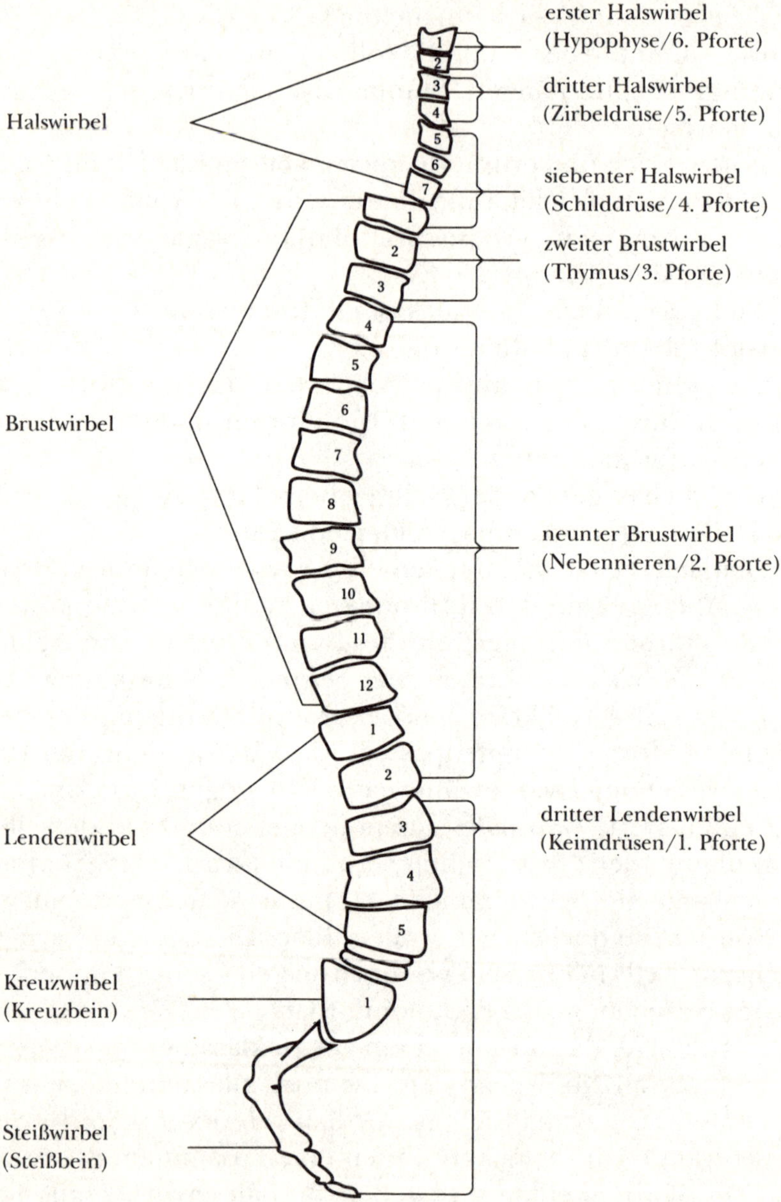

Da die Pforten die Kraftpunkte unseres Körpers sind, werden sie auch als Herrschende Pforten bezeichnet, weil sie tatsächlich bestimmte Organe – und natürlich jede Krankheit, die diese Organe befallen kann – beeinflussen. Folglich kann man sagen, daß jede Krankheit von einer bestimmten Pforte »regiert« wird. Da außerdem jede Pforte eine spezifische Schwingung besitzt, vibrieren alle Krankheiten, die unter der Herrschaft einer bestimmten Pforte stehen, mit derselben Frequenz. Mit anderen Worten: Die Pforte sowie das beherrschte Organ und all seine möglichen Krankheiten haben ein und dieselbe Schwingungszahl.

Die Pfortenheilkunst basiert auf dem Prinzip der *Harmonisierung* aller therapeutischen Maßnahmen mit bestimmten Frequenzen oder Kraftfeldern. Die spezifische Schwingung einer Pforte stimmt mit den Frequenzen der vierundzwanzig jeweils richtigen »Heilungs-Aspekte« vollkommen überein. Beim Heilungsprozeß ist es wesentlich, daß *alle* zur Behandlung gehörigen Elemente exakt dieselbe Frequenz aufweisen wie die behandelte Pforte.

Gerade diesen Aspekt der Pfortenheilkunst finde ich besonders faszinierend. Die vollständige Behandlung berücksichtigt eine ganze Reihe von Aspekten, darunter die Lichtqualität, den Wochentag, das Totem, die Himmelsrichtung, in die der Patient blicken soll, die Atemrichtung, die Behandlungsdauer und vor allem die spezifische Lage der Pforten und der ihnen zugeordneten Krankheiten im Verhältnis zur Wirbelsäule. All diese und noch weitere Variablen müssen für die Behandlung in Übereinstimmung gebracht werden. Der ganzheitliche, umfassende Charakter dieser Vorstellung ist überwältigend. Als No-Eyes mir die Grundzüge der Pfortenheilkunst erläutert hatte, konnte ich es kaum erwarten, sie an mir selbst auszuprobieren. Das Ergebnis war ein wunderschönes, unbeschreibliches Gefühl des Wohlbefindens, das aus der Erzeugung einer vollkommenen Schwingungsharmonie erwuchs. Wenn ein gesamtes System von Schwingungen in Gleichklang gebracht worden ist, ruft es ein Gefühl des Einsseins hervor, das mit keiner anderen Erfahrung vergleichbar ist.

Die »Tabelle der Pforten-Entsprechungen« (S. 293 f.) zeigt die den sechs Pforten ihrer Schwingung nach jeweils entsprechenden vierundzwanzig Behandlungsaspekte. Zum besseren Verständnis gebe ich Ihnen nun einige allgemeine Informationen zu den Oberbegriffen oder Überschriften der einzelnen Tabellenspalten.

Pforte – Dies bezeichnet die spezifische Drüse, die den herrschenden Kraftpunkt der fraglichen Krankheit darstellt. Alle Behandlungsaspekte werden nach dieser Pforte ausgerichtet und repräsentieren bestimmte Schwingungszahlen oder Frequenzen, die exakt derjenigen des Kraftpunktes entsprechen.

Lage im Körper – In dieser Spalte wird angegeben, an welcher Stelle des menschlichen Körpers sich die jeweilige Kraftpunktpforte befindet. Dies soll Ihnen helfen, die Lage der herrschenden Pforte und ihrer entsprechenden Drüse schneller zu bestimmen.

Vertebraler Pfortenpunkt – Dies gibt den bestimmten Wirbel an, der in direkter Beziehung zur Pforte steht. Der bezeichnete Wirbel soll durch eine sanfte Massage stimuliert werden. Er ist die »Wurzel« der Krankheit.

Planet – Unter dieser Überschrift wird derjenige Himmelskörper angegeben, der seiner Schwingung nach zu der spezifischen Pforte und jeder sie affizierenden Krankheit in Beziehung steht. Die Behandlung ist dann am erfolgreichsten, wenn der betreffende Planet sich in einer magnetisch einflußreichen Stellung zur Erde befindet.

Element – In dieser Spalte wird dasjenige unter den vier Elementen angegeben, dessen Schwingungszahl der Frequenz der fraglichen Pforte entspricht und dessen Visualisation die Behandlung unterstützt. Wenn das harmonisierende Element die Luft ist, sollte man sich vorstellen, daß die heilenden Energien über die Pforte und das erkrankte Organ »hinwegwehen«. Wenn es das Wasser ist, sollte das entsprechende Bild »Waschen« oder »Reinigen« sein. Beim Feuer empfiehlt es sich, ein »Wegbrennen« der Krankheit zu visualisieren. Wenn das angegebene Element die Erde ist, dann stellt sich der Patient vor, die Pforte, das beeinflußte Organ und die spezifische Krankheit würden mit »Erd-« oder »Schlammpackungen« bedeckt und anschließend gereinigt werden. Diese Visualisation veranschaulicht die Macht oder Fähigkeit der Erde, Unreinheiten und negative Elemente aus dem Organismus »herauszuziehen«.

Herrschendes Totem – Dies steht in direktem Zusammenhang mit den durchzuführenden Visualisationen: Zum einen symbolisiert das angegebene Tier den bestimmten Grad von Aggressivität oder Sanftheit, den die jeweilige Behandlung erfordert. Dann wird auch das Totem selbst visualisiert, wie es die erkrankten Zellen auffrißt oder den unerwünschten Zustand hinwegträgt. Sie sollten sich vorstellen, daß das Tier die Krankheit bekämpft – und besiegt.

Widriger Wind – Darunter versteht man denjenigen Wind, dessen Richtung und Temperatur die jeweilige Krankheit oder Störung verschlimmern. Diese Spalte gibt also nicht so sehr eine notwendige Bedingung für die Behandlung an als vielmehr einen möglichen zusätzlichen Faktor der Krankheit, dessen sich Patient und Heiler bewußt sein sollten.

Schädliches Wetter – Auch dieser – von der jeweiligen Krankheit abhängige – Aspekt dient zur Bestimmung derjenigen atmosphärischen Bedingungen, die den betreffenden negativen Zustand des Patienten verschlimmern.

Wochentag – Das Leben des Menschen (und aller übrigen Lebewesen) verläuft im Einklang mit zahlreichen inneren und äußeren Zeitzyklen. Für die meisten Menschen ist auch die Woche ein solcher Zyklus, der bestimmte physiologische Vorgänge, also auch Krankheiten, beeinflußt. Manche von diesen sollten eher zu Beginn des Zyklus behandelt werden, andere in der Mitte und wieder andere eher am Ende. An welchem Wochentag eine Krankheit mit dem größten Erfolg behandelt werden kann, hängt von der Pforte ab, die diese regiert. Zeitzyklen haben spezifische Frequenzen, die sie zu den verschiedenen Pforten in Beziehung setzen.

Mondphase – Dies bedeutet ganz einfach, daß jede physische Krankheit der Schwingungszahl einer bestimmten Mondphase entspricht – einer Frequenz, die wiederum von der jeweils unterschiedlichen Stärke der magnetischen Anziehungskraft des Mondes abhängig ist. Die Behandlung ist dann am erfolgversprechendsten, wenn die Mondphase schwingungsmäßig mit der jeweiligen Krankheit übereinstimmt. Wie im Falle des »widrigen Windes« und des »schädlichen Wetters« ist auch die Mondphase eine ausschließlich von der bestimmten *Krankheit* (also nicht von einer speziellen Pforte) abhängige Variable.

Lichtqualität – Dieser Aspekt gehört in dieselbe Kategorie wie der Wochentag und die Mondphase. Die Pforten reagieren auf astrale Einflüsse, da wir – wie No-Eyes es treffend formulierte – nicht nur aus »Erdzeugs«, sondern auch aus »Luft-« und »Sternenzeugs« bestehen. Unsere Kraftpunkt-Sensoren sind dafür eingerichtet, dann am effektivsten zu funktionieren, wenn sie sich im Einklang mit der qualitativen Lichtfrequenz der Sonne befinden. Das Sonnenlicht hat zu verschiedenen Tageszeiten (unabhängig davon, ob der Himmel heiter oder bewölkt ist) eine ganz bestimmte Qualität oder »Dichte«. Jede solche Qualität entspricht der jeweiligen frequenzspezifischen Empfänglichkeit einer bestimmten Pforte.

Himmelsrichtung – Auch die verschiedenen Himmelsrichtungen weisen spezifische Schwingungen auf, die mit denen einer bestimmten Pforte harmonieren können. Jede Richtung besitzt eine besondere Kraft, deren Frequenz sie zu jeweils einer Pforte in Beziehung setzt. Dies ist einer der wichtigeren Aspekte unserer engen Verbundenheit mit der Erde.

Therapeutische Anwendung findet dieser Aspekt, indem der Körper des Patienten nach der angegebenen Himmelsgegend ausgerichtet wird. Dies läßt sich am besten im Zusammenhang mit der »Farbatmung« erklären (siehe weiter unten).

Behandlungsdauer – Abhängig von der unterschiedlichen Empfindlichkeit der verschiedenen Kraftpunkte variiert die Dauer der einzelnen »Heil-Sitzung« von Pforte zu Pforte zum Teil beträchtlich. Die Hypophyse ist der empfindlichste Kraftpunkt; deshalb darf die Behandlung dieses Körperbereichs nur von kurzer Dauer sein. Es ist wichtig, daß man sich diese Tatsache in aller Deutlichkeit bewußtmacht: Da die Pfortenheilkunst alle ihre relevanten Aspekte zu einer »Frequenzen-Harmonie« zusammenfaßt, bedingt sie eine erhebliche Intensivierung der Wirkungskraft aller therapeutischen Maßnahmen. Es verhält sich dabei ähnlich wie bei einer Röntgenbestrahlung: Die empfindlicheren Pforten dürfen keiner längeren Behandlung ausgesetzt werden als unbedingt nötig. Die für die Hypophysen-Pforte vorgeschriebene Zehn-Minuten-Massage hat eine ebenso starke Wirkung wie die einstündige, die für die viel »trägeren« Keimdrüsen empfohlen wird. Dieser Aspekt ist für eine effektive und gefahrlose Behandlung von allergrößter Wichtigkeit.

Farbe – In dieser Spalte wird derjenige Ausschnitt des sichtbaren Spektrums angegeben, dessen Frequenz der Schwingungszahl der zu behandelnden Pforte entspricht. Jede Pforte besitzt also eine ihr entsprechende Farbe. Diese spezifische Farbe übt bei der Behandlung einen in mehrfacher Hinsicht positiven Effekt aus: Sie beruhigt die Pforte und schafft eine schützende Aura, die heilende Energien anzieht und gleichzeitig schädliche abweist.

Farbatmungsrichtung – No-Eyes betonte immer wieder die große Bedeutung der Farbatmung. Wie gerade ausgeführt, besitzt jede Farbe eine spezifische Frequenz, die in Einklang mit der zu behandelnden Pforte gebracht werden sollte. Konkret geht das so vor sich, daß der Patient sich bildhaft vorstellt, die entsprechende Farbe werde in den Körper »eingeatmet«, und zwar – abhängig von der jeweiligen »Temperatur« der Farbe – entweder durch den Kopf oder die Füße. Warme Farben werden durch die Fußsohlen emporgehoben, während kühle Farben durch den Kopf hinabgezogen und wie eine lindernde Dusche über die betroffene Pforte und das erkrankte Organ geleitet werden.

Um diesen Aspekt richtig zu verwenden, müssen Sie den bereits erwähnten Faktor der Himmelsrichtung einbeziehen. Wenn eine *kühle* Farbe durch den Kopf hinabgeführt werden soll, weist der *Kopf* in die angegebene Richtung; wenn eine *warme* Farbe durch die Fußsohlen emporgezogen wird, weisen die *Füße* in die angegebene Richtung. *Denken Sie immer daran: Warme Farben bedeuten, daß der Patient die* Füße, *kühle Farben, daß er den* Kopf *nach der entsprechenden Raumkoordinate ausrichten soll.* Dies ist äußerst wichtig, wenn man die beste Wirkung erzielen will. (Bei Grün ist es dem Patienten freigestellt, ob er Kopf oder Füße in die angegebene Richtung legt, da diese Farbe horizontal durch die Leibesmitte hereingezogen wird.)

Ton – Jeder musikalische Ton ist durch eine bestimmte Schwingungszahl definiert. Sechs der sieben Stufen der Tonleiter stehen zu den ihnen frequenzmäßig entsprechenden Pforten in einer engen Beziehung. Dies macht sie zu einem wichtigen Element der Pfortenheilkunst.

Instrumentenklang – Ebenso wie jeder Ton eine bestimmte Frequenz besitzt, weist jedes Instrument einen spezifischen, durch eine Vielzahl gleichzeitig erfolgender, unterschiedlich schneller Tonschwingungen gebildeten Klang auf. Durch Verwendung geeigneter Musikinstrumente während der Behandlung kann die richtige Frequenz konstant aufrechterhalten werden.

Naturgeräusch – Die Natur ist eine harmonische Sinfonie von Geräuschen. Jedes von ihnen setzt sich aus verschiedenen Tonschwingungen zusammen. Naturgeräusche müssen deswegen in die Pfortenheilung einbezogen werden, weil manche dieser natürlichen Erdfrequenzen den spezifischen Schwingungen der verschiedenen Pforten entsprechen. Durch ihre Anwendung gestattet man den ureigensten Heilkräften der Natur, in ihrem Erd-Aspekt an der Behandlung mitzuwirken.

Vertebraler Krankheitspunkt – Dies gibt den bestimmten Wirbel an, der zur Behandlung einer spezifischen Krankheit stimuliert werden soll. Da die verschiedenen möglichen Leiden einer einzelnen Pforte mit unterschiedlichen Wirbeln innerhalb des Einflußbereiches dieser Pforte (siehe Abbildung S. 280) in Verbindung gebracht werden, ist dieser Aspekt eine krankheitsspezifische Variable. Für jedes Leiden wird im folgenden angegeben, welche Körperstelle – durch einen Wirbel bezeichnet – sanft massiert werden soll. Der Massage-Aspekt einer Behandlung betrifft also jeweils zwei Wirbel samt darüberliegenden Muskelpartien: den *Pforten-* und den *Krankheits*punkt.

Ätherisches Öl – Dieser Aspekt erinnert in mancher Hinsicht an die heutzutage praktizierte Aromatherapie, führt allerdings das zugrundeliegende Prinzip noch einen Schritt weiter. Das angegebene ätherische Öl soll am spezifischen vertebralen Pforten- *und* Krankheitspunkt sanft einmassiert werden (die zwei können voneinander abweichen, da jede Pforte einen mehr oder weniger langen Abschnitt der Wirbelsäule beherrscht). Zur Intensivierung der therapeutischen Wirkung kann mit demselben ätherischen Öl auch die Umgebung des Patienten parfümiert werden. Jeder verwendete Duft hat eine spezifische Frequenz, die der Schwingung einer Pforte entspricht.

Holzduft – Das ist einer der Aspekte, die ein direktes Schwingungsverhältnis zur Erde herstellen. Wie die Naturgeräusche schwingen auch Naturgerüche mit unterschiedlichen Frequenzen. Bestimmte Naturdüfte stehen in einem direkten Entsprechungsverhältnis zu den verschiedenen Pforten. Der angegebene Holzduft soll durch Abbrennen geeigneter Räucherstäbchen oder -kegel im Zimmer des Patienten erzielt werden – während der Behandlung oder auch den ganzen Tag über. Worauf es ankommt, ist, den Kranken mit so vielen Schwingungsentsprechungen wie möglich zu umgeben, so daß die gestörte Pforte ununterbrochen mit analogen Frequenzen stimuliert werden kann.

Solarwasserfarbe – Solarisiertes Wasser ist reines (destilliertes) Wasser, das vierundzwanzig Stunden lang (also im Laufe mehrerer aufeinanderfolgender Tage) dem Sonnenlicht ausgesetzt worden ist. Seine spezifische Farbe kommt vom jeweils unterschiedlich gefärbten, durchsichtigen Glasbehälter, in dem es solarisiert wurde. Durch die Einnahme des vorgeschriebenen solarisierten Wassers führt der Patient seinem Organismus die für die Behandlung der betroffenen Pforte erforderliche Frequenz zu. *Solarisiertes Wasser darf nur in ganz kleinen Schlückchen, über einen längeren Zeitraum verteilt, getrunken werden.* Nach achtzehn Stunden verliert es seine Wirkung; deshalb sollten immer mehrere Flaschen von derselben erforderlichen Farbe in geeignetem Abstand voneinander angesetzt werden, damit für die gesamte Dauer der (aus mehreren Sitzungen bestehenden) Behandlung eine ausreichende Menge Wasser zur Verfügung steht.

Kristall, Gestein, Metall – Diese Stoffe ermöglichen sehr genaue Frequenz-Anpassungen an die Pforten. Auch wenn manche der angegebenen mineralischen Entsprechungen auf den ersten Blick ungereimt erscheinen könnten, sind sie von ihrer spezifischen Frequenz her absolut logisch. Nehmen wir als Beispiel die zweite Pforte, die Nebennieren. Der Kristall ist Zitrin (gelb), das Metall Pyrit (hell messingfarben) und das Gestein Obsidian (schwarz, braun oder grünlich). So merkwürdig diese Zusammenstellung Ihnen vielleicht auch vorkommen mag, harmonieren die drei Mineralien vollkommen miteinander. Lassen Sie sich bitte durch die jeweilige Farbe der angegebenen Substanzen nicht verwirren: Die Mineralien sollen nicht *farblich*, sondern nur hinsichtlich ihrer spezifischen Frequenz zueinander und zu der Pforte passen.

Die Gesteine, Kristalle und Metalle werden während der Behandlung auf den vertebralen Pforten- und den vertebralen Krankheitspunkt gelegt. Sie können aber auch mit der Körperpartie des spezifischen erkrankten Organs in Berührung gebracht werden. Darüber hinaus sollten diese Gesteine, Kristalle und Metalle bis zur vollständigen Genesung ständig am Körper getragen werden.

No-Eyes äußerte wiederholt ihre Besorgnis über die heutige Praxis, »Edelsteine« zu Heil- und anderen spirituellen Zwecken zu verwenden. Sie sagte, nur die reinsten Edelsteine besäßen die erwünschten Kräfte. Die meisten der heutzutage zu solchen Zwecken verwendeten Steine seien wirkungslos, wenn nicht sogar schädlich. No-Eyes riet davon ab, Edelsteine in die Pfortenheilung einzubeziehen. Sie meinte, die Menschen sollten lieber die Finger von solcherlei Mineralien lassen, bis sie mehr über ihre Eigenschaften und Wirkungen wüßten.

Heilpflanzen – Auch dieser Aspekt ist eine Variable, die von der speziellen Krankheit (also nicht von der betroffenen Pforte) abhängt. Dementsprechend werden im folgenden zu jedem einzelnen aufgelisteten Leiden eine Anzahl spezifischer – ihrer Schwingung nach zur jeweiligen physischen Störung exakt passender – Pflanzen angegeben.

Alle im folgenden Unterkapitel »Krankheiten und ihre Pforten-Behandlung« (im Anschluß an die Tabelle der Pfortenentsprechungen) genannten pflanzlichen Heilmittel sind – sofern nicht anders vermerkt – entweder in Kapselform (zweimal täglich zwei Kapseln), oder aber als Tee (dreimal täglich einen Teelöffel, in einer Tasse kochenden Wassers aufgebrüht) einzunehmen.

Wenn Salben oder Umschläge empfohlen werden, so sind diese – sofern nicht anders vermerkt – auf die Haut aufzutragen. Alle genannten Kräuterpräparate können von Naturkostläden, Reformhäusern oder Apotheken bezogen werden.

Bitte bedenken Sie, daß die im Abschnitt »Krankheiten und ihre Pforten-Behandlung« angegebenen Pflanzen nur die jeweils gebräuchlichsten sind. Umfassendere Listen finden Sie weiter vorn im Buch in den Abschnitten »Von den amerikanischen Ureinwohnern verwendete wildwachsende Pflanzen« und »Krankheiten und ihre pflanzlichen Heilmittel«.

Da die Pfortenheilkunst eine vollkommen neue therapeutische Methode ist, möchte ich Ihnen anhand eines konkreten Beispiels vorführen, wie ein bestimmter Patient die weiter unten folgenden Informationen verwenden kann. Das Beispiel, das ich zu diesem Zweck ausgewählt habe, ist die Pfortenbehandlung von Abszessen. Alle angegebenen therapeutischen Maßnahmen entsprechen ihrer Frequenz nach der Schwingungszahl der Pforte, die über dieses Leiden herrscht.

Pforte: Die für Abszesse verantwortliche Pforte ist die sechste, die Hypophyse. Sobald die Pforte bekannt ist, können alle mit ihr harmonierenden Heilaspekte anhand der entsprechenden, in diesem Falle also der ersten (waagerechten) Zeile der Tabelle auf S. 293 und 294 sowie der spezifischen Angaben zum fraglichen Leiden im Verzeichnis der »Krankheiten und ihrer Pforten-Behandlung« (ab S. 295) problemlos ermittelt werden.

Lage im Körper: Diese Spalte gibt an, an welcher Stelle Ihres Körpers sich die eigentliche Pforte (im Gegensatz zu ihrem vertebralen Massagepunkt) befindet. Dies gibt Ihnen die Möglichkeit, sich bei Ihren Visualisationen auf den anatomisch richtigen Bereich zu konzentrieren. Im vorliegenden Fall ist dieser die Gegend über Ihrer Nasenwurzel.

Vertebraler Pfortenpunkt: Das Rückgratsegment, das Abszesse regiert, ist der erste Halswirbel. Sie sollten die entsprechende Stelle sanft mit dem unten angegebenen ätherischen Öl massieren.

Planet: Der mit der sechsten Pforte (der Hypophyse) in Verbindung stehende Planet ist Naa-yu, der Mond. Die Behandlung wird die besten Ergebnisse zeitigen, wenn dieser Himmelskörper seine wirksamste Stellung einnimmt, so daß er seinen magnetischen Einfluß auf den Abszeß ausübt. Da der herrschende Planet in diesem Fall der Mond ist, sollten Sie die Behandlung während der weiter unten empfohlenen Mondphase durchführen.

Element: Der an Abszessen leidende Patient sollte bei seinen Visualisationen das Element Wasser verwenden. Es ist ein überaus heilkräftiges Element. Stellen Sie sich vor, die Abszesse würden in Wasser aufgeweicht und vollständig weggewaschen werden. Sehen Sie vor Ihrem geistigen Auge, wie ein klarer, reiner Strom lindernd über den Pfortenpunkt (den ersten Halswirbel) und den Krankheitspunkt (den zweiten Halswirbel) rinnt.

Herrschendes Totem: Das herrschende Totem der sechsten Pforte ist die Eule. Der Patient sollte eine Eule bei Nacht visualisieren, die niederstößt und den Abszeß mit sich fortträgt. Die Eule wird blitzschnell und sauber arbeiten. Sie wird das kranke Gewebe vollständig verzehren.

Widriger Wind: Auf Abszesse wirkt sich warmer Südwind negativ aus. Bei entsprechenden meteorologischen Verhältnissen müssen Heiler und Patient ihre Bemühungen intensivieren. Wer chronisch zu Abszessen neigt, muß während solcher Perioden mit Ausbrüchen rechnen.

Schädliches Wetter: Die Verbindung von niedrigem Luftdruck, geringer Höhe über dem Meeresspiegel, hoher Luftfeuchtigkeit und -temperatur übt einen negativen Einfluß auf den Patienten aus und kann auch die grundsätzliche Neigung zu Abszessen verstärken.

Wochentag: Die Behandlung von Abszessen zeitigt montags die besten Ergebnisse. Montag ist der Tag, an dem am häufigsten mit einer erhöhten Streßbelastung gerechnet werden muß; er ist daher auch der Tag, an dem eine Behandlung, die solche verschlimmernden Einflüsse abwendet oder neutralisiert, am ehesten durchgeführt werden sollte. Montag ist der frequenzmäßig der sechsten Pforte entsprechende Tag. Er ist folglich der günstigste Tag, um diese Pforte zu behandeln.

Mondphase: Behandeln Sie Abszesse grundsätzlich bei abnehmendem Mond. Während dieser Phase übt der Trabant der Erde eine besonders starke Anziehungskraft auf den Organismus aus, und Sie möchten ja, daß die Abszesse »herausgezogen« werden und verschwinden.

Lichtqualität: Die zur Behandlung von Abszessen günstigste Lichtqualität ist die der Morgendämmerung, weil diese in direkter Schwingungsentsprechung zur sechsten Pforte steht.

Himmelsrichtung: Im Einklang mit dem vorigen Aspekt ist der Osten die der sechsten Pforte entsprechende Himmelsrichtung und folglich diejenige, in die der Kopf des Patienten während der Behandlung weisen sollte.

Behandlungsdauer: Wegen der extremen Empfindlichkeit der sechsten Pforte (Hypophyse) dauert die einzelne manuelle Behandlung von Abszessen nicht länger als zehn Minuten.

Farbe: Die schwingungsmäßig der sechsten Pforte entsprechende Farbe ist Weiß. Alle therapeutischen Maßnahmen, die irgendwie mit »Farbe« zu tun haben, sollten daher Weiß verwenden. In allen Visualisationen wird diese Farbe vorherrschen, und der Patient wird sich vorstellen, daß sich ein strahlendes Weiß über die Entzündungsherde, den ersten Halswirbel (den Pfortenpunkt), den zweiten Halswirbel (den Krankheitspunkt) und den Bereich zwischen den Augenbrauen ergießt. Während der Behandlung wird ein quadratisches Stück weißen Flanells auf diese Körperstellen gelegt.

Farbatmungsrichtung: Für die sechste Pforte stellt sich der Patient vor, daß mit jedem Einatmen ein strahlendes Weiß *durch den Kopf herabgezogen* wird. Er sieht einen gleißend weißen Strom, der durch seinen Kopf herab- und über die entsprechenden Wirbel und kranken Körperpartien hinwegfließt, diese schließlich vollständig bedeckt und heilend umspült.

Ton: Der zur Behandlung von Abszessen verwendete und allgemein der sechsten Pforte zugeordnete Ton ist H. Der Patient soll ihn für die gesamte Dauer der Behandlung wie ein Mantra leise vor sich hin summen.

Instrumentenklang: Während der Behandlung von Abszessen sollte eine Panflöte ertönen. Der Klang dieses Instruments steht frequenzmäßig in direkter Entsprechung zur sechsten Pforte.

Naturgeräusch: Während der Patient der Panflötenmusik lauscht, sollte gleichzeitig auch das Geräusch des Windes (oder einer sanften Brise) erklingen. Grundsätzlich wird das Naturgeräusch am zweckmäßigsten zur Untermalung der jeweils vorgeschriebenen Instrumentalmusik eingesetzt. Klang und Geräusch sollen simultan vernommen werden, als eine harmonische Verschmelzung von Schallschwingungen.

Vertebraler Krankheitspunkt: Bei Abszessen ist das spezifische Vertebralsegment, das behandelt werden sollte, der zweite Halswirbel. Die Stelle wird mit einem kleinen quadratischen Stück weißen Stoffs bedeckt und dann mit dem entsprechenden ätherischen Öl sanft massiert.

Ätherisches Öl: Das frequenzmäßig der sechsten Pforte entsprechende ätherische Öl ist Patschuli. Dieses Duftöl soll durch das weiße Tuch in die Haut über Pforten- und Krankheitspunkt einmassiert werden.

Holzduft: Schwingungsmäßig harmoniert der Geruch jeder Kiefernart mit der sechsten Pforte. Dementsprechend wird während der Behandlung Räucherwerk mit Kieferduft abgebrannt.

Solarwasserfarbe: Da die den Abszessen und der sechsten Pforte entsprechende Farbe Weiß ist, soll das Wasser durch Milchglas solarisiert werden. Füllen Sie destilliertes Wasser in einen Behälter aus Milchglas und setzen Sie es an zwei bis drei aufeinanderfolgenden Tagen insgesamt vierundzwanzig Stunden lang dem Sonnenlicht aus. Diese Flüssigkeit sollte, über den Tag verteilt, *in kleinen Schlucken* getrunken werden. Während der ganzen Therapie sollen zusätzlich zur normalen Wasserzufuhr täglich vier große Gläser solarisierten Wassers auf die vorgeschriebene Weise eingenommen werden.

Kristall: Der Kristall, der dieselbe Frequenz wie die sechste Pforte – und somit wie die Abszesse – aufweist, ist Milchquarz. Grundsätzlich wird der Kristall (beziehungsweise das Gestein oder das Metall) nach der Massage auf die zwei jeweils angegebenen Wirbel (Pforten- und Krankheitspunkt) gelegt. Kristall, Gestein und Metall sollen abwechselnd, jeweils am Ende einer Einzelbehandlung, verwendet werden. Sie dürfen *nicht* während ein und derselben Sitzung kombiniert werden.

Gestein: Das der sechsten Pforte schwingungsmäßig entsprechende – und daher bei der Behandlung von Abszessen verwendete – Gestein ist weißer Marmor.

Metall: Zerussit (Weißbleierz) hat dieselbe Frequenz wie die sechste Pforte und wird daher bei der Behandlung aller Leiden verwendet, die von diesem Kraftpunkt regiert werden. Weißbleierz ist also das richtige Metall für die Behandlung von Abszessen.

Heilpflanzen: Die bei Abszessen empfohlenen Heilpflanzen – Alaunwurzel, Bofist, Kiefer, Kohl, Rotklee und Zwiebel – sollten in Kapselform oder als Tee eingenommen werden: entweder zweimal täglich zwei Kapseln oder dreimal täglich einen Teelöffel in einer Tasse kochenden Wassers aufgebrüht.

Die Pfortenheilkunst ist ein Geschenk unserer geistigen Brüder und Freunde, die uns seit Anbeginn der Zeiten lieben. Und auch wenn ich es nicht sagen sollte, empfinde ich es als eine Ehre, daß sie uns ihr uraltes Wissen mitgeteilt haben. Sie haben betont, wie wichtig es ist, daß der physische Leib des Menschen ein höheres Frequenzniveau erreicht, wenn unsere Zivilisation auch künftig weiterbestehen soll. Jetzt haben sie uns einen Weg des Heilens eröffnet, um uns unseren Aufstieg in die Zukunft zu erleichtern. Wir sind initiiert worden.

TABELLE DER PFORTEN-ENTSPRECHUNGEN

	1	2	3	4	5	6	7	8	9	10	11	12	13
Pforte	*Lage im Körper*	*Vertebraler Pfortenpunkt*	*Planet*	*Element*	*Herrschendes Totem*	*Widriger Wind*	*Schädliches Wetter*	*Wochentag*	*Mondphase*	*Lichtqualität*	*Himmelsrichtung*	*Behandlungsdauer*	*Farbe*
Hypophyse	zwischen den Augenbrauen	1. Halswirbel	Naa-yu (Mond)	Wasser	Eule	Variabel	Variabel	Montag	Variabel	Morgendämmerung	Osten	10 Min.	Weiß
Epiphyse (Zirbeldrüse)	unterhalb des Großhirns	3. Halswirbel	Mee-yaa-nu (Venus)	Luft	Wolf	Variabel	Variabel	Freitag	Variabel	Vormittag	Osten	20 Min.	Violett
Schilddrüse	Halsansatz	7. Halswirbel	Quaa-qu (Jupiter)	Luft	Bison	Variabel	Variabel	Donnerstag	Variabel	Mittag	Westen	30 Min.	Blau
Thymus	Herzgegend	2. Brustwirbel	Saa-qu-ya (Saturn)	Erde	Schildkröte	Variabel	Variabel	Samstag	Variabel	Nachmittag	Süden	40 Min.	Grün
Nebennieren	Nierengegend	9. Brustwirbel	Waa-pu (Merkur)	Feuer	Pferd	Variabel	Variabel	Mittwoch	Variabel	Abenddämmerung	Norden	50 Min.	Gelb
Keimdrüsen	Becken	3. Lendenwirbel	Qu-say-u (Mars)	Feuer	Schlange	Variabel	Variabel	Dienstag	Variabel	Nacht	Norden	60 Min.	Rot

Anmerkung: Die Variablen sind krankheitsspezifisch; siehe dazu nächsten Abschnitt.

TABELLE DER PFORTEN-ENTSPRECHUNGEN (Fortsetzung)

14	15	16	17	18	19	20	21	22	23	24	25
Farbatmungsrichtung	*Ton*	*Instrumentenklang*	*Naturgeräusch*	*Vertebraler Krankheitspunkt*	*Ätherisches Öl*	*Holzduft*	*Solarwasserfarbe*	*Kristall*	*Gestein*	*Metall*	*Heilpflanzen*
abwärts durch den Kopf	H	Panflöte	Wind	Variabel	Patschuli	alle Kiefernarten	Milchglas	Milchquarz	weißer Marmor	Zerussit	Variabel
abwärts durch den Kopf	A	Violine	Regen	Variabel	Lavendel	Pinie	Violett	Amethyst	offene Geode	dichter Hämatit	Variabel
abwärts durch den Kopf	G	Querflöte	Vogelgesang	Variabel	Zeder	Zeder	Blau	blauer Quarz	Basalt	Azurit (Kupferlasur)	Variabel
waagerecht durch den Nabel	F	Trommeln	Meeresbrandung	Variabel	Eukalyptus	Eukalyptus	Grün	Verdelith (grüner Turmalin)	Feldspat	Malachit	Variabel
aufwärts durch die Fußsohlen	E	Cello	Bach	Variabel	Wacholder	Wacholder	Gelb	Zitrin	Obsidian	Pyrit	Variabel
aufwärts durch die Fußsohlen	C	Klavier	Waldesrauschen	Variabel	Sandelholz	Mesquitebaum	Rot	Rosenquarz	Rhodonit	Zinnober	Variabel

Krankheiten und ihre Pforten-Behandlung

Abszesse

Pforte: sechste/Hypophyse
Lage im Körper: zwischen den Augenbrauen (im Zwischenhirn)
Vertebraler Pfortenpunkt: erster Halswirbel
Planet: Mond
Element: Wasser
Herrschendes Totem: Eule
Widriger Wind: warmer Südwind
Schädliches Wetter: niedriger Luftdruck, geringe Höhe, hohe Luftfeuchtigkeit, hohe Temperaturen
Wochentag: Montag
Mondphase: abnehmend
Lichtqualität: Morgendämmerung
Himmelsrichtung: Osten
Behandlungsdauer: 10 Minuten
Farbe: Weiß
Farbatmungsrichtung: abwärts durch den Kopf
Ton: H
Instrumentenklang: Panflöte
Naturgeräusch: Wind
Vertebraler Krankheitspunkt: zweiter Halswirbel
Ätherisches Öl: Patschuli
Holzduft: alle Kiefernarten
Solarwasserfarbe: Milchglas
Kristall: Milchquarz
Gestein: weißer Marmor
Metall: Zerussit
Heilpflanzen: Alaunwurzel, Bovist, Kiefer, Kohl, Rotklee, Zwiebel

Abszesse: allgemeine Hinweise

Die allermeisten Abszesse sind die direkte Auswirkung eines unausgewogenen Zustands im Organismus. Bemühen Sie sich um ein stabiles *emotionales* Gleichgewicht. Lassen Sie sich nicht von anderen aus der Fassung bringen. Verweilen Sie nicht bei Mißerfolgen und Enttäuschungen, sondern entwerfen Sie positive, aktive Maßnahmen zur Verbesserung Ihrer Situation.

Nehmen Sie keine roten Fleischsorten, kein Schwein und keine Innereien zu sich. Keine gebratenen Speisen. Essen Sie mehr rohe Äpfel, und schließen Sie rohe Zwiebeln in Ihre Diät ein.

Akne

Pforte: fünfte/Epiphyse (Zirbeldrüse)
Lage im Körper: unterhalb des Großhirns
Vertebraler Pfortenpunkt: dritter Halswirbel
Planet: Venus
Element: Luft
Herrschendes Totem: Wolf
Widriger Wind: warmer Südwind
Schädliches Wetter: niedriger Luftdruck, hohe Luftfeuchtigkeit, geringe Höhe, hohe Temperaturen
Wochentag: Freitag
Mondphase: zunehmend
Lichtqualität: Vormittag
Himmelsrichtung: Osten
Behandlungsdauer: 20 Minuten
Farbe: Violett
Farbatmungsrichtung: abwärts durch den Kopf
Ton: A
Instrumentenklang: Violine
Naturgeräusch: Regen
Vertebraler Krankheitspunkt: dritter Halswirbel
Ätherisches Öl: Lavendel
Holzduft: Pinie
Solarwasserfarbe: Violett
Kristall: Amethyst
Gestein: offene Geode
Metall: dichter Hämatit
Heilpflanzen: Chaparral, Kiefernnadeltee), Knoblauch, Königskerze, Löwenzahn, Rizinus, Rotklee

Akne: allgemeine Hinweise

Obwohl Akne am häufigsten bei Heranwachsenden auftritt, bleiben auch Erwachsene durchaus nicht davon verschont. Akne ist eine Form von innerem Abszeß. Sie ist symptomatisch für einen emotional und/oder chemisch unausgeglichenen Organismus. Unterschätzen Sie niemals die Auswirkungen solcher seelischen Zustände wie Ärger, Niedergeschlagenheit, Angst und Streß, denn sie gehören mit zu den wichtigsten negativen Faktoren, die zur Entstehung einer systemischen Unausgewogenheit führen.

Schränken Sie Ihren Verzehr von Zucker, künstlichen Zusatzstoffen (wie Nitraten, künstlichen Geschmacks- und Farbstoffen) und Konservierungsmitteln ein. Essen Sie viele rohe Äpfel und reichern Sie Ihre Diät, wann immer möglich, durch rohe Zwiebeln an. Trinken Sie jeden Tag wenigstens zwei Tassen Königskerzentee; dies wird zur Alkalisierung Ihres Organismus beitragen und die Säure, die der Abszeß benötigt, um gedeihen zu können, neutralisieren. Streichen Sie alle Maisprodukte (wie Tortillas, Popcorn, Corn-flakes, Polenta), denn Mais fördert die Entstehung von Akne. Streichen Sie alle roten Fleischsorten, Schweinefleisch und Innereien. Streichen Sie alle gebratenen Speisen: Grillen, backen, schmoren oder dünsten Sie! Trinken Sie wenigstens acht Glas Wasser pro Tag. Meiden Sie alkoholische Getränke, denn diese führen leicht zu Stauungen im Organismus, wodurch die reinigende Wirkung innerlich eingenommener Heilmittel beeinträchtigt werden kann.

Beachten Sie gewissenhaft die folgenden hygienischen Vorschriften: Reinigen Sie die befallenen Hautpartien behutsam mit einer natürlichen, vitamin-E-haltigen Seife. Vitamin E mit reinem Glyzerin ist ausgezeichnet. Betupfen Sie sie anschließend sanft mit Hamamelislotion: Der Extrakt der Zaubernuß pflegt und strafft die Haut auf natürliche und schonende Weise. Selbst nachdem die Akne abgeklungen ist, sollten Sie diese tägliche Routine beibehalten, damit Sie künftig von ähnlichen Hautproblemen verschont bleiben.

Alkoholismus

Pforte: fünfte/Epiphyse (Zirbeldrüse)
Lage im Körper: unterhalb des Großhirns
Vertebraler Pfortenpunkt: dritter Halswirbel
Planet: Venus
Element: Luft

Herrschendes Totem: Wolf
Widriger Wind: warmer Südwind
Schädliches Wetter: niedriger Luftdruck, große Höhe, hohe Luftfeuchtigkeit, hohe Temperaturen
Wochentag: Freitag
Mondphase: abnehmend
Lichtqualität: Vormittag
Himmelsrichtung: Osten
Behandlungsdauer: 20 Minuten
Farbe: Violett
Farbatmungsrichtung: abwärts durch den Kopf
Ton: A
Instrumentenklang: Violine
Naturgeräusch: Regen
Vertebraler Krankheitspunkt: vierter Halswirbel
Ätherisches Öl: Lavendel
Holzduft: Pinie
Solarwasserfarbe: Violett
Kristall: Amethyst
Gestein: offene Geode
Metall: dichter Hämatit
Heilpflanzen: Bergahorn, Echter Alant, Engelwurz, Königskerze, Rotklee, Wegerich, Wermut

Alkoholismus: allgemeine Hinweise

Wie man heute weiß, ist Alkoholismus eine Krankheit und kein Laster. Warmer Kräutertee aus Engelwurz, Echtem Alant, Königskerze, Rotklee und Bergahorn dämpft die Begier des Patienten nach Alkohol. Hilfreich sind auch tägliche Bewegung und Schwitzbäder.

Allergien

Pforte: zweite/Nebennieren
Lage im Körper: Nierengegend
Vertebraler Pfortenpunkt: neunter Brustwirbel
Planet: Merkur
Element: Feuer
Herrschendes Totem: Pferd

Widriger Wind: warmer Südwind
Schädliches Wetter: niedriger Luftdruck, geringe Höhe, hohe Luftfeuchtigkeit, hohe Temperaturen
Wochentag: Mittwoch
Mondphase: abnehmend
Lichtqualität: Abenddämmerung
Himmelsrichtung: Norden
Behandlungsdauer: 50 Minuten
Farbe: Gelb
Farbatmungsrichtung: aufwärts durch die Fußsohlen
Ton: E
Instrumentenklang: Cello
Naturgeräusch: Bach
Vertebraler Krankheitspunkt: neunter Brust- und vierter Halswirbel
Ätherisches Öl: Wacholder
Holzduft: Wacholder
Solarwasserfarbe: Gelb
Kristall: Zitrin
Gestein: Obsidian
Metall: Pyrit
Heilpflanzen: Baldrian(wurzel), Flechte, Helmkraut, Kanadische Gelbwurz, Kardobenediktenkraut, Knollige Schwalbenwurz, Lobelie, Wald-Weidenröschen, Zitterpappel

Allergien: allgemeine Hinweise

Nicht alle Allergien machen sich bereits in der Kindheit oder Jugend bemerkbar. Sie können in jedem Lebensalter zum Ausbruch kommen. Allergien sind in der Regel die Folge eines chronischen Überschusses an negativen Emotionen, aber sie können auch aus karmischen Einflüssen resultieren, also ihre Wurzel in einer vergangenen Existenz haben. Doch was auch die Ursache im einzelnen sein mag: Deutlich abschwächen läßt sich jede allergische Überempfindlichkeit durch emotionale Ausgeglichenheit sowie durch die Einnahme von Wegerich, Mandeln und Königskerzentee. Auch die oben angegebenen Heilpflanzen dürften sich in den meisten Fällen als hilfreich erweisen. Speziell bei Pollenallergien ist der Verzehr von Honig aus dem engeren Umkreis Ihres Wohnorts sehr zu empfehlen, da er mit großer Wahrscheinlichkeit die Wirkstoffe auch derjenigen Pflanzen enthält, deren Blütenstaub Ihnen im Frühjahr so sehr zu schaffen macht. Indem Sie einheimischen Honig essen, machen Sie eine – natürliche und auch sonst in vielfacher Hinsicht gesunde – echte Desensibilisierungskur!

Anämie (»Blutarmut«)

Pforte: zweite/Nebennieren
Lage im Körper: Nierengegend
Vertebraler Pfortenpunkt: neunter Brustwirbel
Planet: Merkur
Element: Feuer
Herrschendes Totem: Pferd
Widriger Wind: warmer Westwind
Schädliches Wetter: niedriger Luftdruck, geringe Höhe, hohe Luftfeuchtigkeit, hohe Temperaturen
Wochentag: Mittwoch
Mondphase: zunehmend
Lichtqualität: Abenddämmerung
Himmelsrichtung: Norden
Behandlungsdauer: 50 Minuten
Farbe: Gelb
Farbatmungsrichtung: aufwärts durch die Fußsohlen
Ton: E
Instrumentenklang: Cello
Naturgeräusch: Bach
Vertebraler Krankheitspunkt: fünfter Brustwirbel
Ätherisches Öl: Wacholder
Holzduft: Wacholder
Solarwasserfarbe: Gelb
Kristall: Zitrin
Gestein: Obsidian
Metall: Pyrit
Heilpflanzen: Alfalfa, Kiefer, Königskerze, Lobelie, Löffelkraut, Löwenzahn, Portulak, Rotklee, Wald-Weidenröschen, Zichorie, Zitterpappel

Anämie: allgemeine Hinweise

Anämie ist die Verminderung der Zahl und/oder des Hämoglobingehaltes der roten Blutkörperchen. Sie kann verschiedene Ursachen haben. Durch Eisen-, Vitamin- oder Proteinmangel bedingte Anämien können jedenfalls durch den Verzehr von Alfalfa, Mandeln, Chaparral, knackigen, frischen Salaten (namentlich Portulak, Wegerich und Löwenzahn), Eidotter, Geflügel und Kiefernnadeltee erfolgreich bekämpft werden. Die zusätzliche Einnahme von Gelatine unterstützt die Resorption der Vitamine und Mineralstoffe. Nahrungsmittel mit hohem Eisengehalt sind allgemein zu empfehlen.

Arthritis

Pforte: zweite/Nebennieren
Lage im Körper: Nierengegend
Vertebraler Pfortenpunkt: neunter Brustwirbel
Planet: Merkur
Element: Feuer
Herrschendes Totem: Pferd
Widriger Wind: kalter Westwind
Schädliches Wetter: niedriger Luftdruck, geringe Höhe, hohe Luftfeuchtigkeit, niedrige Temperaturen
Wochentag: Mittwoch
Mondphase: abnehmend
Lichtqualität: Abenddämmerung
Himmelsrichtung: Norden
Behandlungsdauer: 50 Minuten
Farbe: Gelb
Farbatmungsrichtung: aufwärts durch die Fußsohlen
Ton: E
Instrumentenklang: Cello
Naturgeräusch: Bach
Vertebraler Krankheitspunkt: fünfter Brustwirbel
Ätherisches Öl: Wacholder
Holzduft: Wacholder
Solarwasserfarbe: Gelb
Kristall: Zitrin
Gestein: Obsidian

Metall: Pyrit
Heilpflanzen: Alfalfa, Chaparral, Klette, Nessel, Paternostererbse, Pfefferminze, Sonnenblume, Wanzenkraut, Weißdorn, Yucca

Arthritis: allgemeine Hinweise

Arthritis muß nicht unbedingt eine schwere Behinderung darstellen. Schon mittels einiger einfacher Maßnahmen kann dieses Leiden insoweit gelindert werden, daß der Patient imstande ist, ein fast normales Leben zu führen.

Massieren Sie die befallenen Gelenke mit einer Mischung aus Rizinus- und Pfefferminzöl. Verringern Sie Ihren Koffein-, Zukker- und Salzverbrauch und streichen Sie nach Möglichkeit gebratene Speisen sowie – unbedingt – alle roten Fleischsorten, Schwein, Innereien und chemischen Zusatzstoffe aus Ihrer Diät. Verschaffen Sie sich regelmäßig Bewegung. Meiden Sie feuchte Klimas (dies ist ein besonders wichtiger Aspekt der Arthritisbehandlung).

Asthma

Pforte: vierte/Schilddrüse
Lage im Körper: Halsansatz
Vertebraler Pfortenpunkt: siebter Halswirbel
Planet: Jupiter
Element: Luft
Herrschendes Totem: Bison
Widriger Wind: warmer Südwind
Schädliches Wetter: niedriger Luftdruck, geringe Höhe, hohe Luftfeuchtigkeit, hohe Temperaturen, hohe Luftverschmutzung
Wochentag: Donnerstag
Mondphase: abnehmend
Lichtqualität: Mittag
Himmelsrichtung: Westen
Behandlungsdauer: 30 Minuten
Farbe: Blau
Farbatmungsrichtung: abwärts durch den Kopf
Ton: G
Instrumentenklang: Querflöte
Naturgeräusch: Vogelgesang

Vertebraler Krankheitspunkt: erster Brustwirbel
Ätherisches Öl: Zeder
Holzduft: Zeder
Solarwasserfarbe: Blau
Kristall: blauer Quarz
Gestein: Basalt
Metall: Azurit (Kupferlasur)
Heilpflanzen: Beinwell, Birke, Engelwurz, Eukalyptus, Knoblauch, Königskerze, Lungenkraut, Portulak, Rosmarin, Weißer Andorn, Würgkirsche, Ysop

Asthma: allgemeine Hinweise

Asthma kann ein schreckliches Leiden sein. Die quälenden Symptome lassen sich aber durchaus lindern, indem man feuchte Klimas meidet. Zu empfehlen ist der Aufenthalt in Gebirgsregionen und trockenen Gegenden. Gehen Sie emotional belastenden Situationen aus dem Weg. Meditation in einer friedlichen, entspannenden Umgebung trägt zur Stabilisierung Ihres seelischen Gleichgewichts bei. Essen Sie gegrillten Fisch, Geflügel, Sellerie, Grapefruits, Trauben, Spinat und Pfirsiche. Meiden Sie Orangen und alle chemischen Zusatzstoffe. Wenn Sie in der Stadt wohnen, gehen Sie nach Möglichkeit während der Hauptverkehrszeiten nicht ins Freie.

Atembeschwerden, unspezifische

Pforte: vierte/Schilddrüse
Lage im Körper: Halsansatz
Vertebraler Pfortenpunkt: siebter Halswirbel
Planet: Jupiter
Element: Luft
Herrschendes Totem: Bison
Widriger Wind: warmer Südwind
Schädliches Wetter: niedriger Luftdruck, geringe Höhe, hohe Luftfeuchtigkeit, hohe Temperaturen
Wochentag: Donnerstag
Mondphase: zunehmend/voll
Lichtqualität: Mittag
Himmelsrichtung: Westen

Behandlungsdauer: 30 Minuten
Farbe: Blau
Farbatmungsrichtung: abwärts durch den Kopf
Ton: G
Instrumentenklang: Querflöte
Naturgeräusch: Vogelgesang
Vertebraler Krankheitspunkt: erster Brustwirbel
Ätherisches Öl: Zeder
Holzduft: Zeder
Solarwasserfarbe: Blau
Kristall: blauer Quarz
Gestein: Basalt
Metall: Azurit (Kupferlasur)
Heilpflanzen: Echter Alant, Engelwurz, Eukalyptus, Fieberstrauch, Kiefer, Knoblauch, Königskerze, Lobelie, Schwarzer Senf, Thymian, Würgkirsche, Ysop

Atembeschwerden: allgemeine Hinweise

Leichtere Störungen der Atmungsorgane sind oft die Folge einer unvernünftigen Lebensweise. Achten Sie stets auf eine der Witterung angemessene Kleidung? Bemühen Sie sich um einen ausgewogenen Säure-Basen-Haushalt? Muten Sie sich bei sportlichen Betätigungen nie zuviel zu? Achten Sie konsequent auf eine gesunde Ernährung?

Trinken Sie Königskerzentee, um Ihren Organismus wieder in einen gesunden, alkalischen Zustand zu versetzen. Streichen Sie alle roten Fleischsorten und Schweinefleisch aus Ihrem Speisezettel. Inhalieren Sie Eukalyptusdampf, um die Atemwege zu befreien. Trinken Sie Tee aus Pfefferminze, Lobelie, Kiefer und Thymian.

Hüten Sie sich vor destruktiven Emotionen! Oft genug können Atembeschwerden auf psychische Ursachen zurückgeführt werden. Negative Einstellungen schaden Ihnen nur! Bejahen Sie das Leben! Lieben Sie sich selbst!

Und wenn Sie in einer Stadt wohnen, in der häufig Smogalarm gegeben wird . . . ziehen Sie um!

Augenleiden (siehe auch Bindehautentzündung)

Pforte: sechste/Hypophyse
Lage im Körper: zwischen den Augenbrauen (im Zwischenhirn)
Vertebraler Pfortenpunkt: erster Halswirbel
Planet: Mond
Element: Wasser
Herrschendes Totem: Eule
Widriger Wind: warmer Westwind
Schädliches Wetter: niedriger Luftdruck, geringe Höhe, hohe Luftfeuchtigkeit, hohe Temperaturen
Wochentag: Montag
Mondphase: zunehmend
Lichtqualität: Morgendämmerung
Himmelsrichtung: Osten
Behandlungsdauer: 10 Minuten
Farbe: Weiß
Farbatmungsrichtung: abwärts durch den Kopf
Ton: H
Instrumentenklang: Panflöte
Naturgeräusch: Wind
Vertebraler Krankheitspunkt: zweiter Halswirbel
Ätherisches Öl: Patschuli
Holzduft: alle Kiefernarten
Solarwasserfarbe: Milchglas
Kristall: Milchquarz
Gestein: weißer Marmor
Metall: Zerussit
Heilpflanzen: Augentrost, Bergahorn, Boretsch, Pimentbaum (Rinde), Sassafras, Schafgarbe, Sumach

Augenleiden: allgemeine Hinweise

Die Sehkraft kann gestärkt werden. Ermüdete Augen können ausgeruht und erfrischt werden. Gerötete und juckende Augen können gekühlt und beruhigt werden. Infektionen und ernste Verletzungen erfordern sofortige fachärztliche Behandlung. Bei leichteren Reizungen hilft ein Absud von Pimentbaumrinde, Augentrost und Schafgarbe; betupfen Sie damit *die Umgebung* des Auges. Essen Sie Karotten, Orangen, Wegerich, Weizenkeime, Vollkornprodukte und Fisch.

Bindehautentzündung

Pforte: sechste/Hypophyse
Lage im Körper: zwischen den Augenbrauen (im Zwischenhirn)
Vertebraler Pfortenpunkt: erster Halswirbel
Planet: Mond
Element: Wasser
Herrschendes Totem: Eule
Widriger Wind: warmer Westwind
Schädliches Wetter: niedriger Luftdruck, geringe Höhe, hohe Luftfeuchtigkeit, hohe Temperaturen
Wochentag: Montag
Mondphase: abnehmend
Lichtqualität: Morgendämmerung
Himmelsrichtung: Osten
Behandlungsdauer: 10 Minuten
Farbe: Weiß
Farbatmungsrichtung: abwärts durch den Kopf
Ton: H
Instrumentenklang: Panflöte
Naturgeräusch: Wind
Vertebraler Krankheitspunkt: zweiter Halswirbel
Ätherisches Öl: Patschuli
Holzduft: alle Kiefernarten
Solarwasserfarbe: Milchglas
Kristall: Milchquarz
Gestein: weißer Marmor
Metall: Zerussit
Heilpflanzen: Augentrost, Bergahorn, Boretsch, Eiche, Himbeere, Rosmarin, Schafgarbe, Zitterpappel

Bindehautentzündung: allgemeine Hinweise

Mehrere Formen der Bindehautentzündung – so die Schwimmbadkonjunktivitis – werden durch Mikroorganismen verursacht. Jede Infektionskrankheit kann dadurch gelindert werden, daß der Organismus durch geeignete Maßnahmen in einen ausgewogeneren Zustand zurückgeführt wird. Sehr zu empfehlen ist der tägliche Verzehr von Nahrungsmitteln wie Rosenkohl, Feigen, Karotten, Kürbis, Wildreis, Vollkornprodukten und Mandeln.

Trinken Sie regelmäßig Königskerzentee. Stellen Sie einen Absud von Zitterpappelrinde, Eichenrinde und Augentrost her und benetzen Sie damit täglich mehrmals – *nur* – die Umgebung des erkrankten Organs. Die Augen selbst werden lediglich mit lauwarmem Wasser ausgespült. Gönnen Sie sich viel Ruhe und visualisieren Sie Ihre Augen in einem normalen, gesunden Zustand. Nehmen Sie sich Zeit für friedvolle, meditative Aktivitäten.

Vorsicht: Akute Bindehautentzündung kann zu einer ernsthaften Gefährdung Ihres Augenlichts führen und durchaus eine ansteckende Krankheit sein. Wenn Sie zusätzlich zu einer Rötung der Hornhaut eine weiße bis grünliche Sekretabsonderung bemerken, suchen Sie unverzüglich einen Arzt auf und halten Sie sich strikt an seine Anweisungen!

Blasenerkrankungen

Pforte: erste/Keimdrüsen
Lage im Körper: Becken
Vertebraler Pfortenpunkt: dritter Lendenwirbel
Planet: Mars
Element: Feuer
Herrschendes Totem: Schlange
Widriger Wind: kalter Nordwind
Schädliches Wetter: niedriger Luftdruck, geringe Höhe, hohe Luftfeuchtigkeit, niedrige Temperaturen
Wochentag: Dienstag
Mondphase: abnehmend
Lichtqualität: Nacht
Himmelsrichtung: Norden
Behandlungsdauer: 60 Minuten
Farbe: Rot
Farbatmungsrichtung: aufwärts durch die Fußsohlen
Ton: C
Instrumentenklang: Klavier
Naturgeräusch: Waldesrauschen
Vertebraler Krankheitspunkt: dritter Lendenwirbel
Ätherisches Öl: Sandelholz
Holzduft: Mesquitebaum
Solarwasserfarbe: Rot

Kristall: Rosenquarz
Gestein: Rhodonit
Metall: Zinnober
Heilpflanzen: Birke, Dolden-Winterlieb, Echter Eibisch, Ingwerwurzel, Kanadische Gelbwurz, Lobelie, Petersilie, Schachtelhalm, Wacholder, Wanzenkraut

Blasenerkrankungen: allgemeine Hinweise

Wie bei jeder anderen organischen Beschwerde auch sollten Sie sich in jedem Fall zuerst von einem Spezialisten untersuchen lassen. In der Regel ist es äußerst wichtig, daß Sie sich viel Bewegung verschaffen. Achten Sie auf eine angemessene Nachtruhe. Trinken Sie wenigstens acht Glas Wasser pro Tag (ruhig mehr). Essen Sie frisches, knackiges Obst und Gemüse, vor allem Petersilie und Alfalfa, Grapefruits, Himbeeren, Zwiebeln und Radieschen. Viele Blasenbeschwerden rühren unmittelbar von emotionaler Unausgeglichenheit, Nervosität oder Angst her. Kamillentee entspannt die Nerven und beruhigt den ganzen Organismus. Meiden Sie alle alkoholischen Getränke.

Blinddarmentzündung

Pforte: erste/Keimdrüsen
Lage im Körper: Becken
Vertebraler Pfortenpunkt: dritter Lendenwirbel
Planet: Mars
Element: Feuer
Herrschendes Totem: Schlange
Widriger Wind: warmer Südwind
Schädliches Wetter: niedriger Luftdruck, geringe Höhe, hohe Luftfeuchtigkeit, hohe Temperaturen
Wochentag: Dienstag
Mondphase: abnehmend
Lichtqualität: Nacht
Himmelsrichtung: Norden
Behandlungsdauer: 60 Minuten
Farbe: Rot
Farbatmungsrichtung: aufwärts durch die Fußsohlen
Ton: C

Instrumentenklang: Klavier
Naturgeräusch: Waldesrauschen
Vertebraler Krankheitspunkt: zweiter Lendenwirbel
Ätherisches Öl: Sandelholz
Holzduft: Mesquitebaum
Solarwasserfarbe: Rot
Kristall: Rosenquarz
Gestein: Rhodonit
Metall: Zinnober
Heilpflanzen: Birke, Eiche, Feigenkaktus, Kamille, Kanadische Gelbwurz, Königskerze, Löwenzahn, Petersilie, Rotklee, Wilde Zwiebel, Zichorie

Blinddarmentzündung

Akute Blinddarmentzündung verlangt sofortige ärztliche Behandlung. Bei chronischer Appendizitis läßt sich eine deutliche Besserung bereits durch Ruhe, die Vermeidung größerer körperlicher Anstrengungen und eine Diät mit viel Alfalfa, Zwiebeln, Knoblauch, Kohl, Honig, Mandeln, Wegerich, Petersilie sowie Kamillen- und Königskerzentee erzielen.

Blutdruck, instabiler

Pforte: zweite/Nebennieren
Lage im Körper: Nierengegend
Vertebraler Pfortenpunkt: neunter Brustwirbel
Planet: Merkur
Element: Feuer
Herrschendes Totem: Pferd
Widriger Wind: warmer Westwind
Schädliches Wetter: niedriger Luftdruck, geringe Höhe, hohe Luftfeuchtigkeit, hohe Temperaturen
Wochentag: Mittwoch
Mondphase: abnehmend
Lichtqualität: Abenddämmerung
Himmelsrichtung: Norden
Behandlungsdauer: 50 Minuten
Farbe: Gelb
Farbatmungsrichtung: aufwärts durch die Fußsohlen

Ton: E
Instrumentenklang: Cello
Naturgeräusch: Bach
Vertebraler Krankheitspunkt: fünfter Brustwirbel
Ätherisches Öl: Wacholder
Holzduft: Wacholder
Solarwasserfarbe: Gelb
Kristall: Zitrin
Gestein: Obsidian
Metall: Pyrit
Heilpflanzen: Brunnenkresse, Enzian, Erdbeere (Blätter), Gewürznelke, Knoblauch, Nordamerikanische Verbene, Petersilie, Ysop, Zwiebel

Blutdruck: allgemeine Hinweise

Als besonders wohltuend dürften Sie maßvolle körperliche Bewegung, wie ruhige Abendspaziergänge, empfinden. Essen Sie Mandeln, frisches grünes Gemüse, Knoblauch, Fisch und Geflügel, Zwiebeln, Löwenzahn, Wegerich, Vollkornprodukte und Wildreis. Meiden Sie alle alkoholischen und koffeinhaltigen Getränke. Absolut *keine* roten Fleischsorten oder Innereien. Kein Schweinefleisch. Und halten Sie Ihren Drang, andere zu beurteilen und zu kritisieren, fest unter Kontrolle. Zügeln Sie Ihre Emotionen!

Bronchitis

Pforte: dritte/Thymus
Lage im Körper: Herzgegend
Vertebraler Pfortenpunkt: zweiter Brustwirbel
Planet: Saturn
Element: Erde
Herrschendes Totem: Schildkröte
Widriger Wind: warmer Südwind
Schädliches Wetter: niedriger Luftdruck, geringe Höhe, hohe Luftfeuchtigkeit, hohe Temperaturen
Wochentag: Samstag
Mondphase: abnehmend
Lichtqualität: Nachmittag

Himmelsrichtung: Süden
Behandlungsdauer: 40 Minuten
Farbe: Grün
Farbatmungsrichtung: waagerecht durch den Nabel
Ton: F
Instrumentenklang: Trommeln
Naturgeräusch: Meeresbrandung
Vertebraler Krankheitspunkt: dritter Brustwirbel
Ätherisches Öl: Eukalyptus
Holzduft: Eukalyptus
Solarwasserfarbe: Grün
Kristall: Verdelith (grüner Turmalin)
Gestein: Feldspat
Metall: Malachit
Heilpflanzen: Beinwell, Engelwurz, Eukalyptus, Huflattich, Knoblauch, Königskerze, Lattich, Lungenkraut, Paternostererbse

Bronchitis: allgemeine Hinweise

Akute Bronchitis erfordert ärztliche Behandlung. Bei leichteren chronischen Fällen können Sie eine spürbare Besserung schon dadurch erzielen, daß Sie sich niemals überanstrengen. Längere Ruheperioden sind sehr wichtig. Nahrungsmittel, die Sie unbedingt in Ihre tägliche Diät einschließen sollten, sind Fisch, Sellerie, Knoblauch, Grapefruits, Geflügel sowie Königskerzentee und – unmittelbar vor jeder Mahlzeit – Traubensaft. Ruhen Sie mit etwas angehobenem Oberkörper. Schaffen Sie sich für den Winter einen Luftbefeuchter an (es sei denn, Sie haben viele Zimmerpflanzen; die erfüllen denselben Zweck), da trockene Heizungsluft Ihren Zustand verschlimmert. Reiben Sie sanft etwas Eukalyptusöl in ihre Brust ein (Vorsicht – empfindliche Haut kann gereizt reagieren!). Inhalieren Sie Eukalyptus- oder Thymiandämpfe.

Brustenge

Pforte: dritte/Thymus
Lage im Körper: Herzgegend
Vertebraler Pfortenpunkt: zweiter Brustwirbel
Planet: Saturn

Element: Erde
Herrschendes Totem: Schildkröte
Widriger Wind: warmer Südwind
Schädliches Wetter: niedriger Luftdruck, geringe Höhe, hohe Luftfeuchtigkeit, hohe Temperaturen
Wochentag: Samstag
Mondphase: zunehmend
Lichtqualität: Nachmittag
Himmelsrichtung: Süden
Behandlungsdauer: 40 Minuten
Farbe: Grün
Farbatmungsrichtung: waagerecht durch den Nabel
Ton: F
Instrumentenklang: Trommeln
Naturgeräusch: Meeresbrandung
Vertebraler Krankheitspunkt: dritter Brustwirbel
Ätherisches Öl: Eukalyptus
Holzduft: Eukalyptus
Solarwasserfarbe: Grün
Kristall: Verdelith (grüner Turmalin)
Gestein: Feldspat
Metall: Malachit
Heilpflanzen: Fenchel, Gewürznelke, Griechisches Heu, Kiefer, Knoblauch, Königskerze, Lobelie, Paprika, Pimentbaum, Schwarzer Senf, Sonnenhut, Zwiebel

Darmträgheit, Verstopfung

Pforte: zweite/Nebennieren
Lage im Körper: Nierengegend
Vertebraler Pfortenpunkt: neunter Brustwirbel
Planet: Merkur
Element: Feuer
Herrschendes Totem: Pferd
Widriger Wind: warmer Westwind
Schädliches Wetter: niedriger Luftdruck, geringe Höhe, hohe Luftfeuchtigkeit, hohe Temperaturen
Wochentag: Mittwoch
Mondphase: abnehmend

Lichtqualität: Abenddämmerung
Himmelsrichtung: Norden
Behandlungsdauer: 50 Minuten
Farbe: Gelb
Farbatmungsrichtung: aufwärts durch die Fußsohlen
Ton: E
Instrumentenklang: Cello
Naturgeräusch: Bach
Vertebraler Krankheitspunkt: erster Lendenwirbel
Ätherisches Öl: Wacholder
Holzduft: Wacholder
Solarwasserfarbe: Gelb
Kristall: Zitrin
Gestein: Obsidian
Metall: Pyrit
Heilpflanzen: Birke, Cotton Root, Fenchel, Holunder, Kreuzdorn, Paternostererbse, Pfefferminze, Rotklee, Sagradafaulbaum, Wegerich, Yucca, Zwiebel

Darmträgheit: allgemeine Hinweise

Körperliche Aktivität ist unerläßlich, um eine ordnungsgemäße Bewegung des Stuhls durch die Därme zu gewährleisten. Wenn der Stuhl nicht ausreichend durchfeuchtet ist, kann er nicht reibungslos weitergleiten. Deswegen müssen Sie wenigstens acht Glas Wasser pro Tag trinken. Reichern Sie Ihre Salate mit großzügigen Beigaben von frischem Wegerich an. Trinken Sie Fencheltee: Er ist ein wunderbares Carminativum (blähungstreibendes Mittel). Essen Sie rohe Äpfel (ungeschält), Feigen, Rhabarber und Vollkornprodukte. Streichen Sie sämtliche Weißmehlerzeugnisse (einschließlich Nudeln) aus Ihrer Diät.

Diabetes

Pforte: dritte/Thymus
Lage im Körper: Herzgegend
Vertebraler Pfortenpunkt: zweiter Brustwirbel
Planet: Saturn
Element: Erde
Herrschendes Totem: Schildkröte

Widriger Wind: kalter Nordwind
Schädliches Wetter: niedriger Luftdruck, geringe Höhe, hohe Luftfeuchtigkeit, niedrige Temperaturen
Wochentag: Samstag
Mondphase: abnehmend
Lichtqualität: Nachmittag
Himmelsrichtung: Süden
Behandlungsdauer: 40 Minuten
Farbe: Grün
Farbatmungsrichtung: waagerecht durch den Nabel
Ton: F
Instrumentenklang: Trommeln
Naturgeräusch: Meeresbrandung
Vertebraler Krankheitspunkt: zweiter Brustwirbel
Ätherisches Öl: Eukalyptus
Holzduft: Eukalyptus
Solarwasserfarbe: Grün
Kristall: Verdelith (grüner Turmalin)
Gestein: Feldspat
Metall: Malachit
Heilpflanzen: Bärentraube, Dolden-Winterlieb, Fenchel, Kanadische Gelbwurz, Knoblauch, Löwenzahn, Rotklee, Schachtelhalm, Schafgarbe

Diabetes: allgemeine Hinweise

Menschen, die zwischen dem 22. Dezember und dem 19. Januar geboren sind, neigen besonders stark zu Diabetes, oft in Verbindung mit Herzleiden. Regelmäßige, nicht zu anstrengende Bewegung, wie schöne Spaziergänge in der frischen Luft und im Sonnenschein, sind äußerst wohltuend. Meiden Sie gebratene Speisen und solche mit chemischen Konservierungsmitteln und Süßstoffen. Essen Sie niemals Schweinefleisch, gleich in welcher Form, und ebensowenig rote Fleischsorten. Sehr zu empfehlen sind dagegen gegrillter Fisch, Geflügel, Pfirsiche, Datteln, knackige Salate – mit Löwenzahn – und Vollkornbrot (kein anderes!). Trinken Sie viel Wasser. Nehmen Sie sich außerdem vor negativen Emotionen in acht! Bejahen Sie das Leben!

Divertikulitis

Pforte: zweite/Nebennieren
Lage im Körper: Nierengegend
Vertebraler Pfortenpunkt: neunter Brustwirbel
Planet: Merkur
Element: Feuer
Herrschendes Totem: Pferd
Widriger Wind: warmer Westwind
Schädliches Wetter: niedriger Luftdruck, geringe Höhe, hohe Luftfeuchtigkeit, hohe Temperaturen
Wochentag: Mittwoch
Mondphase: abnehmend
Lichtqualität: Abenddämmerung
Himmelsrichtung: Norden
Behandlungsdauer: 50 Minuten
Farbe: Gelb
Farbatmungsrichtung: aufwärts durch die Fußsohlen
Ton: E
Instrumentenklang: Cello
Naturgeräusch: Bach
Vertebraler Krankheitspunkt: erster Lendenwirbel
Ätherisches Öl: Wacholder
Holzduft: Wacholder
Solarwasserfarbe: Gelb
Kristall: Zitrin
Gestein: Obsidian
Metall: Pyrit
Heilpflanzen: Fenchel, Himbeere, Knoblauch, Sagradafaulbaum, Schwarzdorn, Schwarznuß, Wermut

Divertikulitis: allgemeine Hinweise

Wie die Kolitis ist diese Krankheit – die Entzündung einer sackförmigen Ausstülpung eines Hohlorgans (etwa des Dickdarms oder der Blase) – ein Anzeichen dafür, daß der Patient sich vor negativen Emotionen in acht nehmen sollte und zu Übererregbarkeit und/oder Ängstlichkeit neigt. Kanalisieren Sie die negativen Energien und machen Sie sie schöpferischen Zwecken dienstbar, anstatt sie in Ihrem Inneren aufzustauen! Meiden Sie stark gewürzte Speisen. Enthalten Sie sich des Schweinefleischs, gleich in welcher Form, und aller roten Fleischsorten. Trinken Sie wenigstens acht Glas Wasser pro Tag. Essen Sie Mandeln, Vollkornbrot, Hüttenkäse und Joghurt. Keinerlei säurehaltigen Obstsorten! Bemühen Sie sich um erfreuliche, positive Gedanken und hören Sie auf, über die negativen Aspekte Ihres Lebens nachzugrübeln. Das Leben ist das, was *Sie* daraus machen, ist so, wie *Sie* es betrachten. Verändern Sie Ihre Perspektive und Ihren Blickwinkel. Hören Sie auf, andere zu beurteilen. Lassen Sie das Leben *einfach kommen.*

Durchblutungsstörungen der Beine

Pforte: erste/Keimdrüsen
Lage im Körper: Becken
Vertebraler Pfortenpunkt: dritter Lendenwirbel
Planet: Mars
Element: Feuer
Herrschendes Totem: Schlange
Widriger Wind: warmer Westwind
Schädliches Wetter: niedriger Luftdruck, geringe Höhe, hohe Luftfeuchtigkeit, hohe Temperaturen
Wochentag: Dienstag
Mondphase: abnehmend
Lichtqualität: Nacht
Himmelsrichtung: Norden
Behandlungsdauer: 60 Minuten
Farbe: Rot
Farbatmungsrichtung: aufwärts durch die Fußsohlen
Ton: C
Instrumentenklang: Klavier
Naturgeräusch: Waldesrauschen
Vertebraler Krankheitspunkt: fünfter Lendenwirbel
Ätherisches Öl: Sandelholz
Holzduft: Mesquitebaum
Solarwasserfarbe: Rot
Kristall: Rosenquarz
Gestein: Rhodonit
Metall: Zinnober

Heilpflanzen: Amarant, Birke (Rinde), Lobelie, Löwenzahn, Paprika, Portulak, Wald-Weidenröschen, Wintergrün, Zichorie, Zitterpappel (Rinde)

Durchblutungsstörungen der Beine: allgemeine Hinweise

Ursache dafür ist oft unsere Lebensweise. Zu den »Hauptschuldigen« gehören etwa Berufe, die langes, ununterbrochenes Stehen verlangen, oder aber, noch schlimmer, solche, die ausschließlich im Sitzen ausgeübt werden. Maßvolle Bewegung ist erforderlich, um daraus resultierenden Gesundheitsschäden entgegenzuwirken. Krämpfe und Schmerzen in den Beinen rühren oft von schlechter Durchblutung und verengten Gefäßen her. Massieren Sie die schmerzenden Stellen mit einer Salbe aus gekochter Zitterpappelrinde, Löwenzahnblättern, Lobelie, Wintergrün und einem Olivenöl-Rizinusöl-Gemisch. Umwickeln Sie das Bein dann mit weißem Flanell und behalten Sie den Verband über Nacht an. Trinken Sie Löwenzahntee mit einer Prise Paprika darin. Sitzen Sie nicht mit gekreuzten Beinen (Schneidersitz). Tragen Sie keine Strümpfe, die die Blutgefäße direkt unter dem Knie abschnüren.

Dysmenorrhö (schmerzhafte Monatsblutung)

Pforte: erste/Keimdrüsen
Lage im Körper: Becken
Vertebraler Pfortenpunkt: dritter Lendenwirbel
Planet: Mars
Element: Feuer
Herrschendes Totem: Schlange
Widriger Wind: warmer Westwind
Schädliches Wetter: niedriger Luftdruck, geringe Höhe, hohe Luftfeuchtigkeit, hohe Temperaturen
Wochentag: Dienstag
Mondphase: zunehmend
Lichtqualität: Nacht
Himmelsrichtung: Norden
Behandlungsdauer: 60 Minuten
Farbe: Rot
Farbatmungsrichtung: aufwärts durch die Fußsohlen

Ton: C
Instrumentenklang: Klavier
Naturgeräusch: Waldesrauschen
Vertebraler Krankheitspunkt: dritter Lendenwirbel
Ätherisches Öl: Sandelholz
Holzduft: Mesquitebaum
Solarwasserfarbe: Rot
Kristall: Rosenquarz
Gestein: Rhodonit
Metall: Zinnober
Heilpflanzen: Bärentraube, Frauenschuhwurzel, Gewöhnlicher Schneeball, Hirschbeere, Kardobenediktenkraut, Paprika, Wiesenrautenähnliches Caulophyllum, Yamswurzel

Dysmenorrhö: allgemeine Hinweise

Bei ausnahmsweise auftretenden kolikartigen Krämpfen und/oder außergewöhnlich starken Blutungen sollte unbedingt ärztlicher Rat eingeholt werden, da solche Symptome von verschiedenen, ernsten organischen Störungen herrühren können. Wenn Ihre Menstruation allerdings mehr oder weniger *regelmäßig* von starken Unterleibsschmerzen begleitet wird, lassen sich diese sehr effektiv mit Hilfe einer Mischung aus Kardobenediktenkraut, Paprika, Gewöhnlichem Schneeball, Yamswurzel, Frauenschuhwurzel, Echter-Eibisch-Wurzel, Hirschbeere und Bärentraube bekämpfen. Brühen Sie daraus einen Tee und trinken Sie davon, zwei Tage vor Einsetzen der Blutung beginnend, bis zum Ende der Menstruation. Trinken Sie außerdem Kamillentee mit einer Prise Paprika darin. Essen Sie Brunnenkresse, Himbeeren und Salate mit rohen Zwiebeln. Lernen Sie, mehr zu ignorieren! Oft genug hat das Problem ausschließlich psychische Ursachen: Sie werden sich bewußt, daß die Zeit Ihrer Monatsblutung herannaht und *erwarten* die Krämpfe, die sich dann auch prompt einstellen. Die Menstruation *muß* keineswegs von Schmerzen begleitet sein. Frauen aber, die an organisch – also nicht psychisch – bedingter Dysmenorrhö leiden, werden die oben beschriebene Teemischung als äußerst wohltuend empfinden.

Ekzeme

Pforte: fünfte/Epiphyse (Zirbeldrüse)
Lage im Körper: unterhalb des Großhirns
Vertebraler Pfortenpunkt: dritter Halswirbel
Planet: Venus
Element: Luft
Herrschendes Totem: Wolf
Widriger Wind: warmer Südwind
Schädliches Wetter: niedriger Luftdruck, geringe Höhe, hohe Luftfeuchtigkeit, hohe Temperaturen
Wochentag: Freitag
Mondphase: abnehmend
Lichtqualität: Vormittag
Himmelsrichtung: Osten
Behandlungsdauer: 20 Minuten
Farbe: Violett
Farbatmungsrichtung: abwärts durch den Kopf
Ton: A
Instrumentenklang: Violine
Naturgeräusch: Regen
Vertebraler Krankheitspunkt: dritter Halswirbel
Ätherisches Öl: Lavendel
Holzduft: Pinie
Solarwasserfarbe: Violett
Kristall: Amethyst
Gestein: offene Geode
Metall: dichter Hämatit
Heilpflanzen: Bovist, Kanadische Gelbwurz, Knoblauch, Löwenzahn, Nordamerikanische Ulme (Rinde), Schafgarbe, Sumach, Walnuß, Zitterpappel, Zwiebel

Ekzeme: allgemeine Hinweise

Dieses Leiden steht oft in einem direkten Zusammenhang mit trockener, kalter Witterung, die vor allem die Gesichtshaut – namentlich die Augenbrauen-, Nasen- und Kinnpartie – angreift. Es braucht allerdings keineswegs zu einer chronischen Erkrankung zu werden. Eine Salbe aus Vitamin-E-haltigem Öl, Myrrhe und Rizinusöl heilt die befallenen Hautpartien und wirkt, auch nach vollständiger Genesung allabendlich aufgetragen, vorbeugend.

Emotionaler Streß

Pforte: sechste/Hypophyse
Lage im Körper: zwischen den Augenbrauen (im Zwischenhirn)
Vertebraler Pfortenpunkt: erster Halswirbel
Planet: Mond
Element: Wasser
Herrschendes Totem: Eule
Widriger Wind: warmer Westwind
Schädliches Wetter: niedriger Luftdruck, geringe Höhe, hohe Luftfeuchtigkeit, hohe Temperaturen
Wochentag: Montag
Mondphase: abnehmend
Lichtqualität: Morgendämmerung
Himmelsrichtung: Osten
Behandlungsdauer: 10 Minuten
Farbe: Weiß
Farbatmungsrichtung: abwärts durch den Kopf
Ton: H
Instrumentenklang: Panflöte
Naturgeräusch: Wind
Vertebraler Krankheitspunkt: erster Halswirbel
Ätherisches Öl: Patschuli
Holzduft: alle Kiefernarten
Solarwasserfarbe: Milchglas
Kristall: Milchquarz
Gestein: weißer Marmor
Metall: Zerussit
Heilpflanzen: Baldrian (Wurzel), Cotton Root, Frauenschuh, Ginseng, Helmkraut, Hopfen, Lobelie, Nordamerikanische Verbene

Emotionaler Streß: allgemeine Hinweise

Schwerer emotionaler Streß erfordert unverzügliche fachärztliche Behandlung. Bei leichteren Formen hilft ein Tee aus Ginseng, Hopfen, Lobelie, Helmkraut, Frauenschuh und Baldrianwurzel. Bitte denken Sie daran, daß Baldrianwurzel *allein*, also ohne die anderen Kräuter, keine nennenswerte Wirkung zeitigen kann. Kamillentee, mehrmals im Laufe des Tages eingenommen, beruhigt den Organismus auf sanfte Weise. Lernen Sie, das Leben und – vor allen Dingen – sich selbst zu lieben. Geben Sie die unselige Gewohnheit auf, sich überall einzumischen und Urteile abzugeben! Meditieren Sie regelmäßig, und es wird Ihnen immer besser gelingen, Anfälle von Angst und Nervosität unter Kontrolle zu halten.

Erschöpfung

Pforte: sechste/Hypophyse
Lage im Körper: zwischen den Augenbrauen (im Zwischenhirn)
Vertebraler Pfortenpunkt: erster Halswirbel
Planet: Mond
Element: Wasser
Herrschendes Totem: Eule
Widriger Wind: warmer Westwind
Schädliches Wetter: niedriger Luftdruck, geringe Höhe, hohe Luftfeuchtigkeit, hohe Temperaturen
Wochentag: Montag
Mondphase: zunehmend
Lichtqualität: Morgendämmerung
Himmelsrichtung: Osten
Behandlungsdauer: 10 Minuten
Farbe: Weiß
Farbatmungsrichtung: abwärts durch den Kopf
Ton: H
Instrumentenklang: Panflöte
Naturgeräusch: Wind
Vertebraler Krankheitspunkt: erster Halswirbel
Ätherisches Öl: Patschuli
Holzduft: alle Kiefernarten
Solarwasserfarbe: Milchglas
Kristall: Milchquarz
Gestein: weißer Marmor
Metall: Zerussit
Heilpflanzen: Amerikanische Lewisie, Blütenpollen, Brunnenkresse, Ginseng, Gotu Kola

Erschöpfung: allgemeine Hinweise

Erschöpfung ist ein Zustand stark geminderter Leistungsfähigkeit des Organismus, doch seine Ursachen sind nicht immer physischer Natur. Tatsächlich werden die meisten Fälle von Erschöpfung durch mentale und/oder emotionale Probleme hervorgerufen. Beiderlei Ursachen kann durch angemessene Ruhe und einen Absud von Ginseng, Gotu Kola, Blütenpollen und Brunnenkresse erfolgreich entgegengewirkt werden. Der Tee muß allerdings alle angegebenen Ingredienzien enthalten, um den erwünschten Effekt zu zeitigen.

Betrachten Sie Ihr Leben! Sind Sie einsam? Brauchen Sie mehr Aufmerksamkeit? Sind Sie ganz einfach bestimmter Situationen oder gar des Lebens selbst überdrüssig? Oftmals ist Erschöpfung das Symptom einer ernstzunehmenden Gemütskrankheit, die sich auf der physischen Ebene manifestiert, um Aufmerksamkeit und Zuwendung von der Außenwelt zu erwirken. Suchen Sie dort nach der wahren Ursache Ihres Zustands! Und vergessen Sie nicht: Das Leben ist immer nur so schön, wie Sie es *sehen.*

Fettleibigkeit

Pforte: sechste/Hypophyse
Lage im Körper: zwischen den Augenbrauen (im Zwischenhirn)
Vertebraler Pfortenpunkt: erster Halswirbel
Planet: Mond
Element: Wasser
Herrschendes Totem: Eule
Widriger Wind: kalter Nordwind
Schädliches Wetter: niedriger Luftdruck, geringe Höhe, niedrige Luftfeuchtigkeit, niedrige Temperaturen
Wochentag: Montag
Mondphase: abnehmend
Lichtqualität: Morgendämmerung
Himmelsrichtung: Osten
Behandlungsdauer: 10 Minuten
Farbe: Weiß
Farbatmungsrichtung: abwärts durch den Kopf
Ton: H

Instrumentenklang: Panflöte
Naturgeräusch: Wind
Vertebraler Krankheitspunkt: erster Halswirbel
Ätherisches Öl: Patschuli
Holzduft: alle Kiefernarten
Solarwasserfarbe: Milchglas
Kristall: Milchquarz
Gestein: weißer Marmor
Metall: Zerussit
Heilpflanzen: Alfalfa, Chaparral, Fenchel, Ginseng, Gotu Kola, Norwegischer Kelp, Papaya, Paprika, Rhabarber, Rotklee, Sonnenhut, Süßholz (Wurzel)

Fettleibigkeit: allgemeine Hinweise

Fettleibigkeit kann durch Stoffwechselstörungen bedingt sein, genetische oder karmische Ursachen haben oder aber auch ganz einfach die Folge falscher Ernährung sein. Ist letzteres bei Ihnen der Fall, müssen Sie einige Änderungen an Ihrer Lebensweise vornehmen. Sie sollten Schweinefleisch, alle roten Fleischsorten und Innereien aus Ihrem Speisezettel streichen. Gebratene Speisen, Zucker, künstliche Süßstoffe und sonstige chemische Zusätze, gleich welcher Art, sind absolut untersagt. Trinken Sie wenigstens acht Glas Wasser pro Tag und vor jeder Mahlzeit ein kleines Glas Traubensaft. Lassen Sie nie eine Mahlzeit ausfallen – ganz besonders das Frühstück nicht. Essen Sie Feigen, Mandeln, Grapefruits, Trauben, Joghurt, Eidotter, gegrillten Fisch, gebakkenes Huhn und große Mengen knackigen, frischen Salats mit gehackten rohen Zwiebeln. Zweimal täglich sollten Sie einen Absud von Rotklee, Sonnenhut, Fenchel, Norwegischem Kelp, Knoblauch, Ginseng und Gotu Kola einnehmen. Machen Sie jeden Tag, bei jedem Wetter (achten Sie aber stets auf angemessene Kleidung!), einen langen Spaziergang. Es gibt keine gesündere »Sportart« als Spazierengehen!

Flatulenz (Darmblähungen)

Pforte: zweite/Nebennieren
Lage im Körper: Nierengegend
Vertebraler Pfortenpunkt: neunter Brustwirbel

Planet: Merkur
Element: Feuer
Herrschendes Totem: Pferd
Widriger Wind: warmer Südwind
Schädliches Wetter: niedriger Luftdruck, geringe Höhe, hohe Luftfeuchtigkeit, hohe Temperaturen
Wochentag: Mittwoch
Mondphase: abnehmend/Neumond
Lichtqualität: Abenddämmerung
Himmelsrichtung: Norden
Behandlungsdauer: 50 Minuten
Farbe: Gelb
Farbatmungsrichtung: aufwärts durch die Fußsohlen
Ton: E
Instrumentenklang: Cello
Naturgeräusch: Bach
Vertebraler Krankheitspunkt: zwölfter Brustwirbel
Ätherisches Öl: Wacholder
Holzduft: Wacholder
Solarwasserfarbe: Gelb
Kristall: Zitrin
Gestein: Obsidian
Metall: Pyrit
Heilpflanzen: Fenchel, Ingwerwurzel, Löwenzahn, Pfefferminze, Pimentbaum (Rinde), Rhabarber, Rotklee

Flatulenz: allgemeine Hinweise

Flatulenz ist in den meisten Fällen die Folge einer ungesunden Lebensweise. Oft essen Sie zu schnell, hetzen zu sehr durch das Leben, als daß Sie sich die Stunde der Entspannung gönnen könnten, die Sie jeweils mittags und abends so dringend bräuchten. Übermäßige geistige Aktivität und emotionale Reaktivität tragen gleichfalls zu diesem unerfreulichen und oft schmerzhaften Zustand bei. Treten Sie auf die Bremse! Essen Sie langsam, in einer angenehmen Umgebung. Hören Sie auf, die Nahrung gedankenlos hinunterzuschlingen. Rasche Erleichterung verschafft ein Tee aus Fenchel, Pfefferminze und Rotklee. Meiden Sie stark gewürzte Speisen, Schweinefleisch und rote Fleischsorten.

Flechte (Impetigo)

Pforte: sechste/Hypophyse
Lage im Körper: zwischen den Augenbrauen (im Zwischenhirn)
Vertebraler Pfortenpunkt: erster Halswirbel
Planet: Mond
Element: Wasser
Herrschendes Totem: Eule
Widriger Wind: warmer Südwind
Schädliches Wetter: niedriger Luftdruck, geringe Höhe, hohe Luftfeuchtigkeit, hohe Temperaturen
Wochentag: Montag
Mondphase: Vollmond
Lichtqualität: Morgendämmerung
Himmelsrichtung: Osten
Behandlungsdauer: 10 Minuten
Farbe: Weiß
Farbatmungsrichtung: abwärts durch den Kopf
Ton: H
Instrumentenklang: Panflöte
Naturgeräusch: Wind
Vertebraler Krankheitspunkt: erster Halswirbel
Ätherisches Öl: Patschuli
Holzduft: alle Kiefernarten
Solarwasserfarbe: Milchglas
Kristall: Milchquarz
Gestein: weißer Marmor
Metall: Zerussit
Heilpflanzen: Erdnuß (Öl), Kanadische Gelbwurz, Kiefer, Löwenzahn, Nessel, Nordamerikanische Ulme (Rinde), Schwarzer Senf, Wacholder, Wald-Weidenröschen, Weide

Flechte: allgemeine Hinweise

Tägliches Waschen der befallenen Stellen mit Vitamin-E-Glyzerin-Seife, gefolgt von einer sanften Massage mit einer Mischung aus Rizinus- und Erdnußöl, zeitigt die besten Erfolge.

Furunkel

Pforte: zweite/Nebennieren
Lage im Körper: Nierengegend
Vertebraler Pfortenpunkt: neunter Brustwirbel
Planet: Merkur
Element: Feuer
Herrschendes Totem: Pferd
Widriger Wind: warmer Südwind
Schädliches Wetter: niedriger Luftdruck, geringe Höhe, hohe Luftfeuchtigkeit, hohe Temperaturen
Wochentag: Mittwoch
Mondphase: zunehmend
Lichtqualität: Abenddämmerung
Himmelsrichtung: Norden
Behandlungsdauer: 50 Minuten
Farbe: Gelb
Farbatmungsrichtung: aufwärts durch die Fußsohlen
Ton: E
Instrumentenklang: Cello
Naturgeräusch: Bach
Vertebraler Krankheitspunkt: elfter Brustwirbel
Ätherisches Öl: Wacholder
Holzduft: Wacholder
Solarwasserfarbe: Gelb
Kristall: Zitrin
Gestein: Obsidian
Metall: Pyrit
Heilpflanzen: Chaparral, Kanadische Gelbwurz, Kiefer, Knoblauch, Myrrhe, Nordamerikanische Ulme (Rinde), Rotklee, Sonnenhut, Walnuß, Wegerich, Zwiebel

Furunkel: allgemeine Bemerkungen

Furunkel sind ein eindeutiges Anzeichen dafür, daß Sie Ihren Säure-Basen-Haushalt wieder ins Gleichgewicht bringen müssen. Nehmen Sie Schwitzbäder mit Natron im Aufgußwasser. Essen Sie große Mengen Sellerie, Eidotter, Kohl, Knoblauch, Löwenzahnsalat und Zwiebel und trinken Sie Kiefernnadel- und Königskerzentee. Meiden Sie Orangen. Trinken Sie vor jeder Mahlzeit ein kleines Glas Traubensaft. Schränken Sie Ihren Zucker- und Salzverbrauch ein und verzichten Sie gänzlich auf Nahrungsmittel mit chemischen Zusätzen. *Zügeln Sie Ihr Temperament!*

Fußpilz

Pforte: erste/Keimdrüsen
Lage im Körper: Becken
Vertebraler Pfortenpunkt: dritter Lendenwirbel
Planet: Mars
Element: Feuer
Herrschendes Totem: Schlange
Widriger Wind: warmer Südwind
Schädliches Wetter: niedriger Luftdruck, geringe Höhe, hohe Luftfeuchtigkeit, hohe Temperaturen
Wochentag: Dienstag
Mondphase: Neumond
Lichtqualität: Nacht
Himmelsrichtung: Norden
Behandlungsdauer: 60 Minuten
Farbe: Rot
Farbatmungsrichtung: aufwärts durch die Fußsohlen
Ton: C
Instrumentenklang: Klavier
Naturgeräusch: Waldesrauschen
Vertebraler Krankheitspunkt: fünfter Lendenwirbel
Ätherisches Öl: Sandelholz
Holzduft: Mesquitebaum
Solarwasserfarbe: Rot
Kristall: Rosenquarz
Gestein: Rhodonit
Metall: Zinnober
Heilpflanzen: Bärentraube, Goldrute, Holunder, Rizinus, Schwarznuß, Wacholder

Fußpilz: allgemeine Hinweise

Meiden Sie Situationen, in denen die Füße über längere Zeit einer feuchten Wärme ausgesetzt bleiben. Baden oder duschen Sie regelmäßig, bis zu zweimal am Tag. Waschen Sie die Füße gründlich mit Olivenölseife, tupfen Sie sie trocken und tragen Sie Gentianaviolett auf die befallenen Hautpartien auf. Waschen Sie diese vor dem Zubettgehen erneut und massieren Sie sie ausgiebig mit einer Mischung aus Vitamin-E-Öl und Rizinusöl. Tragen Sie im Bett saubere weiße Socken. Bestäuben Sie die Innenseite Ihrer Schuhe mit Babypuder. Wechseln Sie häufig die Socken. Essen Sie Mandeln, Feigen, Datteln, Aprikosen, Fisch und Geflügel, Kürbis und Trockenpflaumen. Trinken Sie wenigstens acht Glas Wasser pro Tag. Sitzen Sie, so oft es Ihnen möglich ist, mit erhöhten, unbekleideten Füßen.

Gallenblasenleiden

Pforte: zweite/Nebennieren
Lage im Körper: Nierengegend
Vertebraler Pfortenpunkt: neunter Brustwirbel
Planet: Merkur
Element: Feuer
Herrschendes Totem: Pferd
Widriger Wind: kalter Nordwind
Schädliches Wetter: niedriger Luftdruck, geringe Höhe, hohe Luftfeuchtigkeit, niedrige Temperaturen
Wochentag: Mittwoch
Mondphase: abnehmend
Lichtqualität: Abenddämmerung
Himmelsrichtung: Norden
Behandlungsdauer: 50 Minuten
Farbe: Gelb
Farbatmungsrichtung: aufwärts durch die Fußsohlen
Ton: E
Instrumentenklang: Cello
Naturgeräusch: Bach
Vertebraler Krankheitspunkt: vierter Brustwirbel
Ätherisches Öl: Wacholder
Holzduft: Wacholder
Solarwasserfarbe: Gelb
Kristall: Zitrin
Gestein: Obsidian
Metall: Pyrit

Heilpflanzen: Hopfen, Kanadische Gelbwurz, Lobelie, Löwenzahn, Nordamerikanische Verbene, Papaya, Rainfarn, Rhabarber, Rotklee

Gallenblasenleiden: allgemeine Hinweise

Körperliche Bewegung und ein ausgeglichenes Seelenleben sind hier äußerst wichtig. Bemühen Sie sich, negative Gedanken und emotionale Energien so weit wie möglich unter Kontrolle zu halten. Streichen Sie Schweinefleisch und alle roten Fleischsorten aus Ihrem Speiseplan, da sie sich negativ auf die Gallenblase auswirken. Essen Sie viel frischen, knackigen (zum Beispiel Löwenzahn-, Wegerich- und Sellerie-) Salat, sowie gegrillte Meeresfrüchte, Radieschen, Erdbeeren und Mandeln. Meiden Sie stark gewürzte Speisen. Verwenden Sie unter keinen Umständen künstliche Süßstoffe.

Gastritis

Pforte: zweite/Nebennieren
Lage im Körper: Nierengegend
Vertebraler Pfortenpunkt: neunter Brustwirbel
Planet: Merkur
Element: Feuer
Herrschendes Totem: Pferd
Widriger Wind: warmer Südwind
Schädliches Wetter: niedriger Luftdruck, geringe Höhe, hohe Luftfeuchtigkeit, hohe Temperaturen
Wochentag: Mittwoch
Mondphase: abnehmend/Neumond
Lichtqualität: Abenddämmerung
Himmelsrichtung: Norden
Behandlungsdauer: 50 Minuten
Farbe: Gelb
Farbatmungsrichtung: aufwärts durch die Fußsohlen
Ton: E
Instrumentenklang: Cello
Naturgeräusch: Bach
Vertebraler Krankheitspunkt: siebter Brustwirbel
Ätherisches Öl: Wacholder

Holzduft: Wacholder
Solarwasserfarbe: Gelb
Kristall: Zitrin
Gestein: Obsidian
Metall: Pyrit
Heilpflanzen: Brombeeren, Fenchel, Kanadische Gelbwurz (Wurzel), Königskerze

Gedächtnisstörungen

Pforte: sechste/Hypophyse
Lage im Körper: zwischen den Augenbrauen (im Zwischenhirn)
Vertebraler Pfortenpunkt: erster Halswirbel
Planet: Mond
Element: Wasser
Herrschendes Totem: Eule
Widriger Wind: warmer Westwind
Schädliches Wetter: niedriger Luftdruck, geringe Höhe, hohe Luftfeuchtigkeit, hohe Temperaturen
Wochentag: Montag
Mondphase: Vollmond
Lichtqualität: Morgendämmerung
Himmelsrichtung: Osten
Behandlungsdauer: 10 Minuten
Farbe: Weiß
Farbatmungsrichtung: abwärts durch den Kopf
Ton: H
Instrumentenklang: Panflöte
Naturgeräusch: Wind
Vertebraler Krankheitspunkt: erster Halswirbel
Ätherisches Öl: Patschuli
Holzduft: alle Kiefernarten
Solarwasserfarbe: Milchglas
Kristall: Milchquarz
Gestein: weißer Marmor
Metall: Zerussit
Heilpflanzen: Blütenpollen, Ginseng, Gotu Kola, Kardobenediktenkraut, Lobelie, Nordamerikanische Verbene, Paprika, Rosmarin

Gedächtnisstörungen: allgemeine Hinweise

Die Mehrzahl der Störungen des Erinnerungsvermögens sind, sofern sie nicht aus einer Kopfverletzung resultieren, zumeist karmischen Ursprungs. Vitamine stärken das Gedächtnis, ebenso bestimmte Aminosäuren. Sehr hilfreich ist ein Absud von Blütenpollen, Kardobenediktenkraut, Nordamerikanischer Verbene, Ginseng, Gotu Kola, Lobelie und Rosmarin, gewürzt mit einer Prise Paprika. Namentlich Schüler und Studenten, die sich auf eine Prüfung vorbereiten müssen, werden diesen Tee als äußerst wohltuend empfinden. Dasselbe Präparat wirkt sich sehr positiv auf den Zustand geistig behinderter Kinder aus, insbesondere wenn es täglich in Verbindung mit einer geeigneten Diät verabreicht wird.

Grippe

Pforte: dritte/Thymus
Lage im Körper: Herzgegend
Vertebraler Pfortenpunkt: zweiter Brustwirbel
Planet: Saturn
Element: Erde
Herrschendes Totem: Schildkröte
Widriger Wind: warmer Südwind
Schädliches Wetter: niedriger Luftdruck, geringe Höhe, hohe Luftfeuchtigkeit, hohe Temperaturen
Wochentag: Samstag
Mondphase: abnehmend
Lichtqualität: Nachmittag
Himmelsrichtung: Süden
Behandlungsdauer: 40 Minuten
Farbe: Grün
Farbatmungsrichtung: waagerecht durch den Nabel
Ton: F
Instrumentenklang: Trommeln
Naturgeräusch: Meeresbrandung
Vertebraler Krankheitspunkt: dritter Brustwirbel
Ätherisches Öl: Eukalyptus
Holzduft: Eukalyptus
Solarwasserfarbe: Grün

Kristall: Verdelith (grüner Turmalin)
Gestein: Feldspat
Metall: Malachit
Heilpflanzen: Eukalyptus, Fenchel, Gewürznelke, Knoblauch, Königskerze, Mastbaumkiefer, Paprika, Sassafras, Schwarzdorn, Thymian, Zitterpappel

Grippe: allgemeine Hinweise

Eine Grippe kann eine sehr lästige Angelegenheit sein – sie kann ... muß aber nicht. Einmal hätten Sie sie gar nicht erst bekommen, wenn Sie mehr auf das richtige Säure-Basen-Verhältnis in Ihrem Organismus geachtet hätten. Hören Sie auf, Süßigkeiten und Fleisch zu essen und Alkohol zu trinken. Essen Sie Orangen, Mandeln, Äpfel, Feigen und Grapefruits. Trinken Sie viel Königskerzentee, mit Honig und einer Prise Paprika gewürzt. Nehmen Sie Schwitzbäder und achten Sie noch mehr als gewöhnlich darauf, daß Sie sich nicht verkühlen. Verlangsamen Sie Ihren Lebensrhythmus, damit Sie die Zeit finden, ausreichend an sich selbst zu denken. Achten Sie mehr auf das, was Sie essen! Etwas Kampferöl, hauchdünn auf Brust, Hals und Fußsohlen aufgetragen, erleichtert das Atmen und löst Stauungen auf. Inhalieren Sie Eukalyptusdämpfe, um die Nebenhöhlen zu befreien.

Ihr seelisch-geistiger Zustand entscheidet mit darüber, inwieweit Ihr Organismus für Grippe anfällig ist. Alle Emotionen wie Angst, Ärger, Groll, Neid und Eifersucht zehren an Ihren Alkalireserven. Und wenn Ihr Organismus übersäuert ist, kann jeder schädliche Einfluß ungehindert eindringen.

Hämorrhoiden

Pforte: erste/Keimdrüsen
Lage im Körper: Becken
Vertebraler Pfortenpunkt: dritter Lendenwirbel
Planet: Mars
Element: Feuer
Herrschendes Totem: Schlange
Widriger Wind: warmer Westwind
Schädliches Wetter: niedriger Luftdruck, geringe Höhe, hohe Luftfeuchtigkeit, hohe Temperaturen

Wochentag: Dienstag
Mondphase: zunehmend
Lichtqualität: Nacht
Himmelsrichtung: Norden
Behandlungsdauer: 60 Minuten
Farbe: Rot
Farbatmungsrichtung: aufwärts durch die Fußsohlen
Ton: C
Instrumentenklang: Klavier
Naturgeräusch: Waldesrauschen
Vertebraler Krankheitspunkt: Kreuzbein
Ätherisches Öl: Sandelholz
Holzduft: Mesquitebaum
Solarwasserfarbe: Rot
Kristall: Rosenquarz
Gestein: Rhodonit
Metall: Zinnober
Heilpflanzen: Erle (Rinde), Funkelstern, Kanadische Gelbwurz, Lobelie, Mandelöl, Rizinus, Weide, Weißeiche

Hämorrhoiden: allgemeine Hinweise

Hämorrhoiden müssen nicht unbedingt ein Problem bedeuten. Bei richtiger Ernährung wird der Verdauungsapparat keine Schwierigkeiten haben, seine Abfallprodukte auszuscheiden. Tragen Sie nach jedem Stuhlgang (oder wann immer nötig) eine Salbe aus Rizinusöl, Vitamin-E-Öl, Süßmandelöl und Kanadischer Gelbwurz auf die Afterregion auf. Meiden Sie Weißmehlerzeugnisse, Zucker, Schweinefleisch und rote Fleischsorten. Essen Sie dagegen in reichlichen Mengen Vollkornprodukte, Sämereien und Nüsse, vor allem Mandeln, sowie frisches Obst und Gemüse, namentlich Alfalfa, Grapefruits und Äpfel. Führen Sie außerdem täglich die folgende Übung durch: Stehen Sie aufrecht, strecken Sie die Arme zur Decke und beugen Sie sich dann langsam vor, bis Ihre Hände den Fußboden berühren (oder so nah es eben geht an ihn herankommen). Wiederholen Sie das Ganze zehnmal. Dieser Bewegungsablauf zieht den Darm empor und trägt somit zu einer Verringerung Ihres Problems bei.

Herzbeschwerden

Pforte: dritte/Thymus
Lage im Körper: Herzgegend
Vertebraler Pfortenpunkt: zweiter Brustwirbel
Planet: Saturn
Element: Erde
Herrschendes Totem: Schildkröte
Widriger Wind: warmer Südwind
Schädliches Wetter: niedriger Luftdruck, geringe Höhe, hohe Luftfeuchtigkeit, hohe Temperaturen
Wochentag: Samstag
Mondphase: abnehmend
Lichtqualität: Nachmittag
Himmelsrichtung: Süden
Behandlungsdauer: 40 Minuten
Farbe: Grün
Farbatmungsrichtung: waagerecht durch den Nabel
Ton: F
Instrumentenklang: Trommeln
Naturgeräusch: Meeresbrandung
Vertebraler Krankheitspunkt: zweiter Brustwirbel
Ätherisches Öl: Eukalyptus
Holzduft: Eukalyptus
Solarwasserfarbe: Grün
Kristall: Verdelith (grüner Turmalin)
Gestein: Feldspat
Metall: Malachit
Heilpflanzen: Amerikanische Kermesbeere, Baldrian, Helmkraut, Knoblauch, Nordamerikanische Verbene, Petersilie, Schwarzdorn, Weißer Andorn, Wildreis, Zwiebel

Herzbeschwerden: allgemeine Hinweise

Palpitationen oder »Herzklopfen« sind auch bei gesunden Menschen keine Seltenheit. Wenn solche Beschwerden allerdings häufig und mit auffälliger Regelmäßigkeit auftreten, sollten Sie sich von einem Arzt untersuchen lassen. Bei gelegentlichen, leichteren Anfällen unterziehen Sie Ihre gewohnte Diät am besten einer Revision: Meiden Sie stark gewürzte Speisen, Schweinefleisch, rote Fleischsorten, Koffein und alle chemischen Zusatzmittel wie Konservierungs- oder Süßstoffe. Zügeln Sie Ihr Temperament. Essen Sie Mandeln (täglich), gegrillten Fisch, Äpfel, Feigen, Wegerich- und Löwenzahnsalat, Petersilie, Lattich und Vollkornprodukte. Meiden Sie Weißbrot unter allen Umständen! Und ein Aspirin jeden zweiten Tag trägt dazu bei, das Blut dünnflüssig zu halten.

Hormonale Störungen

Pforte: sechste/Hypophyse
Lage im Körper: zwischen den Augenbrauen (im Zwischenhirn)
Vertebraler Pfortenpunkt: erster Halswirbel
Planet: Mond
Element: Wasser
Herrschendes Totem: Eule
Widriger Wind: warmer Südwind
Schädliches Wetter: niedriger Luftdruck, geringe Höhe, hohe Luftfeuchtigkeit, hohe Temperaturen
Wochentag: Montag
Mondphase: Vollmond
Lichtqualität: Morgendämmerung
Himmelsrichtung: Osten
Behandlungsdauer: 10 Minuten
Farbe: Weiß
Farbatmungsrichtung: abwärts durch den Kopf
Ton: H
Instrumentenklang: Panflöte
Naturgeräusch: Wind
Vertebraler Krankheitspunkt: erster Halswirbel
Ätherisches Öl: Patschuli
Holzduft: alle Kiefernarten
Solarwasserfarbe: Milchglas
Kristall: Milchquarz
Gestein: weißer Marmor
Metall: Zerussit
Heilpflanzen: Alfalfa, Fenchel, Ginseng, Königskerze, Norwegischer Kelp, Papaya, Rotklee, Sarsaparille, Sonnenhut, Wanzenkraut

Hormonale Störungen: allgemeine Hinweise

Ein Tee aus Alfalfa, Fenchel, Ginseng, Königskerze, Norwegischem Kelp, Papaya, Rotklee, Sarsaparille, Sonnenhut und Wanzenkraut trägt zur Stabilisierung des Hormongleichgewichts bei. Essen Sie frische, knackige Salate mit Kelp, Alfalfa, Spinat und Wegerich sowie Eidotter, Trauben, Grapefruits, Äpfel und Mandeln. Meiden Sie die schwerverdaulichen roten Fleischsorten und sämtliche Erzeugnisse aus Schweinefleisch. Künstliche Zusatzstoffe beeinflussen das empfindliche Gleichgewicht des Organismus und seine feinen Schwingungen. Meiden Sie Alkohol und Koffein. Schränken Sie Ihren Zucker- oder Süßstoffverbrauch ein. Trinken Sie wenigstens acht Glas Wasser pro Tag. Verschaffen Sie sich ausreichend Bewegung; Spaziergänge in der frischen Luft und im Sonnenschein sind diesbezüglich ganz hervorragend.

Hyperaktivität

Pforte: sechste/Hypophyse
Lage im Körper: zwischen den Augenbrauen (im Zwischenhirn)
Vertebraler Pfortenpunkt: erster Halswirbel
Planet: Mond
Element: Wasser
Herrschendes Totem: Eule
Widriger Wind: warmer Westwind
Schädliches Wetter: niedriger Luftdruck, geringe Höhe, hohe Luftfeuchtigkeit, hohe Temperaturen
Wochentag: Montag
Mondphase: Vollmond
Lichtqualität: Morgendämmerung
Himmelsrichtung: Osten
Behandlungsdauer: 10 Minuten
Farbe: Weiß
Farbatmungsrichtung: abwärts durch den Kopf
Ton: H
Instrumentenklang: Panflöte
Naturgeräusch: Wind
Vertebraler Krankheitspunkt: erster Halswirbel
Ätherisches Öl: Patschuli

Holzduft: alle Kiefernarten
Solarwasserfarbe: Milchglas
Kristall: Milchquarz
Gestein: weißer Marmor
Metall: Zerussit
Heilpflanzen: Amerikanische Lewisie, Baldrian, Frauenschuh (Wurzel), Helmkraut, Hopfen, Lobelie, Nordamerikanische Verbene, Wanzenkraut

Hyperaktivität: allgemeine Hinweise

Hyperaktivität zeigt sich vor allem bei Kindern, doch auch Erwachsene bleiben durchaus nicht von ihr verschont. In erster Linie dafür verantwortlich sind chemische Zusatzstoffe in unseren Nahrungsmitteln, wie künstliche Farb-, Geschmacks- und Konservierungsstoffe sowie Zucker. Dadurch, daß Sie statt letzterem Süßstoffe verwenden, ist Ihnen allerdings nicht geholfen, da diese sogar noch schwerwiegendere Auswirkungen auf den Organismus und die Psyche haben. Essen Sie natürliche, proteinreiche Nahrungsmittel. Meiden Sie rote Fleischsorten, Schweinefleisch und alle gebratenen Speisen. Ersetzen Sie diese durch gegrillte, gedünstete oder im Ofen gebackene Gerichte. Joghurt ist ausgezeichnet, und Mandeln (acht pro Tag) sind sehr zu empfehlen.

Hypermenorrhö (übermäßig starke Monatsblutung)

Pforte: erste/Keimdrüsen
Lage im Körper: Becken
Vertebraler Pfortenpunkt: dritter Lendenwirbel
Planet: Mars
Element: Feuer
Herrschendes Totem: Schlange
Widriger Wind: warmer Westwind
Schädliches Wetter: niedriger Luftdruck, geringe Höhe, hohe Luftfeuchtigkeit, hohe Temperaturen
Wochentag: Dienstag
Mondphase: abnehmend/Neumond
Lichtqualität: Nacht
Himmelsrichtung: Norden

Behandlungsdauer: 60 Minuten
Farbe: Rot
Farbatmungsrichtung: aufwärts durch die Fußsohlen
Ton: C
Instrumentenklang: Klavier
Naturgeräusch: Waldesrauschen
Vertebraler Krankheitspunkt: dritter Lendenwirbel
Ätherisches Öl: Sandelholz
Holzduft: Mesquitebaum
Solarwasserfarbe: Rot
Kristall: Rosenquarz
Gestein: Rhodonit
Metall: Zinnober
Heilpflanzen: Cotton Root, Echter Eibisch (Wurzel), Gewöhnlicher Schneeball, Himbeere, Hirschbeere, Paprika, Sauerampfer, Schwarzdorn, Wegerich

Hypermenorrhö: allgemeine Hinweise

Diese Störung muß keineswegs chronisch werden. Sie können die Stärke Ihrer Monatsblutung einfach dadurch deutlich verringern, daß Sie dreimal täglich einen Absud von Cotton Root, Eibischwurzel, Gewöhnlichem Schneeball, Himbeere, Hirschbeere, Paprika, Sauerampfer, Schwarzdorn, Wegerich und Kardobenediktenkraut einnehmen. Die Behandlung sollte zwei Tage vor Beginn der Menstruation anfangen und bis zu ihrem Ausklingen fortgesetzt werden. Sie werden feststellen, daß dieser Kräutertee nicht nur die Blutung verringert, sondern auch die Schmerzen lindert oder gar völlig verschwinden läßt. Wenn sich Ihr Zustand nicht bessert, so bedeutet dies, wie in jedem anderen Fall auch, daß Ihr Körper Sie auf das Vorhandensein einer ernsteren Störung aufmerksam machen will und daß Sie die Hilfe eines Fachmanns benötigen. Alle hier beschriebenen Rezepte und Maßnahmen verstehen sich als Behandlungs*vorschläge,* die Sie *ausschließlich* nach gründlicher ärztlicher Untersuchung befolgen sollten.

Kolitis

Pforte: zweite/Nebennieren

Lage im Körper: Nierengegend
Vertebraler Pfortenpunkt: neunter Brustwirbel
Planet: Merkur
Element: Feuer
Herrschendes Totem: Pferd
Widriger Wind: warmer Westwind
Schädliches Wetter: niedriger Luftdruck, geringe Höhe, hohe Luftfeuchtigkeit, hohe Temperaturen
Wochentag: Mittwoch
Mondphase: abnehmend
Lichtqualität: Abenddämmerung
Himmelsrichtung: Norden
Behandlungsdauer: 50 Minuten
Farbe: Gelb
Farbatmungsrichtung: aufwärts durch die Fußsohlen
Ton: E
Instrumentenklang: Cello
Naturgeräusch: Bach
Vertebraler Krankheitspunkt: erster Lendenwirbel
Ätherisches Öl: Wacholder
Holzduft: Wacholder
Solarwasserfarbe: Gelb
Kristall: Zitrin
Gestein: Obsidian
Metall: Pyrit
Heilpflanzen: Brombeere, Fenchel, Himbeere (Blätter), Kanadische Gelbwurz (Wurzel), Knoblauch, Paprika, Sagradafaulbaum, Sauerdorn

Kolitis: allgemeine Hinweise

Kolitis (Schleimhautentzündung des Dickdarms) wird in den meisten Fällen von geistigen Einstellungen verursacht, die sich negativ auf den Verdauungstrakt auswirken. Ein solcher Zustand zeigt die Notwendigkeit an, irgendeine negative emotionale Situation in Ihrem Leben kritisch zu überprüfen und aufzuarbeiten. Beseitigen Sie die seelische Störung, und Ihr Darm wird sich beruhigen und seine normale Tätigkeit wiederaufnehmen. Bis es soweit ist, können Sie die Symptome mit Hilfe eines Absuds von Lobelie, Fenchel und Himbeerblättern bekämpfen. Diese Mischung lindert in den meisten Fällen die Schmerzen. Die eigentliche Ursache der Kolitis wird dadurch allerdings nicht beseitigt. Halten Sie Ihre Energien davon ab, in Form unkontrollierter Emotionen auszubrechen! Als hilfreich erweisen wird sich dabei eine zusätzliche Teemischung aus Baldrian, Frauenschuh, Helmkraut und Hopfen, die sie zweimal am Tag einnehmen sollten. Wohlgemerkt: Baldrian allein reicht nicht aus. Aber zügeln Sie Ihre Emotionen! Es ist Ihre Psyche, die Ihnen Schmerzen bereitet. Beruhigen Sie sich, lernen Sie, mit Ihrer Angst umzugehen, und ändern Sie nach Möglichkeit alle Situationen, die sie verursacht.

Kopfschmerzen

Pforte: sechste/Hypophyse
Lage im Körper: zwischen den Augenbrauen (im Zwischenhirn)
Vertebraler Pfortenpunkt: erster Halswirbel
Planet: Mond
Element: Wasser
Herrschendes Totem: Eule
Widriger Wind: warmer Westwind
Schädliches Wetter: niedriger Luftdruck, geringe Höhe, hohe Luftfeuchtigkeit, hohe Temperaturen
Wochentag: Montag
Mondphase: zunehmend
Lichtqualität: Morgendämmerung
Himmelsrichtung: Osten
Behandlungsdauer: 10 Minuten
Farbe: Weiß
Farbatmungsrichtung: abwärts durch den Kopf
Ton: H
Instrumentenklang: Panflöte
Naturgeräusch: Wind
Vertebraler Krankheitspunkt: erster Halswirbel
Ätherisches Öl: Patschuli
Holzduft: alle Kiefernarten
Solarwasserfarbe: Milchglas
Kristall: Milchquarz
Gestein: weißer Marmor

Metall: Zerussit
Heilpflanzen: Baldrian, Cotton Root, Frauenschuh, Helmkraut, Königskerze, Lobelie, Löwenzahn, Nordamerikanische Verbene, Pfefferminze, Rotklee

Kopfschmerzen: allgemeine Hinweise

Wie viele andere physische Leiden auch sind Kopfschmerzen oft die Folge psychischer – mentaler und/oder emotionaler – Probleme. In einem solchen Fall werden Sie aller Wahrscheinlichkeit nach von einem Anfall verschont bleiben, wenn Sie Ihren Gefühlsüberschwang und Ihren Hang zu negativen Gedanken zügeln. Nebenhöhlenentzündungen können schlimme Kopfschmerzen verursachen, die sich indes durch Eukalyptusdämpfe und Königskerzentee mit einem Zweiglein Pfefferminze darin lindern lassen. Gleichfalls sehr wohltuend ist eine sanfte Massage des Nasensattels, der Stirn und der Jochbeine mit ein wenig Kampferöl. Meiden Sie geschlossene Räume mit abgestandener Luft, desgleichen starke Gerüche und laute Geräusche. Verschaffen Sie sich genug Bewegung. Halten Sie Ihre Neigung zu negativen Gedanken unter Kontrolle!

Ein sehr einfaches Mittel gegen starke Kopfschmerzen besteht darin, zwei angefeuchtete Pfefferminzteebeutel nebeneinander auf den Nacken zu legen. Befestigen Sie sie durch einen lockeren Verband und ruhen Sie für zwanzig bis vierzig Minuten – bei Bedarf auch länger.

Wenn Sie unter chronischen Kopf- und gleichzeitigen Nackenschmerzen leiden, so kann die Ursache in einer Wirbelblokkierung oder -subluxation liegen. Möglicherweise sollten Sie einen Chiropraktiker aufsuchen.

Krebs

Pforte: sechste/Hypophyse
Lage im Körper: zwischen den Augenbrauen (im Zwischenhirn)
Vertebraler Pfortenpunkt: erster Halswirbel
Planet: Mond
Element: Wasser
Herrschendes Totem: Eule
Widriger Wind: warmer Westwind

Schädliches Wetter: niedriger Luftdruck, geringe Höhe, hohe Luftfeuchtigkeit, hohe Temperaturen
Wochentag: Montag
Mondphase: abnehmend
Lichtqualität: Morgendämmerung
Himmelsrichtung: Osten
Behandlungsdauer: 10 Minuten
Farbe: Weiß
Farbatmungsrichtung: abwärts durch den Kopf
Ton: H
Instrumentenklang: Panflöte
Naturgeräusch: Wind
Vertebraler Krankheitspunkt: erster und zweiter Halswirbel
Ätherisches Öl: Patschuli
Holzduft: alle Kiefernarten
Solarwasserfarbe: Milchglas
Kristall: Milchquarz
Gestein: weißer Marmor
Metall: Zerussit
Heilpflanzen: Chaparral, Knoblauch, Kreuzdorn, Norwegischer Kelp, Pfirsichbaum (Rinde), Pimentbaum (Rinde), Rotklee, Sonnenhut, Zwiebel

Krebs: allgemeine Hinweise

Vollkommen besiegen läßt sich Krebs nur dadurch, daß man die Tumorzellen vernichtet. Ein Weg, dies zu erreichen, besteht in regelmäßiger, konzentrierter Visualisation. Stellen Sie sich vor, daß Antikörper (die sogenannten T-Zellen) gierig über die Krebszellen herfallen und sie restlos vertilgen. Befolgen Sie die Anweisungen zur Pfortenbehandlung und lauschen Sie dem Rauschen des Windes, während der weiße Sturm die Krebszellen aus Ihrem Organismus hinwegfegt. Oder stellen Sie sich vor, daß das Wasser, das Element der sechsten Pforte, sie mit sich fortreißt. Essen Sie große Mengen Feigen, Pfirsiche, Grapefruits, Nüsse und Sämereien. Nehmen Sie täglich Knoblauch, Chaparral, Pfirsichbaumrinde, Rotklee, Kerzennuß, Sonnenhut und Norwegischen Kelp zu sich. Und bemühen Sie sich konstant um schöne Gedanken! Vergessen Sie nicht, daß die Psyche der Computer des Körpers ist und als solcher *all* seine Organe und Zellen kontrolliert. *Benutzen* Sie die Psyche, um die Zellen bei ihrem Kampf gegen die Eindringlinge in Ihrem Organismus zu dirigieren; und tun Sie das *häufig* – wenigstens viermal am Tag.

Kreislaufstörungen

Pforte: zweite/Nebennieren
Lage im Körper: Nierengegend
Vertebraler Pfortenpunkt: neunter Brustwirbel
Planet: Merkur
Element: Feuer
Herrschendes Totem: Pferd
Widriger Wind: warmer Westwind
Schädliches Wetter: niedriger Luftdruck, geringe Höhe, hohe Luftfeuchtigkeit, hohe Temperaturen
Wochentag: Mittwoch
Mondphase: abnehmend
Lichtqualität: Abenddämmerung
Himmelsrichtung: Norden
Behandlungsdauer: 50 Minuten
Farbe: Gelb
Farbatmungsrichtung: aufwärts durch die Fußsohlen
Ton: E
Instrumentenklang: Cello
Naturgeräusch: Bach
Vertebraler Krankheitspunkt: fünfter Brustwirbel
Ätherisches Öl: Wacholder
Holzduft: Wacholder
Solarwasserfarbe: Gelb
Kristall: Zitrin
Gestein: Obsidian
Metall: Pyrit
Heilpflanzen: Gewürznelke, Ginseng, Knoblauch, Königskerze, Löwenzahn, Paprika, Petersilie, Pfefferminze, Pimentbaum (Rinde), Schwarzdorn, Zwiebel

Kreislaufstörungen: allgemeine Hinweise

Nehmen Sie sich täglich Zeit für maßvolle Bewegung; Spaziergänge sind bei weitem das beste. Vermeiden Sie es, zu lange in derselben Haltung zu sitzen. Vermeiden Sie es, zu lange zu stehen. Gehen Sie hinaus in die Sonne und die frische Luft. Essen Sie täglich Brokkoli, Möhren, Trauben, Datteln, Feigen, Pfirsiche, Radieschen und Zwiebeln. Halten Sie sich an leichtverdauliche, gegrillte Speisen wie Fisch und Geflügel. Meiden Sie *alle* gebratenen Nahrungsmittel. Meiden Sie *alle* roten Fleischsorten. Meiden Sie Schweinefleisch in *jeder* Form. All diese Dinge sind Gift für den Kreislauf, da sie das Blut verfetten lassen und in seiner Zirkulation hemmen. Reduzieren Sie Ihren Verbrauch an Zucker, Salz und chemischen Zusatzstoffen. Betrachten Sie Ihr Leben positiver! Menschen mit schlechtem Kreislauf neigen in der Regel dazu, sich selbst und ihre Fähigkeiten gering einzuschätzen und sich oft mit anderen zu vergleichen, denen sie sich unterlegen fühlen. Denken Sie *positiv* und verschaffen Sie sich genügend Bewegung.

Krupp

Pforte: vierte/Schilddrüse
Lage im Körper: Halsansatz
Vertebraler Pfortenpunkt: siebter Halswirbel
Planet: Jupiter
Element: Luft
Herrschendes Totem: Bison
Widriger Wind: warmer Südwind
Schädliches Wetter: niedriger Luftdruck, geringe Höhe, hohe Luftfeuchtigkeit, hohe Temperaturen
Wochentag: Donnerstag
Mondphase: zunehmend
Lichtqualität: Mittag
Himmelsrichtung: Westen
Behandlungsdauer: 30 Minuten
Farbe: Blau
Farbatmungsrichtung: abwärts durch den Kopf
Ton: G
Instrumentenklang: Querflöte
Naturgeräusch: Vogelgesang
Vertebraler Krankheitspunkt: sechster Halswirbel
Ätherisches Öl: Zeder

Holzduft: Zeder
Solarwasserfarbe: Blau
Kristall: blauer Quarz
Gestein: Basalt
Metall: Azurit (Kupferlasur)
Heilpflanzen: Engelwurz, Eukalyptus, Fenchel, Knoblauch, Lobelie, Paprika, Sauerdorn (Rinde), Wilde Zwiebel, Würgkirsche, Zitterpappel

Krupp: allgemeine Hinweise

Bei jeder Form von Atembeklemmung, Husten oder Schnupfen ist frische Luft ganz besonders wichtig. Allerdings vergessen die meisten Leute, bei kalter Witterung den Kopf ausreichend bedeckt zu halten. Ein hoher Prozentsatz der Körperwärme geht durch die Schädeldecke verloren, ebenso wie Dampf entweicht, sobald der Verschluß einer Thermoskanne aufgeschraubt wird. Sorgen Sie dafür, daß diese Körperwärme erhalten bleibt! Essen Sie Feigen, Mandeln, Trauben, Heidelbeeren, Orangen und Grapefruits. Zwiebeln und Knoblauch sind bei allen Störungen der Atemwege von größtem Nutzen. Ein heißer Tee aus Fenchel, Zitterpappelrinde und Lobelie, mit Honig und einer Prise Paprika abgeschmeckt, beruhigt den ganzen Organismus. Inhalieren Sie Eukalyptusdämpfe.

Leberleiden

Pforte: zweite/Nebennieren
Lage im Körper: Nierengegend
Vertebraler Pfortenpunkt: neunter Brustwirbel
Planet: Merkur
Element: Feuer
Herrschendes Totem: Pferd
Widriger Wind: warmer Westwind
Schädliches Wetter: niedriger Luftdruck, geringe Höhe, hohe Luftfeuchtigkeit, hohe Temperaturen
Wochentag: Mittwoch
Mondphase: abnehmend/Neumond
Lichtqualität: Abenddämmerung
Himmelsrichtung: Norden

Behandlungsdauer: 50 Minuten
Farbe: Gelb
Farbatmungsrichtung: aufwärts durch die Fußsohlen
Ton: E
Instrumentenklang: Cello
Naturgeräusch: Bach
Vertebraler Krankheitspunkt: fünfter Brustwirbel
Ätherisches Öl: Wacholder
Holzduft: Wacholder
Solarwasserfarbe: Gelb
Kristall: Zitrin
Gestein: Obsidian
Metall: Pyrit
Heilpflanzen: Bärentraube, Chaparral, Echter Eibisch (Wurzel), Erle (Rinde), Mandeln, Rotklee, Wanzenkraut

Lippengeschwüre

Pforte: fünfte/Epiphyse (Zirbeldrüse)
Lage im Körper: unterhalb des Großhirns
Vertebraler Pfortenpunkt: dritter Halswirbel
Planet: Venus
Element: Luft
Herrschendes Totem: Wolf
Widriger Wind: warmer Südwind
Schädliches Wetter: niedriger Luftdruck, große Höhe, hohe Luftfeuchtigkeit, hohe Temperaturen
Wochentag: Freitag
Mondphase: abnehmend
Lichtqualität: Vormittag
Himmelsrichtung: Osten
Behandlungsdauer: 20 Minuten
Farbe: Violett
Farbatmungsrichtung: abwärts durch den Kopf
Ton: A
Instrumentenklang: Violine
Naturgeräusch: Regen
Vertebraler Krankheitspunkt: vierter Halswirbel
Ätherisches Öl: Lavendel

Holzduft: Pinie
Solarwasserfarbe: Violett
Kristall: Amethyst
Gestein: offene Geode
Metall: dichter Hämatit
Heilpflanzen: Beinwell, Eukalyptus, Kampferbaum, Kanadische Gelbwurz (Wurzel), Myrrhe, Rizinus, Wegerich

Lippengeschwüre: allgemeine Hinweise

Stellen Sie aus der Wurzel der Kanadischen Gelbwurz, Beinwell, Wegerich und Myrrhe eine Paste her. Tragen Sie diese mit einem Wattebausch mehrmals am Tag auf die erkrankten Hautstellen auf. Meiden Sie Zucker, Orangen, chemische Zusatzstoffe und Koffein. Essen Sie Mandeln, Wegerich, Trauben, frisches Gemüse und Weizenkeime – alles in großen Mengen. Zwiebeln (roh) und Knoblauch sind besonders wertvoll, da sie als natürliche Antibiotika wirken. Zügeln Sie Ihre überschüssigen Energien und nutzen Sie sie auf positive Weise.

Lungenemphysem

Pforte: dritte/Thymus
Lage im Körper: Herzgegend
Vertebraler Pfortenpunkt: zweiter Brustwirbel
Planet: Saturn
Element: Erde
Herrschendes Totem: Schildkröte
Widriger Wind: warmer Südwind
Schädliches Wetter: niedriger Luftdruck, geringe Höhe, hohe Luftfeuchtigkeit, hohe Temperaturen
Wochentag: Samstag
Mondphase: abnehmend
Lichtqualität: Nachmittag
Himmelsrichtung: Süden
Behandlungsdauer: 40 Minuten
Farbe: Grün
Farbatmungsrichtung: waagerecht durch den Nabel
Ton: F
Instrumentenklang: Trommeln

Naturgeräusch: Meeresbrandung
Vertebraler Krankheitspunkt: dritter Brustwirbel
Ätherisches Öl: Eukalyptus
Holzduft: Eukalyptus
Solarwasserfarbe: Grün
Kristall: Verdelith (grüner Turmalin)
Gestein: Feldspat
Metall: Malachit
Heilpflanzen: Beinwell, Bergamotte, Engelwurz, Huflattich, Knoblauch, Knollige Schwalbenwurz, Königskerze, Lobelie, Lungenkraut, Nessel

Lungenemphysem: allgemeine Hinweise

Leichtere Formen können schon durch einfache Visualisationen, Kräutertees, eine geeignete Diät und dadurch, daß man verschmutzte Luft meidet, gemildert werden. Stellen Sie sich vor, daß sich Ihre Bronchien und Lungen bei jedem Atemzug mit frischer Gebirgsluft füllen. Führen Sie diese Visualisationsübung so oft wie möglich gewissenhaft durch. Brühen Sie einen Tee aus Königskerze, Engelwurz und Lobelie und trinken Sie ihn mit einigen Tropfen ungefilterten Honigs gesüßt. Meiden Sie verunreinigte oder durch die Heizung übermäßig ausgetrocknete Luft sowie starke Gerüche jeglicher Art. Inhalationen von Eukalyptusdämpfen tragen zu einer Befreiung der Bronchien bei. Ruhen und schlafen Sie mit leicht angehobenem Oberkörper.

Mandelentzündung

Pforte: vierte/Schilddrüse
Lage im Körper: Halsansatz
Vertebraler Pfortenpunkt: siebter Halswirbel
Planet: Jupiter
Element: Luft
Herrschendes Totem: Bison
Widriger Wind: kalter Nordwind
Schädliches Wetter: niedriger Luftdruck, geringe Höhe, hohe Luftfeuchtigkeit, niedrige Temperaturen
Wochentag: Donnerstag
Mondphase: abnehmend/Neumond

Lichtqualität: Mittag
Himmelsrichtung: Westen
Behandlungsdauer: 30 Minuten
Farbe: Blau
Farbatmungsrichtung: abwärts durch den Kopf
Ton: G
Instrumentenklang: Querflöte
Naturgeräusch: Vogelgesang
Vertebraler Krankheitspunkt: sechster Halswirbel
Ätherisches Öl: Zeder
Holzduft: Zeder
Solarwasserfarbe: Blau
Kristall: blauer Quarz
Gestein: Basalt
Metall: Azurit (Kupferlasur)
Heilpflanzen: Alfalfa, Ampfer, Bergahorn, Eiche, Funkelstern, Königskerze, Nessel, Rotklee, Wegerich, Weißer Andorn, Zichorie

Mandelentzündung: allgemeine Hinweise

Akute, fiebrige Tonsillitis erfordert fachärztliche Behandlung. Gegen leichtere Formen der Angina (Halsentzündung) hilft allerdings schon die Einnahme eines Tees aus Fieberstrauch, Weißem Andorn, Königskerze, Wegerich, Rotklee und Funkelstern. Eine sanfte Massage des oberen Halsbereichs mit einer Salbe aus Eukalyptusöl, Rizinusöl und überbrühter Eichenrinde beruhigt die geschwollenen Drüsen.

Bei starken Halsschmerzen sollten die Mandeln nach Anzeichen von Entzündung untersucht werden. Ansammlungen von winzig kleinen, weißlichen oder gelben Pusteln lassen sich mit einem Wattebausch entfernen, wodurch der Patient eine sofortige Linderung erfährt. Kehren die Stippchen allerdings immer wieder zurück – was auf eine starke Entzündung des Rachenraums hinweist –, wird in den meisten Fällen die operative Entfernung der Mandeln (Tonsillektomie) notwendig sein.

Masern

Pforte: zweite/Nebennieren
Lage im Körper: Nierengegend

Vertebraler Pfortenpunkt: neunter Brustwirbel
Planet: Merkur
Element: Feuer
Herrschendes Totem: Pferd
Widriger Wind: warmer Südwind
Schädliches Wetter: niedriger Luftdruck, geringe Höhe, hohe Luftfeuchtigkeit, hohe Temperaturen
Wochentag: Mittwoch
Mondphase: abnehmend
Lichtqualität: Abenddämmerung
Himmelsrichtung: Norden
Behandlungsdauer: 50 Minuten
Farbe: Gelb
Farbatmungsrichtung: aufwärts durch die Fußsohlen
Ton: E
Instrumentenklang: Cello
Naturgeräusch: Bach
Vertebraler Krankheitspunkt: elfter Brustwirbel
Ätherisches Öl: Wacholder
Holzduft: Wacholder
Solarwasserfarbe: Gelb
Kristall: Zitrin
Gestein: Obsidian
Metall: Pyrit
Heilpflanzen: Aloe, Echter Alant, Eiche, Fingerkraut, Kamille, Kanadische Gelbwurz (Wurzel), Kiefer, Lattich, Löwenzahn, Wegerich, Zitterpappel

Nebenhöhlenentzündung

Pforte: sechste/Hypophyse
Lage im Körper: zwischen den Augenbrauen (im Zwischenhirn)
Vertebraler Pfortenpunkt: erster Halswirbel
Planet: Mond
Element: Wasser
Herrschendes Totem: Eule
Widriger Wind: warmer Westwind
Schädliches Wetter: niedriger Luftdruck, geringe Höhe, hohe Luftfeuchtigkeit, hohe Temperaturen

Wochentag: Montag
Mondphase: abnehmend/Neumond
Lichtqualität: Morgendämmerung
Himmelsrichtung: Osten
Behandlungsdauer: 10 Minuten
Farbe: Weiß
Farbatmungsrichtung: abwärts durch den Kopf
Ton: H
Instrumentenklang: Panflöte
Naturgeräusch: Wind
Vertebraler Krankheitspunkt: zweiter Halswirbel
Ätherisches Öl: Patschuli
Holzduft: alle Kiefernarten
Solarwasserfarbe: Milchglas
Kristall: Milchquarz
Gestein: weißer Marmor
Metall: Zerussit
Heilpflanzen: Eukalyptus, Fenchel, Himbeere, Ingwer, Kampferbaum, Kanadische Gelbwurz (Wurzel), Kirschbaum (Rinde), Königskerze, Nessel, Zitterpappel

Nebenhöhlenentzündung: allgemeine Hinweise

Dieses Leiden ist in den meisten Fällen die Folge einer falschen Ernährung, vor allem des Verzehrs schwerverdaulicher Fleischsorten wie Rind, Lamm und Schwein. Das Problem kann oft auch karmische Ursachen haben oder durch eine Obstruktion (Verstopfung) der natürlichen Verbindung zur Nasenhöhle bedingt sein. In jedem Fall ist die Einhaltung einer leichten, gesunden Diät von ausschlaggebender Bedeutung. Trinken Sie häufig Tee aus Königskerze und zerstoßenen Fenchelsamen. Stellen Sie aus Rizinusöl, Wintergrünöl und gekochter Zitterpappelrinde eine Salbe her und massieren Sie damit sanft Brust, Kehle, Nasensattel, Schläfen, Stirn und Fußsohlen. Bleiben Sie ruhig liegen, während die Dämpfe die Nebenhöhlen befreien. Denken Sie positiv! Wenn Sie einen Vibrator besitzen, dann massieren Sie sich damit Stirn und Jochbeine.

Nervöse Anspannung

Pforte: sechste/Hypophyse
Lage im Körper: zwischen den Augenbrauen (im Zwischenhirn)
Vertebraler Pfortenpunkt: erster Halswirbel
Planet: Mond
Element: Wasser
Herrschendes Totem: Eule
Widriger Wind: warmer Südwind
Schädliches Wetter: niedriger Luftdruck, geringe Höhe, hohe Luftfeuchtigkeit, hohe Temperaturen
Wochentag: Montag
Mondphase: zunehmend
Lichtqualität: Morgendämmerung
Himmelsrichtung: Osten
Behandlungsdauer: 10 Minuten
Farbe: Weiß
Farbatmungsrichtung: abwärts durch den Kopf
Ton: H
Instrumentenklang: Panflöte
Naturgeräusch: Wind
Vertebraler Krankheitspunkt: erster Halswirbel
Ätherisches Öl: Patschuli
Holzduft: alle Kiefernarten
Solarwasserfarbe: Milchglas
Kristall: Milchquarz
Gestein: weißer Marmor
Metall: Zerussit
Heilpflanzen: Baldrian, Frauenschuh (Wurzel), Helmkraut, Hopfen, Lobelie, Wanzenkraut,

Nervöse Anspannung: allgemeine Hinweise

Nervöse Anspannung hat in den meisten Fällen psychische – mentale und/oder emotionale – Ursachen. Um diese müssen Sie sich kümmern, wenn Sie die Symptome nachhaltig lindern oder ganz beseitigen wollen. Beruhigen Sie sich. Analysieren Sie jede Situation, bevor Sie sich von ihr negativ beeinflussen lassen. Betrachten Sie Ihr Leben als eine Abfolge immer neuer, schöner Tage. Sorgen Sie sich nicht um das Morgen oder um Dinge, die sich Ihrer Einflußnahme entziehen. Die Regel des Lebens lautet: *akzeptieren!* Ein Absud von Wanzenkraut, Hopfen, Frauenschuhwurzel, Lobelie, Helmkraut und Baldrian wirkt entspannend. Auch Kamillen-und-Rosmarin-Tee kann den Organismus beruhigen. Versuchen Sie aber vor allen Dingen, die *Wurzel* des Problems zu beseitigen!

Nierenleiden

Pforte: zweite/Nebennieren
Lage im Körper: Nierengegend
Vertebraler Pfortenpunkt: neunter Brustwirbel
Planet: Merkur
Element: Feuer
Herrschendes Totem: Pferd
Widriger Wind: kalter Nordwind
Schädliches Wetter: niedriger Luftdruck, geringe Höhe, hohe Luftfeuchtigkeit, niedrige Temperaturen
Wochentag: Mittwoch
Mondphase: abnehmend
Lichtqualität: Abenddämmerung
Himmelsrichtung: Norden
Behandlungsdauer: 50 Minuten
Farbe: Gelb
Farbatmungsrichtung: aufwärts durch die Fußsohlen
Ton: E
Instrumentenklang: Cello
Naturgeräusch: Bach
Vertebraler Krankheitspunkt: zehnter Brustwirbel
Ätherisches Öl: Wacholder
Holzduft: Wacholder
Solarwasserfarbe: Gelb
Kristall: Zitrin
Gestein: Obsidian
Metall: Pyrit
Heilpflanzen: Bärentraube, Chaparral, Echter Eibisch (Wurzel), Erle (Rinde), Königskerze, Mandeln, Rotklee, Wanzenkraut

Polypen

Pforte: fünfte/Epiphyse (Zirbeldrüse)
Lage im Körper: unterhalb des Großhirns
Vertebraler Pfortenpunkt: dritter Halsvirbel
Planet: Venus
Element: Luft
Herrschendes Totem: Wolf
Widriger Wind: kalter Nordwind
Schädliches Wetter: niedriger Luftdruck, geringe Höhe, hohe Luftfeuchtigkeit, niedrige Temperaturen
Wochentag: Freitag
Mondphase: zunehmend
Lichtqualität: Vormittag
Himmelsrichtung: Osten
Behandlungsdauer: 20 Minuten
Farbe: Violett
Farbatmungsrichtung: abwärts durch den Kopf
Ton: A
Instrumentenklang: Violine
Naturgeräusch: Regen
Vertebraler Krankheitspunkt: vierter Halswirbel
Ätherisches Öl: Lavendel
Holzduft: Pinie
Solarwasserfarbe: Violett
Kristall: Amethyst
Gestein: offene Geode
Metall: dichter Hämatit
Heilpflanzen: Alfalfa, Ampfer, Bergahorn, Eiche, Funkelstern, Königskerze, Rotklee, Weißer Andorn

Rheumatismus

Pforte: zweite/Nebennieren
Lage im Körper: Nierengegend
Vertebraler Pfortenpunkt: neunter Brustwirbel
Planet: Merkur
Element: Feuer
Herrschendes Totem: Pferd
Widriger Wind: kalter Westwind

Schädliches Wetter: niedriger Luftdruck, geringe Höhe, hohe Luftfeuchtigkeit, niedrige Temperaturen
Wochentag: Mittwoch
Mondphase: abnehmend/Neumond
Lichtqualität: Abenddämmerung
Himmelsrichtung: Norden
Behandlungsdauer: 50 Minuten
Farbe: Gelb
Farbatmungsrichtung: aufwärts durch die Fußsohlen
Ton: E
Instrumentenklang: Cello
Naturgeräusch: Bach
Vertebraler Krankheitspunkt: zwölfter Brustwirbel
Ätherisches Öl: Wacholder
Holzduft: Wacholder
Solarwasserfarbe: Gelb
Kristall: Zitrin
Gestein: Obsidian
Metall: Pyrit
Heilpflanzen: Birke (Rinde), Eukalyptus, Löwenzahn, Magnolie, Nessel, Pfefferminze, Sonnenblume, Süßholz (Wurzel), Wanzenkraut, Yerba Santa

Rheumatismus: allgemeine Hinweise

Rheumatismus muß nicht unbedingt in dem Maße schmerzhaft und behindernd sein, wie es bei manchen Patienten der Fall ist. Die Symptome dieses Leidens können mit Hilfe einer Salbe aus gedämpften Löwenzahnblättern, Eukalyptusöl, Magnolienblättern, Pfefferminzöl und Wintergrünöl erheblich gelindert werden. Massieren Sie damit regelmäßig die schmerzenden Regionen, und Sie werden schon bald eine Besserung Ihres Befindens feststellen. Trinken Sie Königskerzentee, in den Sie einige Pfefferminzblätter gelegt haben. Gehen Sie regelmäßig morgens und abends spazieren. Seien Sie aktiv.

Rippenfellentzündung

Pforte: dritte/Thymus
Lage im Körper: Herzgegend

Vertebraler Pfortenpunkt: zweiter Brustwirbel
Planet: Saturn
Element: Erde
Herrschendes Totem: Schildkröte
Widriger Wind: warmer Südwind
Schädliches Wetter: niedriger Luftdruck, geringe Höhe, hohe Luftfeuchtigkeit, hohe Temperaturen
Wochentag: Samstag
Mondphase: abnehmend
Lichtqualität: Nachmittag
Himmelsrichtung: Süden
Behandlungsdauer: 40 Minuten
Farbe: Grün
Farbatmungsrichtung: waagerecht durch den Nabel
Ton: F
Instrumentenklang: Trommeln
Naturgeräusch: Meeresbrandung
Vertebraler Krankheitspunkt: dritter Brustwirbel
Ätherisches Öl: Eukalyptus
Holzduft: Eukalyptus
Solarwasserfarbe: Grün
Kristall: Verdelith (grüner Turmalin)
Gestein: Feldspat
Metall: Malachit
Heilpflanzen: Birke (Rinde), Engelwurz, Eukalyptus, Kiefer, Knollige Schwalbenwurz, Königskerze, Lobelie, Wanzenkraut, Würgkirsche, Zitterpappel (Rinde)

Rückenschmerzen

Pforte: erste/Keimdrüsen
Lage im Körper: Becken
Vertebraler Pfortenpunkt: dritter Lendenwirbel
Planet: Mars
Element: Feuer
Herrschendes Totem: Schlange
Widriger Wind: kalter Nordwind
Schädliches Wetter: niedriger Luftdruck, geringe Höhe, hohe Luftfeuchtigkeit, niedrige Temperaturen

Wochentag: Dienstag
Mondphase: abnehmend
Lichtqualität: Nacht
Himmelsrichtung: Norden
Behandlungsdauer: 60 Minuten
Farbe: Rot
Farbatmungsrichtung: aufwärts durch die Fußsohlen
Ton: C
Instrumentenklang: Klavier
Naturgeräusch: Waldesrauschen
Vertebraler Krankheitspunkt: vierter Lendenwirbel
Ätherisches Öl: Sandelholz
Holzduft: Mesquitebaum
Solarwasserfarbe: Rot
Kristall: Rosenquarz
Gestein: Rhodonit
Metall: Zinnober
Heilpflanzen: Ampfer, Echter Alant, Enzian, Erle (Rinde), Gewürznelke, Königskerze, Pfefferminze, Schwarzer Senf, Thymian, Wanzenkraut

Rückenschmerzen: allgemeine Hinweise

Rückenschmerzen können das Symptom einer schwerwiegenden Funktionsstörung eines inneren Organs sein. Wenn der Zustand bei Ihnen mehr oder weniger chronisch ist, sollten Sie sich auf jeden Fall von Ihrem Arzt gründlich untersuchen lassen. Kreuzschmerzen können Sie, sofern sie nicht organisch bedingt sind, durch geeignete Diät und Gymnastik in Verbindung mit Massagen und Kräuterumschlägen behandeln. Legen Sie vor dem Zubettgehen eine mit Königskerzen-und-Pfefferminz-Absud getränkte und in weißen Flanell eingeschlagene Kompresse auf den schmerzenden Teil Ihres Rückens. Stretching-Übungen sind ganz hervorragend. Sehr empfehlenswert ist es auch, sich in regelmäßigen Abständen von einem Chiropraktiker behandeln zu lassen, denn sobald die ganze Wirbelsäule gerichtet ist, werden Sie sich einer deutlich besseren Gesundheit und eines gesteigerten Wohlbefindens erfreuen.

Schleimbeutelentzündung (Bursitis)

Pforte: vierte/Schilddrüse
Lage im Körper: Halsansatz
Vertebraler Pfortenpunkt: siebter Halswirbel
Planet: Jupiter
Element: Luft
Herrschendes Totem: Bison
Widriger Wind: kalter Westwind
Schädliches Wetter: niedriger Luftdruck, geringe Höhe, hohe Luftfeuchtigkeit, niedrige Temperaturen
Wochentag: Donnerstag
Mondphase: abnehmend
Lichtqualität: Mittag
Himmelsrichtung: Westen
Behandlungsdauer: 30 Minuten
Farbe: Blau
Farbatmungsrichtung: abwärts durch den Kopf
Ton: G
Instrumentenklang: Querflöte
Naturgeräusch: Vogelgesang
Vertebraler Krankheitspunkt: siebter Halswirbel
Ätherisches Öl: Zeder
Holzduft: Zeder
Solarwasserfarbe: Blau
Kristall: blauer Quarz
Gestein: Basalt
Metall: Azurit
Heilpflanzen: Chaparral, Enzian, Nessel, Pfefferminze, Schwarzer Senf, Wanzenkraut, Yucca

Schleimbeutelentzündung: allgemeine Hinweise

Tragen Sie eine Paste aus Schwarzem Senf, Chaparral, Nessel und Pfefferminze auf die erkrankte Stelle auf und verbinden Sie sie mit weißem Flanell. Schließen Sie Alfalfa, Zichorie, Löwenzahn, Wegerich, Orangen, Grapefruits, Fisch und knackige Salate in Ihre tägliche Diät ein. Meiden Sie *alle* gebratenen Speisen und solche, die künstliche Zusatzstoffe enthalten. Zu empfehlen ist ein Tee aus Baldrian, Helmkraut, Hopfen und Frauenschuhwurzel, tagsüber und unmittelbar vor dem Schlafengehen.

Schuppen

Pforte: sechste/Hypophyse
Lage im Körper: zwischen den Augenbrauen (im Zwischenhirn)
Vertebraler Pfortenpunkt: erster Halswirbel
Planet: Mond
Element: Wasser
Herrschendes Totem: Eule
Widriger Wind: kalter Nordwind
Schädliches Wetter: niedriger Luftdruck, große Höhe, niedrige Luftfeuchtigkeit, niedrige Temperaturen
Wochentag: Montag
Mondphase: abnehmend
Lichtqualität: Morgendämmerung
Himmelsrichtung: Osten
Behandlungsdauer: 10 Minuten
Farbe: Weiß
Farbatmungsrichtung: abwärts durch den Kopf
Ton: H
Instrumentenklang: Panflöte
Naturgeräusch: Wind
Vertebraler Krankheitspunkt: erster Halswirbel
Ätherisches Öl: Patschuli
Holzduft: alle Kiefernarten
Solarwasserfarbe: Milchglas
Kristall: Milchquarz
Gestein: weißer Marmor
Metall: Zerussit
Heilpflanzen: Birke, Erdnuß (Öl), Kanadische Gelbwurz (Wurzel), Kiefer, Löwenzahn, Nessel, Schlingmyrte, Wacholder, Wald-Weidenröschen, Weide, Zichorie

Schuppen: allgemeine Hinweise

Verwenden Sie ein gutes rückfettendes Schampoo mit natürlichen Ingredienzien. Häufiges Waschen schadet dem Haar nicht. Reiben Sie jeden Abend etwas Erdnußöl in Ihre Kopfhaut ein, massieren Sie sie sanft zehn Minuten lang und halten Sie den Kopf über Nacht in ein weißes Flanelltuch gewickelt. Verwenden Sie keinen Festiger oder andere Produkte, die das Haar austrocknen. Halten Sie den Fön nicht zu nah an den Kopf. Sprühen Sie sich niemals Parfüm ins Haar. Essen Sie Melasse, Vollkornerzeugnisse, Wegerich, Weizenkeime und Trauben. Verwenden Sie Honig anstelle von Zucker oder künstlichen Süßstoffen. Bürsten Sie das Haar täglich vor dem Waschen. Und hüten Sie sich vor negativen Gedanken!

Trockene Haut

Pforte: zweite/Nebennieren
Lage im Körper: Nierengegend
Vertebraler Pfortenpunkt: neunter Brustwirbel
Planet: Merkur
Element: Feuer
Herrschendes Totem: Pferd
Widriger Wind: kalter Nordwind
Schädliches Wetter: niedriger Luftdruck, große Höhe, niedrige Luftfeuchtigkeit, niedrige Temperaturen
Wochentag: Mittwoch
Mondphase: zunehmend/Vollmond
Lichtqualität: Abenddämmerung
Himmelsrichtung: Norden
Behandlungsdauer: 50 Minuten
Farbe: Gelb
Farbatmungsrichtung: aufwärts durch die Fußsohlen
Ton: E
Instrumentenklang: Cello
Naturgeräusch: Bach
Vertebraler Krankheitspunkt: elfter Brustwirbel
Ätherisches Öl: Wacholder
Holzduft: Wacholder
Solarwasserfarbe: Gelb
Kristall: Zitrin
Gestein: Obsidian
Metall: Pyrit
Heilpflanzen: Beinwell, Erdnuß (Öl), Nordamerikanische Ulme (Rinde), Ölbaum (Öl), Rizinus, Schwarzer Senf, Wegerich

Trockene Haut: allgemeine Hinweise

Reiben Sie die trockenen Hautpartien mit einer Mixtur aus Olivenöl, Rizinus, Erdnußöl und Vitamin-E-Öl ein. Essen Sie Oliven, Fisch und Geflügel (gegrillt), Erdbeeren und gemischten Salat aus Wegerich, Kohl, Spinat und rohen Zwiebeln. Tragen Sie keinen Modeschmuck und – wenn überhaupt – nur wenige echte Juwelen. Tragen Sie vor dem Schlafengehen eine Salbe aus Bienenwachs und Wegerich auf die trockenen Stellen auf und bedecken Sie diese dann – je nachdem – mit einem weißen Tuch, Socken oder Handschuhen.

Wenn die Haut an Ihrem ganzen Körper trocken ist, wechseln Sie Ihre Seife. Wie schon an anderer Stelle gesagt, ist eine natürliche Mischung aus Vitamin E und Glyzerin das beste. Sie reinigt, ohne die Haut auszutrocknen.

Windpocken

Pforte: zweite/Nebennieren
Lage im Körper: Nierengegend
Vertebraler Pfortenpunkt: neunter Brustwirbel
Planet: Merkur
Element: Feuer
Herrschendes Totem: Pferd
Widriger Wind: warmer Südwind
Schädliches Wetter: niedriger Luftdruck, geringe Höhe, hohe Luftfeuchtigkeit, hohe Temperaturen
Wochentag: Mittwoch
Mondphase: abnehmend
Lichtqualität: Abenddämmerung
Himmelsrichtung: Norden
Behandlungsdauer: 50 Minuten
Farbe: Gelb
Farbatmungsrichtung: aufwärts durch die Fußsohlen
Ton: E
Instrumentenklang: Cello
Naturgeräusch: Bach
Vertebraler Krankheitspunkt: elfter Brustwirbel
Ätherisches Öl: Wacholder
Holzduft: Wacholder

Solarwasserfarbe: Gelb
Kristall: Zitrin
Gestein: Obsidian
Metall: Pyrit
Heilpflanzen: Aloe, Echter Alant, Eiche, Fingerkraut, Kamille, Kanadische Gelbwurz, Kiefer, Lattich, Löwenzahn, Wegerich, Zitterpappel

Windpocken: allgemeine Hinweise

Hat man sich erst einmal angesteckt, kann man nicht mehr allzuviel tun, außer die Symptome zu bekämpfen. Tragen Sie eine Paste aus Zitterpappel, Löwenzahn, Kanadischer Gelbwurz, Kiefer und Vitamin-E-Öl auf die Pusteln auf. Diese Mixtur hat nicht nur eine infektionshemmende Wirkung, sie lindert auch das Jucken. Nahrungsmittel, die Sie unbedingt in Ihre tägliche Diät aufnehmen sollten, sind Buttermilch, Kirschen, Kohl, Eidotter und viel Salat aus Wegerich, Löwenzahn und Spinat. Kamillen-und-Kiefernnadeltee unterstützt den Heilungsprozeß von innen.

Zahnfleischentzündung

Pforte: fünfte/Epiphyse (Zirbeldrüse)
Lage im Körper: unterhalb des Großhirns
Vertebraler Pfortenpunkt: dritter Halswirbel
Planet: Venus
Element: Luft
Herrschendes Totem: Wolf
Widriger Wind: warmer Südwind
Schädliches Wetter: niedriger Luftdruck, geringe Höhe, hohe Luftfeuchtigkeit, hohe Temperaturen
Wochentag: Freitag
Mondphase: abnehmend
Lichtqualität: Vormittag
Himmelsrichtung: Osten
Behandlungsdauer: 20 Minuten
Farbe: Violett
Farbatmungsrichtung: abwärts durch den Kopf
Ton: A
Instrumentenklang: Violine

Naturgeräusch: Regen
Vertebraler Krankheitspunkt: vierter Halswirbel
Ätherisches Öl: Lavendel
Holzduft: Pinie
Solarwasserfarbe: Violett
Kristall: Amethyst
Gestein: offene Geode
Metall: dichter Hämatit
Heilpflanzen: Amerikanisches Sonnenröschen, Beinwell, Kanadische Gelbwurz, Myrrhe, Schachtelhalm, Thymian, Weiße Seerose

Zahnfleischentzündung: allgemeine Hinweise

Den meisten Problemen dieser Art kann durch gewissenhafte Zahnpflege vorgebeugt werden, wozu nicht nur gründliches Putzen nach jeder Mahlzeit gehört, sondern ebenso die tägliche Anwendung von Zahnseide und die Beobachtung der gesamten Mundhöhle. Die meisten im Handel erhältlichen Zahnpasten sind praktisch nutzlos. Verwenden Sie statt dessen eine Zubereitung aus Natron, Perhydrol-Lösung, Salz und Myrrhe. Diese Mixtur hält die Zähne weiß und heilt die meisten Zahnfleischentzündungen, noch ehe sie richtig ausbrechen. Eine Paste aus Kanadischer Gelbwurz und Myrrhe heilt auch kleinere Zahnfleischgeschwüre. Bestreichen Sie jeden Abend nach dem Bürsten und Reinigen mit der Zahnseide Zähne und Zahnfleisch mit Myrrhentinktur: Myrrhe hat nicht nur eine weißende Wirkung, sie fördert auch die Regeneration verletzter Mundschleimhaut.

Wie schon gesagt: mehr ist nicht besser. No-Eyes' Freunde haben darauf hingewiesen, daß die Einnahme von Fluoriden keineswegs so gesund ist, wie man gegenwärtig glaubt. Was wir durch das fluoridierte Trinkwasser*) unserem Organismus zuführen, reicht völlig aus; die Dosis durch Verwendung fluoridhaltiger Zahnpasta oder gar durch entsprechende Behandlung beim Zahnarzt noch weiter zu erhöhen, ist nicht zu empfehlen. No-Eyes ließ sich wiederholt über die menschliche Unart aus, alles gleich zu übertreiben.

*) In Deutschland keine Fluoridierung des Trinkwassers. Anm. d. Ü.

Zahnprobleme

Pforte: fünfte/Epiphyse (Zirbeldrüse)
Lage im Körper: unterhalb des Großhirns
Vertebraler Pfortenpunkt: dritter Halswirbel
Planet: Venus
Element: Luft
Herrschendes Totem: Wolf
Widriger Wind: kalter Nordwind
Schädliches Wetter: niedriger Luftdruck, geringe Höhe, hohe Luftfeuchtigkeit, niedrige Temperaturen
Wochentag: Freitag
Mondphase: abnehmend/Neumond
Lichtqualität: Vormittag
Himmelsrichtung: Osten
Behandlungsdauer: 20 Minuten
Farbe: Violett
Farbatmungsrichtung: abwärts durch den Kopf
Ton: A
Instrumentenklang: Violine
Naturgeräusch: Regen
Vertebraler Krankheitspunkt: dritter Halswirbel
Ätherisches Öl: Lavendel
Holzduft: Pinie
Solarwasserfarbe: Violett
Kristall: Amethyst
Gestein: offene Geode
Metall: dichter Hämatit
Heilpflanzen: Kanadische Gelbwurz, Myrrhe

Zahnprobleme: allgemeine Hinweise

Lesen Sie hierzu bitte auch die allgemeinen Hinweise zu »Zahnfleischentzündungen«. Besonders weiß werden die Zähne, wenn man sie nach dem abendlichen Putzen mit Myrrhentinktur betupft. (Myrrhentinktur ist in der Apotheke erhältlich.)

Der New-Age-Zahnarzt wird seine Praxis in Violettönen einrichten und während der Behandlung Bandaufnahmen abspielen, auf denen sich leise Violinmusik mit sanften Regengeräuschen abwechselt. Alle Behandlungsstühle werden nach Osten ausgerichtet sein, und Räucherstäbchen werden die Luft mit Pinienduft erfüllen. Um starke Blutungen zu vermeiden, werden alle größeren Eingriffe an Freitagvormittagen um die Zeit des Neumonds durchgeführt werden.

Zweites Buch

Die Psyche

Die Saat fruchtbringenden Wissens

Erstes Kapitel

Das Toxin

Vergiftende negative Einstellungen

In der herzerwärmenden Gesellschaft meiner Seherin nahm mein Wissen beständig zu; und dank dieses wunderbaren Wissens entwickelte ich mich allmählich zu einem vollkommen lebendigen Menschen. Ich fühlte mich zunehmend *ganz.* Ich streckte die Sinne, die ich von Gott empfangen hatte, so weit ich konnte, nach allen Richtungen aus, und der Umfang meines Bewußtseins nahm wahrhaft atemberaubende Dimensionen an.

Es war Sommer. Eines Nachmittags beschloß ich, eine der bewaldeten Kuppen zu besteigen, die unser kleines Blockhaus umgeben. Ich überwand den besonnten Grat und ließ mich auf dem jenseitigen Hang nieder, um die Touristen zu beobachten, die durch meinen grenzenlosen Berg-Garten zogen.

Praktisch unsichtbar inmitten des dichten Unterholzes saß ich stundenlang so da, während sich die nicht abreißende Schlange von Autos, Lastern und Wohnmobilen, weit unter mir, die enge, gewundene Paßstraße hinaufarbeitete, die zur berühmten Goldgräberstadt Cripple Creek führt.

Ich sah ihnen zu, wie sie durch mein fruchtbares Gebirgstal fuhren. Ich sah sie kommen, und ich sah sie wieder verschwinden. Ein Jammer, daß sie nicht begreifen, wo sie die *wirklichen* touristischen Attraktionen, die sie so eifrig suchen, finden könnten. Warum halten sie nicht unterwegs an, um am wilden Salbei zu riechen, der so überreich an der Böschung der engen Straße wächst? Sehen sie die tiefen, üppig bewachsenen Täler nicht, die zwischen ihnen und mir klaffen? Spüren sie nicht die majestätische Hand, die all die unaussprechliche Schönheit um sie herum schuf? Die Straße nach Cripple Creek führt durch die vielleicht herrlichste Gebirgslandschaft von ganz Colorado, und doch scheinen so wenige von ihnen ihre Fahrt auch nur zu unterbrechen, um die Blumen am Wegrand zu bewundern oder sich an ihrem Duft zu erfreuen.

In solchen Augenblicken erfüllte mich die Gedankenlosigkeit der Menschen mit Zorn. Ich setzte mich um, damit ich die endlose Blechlawine nicht mehr zu sehen brauchte, legte mich zwischen Akeleibüschen ins Gras und blickte an den grünen Kiefernzweigen vorbei in die Tiefe des ungeheuren blauen Himmels.

Ein funkelnder Häher schrie von einem nahen Baumwipfel, und der Wildbach unten im Tal sandte sein friedvoll einlullendes Lied herauf.

Ich schloß die Augen. Ich konnte den ganzen Tag hier liegen und meinem müden Körper gestatten, die verjüngenden Kräfte des warmen, freundlichen Sonnengeistes in sich aufzusaugen, während die salbeiduftende Brise mein Gesicht sanft liebkoste. Die Natur war meine Heilerin. Sie war meine treue Freundin.

Auf einmal befand ich mich im Mittelpunkt einer geräuschvollen Geschäftigkeit. Das Geknister und Geraschel, das spielende Backenhörnchen im Gras und in den Büschen verursachten, wetteiferte mit dem unaufhörlichen Schwatzen der Eichhörnchen. Die Tierchen versuchten, meine Aufmerksamkeit zu erregen, denn sie wußten, daß ich wie immer eine Tüte Sonnenblumenkerne bei mir hatte. Sie keckerten und gluckten, während sie im dichten Unterholz herumwuselten.

Als ich langsam die Hand ausstreckte und die Finger öffnete, flitzten sie unter die nächsten sonnendurchglühten Felsen und Dornbüsche in Deckung. Ich blieb regungslos liegen und sprach leise, beruhigend auf sie ein. Schon nach wenigen Minuten lugten sie aus ihren Verstecken hervor: die Ohren zitternd, die Schwänze wedelnd, die Nasen zuckend, die winzigen Herzen wie wild in ihren Miniaturbrustkörben hämmernd.

Neugier und Futterneid machten sie rasch wagemutig, und schon bald spürte ich kleine, rauhe Zungen und nadelspitze Krallen, die sich an meiner Hand zu schaffen machten. Die dargebotenen Kerne nahmen mit atemberaubender Geschwindigkeit ab und verschwanden in den sich immer mehr blähenden Backentaschen meiner winzigen pelzigen Freunde. Sie kehrten immer wieder zurück, bis mein mitgebrachter Vorrat restlos erschöpft war.

Als meine kleinen Freunde verschwunden waren, stand ich auf, streckte mich und schlenderte zu einer Ansammlung von

Felsblöcken. Ich setzte mich auf einen großen, verwitterten Stein und ließ es zu, daß mein ganzes Wesen sich ausdehnte und dem unermeßlichen Raum, der in mein bescheidenes Bewußtsein einzudringen versuchte, Einlaß gewährte. Das Tal unter mir war von tiefen Schluchten durchfurcht, die jetzt, da das goldene Licht der zurückweichenden Sonne schräg auf die Erde auftraf, in tiefem Schatten lagen. Ich war lange hier oben auf dem Berghang gewesen, und ich wußte, daß meine ganze Umgebung bald in feuriges Alpenglühen getaucht sein würde.

Dann fing es an.

Die Spätnachmittagssonne ließ ihre mächtige Bogensehne schnellen. Ich nahm den Lufthauch wahr, der an mir vorüberrauschte, das Sirren der lodernden Sonnenpfeile, die vom westlichen Grat herabschossen. Und als die Strahlen ihr Ziel erreichten, verwandelte sich das gewaltige Tal mit einem Schlag in ein einziges orangefarbenes Flammenmeer. Schon nach wenigen Sekunden verblaßte die Feuersbrunst zum sanfteren Hellrot schwelender Glut, das rasch zu einem Stahlgrau, schließlich zu Anthrazit erkaltete. Undurchdringliche Schwärze umhüllte mich, als die dunkelgewandete Gestalt der Nacht mit königlicher Geste ihren Mantel der Ewigkeit ausbreitete und kühn das tanzende Firmament offenbarte.

Allein auf meinem Felsen sitzend, spürte ich den plötzlichen Eishauch der Nacht auf meinen Wangen. Ich hob den Kopf und sog das unendliche Schauspiel der Myriaden blinkender Sterne in mich auf. Ich bestaunte selig das ewige Feuerwerk, das der Himmel zur Feier des Lebens abbrannte, und war dankbar für die neue Bewußtheit, die ich erlangt hatte.

Am folgenden Morgen hatte ich wieder Unterricht. Ich fand meine verhutzelte Lehrerin außerordentlich gutgelaunt vor. Von mir konnte ich nicht dasselbe behaupten, und sie brauchte nur einen Augenblick, um meine trübe Stimmung zu bemerken.

»Summer muß sich was von der Seele reden. No-Eyes sieht einen dunklen Feind dort lauern.«

Ich ließ mich auf ihre durchgesessene Couch plumpsen. »Halb so schlimm.«

Sie schob ihren alten Schaukelstuhl an mich heran und machte es sich bequem. »Wenn schon!« rief sie aus. »Will Summer das vielleicht in sich hineinfressen, bis da eine Krankheit draus wird?«

Ich starrte auf die abgenutzte Matte auf dem Fußboden und zuckte bloß die Achseln. »Meine privaten Probleme lassen sich nicht lösen, wozu also darüber reden?«

Die Greisin schaukelte weiter, als hätte sie mich nicht gehört. Dann sprach sie, und tiefes Mitgefühl schwang in ihrer Stimme mit. »Es gibt immer eine Lösung, für jedes Problem, man muß bloß schärfer hingucken, tiefer schauen. Es gibt Lösungen, die verstecken sich hinter Büschen, und manche in hohlen Bäumen, und manche verstecken sich sogar in unserm Kopf.«

Ich wußte ihren Versuch, mir zu helfen, durchaus zu schätzen, aber ich wankte nicht in meiner trübsinnigen Überzeugung, in diesem Fall sei ganz einfach nichts zu machen. »No-Eyes, das ist ein Problem, auf das ich keinerlei Einfluß habe. Ob es sich lösen läßt oder nicht, hängt in keiner Weise von mir ab.«

Ihre Augen verengten sich zu Schlitzen, als sie sich zu mir vorbeugte. »Dieses Problem macht Summer zu schaffen?«

»Ja, ganz schön zu schaffen.«

»Wenn es also eine Ursache gibt, dann gibt's auch eine Lösung!«

Ich schüttelte den Kopf. »Schau, warum vergessen wir nicht einfach die ganze Sache und –«

»Nein!« Sie stampfte mit dem Fuß auf. »Wir werden hier *nix* unter den Teppich kehren! Wir werden dieser Geschichte, die Summer zu schaffen macht, auf den Grund gehen.«

Mir war ganz eindeutig jeder Fluchtweg verbaut. Ich schwieg trotzig.

Sie beruhigte sich, und der Schaukelstuhl nahm seine gleichmäßige Bewegung wieder auf. »So ist es schon besser. Jetzt erzähl' No-Eyes von diesem ›unlösbaren Problem‹.«

Ich ließ den Kopf weiterhin hängen, schaffte es aber, sie von unten herauf anzusehen und mit einem Blick zu erkennen, wie ihre Stimmung war. Sie wartete geduldig. Es hatte keinen Zweck, genau wie ich gedacht hatte. Sie war fest entschlossen, die Sache zu Ende zu bringen, was immer es sein mochte.

Ich stieß einen tiefen Seufzer aus. »Na ja«, begann ich langsam, »es hat nichts mit meiner Familie zu tun, ich meine, mit Bill und den Mädchen. Es geht um die Verwandten einer Freundin.«

»Weiter«, drängte sie mich.

»Sie reden nicht miteinander.«

»Wer redet nicht miteinander?«

Sie hatte es nicht anders gewollt. Also bitte: »Ihre Mutter und ihre Schwester Beth reden mit ihrer anderen Schwester, Erica, nicht mehr, weil diese etwas getan hat, worüber sie sich aufgeregt haben. Sie haben sie praktisch verstoßen. Und ihr Vater will mit meiner Freundin nichts mehr zu tun haben, weil sie, als sie nach Colorado kam, zuerst in ein Mietshaus einzog, in dem auch Schwarze und Lateinamerikaner wohnten. Er sagte, sie sei Abschaum, und sie würde es nie zu irgendwas bringen. Meine Freundin hat seit neun Jahren nichts mehr von ihrem Vater gehört.«

No-Eyes dachte ein Weilchen nach, bevor sie sprach. »Was hat Summers Freundin Erica denn so Schlimmes angestellt? Was hat sie getan, daß ihre Mutter nicht mehr mit ihr redet?«

»Sie hat sich in den falschen Mann verliebt; wenigstens fanden die anderen, daß es der falsche war.«

No-Eyes dachte darüber nach. »Er gehört also einer anderen Rasse an?«

»Nein.«

»Ist er ein übler Bursche, ein Verbrecher?«

»Nein.«

»Ist er gut zu Erica?«

»Ja.«

Schweigen.

Warten.

»Ihr Vater mag keine anderen Rassen, hm?«

»Er verachtet sie.«

Die alte Frau entlockte ihrem Schaukelstuhl ein wütendes Stakkato von Gequietsch und Gerumpel.

»Ich hatte es dir doch gesagt, daß man nichts machen kann«, fügte ich hinzu, bevor sie etwas sagen konnte.

Sie schüttelte bloß den Kopf. »*Was* man machen kann, ist, daß die Freundin die Sache mit anderen Augen sieht. Die Freundin kann am Gehirn oder Sägemehl der anderen, an ihrer Vernageltheit, nichts ändern. Aber sie kann an sich selbst was ändern – kann entscheiden, wie das Ganze auf sie wirkt. Klar?«

»Sie hat versucht zu vermitteln, die zwei Seiten dazu zu

bringen, daß sie den Standpunkt der jeweils anderen verstehen, und –«

Sie schnalzte ärgerlich mit der Zunge. »Tz-tz, das hat keinen Wert. Das bringt die Freundin nur in den Mittelpunkt des ganzen Schlamassels! Es ist schlechte Medizin, im Mittelpunkt eines Familienstreits zu stehen.«

»Das hat sie schon selbst gemerkt«, seufzte ich traurig. »Ich wollte gerade sagen, daß es sehr schwer ist, bewußt zu leben. Es ist sehr schwierig, seinen spirituellen Prinzipien treu zu bleiben, wenn man es mit engstirniger Ignoranz zu tun hat.«

Sie war nachdenklich. »Gehen die in die Kirche? Diese Leute, die Freundin und Schwester aussperren, gehen die in die Kirche?«

»Jede Woche«, antwortete ich angeekelt. Ich wußte, worauf ihre Fragen abzielten.

»Das sind elende Heuchler! Summer, bei solchen Leuten kannst du überhaupt nichts ausrichten. Das einzige, was deine Freundin tun kann, ist, ein gutes Leben führen, ein bewußtes Leben. Deine Freundin muß die anderen machen lassen, besonders die, die spirituell nicht so weit sind. Deine Freundin wird diese anderen nie auf den richtigen Weg bringen, die werden einfach nie kapieren, daß man vergeben muß und die Schwächen der anderen akzeptieren.«

»Das weiß ich. Was ist also die Lösung ihres Problems?«

»Die Sache nehmen, wie sie ist, was anderes bleibt ihr gar nicht übrig. Die Verwandten mit ihren ganzen negativen Einstellungen und schlechten Gefühlen akzeptieren. Die werden sowieso alle daran krank werden. Wenn nicht ihr Körper, dann kann Summer Gift darauf nehmen, daß ihr Geist krank wird. Die werden einmal sterben, und dann werden sie schon sehen, wie sie ihren Geist zugerichtet haben.«

Das Thema machte mich selbst ganz krank. »Das ist mir völlig klar. Das ist es ja gerade, was mir zu schaffen macht – meine Freundin konnte sie einfach nicht dazu bringen, daß sie das einsehen. Sie macht sich große Vorwürfe.«

Die Greisin lehnte sich vor und tätschelte mir das Knie. »Deine Freundin hat getan, was zu tun war. Jetzt ist es *denen* ihr Problem. Was hält denn überhaupt der Vater der Freundin von diesem ganzen Kram zwischen ihrer Mutter und ihren Schwestern?«

Ich seufzte tief. »Wer weiß? Er verließ sie, als sie erst zehn war. Er wohnt irgendwo im Süden, und niemand hat je wieder was von ihm gehört. Er wollte wohl alle Brücken hinter sich abreißen.«

»Die Freundin hat aber doch was von ihm gehört.«

»Schon, aber nur weil sie ihm vergeben wollte, die Vergangenheit begraben und einen neuen Anfang machen. Väter und Töchter sollten eine innige Beziehung haben, die alle Spannungen und Streitigkeiten übersteht. Aber ich sagte es dir schon, es paßte ihm nicht, wo sie zu der Zeit wohnte. Er sagte, sie sei Abschaum, weil sie mit Andersfarbigen in einem Haus wohnte.«

»No-Eyes hat's nicht vergessen. Aber auch deine Freundin darf eines nicht vergessen, nämlich daß sie das einzig Richtige getan hat. Zur Einsicht kann man niemand zwingen, richtig?« Nach kurzem Zögern fuhr sie fort: »Summer war wieder auf der Kuppe, Touristen angucken, hm?«

Ich nickte.

»Die sind genau wie die Familie deiner Freundin. Die können die Schönheit der Natur, die Unschuld des Lebens einfach nicht sehen. Ihr Kopf ist vollgestopft; die wollen, meinen, beurteilen, wünschen sich ständig tausend Sachen.«

»Vermutlich, ja.«

»Also muß deine Freundin diese schlechten Gefühle bei anderen akzeptieren. Das ist furchtbar schade, aber so ist das Leben. Jeder ist anders. Alle werden eines Tages für das bezahlen, was sie anderen angetan haben. Sie sind nicht dankbar für die Familie, die sie haben. Eines Tages werden Angehörige sterben, und dann werden diese anderen allein sein – und es wird ihnen leid tun, was sie getan haben, was sie gesagt haben, was sie unterlassen haben. Aber dann wird es zu spät sein, viel zu spät. Dann wird es für alle viel zu viel zu spät sein.«

Ich ließ den Kopf hängen, während ich über ihre Worte, über die ganze traurige Situation nachdachte.

Die Greisin holte mich aus meinen Grübeleien heraus: »Summer?«

»Hmm.«

Ihre Stimme wurde so leise wie der Atem eines Säuglings. »Wie heißt diese Freundin?«

Rumpel-quietsch.

Rumpel-quietsch.

Mein Schweigen bestätigte ihren Verdacht. Sie schloß die Augen und schaukelte weiter.

No-Eyes und ich sprachen damals noch bis zum späten Nachmittag über die unterschiedlichen Einstellungen und negativen Gefühle der Menschen. Sie erläuterte mir in aller Ausführlichkeit, inwiefern solche feindseligen Emotionen und Gedanken echte Gifte seien, die der Gesundheit desjenigen, der sie hegt, schaden, indem sie den Körper erfassen und das seelische Wohlbefinden zerstören. Sie sprach über den Neid und die Eifersucht. Sie pries die Tugend des Akzeptierenkönnens, und sie sprach ziemlich lange über das Wesen familiärer Beziehungen.

Das Folgende ist ein Extrakt aus unserem damaligen Gespräch.

Jede Religion kennt besondere Tage, an denen die Menschen innere Einkehr halten, ihre Fehler und Sünden bereuen und Gott um Vergebung anflehen.

No-Eyes äußerte sich entsetzt darüber, daß die Menschen bestimmte, kalendarisch festgelegte Anlässe für solch löbliches Tun benötigen. Bei den Indianern kreiste nämlich das ganze Leben um das ständige Eingedenksein der reichen Gaben des Großen Geistes und um tägliche Reflexion, Meditation und Visionensuche, die den einzelnen mit sich selbst, seinem Zweck auf Erden und seiner innigen Beziehung zum Großen Geist in Berührung brachte.

Die Welt wird durch stinkende, zersetzende Emotionen wie Neid, blinden Ehrgeiz, Eifersucht, Schadenfreude, durch Vorurteile und Gehässigkeit zerfressen. Zugegeben, die sozialen und ökonomischen Verhältnisse können selbst den ehrlichsten und aufrechtesten Menschen auf eine harte Probe stellen; Habgier und eigensüchtige Wünsche aber erzeugen schädliche, zerstörerische Schwingungen in unserer Umgebung und in unserem Inneren.

Wenn wir die negativen Auswirkungen, die unsere feindseligen Gedanken und Gefühle auf unsere unmittelbare Umgebung haben, nur wirklich *sehen* könnten, würden wir unser Verhalten augenblicklich von Grund auf ändern. Machen Sie sich bewußt, daß jeder – freundliche oder gehässige – unausgesprochene Gedanke eine spezifische Wirkung auf Ihre Physis, Ihre Psyche und Ihren Geist ausübt. Wenn wir dieses eine Gesetz wirklich verstünden, würden wir unsere Tage *nicht* damit vergeuden, bessere Zeiten herbeizusehnen, würden wir das, was andere tun oder lassen, *nicht* andauernd kritisieren, würden wir weder neidisch noch eingebildet sein. Wir würden vielmehr unsere ganze Aufmerksamkeit und all unsere angeborenen und erworbenen Fähigkeiten darauf richten, die Probleme des Alltags konstruktiv zu durchdenken und auf die bestmögliche Weise zu lösen.

Widmen Sie allmorgendlich, direkt nach dem Aufwachen, Ihren ganzen Tag Gott. Sprechen Sie zu ihm; er hört jedes Wort und jeden Gedanken. Sagen Sie ihm, daß Sie den jetzt anbrechenden Tag und alle Probleme, die er mit sich bringen mag, in seine Hände legen, und geloben Sie, daß Sie sich nicht sorgen und ängstigen werden, weil Sie wissen, daß er für alles Sorge tragen wird. Das ist nicht damit gleichbedeutend, Gott die Schuld an Ihren Problemen zu geben. Jeder Mensch trägt die Verantwortung für sein Leben und seine Entscheidungen selbst; ebenso muß er die Folgen seiner Gedanken und Taten tragen. Doch diese Last läßt sich verringern.

Vielleicht sind Sie Atheist. Schön. Es ist Ihr gutes Recht, zu glauben oder nicht zu glauben, was Sie wollen. Worauf ich hinauswill, ist, daß man keine negativen Empfindungen in seinem Inneren zurückbehalten und horten darf. Auch ein Atheist kann jeden neuen Tag mit Freude begrüßen und jeden einzelnen Augenblick seines Lebens bewußt auskosten. Wir sind die Summe unserer Gedanken und Taten.

Wenn wir uns selbst gegenüber ehrlich sind, müssen wir erkennen, daß all unsere negativen Bewußtseinsinhalte – Mißgunst, Haß, Neid, Rachsucht und Selbstgerechtigkeit – *eine* Ursache haben: die mehr oder weniger verschleierte Überzeugung unserer Höherwertigkeit. Und wenn wir uns von diesen negativen Einstellungen befreien wollen, müssen wir zuallererst begreifen, daß alle Menschen vor Gott gleich sind. Alle stehen auf derselben Stufe. Jeder macht Fehler, niemand ist vollkommen. Machen Sie sich klar, daß Sie und nur Sie die Verantwortung für Ihr Leben tragen. Früher oder später müssen wir für unsere Arroganz, unseren Neid, unsere Gehässigkeit, für die Urteile, die wir ohne jede Berechtigung über andere Menschen gefällt haben, Rechenschaft ablegen.

Es ist äußerst wichtig, jeden Menschen als die strahlende Essenz Gottes anzusehen, die uns allen innewohnt. Bitte, machen Sie sich diese Tatsache in aller Deutlichkeit bewußt!

Viele der Probleme und fortwährenden Auseinandersetzungen, an denen unsere Welt krankt, rühren direkt von der weitverbreiteten Überzeugung der eigenen – rassischen, sozialen, moralischen, politischen oder religiösen – Höherwertigkeit her. Manche Menschen tendieren dazu, sich als den Gipfel der Vollkommenheit zu betrachten; sie setzen sich, bildlich gesprochen, auf einen Thron, von dessen unantastbarer Erhabenheit herab sie Gericht halten über all diejenigen, die ihnen weniger vollkommen dünken, als sie selbst zu sein meinen. Sie sind wie die Herzkönigin in *Alice im Wunderland*, die wahllos auf Leute zeigt und »Kopf ab!« brüllt. Bitte begreifen Sie, daß dieses Recht einzig Gott zusteht. Sind Sie wirklich so vollkommen, daß Sie sich mit Gott auf eine Stufe stellen und die Fehler anderer beurteilen können? Daß Sie Gericht halten, Strafen verhängen und ewige Verdammnis aussprechen dürfen? Prüfen Sie Ihr Gewissen! Erkennen Sie die krasse, zum Himmel schreiende Unvollkommenheit, die Sie in sich vorfinden! Und wenn Sie schon wie ein Gott urteilen müssen, dann gleichen Sie Ihre »Gerechtigkeit« wenigstens mit göttlicher Vergebung aus.

Vergebung bedeutet bedingungsloses Akzeptieren. Denken Sie darüber nach. *Bedingungsloses Akzeptieren.* Daß Sie einem Menschen wirklich vergeben haben, können Sie nur sagen, wenn Sie keinerlei Groll mehr hegen, wenn Sie ihm nichts – *absolut nichts* – mehr nachtragen. Erforschen Sie Ihr Gewissen! Sie sind nur ein winziges Teilchen der Menschheit. Überlassen Sie das Richten jener einzigen, höchsten Instanz, die das alleinige Recht dazu besitzt. Kehren Sie zu Ihren Mitmenschen zurück, die ebenso unvollkommen sind wie Sie. Lieben Sie einander. Für irgend etwas anderes bleibt uns nicht mehr die Zeit.

Die Qualität der Beziehungen innerhalb einer Familie hängt von der Offenheit der Familienmitglieder ab; Liebe, selbstlose, bedingungslose Liebe, gepaart mit der Fähigkeit und dem Willen, alles zu akzeptieren, ist das, was eine Familie zusammenhält. Unsere Kinder sind unser kostbarster Besitz. Ihr grenzenloses Vertrauen und ihre unendliche Liebe sind die Hoffnung und die Zukunft unseres Planeten. Ihre unverbildete Phantasie kann unsere Welt zu neuen Gipfeln der Bewußtseinsentwicklung führen, Gipfeln, die wir uns noch gar nicht vorzustellen vermögen. Es ist an der Zeit, daß wir Erwachsenen unseren Geist und unser Herz wie die Kinder öffnen und uns voller Entzücken an dem erfreuen, was wir darin entdecken.

Die Zeit ist gekommen für unschuldiges Vertrauen, für kindliche Blindheit für die Schwächen anderer, für absolute Vergebung, für eine endlich wahrhaft bedingungslose Liebe.

Es ist an der Zeit, daß alle Menschen sich in brüderlicher Liebe und wechselseitiger Bejahung vereinigen – jetzt, bevor die Uhr für uns endgültig abläuft. Hören wir auf, unseren Organismus mit den Toxinen negativer Emotionen, der Vorurteile, der Arroganz, der Engstirnigkeit und des Hasses zu vergiften! Akzeptieren wir unsere Mitmenschen als das, was sie sind: unseresgleichen. Erkennen wir unsere negativen Einstellungen und Empfindungen als das, was sie sind. Diese Bewußtseinsinhalte verletzen unseren Körper, indem sie Geschwüre, Herzbeschwerden, Verdauungsstörungen und die verschiedensten chronischen Krankheiten verursachen; sie greifen unsere Psyche an und rufen Gemütsleiden wie Paranoia, Depressionen, Schizophrenie und Selbstmordneigungen hervor; sie verunreinigen und vergiften unseren Geist, wobei sie uns die Fähigkeit rauben, harmonische Beziehungen zu unseren Mitmenschen zu unterhalten, und ernstzunehmende Auswirkungen auf unser Leben nach dem Tod zeitigen. Die heimtückischsten Umweltgifte sind die negativen Einstellungen, die die natürlichen liebevollen Bande zwischen den Menschen zerstören.

Die Geschichte hat dies wiederholt bewiesen, und es ist an der Zeit, aus der Geschichte zu lernen und dadurch ein für allemal aus ihrem fortwährenden Kreislauf auszubrechen. Wir müssen erkennen, daß uns nur noch wenig Zeit verbleibt. Unsere Tage sind gezählt. Die Sanftmütigen werden das Leben gewinnen, die Hoffärtigen aber werden erniedrigt werden. Jetzt ist die Zeit gekommen, am Buch des Lebens, das wir vor Gott aufschlagen, die Endredaktion vorzunehmen.

Zweites Kapitel

Das Gegengift

Die heilsame Therapie der Traumdeutung

Es war Spätherbst. Die Zitterpappeln hatten ihre goldene Pracht abgelegt, und der übermütige Wind heulte wie eine Gewitterhexe, während er die Fensterscheiben unseres Schulhauses mit glitzerndem Pulverschnee peitschte. Immer wieder zog er sich zurück, nahm einen Anlauf und stürmte dann mit erneuter Heftigkeit gegen die alte, verwitterte Hütte auf dem Hügel.

Uns konnte dieser grimmige Krieger der Natur nichts anhaben, denn von außen wärmte uns ein prasselndes Feuer, und von innen verzehrte uns die Glut unserer zärtlichen Freundschaft.

Ich lag auf dem Rücken vor dem tanzenden Feuer, das seine kraftvollen Arme emporwarf und seine Flammensträhnen in zukkenden Reflexen über die niedrigen Deckenbalken schleuderte. Ich fühlte mich rundum wohl.

No-Eyes saß mit gekreuzten Beinen neben mir. Auch sie aalte sich in der wohltuenden Wärme des Feuers. Auch sie genoß die liebliche Heiterkeit unserer Freundschaft.

Der krasse Gegensatz zwischen drinnen und draußen war schön an diesem stürmischen Tag. Vor der Haustür heulte und tobte die grimmige Natur mit unwiderstehlicher Gewalt durch die bittere Kälte. Es war eines der eindrucksvollsten Schauspiele, die Mutter Erde zu bieten hatte. Ebenso schön aber war der sanfte Frieden in der Hütte, der mit der Zärtlichkeit unserer besonderen Beziehung zu einer herzerwärmenden Einheit verschmolz. Unser Schweigen hatte fast etwas Heiliges an sich. Das Knacken der lodernden Scheite stillte und umschmeichelte uns mit einem Geräusch, das wohlige Behaglichkeit war. Wir trieben, von Liebe erfüllt, auf den sanften, warmen Wogen unserer Zweisamkeit.

Ein Flüstern, leise wie der Hauch eines Schmetterlings, ritt auf den Wellen von Wärme. »Summer schläft noch ein«, mahnte die Greisin gütig.

»Bestimmt nicht«, schnurrte ich lächelnd. »Dazu genieße ich das alles zu sehr.«

Sie grinste verständnisinnig. »No-Eyes genießt das auch.«

Ich kuschelte mich näher an das Feuer heran. »Ich könnte den ganzen Tag hier so liegen, ohne ein Wort zu reden.«

Schweigen.

Ich sah zu ihr auf. »Und ... *du* nicht auch?«

Eine dünne graue Augenbraue hob sich. »Auf *die* Art würde Summer nix lernen.«

»Ach, komm schon, No-Eyes«, bettelte ich hoffnungsvoll, »laß uns doch einfach faulenzen, nur dies eine Mal.« Ich beobachtete ihren Gesichtsausdruck. Er blieb unverändert.

Schweigen.

Ich machte erwartungsvoll große Augen. »Das bedeutet wohl, daß du dir die Sache durch den Kopf gehen läßt«, tippte ich.

Schweigen.

Ich lauschte den gut geölten Zahnrädchen ihres Geistes. Sie ging offenbar auf meinen Vorschlag nicht ein.

»Hrmpf! No-Eyes macht heute da nicht mit.«

»Hrmpf!« machte ich ihr im Scherz nach.

Sie grinste von einem Ohr zum anderen, wobei sie ihr gesundes, rosiges Zahnfleisch entblößte.

Ich rollte mich auf den Bauch, mit dem Gesicht zum Feuer. Ich wartete.

»Keine Sorge. Summer bleibt heute hier, nur zuhören.«

Ich hob den Kopf. »Ich habe keine besondere Aufgabe? Keine anstrengenden Reisen?«

»Nein. Summer soll bloß zuhören. No-Eyes besorgt das ganze Reden.«

Das klang gut. Ich machte es mir bequemer und stützte das Kinn auf die Hände. Es war sehr entspannend in der behaglichen Hütte.

»Nicht *einschlafen!*« fuhr sie mich leise an.

Ich lachte. »Machst du Witze? Meine Ohren sind sperrangelweit auf.«

Ein dünner, knochiger Finger kroch schlängelnd auf mich zu. »Summer soll aufpassen, daß die *Augen* das sind.«

»Sind sie und bleiben sie. Ehrenwort. Deine Lehrstunden sind alles andere als langweilig.«

Die Greisin tätschelte mir die Schulter. »No-Eyes wird jetzt über Traumzeugs reden. Summer wird hier einen Haufen Traumzeugs mitkriegen. Summer muß aufpassen.«

»Tu ich, No-Eyes, tu ich. Schieß nur los.«

Die alte Seherin sprach lange, bis in den frühen Abend. Oft untermalte sie ihre Worte lebhaft mit komischen Grimassen und weit ausholenden Gesten. Ich folgte ihrer ganztägigen Vorlesung mit ungeteilter Aufmerksamkeit. Sie vermittelte mir unschätzbare Informationen über verschiedene Methoden der Traumdeutung. Sie skizzierte die genaue Bedeutung der Symbole, Zeichen, Farben und Aktivitäten, die in Träumen vorkommen können. Ich unterbrach sie häufig, um einzelne Punkte zu klären. Über mehrere wichtige Aspekte ihres Systems der Traumdeutung diskutierten wir längere Zeit.

Die Seherin betonte, daß die negativen Einstellungen und Emotionen, die wir mit uns herumtragen, unseren Körper und unsere Psyche vergiften, daß unsere Träume aber, wenn korrekt gedeutet, wertvolle Hinweise auf mögliche Lösungen für unsere Probleme liefern. Träume können uns die unbewußten Ursachen schädlicher negativer Einstellungen offenbaren und uns dadurch Mittel an die Hand geben, diese zu korrigieren. Sie betonte auch, daß das *Gegengift* gegen diese psychischen Toxine darin besteht, auf der Grundlage der aus der Traumdeutung gewonnenen Hinweise geeignete Korrekturen an sich, seinem Verhalten und seinem Innenleben vorzunehmen.

Was nun folgt, ist eine Zusammenfassung dessen, was No-Eyes mich über das »Traumzeugs« lehrte.

Zuallererst müssen wir uns bewußtmachen, daß keine Nacht vergeht, in der nicht wenigstens *ein* in sich abgeschlossener Traum durch unser Unterbewußtsein zieht. Wir träumen *jede* Nacht. »Ich träume nie«, werden jetzt einige von Ihnen im Brustton der Überzeugung einwenden. O doch, Sie *träumen!* Sie können sich nur nicht daran erinnern. Wie überaus betrüblich das ist!

Träume versetzen den Träumenden in ein pulsierendes Universum ganz neuer Wirklichkeiten. Sie offenbaren unschätzbare Informationen, anhand deren wir, durch Anwendung der richtigen Methoden, unsere Alltagsprobleme lösen und innere Führung erhalten können, die uns zu einem bewußteren und erfüllteren Leben leitet.

Unsere Träume sind eine deutliche Widerspiegelung unseres Lebens, und sie bieten uns einfache, nachvollziehbare Lösungen der Probleme, mit denen wir im Wachzustand zu kämpfen haben.

Auch die moderne Wissenschaft erkennt den therapeutischen Aspekt des Schlafens und Träumens an. Forschungen haben zweifelsfrei nachgewiesen, daß Träume eine wesentliche Voraussetzung für unsere psychische und körperliche Gesundheit darstellen.

Es ist eine unumstößliche Tatsache, daß *jeder* Mensch *jede* Nacht träumt. Allerdings gibt es immer wieder Träume, an die man sich nach dem Aufwachen nicht mehr erinnern kann. Wir träumen vor allem während der sogenannten REM-Phase, desjenigen Stadiums des Schlafes, das durch rasche, ruckartige Augenbewegungen (englisch *rapid* *e*ye *m*ovements) gekennzeichnet ist.

Zwar sind viele Träume realistische Darstellungen wirklicher Erlebnisse des Träumenden, die meisten aber sind symbolisch verschlüsselt und erfordern eine analytische Deutung durch jemanden, der ihre verwirrende Bildersprache zu entziffern versteht.

Wenn ein Mensch beginnt, seine persönlichen Handlungen, Gedanken und Erlebnisse mit Hilfe der Deutung seiner Träume zu begreifen, wird er sich immer klarer seiner negativen Einstellungen bewußt und verspürt daher die Notwendigkeit, sich selbst aufmerksamer und kritischer zu beobachten. Sobald Sie imstande sind, Ihre Träume korrekt zu entschlüsseln, werden Sie viele Probleme, von denen Sie vielleicht bislang gemeint hatten, sie erforderten die Hilfe eines Therapeuten, aus eigener Kraft lösen können.

Es gibt vier Hauptarten von Träumen:

Symbol	*Bedeutungsbereich*
Erde	physisch
Luft	mental
Feuer	emotional
Wasser	spirituell

Damit sind die vier Aspekte der menschlichen Persönlichkeit abgedeckt. Ein Traum, in dem beispielsweise ein vernichtender Wirbelwind vorkommt, verweist auf Ihre mentalen Aktivitäten und ermahnt Sie, Ihre selbstzerstörerischen negativen Gedanken zur Ruhe zu bringen. (Nur Sie selbst können den exakten, spezifischen Inhalt solcher warnenden Botschaften bestimmen.)

Wasser, gleich in welcher Form, symbolisiert im Traum stets Ihr geistiges Selbst, Ihre Bewußtheit oder den jeweiligen Stand Ihrer spirituellen Entwicklung. Alle Details des betreffenden Traums beziehen sich dann, durch das flüssige Element vermittelt, gleichfalls auf Ihre Spiritualität und liefern Ihnen somit unmißverständliche Hinweise auf die Gesamtbedeutung der Botschaft.

Träume können unterschiedlichen Schichten Ihrer Psyche entspringen. Das Unterbewußtsein zerfällt in drei Ebenen. Zuerst haben wir die unmittelbar an das Bewußtsein angrenzende Stufe. Die hier entstehenden Träume tragen die deutlichen Spuren äußerer Reize, sind oft frivolen Inhalts und unzusammenhängend.

Die zweite Ebene des Unterbewußtseins bringt Träume hervor, die mehr oder weniger direkt auf spezifische physiologische Funktionen des Träumenden Bezug nehmen. Schenken Sie diesen nächtlichen Erlebnissen ganz besondere Beachtung: Sie haben den Zweck, Sie vor einer kurz vor dem Ausbruch stehenden organischen Störung zu warnen.

Schließlich gibt es die tiefste Ebene des Unterbewußtseins; ihr entspringen Träume, die Aufschluß über Ihre jeweilige mentale Situation geben.

Träume können Sie aber auch vom Unterbewußtsein eines anderen Menschen aus erreichen: Sie können – willentlich oder »zufällig« – eine mentale und/oder emotionale Verbindung zu einer Ihnen nahestehenden Person herstellen und dadurch deren unbewußte nächtliche Visionen und Gedanken wahrnehmen.

Eine weitere mögliche Quelle Ihrer Träume ist das »Überbewußtsein«. Aus dieser innersten, »höchsten« oder »tiefsten« Ebene kommen Manifestationen geläuterten Gewahrseins. Das Überbewußtsein bringt präkognitive Visionen hervor und gewährt Ihnen jene spirituelle Führung, deren Sie so dringend bedürfen, um Ihren Daseinszweck auf Erden zu erfüllen.

Bisweilen erwachen Sie aus einem besonders friedvollen und tiefen Schlummer mit einem euphorischen Gefühl von innerer Weite und Ganzheit. Dies ist in der Regel dann der Fall, wenn Ihr Geist während des Schlafs »hinausgegangen« ist und einige Zeit bei Gott geweilt hat.

Der Schlaf ermöglicht es Ihrem reinen Geist oder höheren Selbst, seine beengende physische Behausung zu verlassen und das beabsichtigte Werk zu vollbringen, während Ihr Körper seine wohlverdiente Ruhe genießt. Ihr Geist kann hinaustreten, um anderen zu helfen, sich an eine Stätte höherer Unterweisung begeben, er kann sich schlicht ausruhen oder möglicherweise vor Gottes Angesicht gerufen werden. Wenn letzteres geschieht, werden Sie mit einem unbeschreiblichen Gefühl der Erfüllung aufwachen. Sie werden vielleicht noch eine Weile im Bett liegenbleiben und sich fragen, woher diese selige Zufriedenheit mit dem Leben im allgemeinen kommt. Einige von Ihnen werden sich vielleicht einzelner flüchtiger Augenblicke ihres spirituellen Abenteuers entsinnen, doch in den meisten Fällen wird uns keinerlei Erinnerung zurückbleiben, sofern wir nicht mit Fleiß und Ausdauer an unseren meditativen Fähigkeiten gearbeitet haben. Solche Träume kommen direkt von Gott, und die Erinnerung an sie wird gewöhnlich nur jenen Menschen als Belohnung gewährt, die nach dem Erwachen den wahren Ursprung ihrer beseligenden Erlebnisse zu erraten imstande sind.

Nun mögen Sie einwenden, daß Sie sich stets nur in so fragmentarischer Weise an Ihre Träume erinnern und daß diese zurückbehaltenen Bruchstücke so unzusammenhängend und wirr erscheinen, daß Sie unmöglich einen vernünftigen Sinn aus ihnen herauslesen können. Wenn Ihnen Ihre Träume so unlogisch vorkommen, dann erinnern Sie sich entweder tatsächlich nur an einige kurze Szenen daraus; Ihr Ich hat die eigentliche Botschaft unterdrückt, oder aber der Traum selbst versucht Ihnen auf diese Weise mitzuteilen, daß ein bestimmter Aspekt Ihres Lebens inkohärent oder »unlogisch« ist. Bitte bemühen Sie sich, »dranzubleiben« und die eminent wichtigen Botschaften, die Sie während des Schlafes empfangen, zu entschlüsseln. Wenn Sie sich dazu bringen können, Ihren Problemen bewußt ins Auge zu sehen, werden Sie bald merken, daß Sie im Schlaf einfache, praktikable Lösungen derselben empfangen.

Häufig wiederkehrende Träume zeugen von mangelnder Flexibilität und Aufnahmebereitschaft auf seiten des Träumenden. Im Wachzustand sind Sie anscheinend nicht offen für neue Ideen und sträuben sich gegen jede Veränderung, die Ihre gegenwärtige Lebensweise unterbrechen würde. Solche Träume könnten auch ein Symptom dafür sein, daß Sie Ihre Emotionen zurückhalten oder unterdrücken.

Alpträume, aus denen Sie mitten in der Nacht schweißbedeckt, voller Angst erwachen, ermahnen Sie eindringlich dazu, Ihrem psychischen oder physischen Zustand größere Aufmerksamkeit zu widmen. Sie geben Ihnen zu verstehen, daß Ihre gegenwärtige Situation ein »Horror« ist und daß Sie die – im Traum mehr oder weniger verschlüsselt angezeigten – Veränderungen schleunigst realisieren sollten.

Doch Träume übermitteln, wie schon angedeutet, nicht nur Warnungen, Ermahnungen oder Tadel, sie können auch durchaus als Belohnung für Ihre bei Tagesbewußtsein erbrachten Leistungen dienen oder in symbolischer Form ein Lob für Ihr richtiges Denken und Handeln aussprechen. Solche »Ermutigungsträume« enthalten nicht selten leuchtend bunte, verschlungene Muster, sogenannte Mäander. Wenn Sie je das Glück haben sollten, kurz vor dem Aufwachen wellen- oder strudelartig schwingende Linien und Bänder in schönstem Technicolor zu sehen, dann wissen Sie, daß Ihnen die Bestätigung Ihrer spirituellen Beharrlichkeit zuteil geworden ist. Ein Traum, der mit einem Mäander abschließt, ist die höchste Form der Anerkennung von der »anderen Seite«.

Nach dieser Einführung können Sie darangehen, mit Hilfe eines Traumlexikons oder gestützt auf Ihre Intuition Ihre eigenen Träume zu entschlüsseln und die so gewonnenen Erkenntnisse als Wegweiser zu einem gesunden und erfüllten Leben zu verwenden.

Die Vergeßlicheren unter Ihnen werden die folgenden Ratschläge für eine erfolgreiche Traumarbeit möglicherweise als nützlich empfinden.

Tips für eine erfolgreiche Traumarbeit

1. Legen Sie vor dem Schlafengehen einen Stift und einen Notizblock griffbereit in die Nähe Ihres Bettes.
2. Löschen Sie das Licht, liegen Sie völlig reglos, entspannen Sie sich und beginnen Sie dann, Ihren »Psycho-Computer« zu programmieren. Weisen Sie ihn an, Ihre Träume in das Wachbewußtsein hinüberzutragen. Wiederholen Sie Ihre Instruktionen immer und immer wieder. Sagen Sie sich: »Ich werde mich an meine Träume erinnern, ich werde mich an meine Träume erinnern.« Manchmal sperrt sich das Unterbewußtsein gegen solche neuen Programme, aber wenn Sie beharrlich bleiben und diese Prozedur mehrere Nächte hintereinander wiederholen, werden Sie bald die ersten Erfolge verzeichnen können.
3. Wenn Sie mitten in der Nacht aufwachen und sich lebhaft an einen gerade gehabten Traum erinnern können, schreiben Sie ihn sofort auf. *Warten Sie damit nicht bis zum Morgen!*
4. Schmücken Sie *niemals* auch nur das kleinste Detail eines Traums aus. Sie könnten damit die eigentliche Botschaft verändern oder entstellen. Schreiben Sie nur das auf, woran Sie sich wirklich *erinnern* können.
5. Datieren Sie stets Ihre Träume. Dies wird es Ihnen erleichtern, Vorahnungen nachträglich als solche zu erkennen beziehungsweise auf ihre Richtigkeit hin zu überprüfen. Manche Träume, die Ihnen in keiner Weise außergewöhnlich erschienen waren, können sich nach einigen Tagen, Wochen oder Monaten als prophetische Vorwegnahmen später wirklich stattfindender Ereignisse erweisen.
6. Seien Sie nicht ungeduldig. Oft braucht es einige Zeit, bis Ihr »unbewußter Computer« Ihre bewußten Befehle verarbeitet. Lassen Sie sich nicht entmutigen; wiederholen Sie Nacht für Nacht die beschriebene einfache Übung, und schon bald wird sich Ihr Notizblock mit Träumen füllen.
7. Jeder Mensch träumt jede Nacht. Die aktivste Phase tritt gegen drei Uhr früh auf. Wenn es Ihnen selbst nach zahlreichen ernsthaften Versuchen noch immer nicht gelingt, sich an Ihre Träume zu erinnern, stellen Sie Ihren Wecker auf drei Uhr: Mit einiger Wahrscheinlichkeit werden Sie mitten aus einem

Traum heraus erwachen und ihn, wenn Sie sofort darangehen, ohne Schwierigkeiten schriftlich festhalten können.

So weit diese Zusammenfassung von No-Eyes' faszinierendem Diskurs über den »Stoff, aus dem die Träume sind«.

Danach sprachen wir noch sehr lange über einzelne Traummotive und ihre symbolische Bedeutung. Die Weise erklärte, daß der Mensch sich zwar durch seine Neigung, allzuhäufig negativen Emotionen und Einstellungen zu frönen, selbst vergifte, dennoch aber die Möglichkeit habe, sich durch korrekte Auslegung seiner Träume aus eigener Kraft zu heilen.

Wir können unsere allnächtlichen Träume als ein Instrument verwenden, das uns in aller Deutlichkeit *zeigt*, wie wir wirklich sind. Das dadurch gewonnene Wissen wiederum wird es uns erlauben, aktuelle Probleme zu lösen und unseren speziellen Weg zu persönlichem Wachstum zu finden.

No-Eyes betonte, es sei außerordentlich wichtig, unsere Kinder von frühauf daran zu gewöhnen, sich an ihre Träume zu erinnern und über sie zu sprechen. Ich selbst weiß aus eigener Erfahrung, daß uns Eltern dadurch ein unschätzbares Mittel zur Verfügung gestellt wird, die unbewußten Sorgen und Probleme, Wünsche und Ängste unserer Kinder frühzeitig zu erkennen und ihnen auf die bestmögliche Weise zu begegnen.

Jetzt besitzen auch Sie das nötige Instrumentarium zur Selbstheilung durch Träume – das wirkungsvolle Gegengift gegen negative Einstellungen. Benutzen Sie es!

Drittes Buch

Der Geist

Die Blüte des ewigen Lebens

Erstes Kapitel

Der kristallene Strom

Der Weg der Meditation

Eines besonders balsamischen Morgens im Frühherbst, als die frisch duftende Brise unserer Berge verträumt durch mein Schlafzimmerfenster hereinwehte, erlebte ich die vertraute Empfindung allumfassender Liebe. Regungslos liegend gestattete ich diesem euphorischen Gefühl, nach und nach mein ganzes Wesen zu durchdringen und mit jenem berauschenden Glück zu erfüllen, das eine reine Vereinigung mit der Natur gewährt.

Es ist eine absolut selbst-lose Empfindung, das Gefühl, sich selbst im Großen Lebensplan zu verlieren. Es ist eine vollendete Verschmelzung gesonderter Geister zu einem einzigen mystischen Glanz. Dieses schöne Einswerden ist ein Phänomen, das unser Bewußtsein unserer selbst und unserer Umgebung erweitert und erhöht. Es gestattet uns einen flüchtigen Blick in die Wunder des Universums. Es teilt einen Herzschlag lang den durchscheinenden Schleier, der unsere Wirklichkeit von der nächsten trennt.

Dieses warme Gefühl des Einsseins überflutete mich wie ein sanfter Nebel alleinschließender Liebe. Es war lindernd und tröstlich. Es fegte all meine alltäglichen Sorgen und Problemchen spurlos hinweg. Es schenkte mir zugleich das Gefühl, vollkommen frei zu sein und mit offenen, umfangenden Armen willkommen geheißen zu werden.

Ein rufendes Wiehern drang auf den Flügeln des Windes in mein Schlafzimmer und ließ meine genüßlichen Träumereien wie eine Seifenblase zerplatzen. Sofort wach, wußte ich augenblicklich, wie ich den Tag verbringen würde.

Unsere Nachbarn ließen ihre Pferde weiter unten im Tal grasen. Das konnte nur eines bedeuten: Die Tiere waren heute frei für einen Ausritt. Kaum hatte ich telefonisch um Erlaubnis gebeten, rannte ich hinunter auf die taufunkelnde Weide, um Blue Boy zu begrüßen.

Blue Boy war ein ebenholzschwarzer Wallach fragwürdiger Abstammung, aber für mich war er das edelste Vollblut. Wir zwei hatten zusammen schon viele verborgene Pässe erklommen, viele saftig grüne Täler erkundet, wo die jungfräulichen Urwälder noch in ihrer uranfänglichen Pracht ruhten.

Als ich den Fuß unseres Hügels erreichte, trug die Brise Blue meine Witterung zu. Seine Nüstern blähten sich, und er galoppierte mir entgegen: Die lange, rabenschwarze Mähne flatterte im Wind, der Schweif bildete eine waagerechte Linie hinter ihm. Er blieb abrupt vor mir stehen und neigte seinen anmutigen Hals, um an meiner Hand zu schnuppern. Er ließ es zu, daß ich mich auf seinen breiten Rücken schwang.

Mehrere köstliche Augenblicke lang lehnte ich mich weit vornüber, ließ mein ganzes Gewicht auf seinem glatten Nacken ruhen und flüsterte ihm zu, wie sehr ich ihn liebte. Er wandte den trockenen, edlen Kopf nach hinten, blickte mich mit seinem großen, ausdrucksvollen Auge an und schnaubte mir eine Antwort zu. Ein leichter Fersendruck, ein sanfter Ruck an seiner Mähne, und wir zogen los, Plätzen entgegen, von deren Existenz nur er und ich etwas wußten.

Ich ließ Blue den Weg wählen, und er schritt gemächlich durch verschiedene Schluchten. Blue schien ganz genau zu wissen, wo er hinwollte, und ich brannte vor Neugierde zu erfahren, wohin er mich wohl bringen würde.

Nachdem wir einen natürlichen Korridor hinter uns gelassen hatten, begann der Pfad gefährlich anzusteigen. Blue schritt weiter trittsicher aus und folgte einem schmalen simsartigen Vorsprung, der sich an der Flanke des Berges hinzog. Es ging ziemlich steil hinauf, und ich machte mir langsam Sorgen, daß unser schwindelerregender Pfad sich als eine Sackgasse entpuppen könnte.

Ich warf einen scheuen Blick über den felsigen Rand des Abgrunds, und das Herz plumpste mir in die Hose, als ich begriff, daß Blue nicht genügend Platz hatte, um, sollte es nötig werden, kehrtzumachen.

Doch Blue setzte unbeirrt seinen gemächlichen Aufstieg fort. Einmal blieb er stehen und wandte sich nach mir um, und ich bekam beinahe einen Herzschlag, weil ich dachte, er versuchte, sich auf diesem schmalen Felssims umzudrehen.

Ich hatte mich getäuscht. Er sah mich nur an, um mir zu verstehen zu geben, daß er sehr wohl wüßte, was er tat. Als er den Kopf wieder nach vorn drehte, atmete ich aber doch auf. Mit einem Seufzer schickte ich mich in meine Situation.

Links von uns ragte die schroffe, zerklüftete Wand aus buntscheckigem Granit so weit das Auge reichte steil empor. Es war ein Götterturm, der bis an die Schwelle des Himmels reichte. Rechts von uns war ... nun, nichts. Lediglich ein knapper Meter festen Bodens trennte Blue und mich von einem buchstäblich einmaligen freien Fall. Ich fühlte mich dazu noch nicht bereit. Ich hatte für meine Begriffe noch lange nicht genug gelebt.

Ich blinzelte schräg nach oben zum strahlenden Saphirhimmel und fragte mich, ob der Große Geist wohl bemerkt hatte, in welch prekärer Lage wir uns befanden. Ich fragte mich, ob ich je wieder durch einen harzduftenden Wald wandeln würde. Dann riß ich mich aber zusammen, da mir sehr schnell klarwurde, daß ich das eigentlich gar nicht wissen wollte. Was das Schicksal letztlich für uns bereithält, sollte nur dem Großen Geist bekannt bleiben.

Ich war so sehr in meine morbiden Gedanken versunken, daß ich überhaupt nicht mitbekam, wann sich der Neigungswinkel unseres Weges änderte, aber ich merkte plötzlich, daß ich mich – statt wie bisher nach vorn – jetzt leicht nach hinten lehnte: Wir stiegen also ab.

Ich konnte mir beim besten Willen nicht vorstellen, wohin uns dieser Pfad führen würde. Blue umrundete noch mehrere Felsnasen, um die sich der abschüssige Weg in Haarnadelkurven wand, und blieb nach der letzten Biegung entschlossen aufstampfend stehen. Als wollte er verkünden, daß wir am Ziel unserer gefahrvollen Wanderung angelangt waren, schüttelte er heftig den Kopf und ließ ein lautes Wiehern ertönen, das gespenstisch im ganzen Tal widerhallte.

Wir befanden uns noch immer in beträchtlicher Höhe. Unter uns breitete sich das faszinierendste Panorama aus, das ich in den an Naturschönheiten nicht gerade armen Rocky Mountains bis dahin zu Gesicht bekommen hatte. Dieses verborgene Tal, das wir gerade entdeckt hatten, war wie das irdische Abbild des Gartens Eden zwei Sekunden nach der Schöpfung. Es war ein verzaubertes Land, so unvorstellbar unberührt, daß ich fast erwartete, es würde sich jeden Augenblick, wie ein Gaukelbild der Phantasie, in Luft auflösen. Vielleicht halluzinierte mein Geist nur diese paradiesische Fata Morgana. Vielleicht hatten Blue und ich doch den gefürchteten, entscheidenden Schritt über den Klippenrand getan und erlebten jetzt wirklich die Wonnen der Ewigkeit.

Andererseits fühlte ich mich absolut lebendig, denn mein Fleisch bebte vor Erregung und mein Blut rauschte durch Venen und Arterien mit einem schier ohrenbetäubenden Dröhnen. Mein Herz hämmerte wie die donnernden Hufe einer tausendköpfigen Bisonherde. Ja, ich war am Leben, *am Leben!* Und dieses Tal war kein Trugbild, flirrend vor Bereitschaft, wie eine unstoffliche Luftspiegelung zu zergehen. Es war greifbar. Es sandte Myriaden von Düften zu uns empor. Es war ebenso real wie der edle Wanderfalke, der hoch oben über seinem Reich seine Kreise zog.

Von meinem Aussichtspunkt aus konnte ich erkennen, daß das tiefe Smaragdgrün des Talbodens mit einem ganzen Regenbogen von Gebirgsblumen übersprüht war. Ein fernes Rauschen schmeichelte meinem Gehör. Ein Wasserfall ergoß sich über mehrere Felsstufen in die erwartungsvollen Finger eines gewundenen Flüßchens, das sich wiederum, nachdem es seine durchscheinenden Fluten fröhlich plappernd hierhin und dorthin spazierengeführt hatte, mit einem kristallklaren See vereinigte.

Während ich reglos auf Blue Boys Rücken saß, entrangen sich meiner Brust unwillkürlich tiefe, ehrfurchtsvolle Seufzer. Ich wußte nicht, wie lange wir auf unserem schwindelerregenden Ausguck verharrten, es kümmerte mich auch nicht. Ich streichelte Blues stolzen Nacken, und er antwortete, indem er mit dem Huf in der weichen Erde des Pfads scharrte. Die Zeit schien stillzustehen. Ich fragte mich, ob Blue nicht in Wirklichkeit ein Wesen aus dem Geisterreich war, das mich durch eine schleierverhangene Pforte geführt und bergauf und bergab zu diesem heiligen Tal der aufgehobenen Zeit getragen hatte.

Aber mein Reittier war mit Sicherheit nichts anderes als ein absolut reales Pferd. Mit Sicherheit war es kein mythischer Pegasus. Mit Sicherheit war es rein zufällig auf den Hohlweg gestoßen und dann einfach immer weiter gegangen, bis es in dieses wundervoll reine Tal gelangt war. Und dennoch ...

Wir legten vorsichtig das letzte, steile Stück des abschüssigen

Pfades zurück, und Blue betrat endlich ehrfurchtsvoll den feuchten Grasteppich der Talwiese. Vom lieblichen Potpourri herbstlicher Düfte träumerisch umweht, schritten wir lautlos durch das jungfräuliche Land. Unsere Herzen schlugen im Gleichtakt einen rhythmischen Gesang, unsere Geister sprengten ihre physischen Ketten, und unser Gewahren erweiterte sich im Bewußtsein, daß wir jetzt auf geweihtem Boden wandelten.

Das leise Rauschen, das Blues Hufe verursachten, als sie an den zarten Halmen der feuchten Wiese streiften, erhöhte nur noch die Stille. Gemeinsam zogen wir mitten durch das Tal, als schritten wir durch das Hauptschiff der herrlichsten Kathedrale der Erde. Die Gipfel erhoben ihre sonnenvergoldeten Zinnen in ewiger Lobpreisung gen Himmel.

Als wir uns dem mäandernden Bach näherten, beschwatzte er uns mit seinem Grußwort dazu, bei ihm zu verweilen und an all seiner Schönheit teilzuhaben.

Ich saß ab und ließ Blue frei umherschweifen. Ich stand am Rand des flink dahinfließenden Wildbachs und atmete die süße Würze der Sträucher, die sein Bett beschatteten, tief in mich ein. Die duftenden Büsche waren mit anderen vermischt, die keine Blüten trugen. Die Ölweide reckte junge, orangefarbene Zweige empor und verschränkte gleichsam die Hände mit den hochgewachsenen Silberweiden.

Ich starrte in den zauberischen Wasserlauf. Ohne die Mokassins auszuziehen, stieg ich in das klare Wasser. Das Flüßchen war knietief und hatte, was in den Rocky Mountains äußerst ungewöhnlich ist, einen sandigen Boden. Die Weichheit und Reinheit dieses besonderen Wildbachs waren einmalig. Das Wasser floß schnell, und es war beißend kalt, aber unendlich erfrischend. Ich weiß nicht, wieviel Zeit verging, bevor ich meinen Weg zum jenseitigen Ufer fortsetzte.

Die satten Herbstfarben und der Duft des blühenden Lebens um mich herum besaßen die Klarheit und Schärfe eines geschliffenen Edelsteins. Ich schlenderte an den Weiden vorbei und ging auf den kühlen Schatten des Waldrands zu. Hier ließ ich mich inmitten der verstreuten Golddukaten der Zitterpappel nieder, um den Anblick dieses göttlichen Tals in aller Ruhe in mich aufzunehmen.

Über meinem weichen Lager wölbte sich ein grüner, filigraner

Betthimmel. Die alten Murrays-Kiefern ragten majestätisch rings um mich empor und schleuderten vibrierende Spitzenbänder von Sonnenlicht schräg durch mein Schlafzimmer. Ich fühlte mich so geborgen wie ein Baby in den Armen der Mutter.

Soweit ich erkennen konnte, war das Tal vollständig von hohen Bergen umschlossen. Ich befand mich gleichsam in einer gewaltigen Festung, beschützt durch die steinernen Brustwehren und Türme der Natur. Kein Weg führte hinein oder hinaus außer dem gefährlichen Pfad, den Blue benutzt hatte. Das fruchtbare Tal beherbergte eine große Vielfalt an Tieren, die hier ein natürliches, ungestörtes Leben führten und sichtlich die Abwesenheit des Menschen genossen. Hier befand sich die Natur noch in einem vollkommenen Gleichgewicht.

Es war mir absolut unbegreiflich, wie ein solches Gebiet in der heutigen, immer kleiner werdenden Welt unentdeckt geblieben sein konnte. Wirklich jungfräuliche Urwälder und unberührte Landstriche gibt es, so sollte man meinen, in unserer Welt schon lange nicht mehr. Andererseits war es mir unmöglich, die Existenz von etwas, was meine Sinne so unleugbar wahrnahmen, zu bestreiten. Dieses Tal war ohne jeden Zweifel ein realer Ort.

Ich gab es auf zu versuchen, die Gründe seiner Existenz zu analysieren. Ich wußte, daß zu viele schöne Erfahrungen einfach untergehen, weil die Menschen es nicht lassen können, sie auseinanderzupflücken. No-Eyes hatte mich die Technik gelehrt, wie man durch bloßes Wahrnehmen, ohne Ablenkung durch das bewußte Denken, mit einem beliebigen Gegenstand verschmelzen konnte. Genau das tat ich jetzt.

Plötzlich war ich eins mit der lieblichen Wesenheit des Tals. Ich war eins mit den mächtigen granitnen Kriegern, die es bewachten. Ich war eins mit allen Geschöpfen, die in seinen sicheren Grenzen lebten. Ich war der einzige Mensch in diesem jungfräulichen Landstrich. Ich war ein mystisches Wesen. Und ich war real. Ich war Summer Rain, und ich befand mich auf geheiligtem Boden.

Ein Schatten durchschnitt das Blau des Himmels. Ich sah den Falken durch die ungeheure Weite seines azurnen Reiches schweben. Und ich schloß mich ihm an und flog mit seinem herrlichen freien Geist dahin. Ich betrachtete den glitzernden Bach, der tanzend und singend über seine Stufen zu Tal hüpfte.

Und ich schloß mich seinem Geist an und sang ein neues, süßes Lied der Berge. Ich lauschte dem Flüstern im Atem der Brise. Und ich schloß mich ihm an und teilte ihre uralten Geheimnisse. Ich sah die Sonne an. Und ich vereinte mich mit ihr.

Etwas Feuchtes auf meinem erwärmten Gesicht holte mich etwas abrupt in die Gegenwart zurück. Blue stupste mich vorsichtig mit seiner Schnauze an. Es war wohl Zeit, diesen verzauberten Ort zu verlassen.

Die lodernde Sonne war zu einer sanften Glut heruntergebrannt. Sie warf lange Finger über den Talgrund. Etwas wie erwartungsvolle Spannung erfüllte die Stille. Die Natur bereitete sich vor, die Wesenheit der Dämmerung zu empfangen.

Blue und ich schritten Seit an Seite durch die Wiese, die die Zeit vergessen hatte. Wir folgten unseren Spuren, bis wir wieder die natürliche Rampe erreichten, die zum Pfad hinaufführte. Ich kletterte ein Stückchen hinauf, bis ich mich mit Blue, der stehengeblieben war, auf gleicher Höhe befand. Nachdem ich mich auf das wartende Tier geschwungen hatte, blickte ich noch einmal zurück auf das Tal, das die sinkende Sonne schlagartig in glühende Farben getaucht hatte. Ich betrachtete die Szenerie, soweit das Auge reichte, und prägte sie unauslöschlich in meine Seele ein. Mit einem tiefen Seufzer trieb ich meinen Pegasus an, und er trug mich höher und höher und hinaus aus unserem mystischen geweihten Bezirk – demselben heiligen Bezirk, zu dem ich eines Tages für meine Visionensuche zurückkehren würde.

Ein paar Tage später fuhr ich zu No-Eyes' Hütte hinaus. Es war ein frischer Gebirgsmorgen, und ich hatte die Straße ganz für mich allein. Ich nutzte die Gelegenheit aus und schaltete in einen kleineren Gang, um die Fahrt genüßlich in die Länge zu ziehen.

Die Straße war von hohen Bankskiefern gesäumt, die ihre Häupter in sanftem Gleichtakt wiegten. Es war, als führe man durch einen grünen Tunnel. Nach einer Kurve blieben die immergrünen Nadelbäume hinter mir zurück, und die Böschung fiel auf der einen Straßenseite in ein tief eingeschnittenes Tal ab, das meilenweit mit flammend gelben und orangefarbenen Zitterpappeln übersät war, die sich scharf vom Hintergrund des türkisblauen Himmels abhoben. Solche Anblicke benehmen mir immer den Atem. Als ich an diesem wundersamen Herbstmorgen No-Eyes begrüßte, war ich in einer höchst euphorischen Stimmung.

»Summer sieht regelrecht beschwipst aus«, neckte sie mich, als sie die Tür öffnete. »No-Eyes dachte, wir könnten heute draußen Unterricht halten ... aber nicht jetzt, nicht so, wie Summer aussieht!« Sie zog mich hinein und knallte die Tür zu.

Ich streifte mir den Poncho über den Kopf und schleuderte ihn auf die Couch. Ich war von der schönen Fahrt ganz aufgedreht. Ich war restlos ausgefüllt von der eigentümlichen Wärme, die eine besondere Vereinigung, eine Berührung, in uns zurückläßt.

»Das ist wieder einer von diesen Tagen, No-Eyes«, gurrte ich schuldbewußt.

Sie senkte den Kopf und schüttelte ihn, während sie versuchte, ihr herzliches Grinsen zu verbergen. »Was soll No-Eyes mit Summer jetzt nur anfangen?« sagte sie mit einem tiefen Seufzer. »Andauernd läßt Summer sich den Geist von den Bergen wegschnappen.« Sie schüttelte wieder den Kopf. »Eines Tages wird Summer noch wie ein *skinwalker*, der einfach so abheben kann.«

»Schäm dich, No-Eyes, ich bin kein *skinwalker!*«

»No-Eyes weiß das. Summer macht es den Bergen einfach nur zu leicht, ihren Geist wegzurufen, das ist alles.«

Ich fummelte mit ihrem Anmachholz herum und fing dann an, es in Form einer Stufenpyramide im kalten Kamin aufzuschichten.

»Und wenn schon!« grinste ich zurück.

Die alte Seherin zog ihren Schaukelstuhl vor den Kamin. »Tz-tz«, schnalzte sie mit der Zunge. »Vielleicht sollte Summer besser die Luftklappe aufmachen, bevor sie dieses Streichholz anzündet«, warnte sie beiläufig, während sie sich langsam setzte. »No-Eyes wollte Summer schon machen lassen ... aber ich kann's nicht ausstehen, wenn das Haus so voller Rauch ist wie Summers Kopf. Summer muß kapieren, daß die Berge im Herbst auch den Verstand rauben – ihn mit *Holzrauch* vollqualmen!«

Ich öffnete gehorsam die Luftklappe, zündete das Feuer an und sah ihm zu, wie es durch die aufgeschichtete Pinien- und Wacholderstöckchen emporwuchs. Mehrere Minuten lang betrachtete ich schweigend die züngelnden Flammen. Ich beachtete No-Eyes' spöttische Worte nicht. Hinter mir hörte ich das vertraute Rumpeln und Quietschen ihres Schaukelstuhls.

»Willst du den ganzen Tag da drinbleiben?« fragte sie scharf.

Ich drehte mich um und lächelte. Es war ihr nicht gelungen, meine wundervolle Stimmung zu vertreiben. Ich sah der Greisin in die tiefliegenden Augen und sagte leise:

»Ich liebe dich, No-Eyes.«

Sie fummelte an den Fransen des Umhängetuchs herum, das ich ihr geschenkt hatte. Sie musterte ihre Finger, und ohne zu mir aufzublicken, erwiderte sie. »Auch No-Eyes liebt Summer.«

Ich beugte mich vor und drückte einen zärtlichen Kuß auf ihr schütteres graues Haar, bevor ich mich, nahe am Feuer, ihr gegenüber auf den Boden setzte. Im Kamin begann es zu prasseln und zu knacken. Es fügte unserer schon glühenden Freundschaft eine Komponente wohliger Behaglichkeit hinzu. Schweigen verband uns, während wir der einsamen Stimme lauschten, die von jenseits der wärmenden Feuerstelle sprach.

Ich ließ im Geist das Video meincs Tages mit Blue noch einmal ablaufen, denn es war mir gelungen, jede Einzelheit in leuchtendem Technicolor aufzuzeichnen. Plötzlich verschwand das Bild – die Greisin hatte auf die Stopptaste gedrückt.

»Vielleicht ist Summer so nett, zur Abwechslung auch mal *hier* zu sein«, bellte sie. »Summer ist manchmal ganz schön unhöflich«, fügte sie entnervt seufzend hinzu.

Ich blickte in ihr greises Gesicht empor. »Entschuldige, aber die Fahrt heute morgen hierher hat mich richtig ... na ja, aus mir herausgerissen. Und das Gefühl, das zurückgeblieben ist, hat mich an eine Stelle erinnert, die ich diese Woche mit Blue besucht habe.«

»Hrmpf!« knurrte sie mit flammenden Augen. »Ist das irgendsoein großes *Geheimnis?* Oder darf die alte Frau auch was über diese tolle, wunderbare Stelle erfahren?«

Ich war froh, daß sie danach fragte. All das selige Staunen des ersten Moments wallte wieder in mir auf, als ich ihr von unserem herrlichen, unberührten Tal erzählte, unserem geweihten Bezirk. Als ich fertig war, wartete ich gespannt auf ihre Reaktion.

Die Greisin sprach zunächst kein Wort. Sie starrte blicklos an mir vorbei in das Feuer, das Schatten über ihr tief zerfurchtes Gesicht tanzen ließ. Dann sagte sie leise:

»Summer hat Glück, daß sie so einen Platz gefunden hat, wo sie hingehen kann. No-Eyes wollte heute eigentlich von einer anderen Sache reden, aber das ist jetzt wichtiger.«

Der Schaukelstuhl nahm seinen regelmäßigen Rhythmus auf.

»Wir haben schon viel über das Earthway-Leben geredet. Wir haben vom Körper geredet, vom richtigen Denken, von den richtigen Einstellungen und sogar von dem ganzen Traumzeugs. Ich glaube, jetzt ist eine gute Gelegenheit, über diesen Ort zu reden, der in den Leuten drin ist, den besonderen Ort für die Geistreise. Er ist wie Summers geweihtes Dings.«

»Mein Tal hat dich darauf gebracht, stimmt's?«

»Stimmt. Aber vor allem dieser *Bach* in Summers Tal hat No-Eyes an was erinnert, an eine *andere* Strömung, eine Strömung, die durch den heiligen Bezirk des *Geistes* fließt.«

Meine Augen leuchteten auf. »Sprichst du etwa vom Energiestrom der Kundalini?«

Sie nickte. »Den meine ich. Aber der hat keinen solchen Namen, überhaupt keinen besonderen Namen. No-Eyes sieht, daß es der Strom ist, auf dem der Geist durch die Pforten der Kraftpunkte hinauffahren kann, zur Bewußtheit, zur Erleuchtung, sogar gradewegs bis zum Großen Geist.«

Und die weise Frau begann ihre Lehrstunde.

Die Menschen werden zyklisch von schweren Anfällen von Niedergeschlagenheit und Mutlosigkeit heimgesucht. Sie ringen die Hände und wehklagen, sie seien von allen – einschließlich Gott – vergessen und in einer Welt voller Gleichgültigkeit verlassen.

Warum geben die Menschen immer Gott die Schuld? Warum fällt es ihnen so leicht, ihn zum Sündenbock für ihre Enttäuschungen und Probleme zu machen?

Der physische Körper ist nur ein Gefäß, eine äußere Schale, die den lebendigen Kern, das wirkliche Selbst umschließt. Das wirkliche Selbst ist derjenige Teil von Ihm, der in jedem von uns wohnt – unser *Geist.* Gott vergißt niemanden. Noch verläßt er seine geliebten Kinder. Suchen Sie den Urgrund, die erste Ursache, nicht nur zwischen den Mauern von Kultstätten. Betrachten Sie Ihn nicht ausschließlich durch die dogmatische Brille einer bestimmten Religion. Gott ist *in* jedem einzelnen von uns, jederzeit. Immer ist Er in uns.

Die Menschheit besitzt ein unschätzbares Erbe. Dieses Vermächtnis umfaßt zahlreiche geistige Vermögen, darunter auch einen uns allen offenen Weg, mit dem ewigen Ursprung zu kommunizieren – den privaten »heißen Draht« der Meditation.

Die Meditation ist nichts, was sich nur unter der Führung eines östlichen Meisters erlernen ließe. Sie ist keine Form der Selbsthypnose, noch ist sie etwas, mit dem man herumspielen dürfte. Die Meditation ist ein *Weg*, der direkt zur Quelle aller Erkenntnis und Erleuchtung führt.

In vollkommener Meditation werden Sie die Antworten empfangen, nach denen Sie suchen. Die Meditation ist das Gegenteil des Gebets. Während das Gebet des Menschen *handelndes* Sprechen mit der Quelle darstellt, repräsentiert die Meditation umgekehrt sein *Nichthandeln* im Schweigen – sein *Lauschen* auf deren Weisheit. Eines ist aktiv, während das andere passiv ist. Die Meditation ist ein Lernprozeß – Sie lernen durch sie, Ihr Denken und jegliche psychische Aktivität nach und nach zum Stillstand zu bringen, so daß Sie innehalten und cinc Weile in vollkommener Stille ausruhen können.

Gott wollte, daß der Mensch nach seinem geistigen Ebenbild erschaffen werde, dennoch verstecken und ersticken wir diese Ähnlichkeit unter einer ununterbrochenen Flut von Zweifeln und Rationalisierungen. Warum fällt es uns so schwer zu glauben, daß ein Kind Dinge wahrnehmen kann, die uns verborgen bleiben? Warum fällt es uns so schwer, unserem eigenen Kind Glauben zu schenken, wenn es beteuert, es habe etwas gehört, was *wir* nicht vernommen haben? Diese Sinneswahrnehmungen sind die Folge einer offenen Seele. Diese Bilder und Geräusche sind Symptome aufkeimender Bewußtheit. Vielleicht haben Sie selbst in Ihrer Kindheit ungewöhnliche Dinge gesehen oder gehört. Vielleicht wurden *Sie* mit der Skepsis der Erwachsenen konfrontiert und lernten mit der Zeit, um nicht verlacht zu werden, Ihre Wahrnehmungen zu ignorieren. Nun gut, Ihre Wahrnehmungs*fähigkeit* ist noch immer vorhanden! Sie ist nur latent, wartet im verborgenen darauf, daß Sie sie wiederentdecken. Sie wartet darauf, daß Sie Ihr Denken und Fühlen öffnen. *Suchen* Sie nach ihr. Machen Sie sich bewußt, daß sie da ist und in Ihrem Inneren wartet. *Glauben* Sie an diese Fähigkeit. *Pflegen* Sie sie und halten Sie sie in *Ehren.*

Zu unserem physischen Körper gehören neben den »normalen« auch die sogenannten endokrinen Drüsen. Es gibt sechs – zum Teil paarige – endokrine Drüsen. (Manche zählen die Bauchspeicheldrüse als siebtes Hauptzentrum hinzu, aber es handelt sich dabei nicht um eine echte »Drüse« im Sinne eines spirituellen Kraftpunktes. Als siebter Aspekt gilt vielmehr der erwachte Kraftstrom.) Diese sechs Hauptdrüsen sind die »Kraft-Pforten« des Körpers, durch die die Kraft oder Energie fließen muß. Während der Meditation werden diese ansonsten ruhenden Drüsen, sobald die Kraft sie erreicht, eine nach der anderen aktiv. Sie erwachen und werden zu hochwirksamen Kraftpunkten.

Die sechs Kraftpunkt-Pforten sind, von der untersten angefangen, die Gonaden oder Keimdrüsen, die Nebennieren, der Thymus, die Schilddrüse, die Epiphyse oder Zirbeldrüse und die Hypophyse oder Hirnanhangsdrüse. Wir wollen sie jetzt kurz einzeln erörtern.

Die *Gonaden* sind die männlichen und weiblichen Geschlechtsdrüsen. Sie produzieren spezifische Hormone, die den Strom der Kraft stimulieren und erwecken. Eben in diesen Drüsen wohnt die große Kraft, solange sie schläft. Die mit den Gonaden assoziierte Farbe ist Rot.

Die *Nebennieren* sind Pforten, die dem oberen Nierenpol aufsitzen und aus denen positive wie negative Energien freigesetzt werden. Die Nebennieren sind die Lebenskraft des gesamten – physischen, psychischen und spirituellen – Organismus. Die Farbe, die man während der Konzentration auf diese Kraftpunkt-Pforte visualisieren soll, ist Gelb.

Die *Thymusdrüse* befindet sich hinter dem Brustbein, oberhalb des physischen Herzens, weswegen ihre Pforte auch als das Herzzentrum bezeichnet wird. Es ist dieser Kraftpunkt, der darüber entscheidet, in welcher Weise sich die im Augenblick der Geburt herrschenden Konstellationen auf den Charakter und die Persönlichkeit des Menschen auswirken werden. Der Thymus ist die letzte der drei unteren Pforten, die einen direkten Einfluß auf die physischen Aspekte der Persönlichkeit ausüben. Die ihm zugeordnete Farbe ist Grün.

Die *Schilddrüse* ist die Kraftpunkt-Pforte der Kehlkopfregion. In ihr entsteht die Gabe des Zungenredens (Glossolalie). Die der Schilddrüse entsprechende Farbe ist Blau.

Die *Epiphyse* oder Zirbeldrüse ruht an der Basis des Großhirns und ist die Pforte, durch welche wir alle Formen außersinnlicher oder paranormaler Wahrnehmung empfangen. Die ihr zugeordnete Farbe ist Violett.

Die *Hypophyse* befindet sich ziemlich genau im Zentrum des Gehirns, wo sie, etwa in Höhe des Punktes zwischen den Augenbrauen, von einer Membran umhüllt herabhängt. Sie ähnelt einer Perle. Diese Pforte – die letzte im menschlichen Körper – ist überaus zart und empfindlich. Es ist sie, deren Öffnung uns die Einswerdung mit dem Ursprung ermöglicht. Die Farbe, die dieser Kraftpunkt-Pforte entspricht, ist Weiß.

Die Meditation ist der einzige wahre Weg, eine direkte Verbindung zum Ursprung herzustellen. Die Kraft ist in jedem Menschen vorhanden und wartet auf ihre Erweckung. Sie benötigen keine Räucherstäbchen oder Musik, um sie zu aktivieren; Sie brauchen keine Drogen oder besonderen Zeremonien. Es sind keinerlei Hilfsmittel nötig; Riten und »esoterische« Utensilien sind nur äußerliches, störendes Beiwerk. Um die Kraft zu aktivieren, braucht man im Prinzip nichts anderes als ein reines Herz, eine starke Sehnsucht und eine ernste spirituelle Zielsetzung.

Sobald die Kraft erwacht ist, wird sie zu einem Strom, der nach und nach durch alle Pforten emporfließt. Sie ist einem materiellen Feuer vergleichbar, da sie gleichermaßen zu positiven wie zu negativen Zwecken, um zu zerstören wie um zu helfen und zu retten, eingesetzt werden kann. Sie müssen selbst entscheiden, in welcher Weise sie diese gewaltige Kraft nutzen wollen.

Wenn Sie beschließen, eine zerstörerische Kraft zu sein, und negative Absichten hegen, wird der Strom durch Ihre Pforten emporsteigen, und Sie werden ihn in die von Ihnen angestrebten, negativen Bahnen leiten. Doch vergessen Sie nie, daß das Böse, das Sie verüben und in die Welt setzen, unweigerlich verzehnfacht auf Sie zurückfallen wird, denn wenn Sie die Pforte der Hypophyse erreichen, wird Sie nicht der göttliche Urgrund erwarten ... sondern *ein anderer.* Das ist nicht als Drohung oder Einschüchterungsversuch meinerseits zu verstehen; es ist schlicht die Wahrheit.

Die erste Voraussetzung, um die stillen Wasser, die durch die Pforten fließen, zu erwecken, ist eine lautere Absicht. Als nächstes nehmen Sie eine bequeme Haltung ein, gleich ob im Sitzen oder Liegen; Sie sollten nur darauf achten, daß Ihre Wirbelsäule gerade ist. Dies gestattet es dem Kraftstrom, ungehindert zu fließen.

Sie brauchen sich nicht zu konzentrieren (was eine psychische *Tätigkeit* darstellen würde), denn zu einer erfolgreichen Meditation ist Passivität erforderlich. Anfangs werden Sie zweifellos feststellen, daß die verschiedensten, unzusammenhängenden Gedanken versuchen, den Raum Ihres Bewußtseins einzunehmen – lassen Sie sie ruhig gewähren. *Lassen Sie sie einfach vor Ihrem geistigen Auge vorüberziehen*, ohne ihnen irgendwelche Beachtung zu schenken, ohne ihnen etwas von Ihrer psychischen Energie abzugeben. Über kurz oder lang werden Sie keine Bilder oder Gedanken mehr von Ihrem angestrebten Ziel ablenken. Bald werden Sie von einer friedvollen, lautlosen Stimme umhüllt sein – dem Schweigen der Meditation.

Wieviel Zeit Sie mit Meditieren verbringen, spielt nicht die geringste Rolle. Sie können bloße fünfzehn Minuten sitzen oder liegen, oder Sie können stundenlang in der Stille verharren. Verschwenden Sie keinen Gedanken an den Zeitfaktor; er ist vollkommen irrelevant.

Ausschlaggebend ist nur, daß Sie ausdauernd sind. Regelmäßige Übung ist der Schlüssel zum Erfolg. Viele Menschen geben schnell auf, weil, wie sie sagen, bei ihnen »nie etwas *passiert*«. Aus solchen Äußerungen spricht eine *aktive* Erwartungshaltung, und damit werden Sie nie etwas erreichen. Die Meditation wird Ihren physischen Organismus mit der Zeit mehr und mehr entspannen. Die Meditation wird Ihre Psyche beruhigen und Sie toleranter in bezug auf Ihre Mitmenschen machen. Die Meditation glättet alle scharfen Ecken und Kanten der menschlichen Persönlichkeit und schenkt eine freudige, lebensbejahende Gelassenheit. Die Meditation wird eines Tages die Worte der alleinigen Quelle in Ihr Herz einfließen lassen – all das aber nur, wenn Sie beharrlich sind und nichts aktiv erwarten.

Zuletzt noch einige Vorsichtsmaßregeln.

Der echte meditative Zustand öffnet die Pforte jedes einzelnen Kraftpunktes, sobald die Kraft ihn erreicht. In einem solchen Augenblick ist der gesamte geistige Leib den subtileren Elementen der Wirklichkeit ausgesetzt – Elementen, die oftmals eher schädlich als gut sind. Durch diese Öffnung der Pforten liefern

Sie Ihr zerbrechliches geistiges (mentales und spirituelles) Selbst einer Vielzahl äußerer Einflüsse aus, von denen etliche die Absicht – oder die Fähigkeit – haben könnten, Ihnen zu schaden. Um dies zu verhindern, müssen Sie einen Schutzschirm um sich aufrichten. Der einzige Schild, den No-Eyes in diesem Zusammenhang empfahl, ist der des Weißen Lichts.

Um diesen Schutzschild aufzurichten, müssen Sie sich bildlich vorstellen, ein strahlend weißes Licht umgebe Sie (Ihren Körper) vollständig. Manche entscheiden sich für die äußerst wirkungsvolle Methode, sich in einem Kokon aus diesem weißen Licht zu visualisieren. Andere ziehen es vor, sich im Zentrum einer Blase aus weißem Licht zu sehen, was genausogut wirkt. Wieder andere scheinen sich nur dann vollkommen geschützt zu fühlen, wenn sie das weiße Licht mit speerartig nach allen Seiten emanierenden Strahlen visualisieren.

Dieses schützende weiße Licht wird Sie vor jeglichem physischen, psychischen oder außersinnlichen Schaden bewahren. Sie sollten die Visualisation unmittelbar vor der Affirmation Ihrer reinen Absicht durchführen, sobald Sie Ihre Meditationshaltung eingenommen haben.

Während der echten Meditation kann es vorkommen, daß Sie merkwürdige, unter Umständen sogar besorgniserregende Erfahrungen machen. Oft beginnt der Körper beispielsweise unkontrollierbar zu zucken, oder man vernimmt klickende oder knallende Geräusche. Bisweilen spürt man eine leichte Brise, die einem über Gesicht oder Hände streicht, oder man hat die Empfindung, berührt zu werden. Manche haben das Gefühl, sich auszudehnen oder körperlich zu wachsen, zu schweben oder durch die Luft zu treiben. Manchmal hört man ein Flüstern nah am Ohr oder ein immer lauter werdendes Hallen. Solcherlei Wahrnehmungen ereignen sich oft, während sich die Pforten öffnen. Ihr Zweck ist, anzuzeigen, daß alles planmäßig verläuft und kein Grund zur Sorge besteht. Allerdings sollten Sie Erfahrungen dieser Art keine bewußte Aufmerksamkeit schenken. Um Fortschritte in der Meditation machen zu können, müssen Sie solche Wahrnehmungen ignorieren. Wenn es Ihnen gelingt, sie zu »übersehen«, werden sie bald verschwinden und Sie ungestört Ihrer wortlosen Stille der Meditation überlassen, wo Sie die Möglichkeit haben, übersinnliche Informationen zu empfangen.

Von Gruppenmeditation ist abzuraten. Bitte denken Sie daran, daß zwischen Gruppenmeditation und Gruppenheilung ein wesentlicher Unterschied besteht. Es sind zwei grundverschiedene Dinge. Die individuelle Meditation ist Ihr ganz persönlicher, privater Weg, den Strom spiritueller Energie, die mächtige Kraft, in Ihnen aufsteigen zu lassen. Meditation bedeutet, den kristallenen Strom der göttlichen Kraft Ihre höchste Pforte erreichen und dadurch Ihren Kelch von Seiner Gnade und Essenz überfließen lassen. Meditation ist eine absolute »Zweier-Beziehung« zwischen Ihnen und der ewigen Quelle; sie ist der intimste Vorgang, den Sie je erleben werden. Wahrhaft meditieren können Sie nur allein ... allein mit der Quelle!

Seien Sie still. Treten Sie in das Schweigen ein. Lassen Sie Ihren inneren Kristallstrom ungehindert durch Ihren geweihten Bezirk fließen ... den heiligen Bezirk, in dem Gott auf Sie wartet. Alles, was Sie zu tun haben, ist, die Pforte zu öffnen.

Zweites Kapitel

Krieger des Lichts und der Finsternis

Die Realität der Geistmächte

Mein nächster Besuch bei No-Eyes sollte ganz anders als alle bisherigen verlaufen: Zum ersten Mal war Bill eingeladen worden, mich zu begleiten. Dieser Tag war etwas Besonderes.

Es war Spätherbst, ein vollkommener Morgen. Die Bäume schickten sich an, ihr abschließendes Feuerwerk abzufeuern. Für Mitte Oktober war die Temperatur noch immer recht mild – die Natur schenkte uns ein paar zusätzliche Tage, in denen wir sie unbeschwert genießen und feiern konnten.

Die Fahrt zu No-Eyes' Hütte war besonders erfreulich, da ich diesmal in aller Ruhe um mich schauen und die Pracht der Gebirgswelt bewundern konnte. An dem Tag saß Bill am Steuer, und ich fand es herrlich, neben ihm zu sitzen.

Wir haben seit jeher alles geteilt, und die Lektionen der Seherin fielen mir noch einmal so leicht, da ich jemanden hatte, mit dem ich sie repetieren konnte. Bill war ein begabter Schüler und sollte jetzt endlich seiner »Fernkurs-Lehrerin« von Angesicht zu Angesicht begegnen. Wir waren bester Stimmung und von großer Spannung und Vorfreude erfüllt.

Meine Lehrerin hatte den Wunsch geäußert, uns beide zu sehen, und wir hatten uns für diesen Tag, einen Werktag, verabredet. Sie hatte keinen Grund für dieses überraschende Verlangen angegeben, und ich nahm einfach an, sie habe lediglich den natürlichen Wunsch verspürt, Bill persönlich kennenzulernen, um seinen Charakter und den Stand seiner spirituellen Entwicklung beurteilen zu können. Schließlich hatte ich oft genug vor ihr damit angegeben, wie gut er ihre Lektionen begriff. Er wußte so gut wie ich, daß an diesem Tag so ziemlich alles passieren konnte. Wir hatten zwar keine Ahnung, was sie für diesen besonderen Morgen geplant hatte, aber wir waren uns sicher, daß wir nicht enttäuscht werden würden.

Unterwegs hielt Bill unseren Kleinlaster zweimal an. Wir fuhren durch eine einmalig schöne Gegend, und wir brachten es einfach nicht fertig, ihr nicht die gebührende Beachtung zu schenken. Wir setzten uns auf die Böschung und beteiligten uns schweigend an der Feier des Lebens, die die Natur veranstaltete. Worte waren nicht nötig. Die Tatsache, daß er mich in seinen Armen hielt, genügte vollauf.

Auf dem Highway gab es nur wenig Verkehr. Es war noch früh, und das dunstige Morgenlicht berührte sanft die schlafenden Geschöpfe. Sie nickten verschlafen und streckten ihre Glieder, um den neuen, jungen Tag zu begrüßen. Die Wesenheit der Morgenröte kroch leise auf die östlichen Berghänge zu und tupfte dabei Küsse von Tau auf die schlafenden Häupter von allem, worüber sie hinwegstrich.

Ein ehrfürchtiges Schweigen erfüllte alles Lebendige. Dann seufzte eine Brise auf, und die erwachenden Bankskiefern flüsterten leise miteinander. Die aufgehende Sonne lugte über einen gezackten Grat, und ein goldener Lichtspeer stieß wie ein mystisches Queue ins Tal hinab und jagte die Schatten der Frühe in die Löcher und Spalten des weiten, mit Pappeln bewachsenen Canyons. Es war jetzt offiziell Morgen, und unsere Welt begann wieder einmal, von den Wundern des Lebens zu wimmeln.

No-Eyes erwartete uns. Sie hatte den klapprigen Schaukelstuhl nach draußen in die Morgensonne gezogen. Sie liebte es, die warme, sanfte Liebkosung des Sonnengeistes auf ihrem ledrigen Gesicht zu spüren. Die Alte blieb regungslos, als wir näherkamen.

Wir sprachen kein Wort. Wir blieben in einiger Entfernung stehen und warteten darauf, daß sie ihren meditativen Zustand verließ.

Schweigen.

Respektvoll warteten wir weiter.

»Wollt ihr beiden den ganzen Tag da rumstehen?« bellte die alte Frau.

Bill warf mir einen ungläubigen Blick zu, wie um zu sagen: »*Meine* Herren!«

Ich lächelte zurück und gab ihm zu verstehen: »Das ist noch *gar* nichts!«

Und wir traten vor die kleine Veranda.

Ich stellte die beiden einander vor, und Bill ergriff als erster das Wort: »Es ist mir eine große Freude, Sie kennenzulernen, No-Eyes. Ihre Freundschaft bedeutet Summer unendlich viel. Sie haben uns beide so viele schöne Dinge gelehrt, und ich möchte Ihnen von Herzen danken.«

»Hrmpf!« lautete die unerwartet einsilbige Antwort.

Ich begriff ihre Unhöflichkeit nicht. Sie hatte verlangt, ihn kennenzulernen, und jetzt ließ sie ihn derart abfahren. Ich hatte mir von dieser alten Frau viele Demütigungen gefallen lassen, um von ihr zu lernen, aber ich duldete es nicht, daß jemand Bill gegenüber unfreundlich war – nicht einmal *sie*.

»No-Eyes! Das ist mein Mann, und –«

»Sch, Summer! Ich bin noch nicht fertig. Wo bleiben Summers Manieren?«

»Dasselbe wollte ich *dich* gerade fragen!« bellte ich zurück.

»Summer urteilt zu schnell. Summer hat mich unterbrochen.«

»Ich bitte um Verzeihung«, sagte ich mit einem schnellen Seitenblick auf Bill.

No-Eyes lehnte sich vor und streckte ihre knotigen Finger nach Bill aus. »Komm näher, Bill.«

Bill stieg die grauen, sonnengebleichten, massiven Holzstufen hinauf und setzte sich vor die Frau hin. Er nahm die alte Hand zärtlich zwischen die seinen.

»Aah ... aah. Ja. Ja«, flüsterte sie in einem einzigen, langen Seufzer, während ihr Kopf auf und ab nickte. Ihr bisheriger grimmiger Gesichtsausdruck war einem strahlenden Lächeln gewichen. Die Runzeln an ihren Augenwinkeln vertieften sich noch weiter, und ihre Nase krauste sich vor geheimer Freude.

»No-Eyes wußte es. No-Eyes wußte es«, zwitscherte sie. »No-Eyes *wußte*, daß Bill sich so anfühlen würde. Du bist genauso, wie No-Eyes erwartet hatte.«

Bill lachte, und ich gesellte mich zu ihm auf die sonnige Veranda. Er grinste noch immer.

»Und zwar wie, No-Eyes?«

Sie drückte sich seine Hand an die Brust und streichelte sie sanft. Sie nickte. »Summers Mann hat Weißen-Haut«, sagte sie, während sie die Hand knetete. Dann reckte sich ein Finger in die Höhe. »Aber er hat den *Geist* eines Kriegers ... einen Geist, der mit allen Erdgeistern eins ist. Summer und Bill sind wie Sonne und Regen – die Erde braucht beides zum Leben.« Sie kicherte wie ein kleines Kind hinter vorgehaltener Hand.

Wir lächelten über diese freundlichen Worte.

Dann sprach sie weiter. »No-Eyes war vorhin nicht unhöflich, als Summer sie unterbrochen hat. Bill, du sagst, du dankst No-Eyes, weil sie euch schöne Sachen beibringt. Und No-Eyes sagt ‹hrmpf› dazu! Bill schmeißt alles durcheinander! Bill und Summer *wußten* schon alles, was die alte Frau Summer erzählt hat. Ihr brauchtet nur was, um euch wieder zu *erinnern.* Das hat No-Eyes getan, euch dran erinnern, sonst nichts.«

Bill runzelte die Stirn. »Könnten Sic das ein bißchen näher erklären?«

»Wozu? Was gibt's da zu erklären?« fragte sie, indem sie sich in ihrem Stuhl zurücklehnte.

»Na ja, ich möchte ja nicht unwissend erscheinen, aber *alles,* was Sie Summer beigebracht haben, war mir absolut unbekannt, bis sie es mir referiert hat. Und trotzdem sagen Sie, daß ich das alles schon wußte.«

»Genau!« erwiderte sie mit ihrem berühmten zahnlosen Lächeln und schaukelte dabei leicht.

Innerlich schüttete ich mich vor Lachen aus. Bill bekam gerade am eigenen Leib vorgeführt, wie ein typisches Gespräch mit No-Eyes ablief. Er ließ sich indes nicht aus dem Konzept bringen.

»Wenn ich all die Dinge schon wußte, wie konnten sie mir dann so vollkommen neu vorkommen?«

»*Denk nach,* Bill.«

Ich amüsierte mich immer königlicher über seine zunehmend verfahrenere Situation. Er geriet immer tiefer in den Schlamassel. Jetzt versuchte er es mit einer neuen Strategie:

»Ich geb's auf, eins zu null für Sie. Ich begreife es einfach nicht«, gab er gutmütig zu.

Er schaufelte sich tatsächlich sein eigenes Grab. Er hatte das Falscheste gesagt, was er überhaupt sagen konnte.

Die Greisin hielt ihm einen dürren Finger drohend vor die Nase.

»Das ist ein *ganz* mieser Trick! Bill versucht, No-Eyes zu *linken!*« Dann gewann ihre Weisheit wieder die Oberhand, sie beruhigte sich und grinste verschmitzt. »No-Eyes sagt noch einmal: ›*Denk nach.*‹« Dann lehnte sie sich behaglich zurück, schloß die Augen und begann zu warten, während der Schaukelstuhl seinen geduldigen Rhythmus aufnahm.

Er warf mir einen finsteren Blick unter zusammengezogenen Brauen zu.

Ich zuckte lediglich die Achseln.

Er breitete die Hände aus, wie um mich um Hilfe zu bitten.

Abrupt öffnete die Seherin ein dunkles Auge. »Nix da! Summer wird Bill *nicht* aus der Patsche helfen! Bill hat Summer auch nie geholfen, wenn *sie* nachdenken sollte!«

Bill hatte bedauerlicherweise vergessen, daß No-Eyes zwar im physischen Sinne blind war, aber über einen scharfen inneren Gesichtssinn verfügte. Nichts entging ihrer Aufmerksamkeit. In Anwesenheit der Greisin mußte man sich so verhalten, als behielte sie einen ständig im Auge.

»Es tut mir leid, No-Eyes«, entschuldigte er sich, »das war wirklich unhöflich von mir.«

»Nicht unhöflich. Gedankenlos vielleicht«, entgegnete sie sachlich, »aber nicht unhöflich.«

Mehrere Minuten lang herrschte Schweigen, während wir ernst wurden und Bill gründlich über No-Eyes' Worte nachdachte. Dann erst sprach er wieder.

»Mein Bewußtsein erinnerte sich nicht an das, was mein alter Geist schon die ganze Zeit gewußt hatte«, erklärte er entschieden.

Ihr breites zahnloses Grinsen rief wieder einen allgemeinen Heiterkeitsausbruch hervor. Die alte Frau war ganz aus dem Häuschen.

»Jetzt ist Bill auf der richtigen Fährte!« Damit sprang sie von ihrem Schaukelstuhl auf und kommandierte uns ins Haus.

Drinnen war es kühl im Vergleich zur besonnten Veranda, und wir folgten ihr in die kleine Küche.

Der Kräutervorrat wirkte nicht mehr ganz so eindrucksvoll wie ehedem, da ich mir inzwischen selbst eine schon recht ansehnliche Sammlung von Gläsern und Flaschen zugelegt und mich außerdem an den Anblick der ihren gewöhnt hatte.

No-Eyes hatte eine ihrer besonderen Teemischungen aufgebrüht, und wir kehrten in ihr heimeliges Wohnzimmer zurück. Sie schleifte einen der Küchenstühle hinter sich her, während Bill und ich uns auf der beuligen Couch niederließen.

Unsere Lehrerin vergeudete keine Zeit mit langen Vorreden.

»Alle Geister wissen Wahrheiten«, sagte sie. »Manche Leute

sind vom Bewußtsein her noch nicht bereit, manche sind nicht sicher, und manche sind auf der Suche. Ihr zwei seid auf der Suche. Hier drin«, sagte sie, indem sie eine Faust an ihre magere Brust drückte, »wißt ihr, daß das Leben viel, viel mehr zu bieten hat. Ihr stellt auch vieles in Frage. Ihr sucht nach Worten, die sich richtig anfühlen. Ihr findet ... dann erinnert ihr euch. Ich geb euch nur einen kleinen Schubs.«

Wir wußten, daß sie recht hatte. Die Dinge, die sie uns lehrte, fühlten sich richtig an, sie waren wie Heimkommen. Bill jedoch hatte noch eine Frage.

»No-Eyes, ich weiß, daß das, was Sie sagen, wahr ist. Sobald Sie unsere Erinnerungen aufgerührt hatten, war alles andere relativ einfach. Was ich mich allerdings frage, ist dies: Warum sind nicht *alle* Menschen für diese selben Wahrheiten empfänglich, wenn sie bereits im Gedächtnis ihres Geistes gespeichert sind?«

Sie grinste. »Eine gute Frage.«

Ich zwinkerte Bill zu, während wir auf die weise Antwort warteten, die, wie wir wußten, zweifellos kommen würde.

No-Eyes nippte an ihrer Tasse. »Jemand noch Tee?« fragte sie.

Als wir beide dankend abgelehnt hatten, sprang Bill plötzlich auf und rannte hinaus.

Ich wollte gerade fragen, was nicht in Ordnung sei, als die Greisin mir zulächelte. »Er machte sich Sorgen, daß No-Eyes auf diesem harten Stuhl unbequem sitzt. Er will meinen Schaukelstuhl holen.«

Und tatsächlich kam Bill mit dem hölzernen Ungetüm beladen zurück. Er stellte es neben den unbequemen Küchenstuhl und half unserer Lehrerin, sich umzusetzen. Nachdem er den jetzt überzähligen Stuhl in die Küche zurückgetragen hatte, nahm er wieder auf der weichen Couch Platz.

»Das war lieb von dir, Bill.«

Er errötete. »Ich hatte bloß den Eindruck, daß Sie sich auf dem anderen nicht so recht wohlfühlten. Jetzt sehen Sie wieder richtig aus.« No-Eyes wollte da schon kritisch einhaken, aber noch bevor sie ein Wort hervorbringen konnte, sprach Bill weiter. »Und ich meine damit nicht, daß Sie auf irgendeine bestimmte Weise *auszusehen hätten* ... auf Ihrem Schaukelstuhl. Ich dachte einfach, daß Sie sich *ohne ihn* unbehaglich fühlen.«

Sie seufzte und lächelte. »Wie schön, daß Bill keine festen

Vorstellungen hat, wie die Leute aussehen sollten. Wie schön, daß er da nichts *erwartet.*«

»Das würde ich niemals tun, No-Eyes.«

»No-Eyes weiß das.«

Ein kurzes Schweigen folgte, während die Greisin es sich auf dem gut eingesessenen Polster des Schaukelstuhls bequem machte. Bald setzte das vertraute Rumpel-quietsch ein.

»Jetzt wollen wir wieder zu unserem Thema zurück. Summer hat Bill von der ›anderen Seite‹ erzählt. Da gibt's viele, viele Geister. Das ist wie eine große Schule. Die sind alle verschieden weit, in verschiedenen Klassenstufen. Manche brauchen viele Geburten, bis sie auf die nächste Stufe können. Andere rücken schnell vor. Viele Leute sind wie Babys. Babys können mit großen Worten, großen Ideen nix anfangen. Die kapieren nicht. Die haben nicht die *Fähigkeit* zu glauben. Aber sie suchen Trost. Irgendwas suchen die immer. Die Babyleute meinen, sie suchen nach dem Glück. Die meinen, Glück ist Geld oder ein guter Job oder Berühmtsein. Die haben keine Ahnung, schmeißen alles durcheinander. Die sind ganz genau wie die Babys.

Geister, die auf der anderen Seite fortgeschritten sind – Geister, die fast fertig sind –, die suchen auch, die wollen auch was. Aber kein Geld. Keinen materiellen Kram oder Ruhm oder so. *Die* wollen mehr. Die haben Wahrheiten in sich drin. Die brauchen nur einen kleinen Schubs, um sich zu erinnern. Dann hören sie auf zu suchen. Klar?«

Klar war uns jedenfalls, daß das alles auf eine mehr oder weniger deutliche Bewußtheit des Geistes hinauslief. Manche Menschen waren spirituell weiter fortgeschritten als andere. So einfach war das. Sie erklärte uns, daß der Geist – ebenso wie die Psyche den Verstand hat – Bewußtheit oder Gewahrsein besitzt. Ein Kind wäre intellektuell völlig außerstande, die komplexen abstrakten Begriffe einer akademischen Psychologievorlesung zu verstehen, und ebensowenig, sagte No-Eyes, sei ein noch unentwickelter Geist fähig, die subtileren Erinnerungen oder Fähigkeiten einer fortgeschrittenen Wesenheit zu begreifen. Diese spirituell »bewußtlosen« Menschen seien die heutigen Skeptiker und Zweifler. Sie seien diejenigen, die einzig an das glauben, was sie anfassen können, weil sie keinen echten Kontakt zu ihrem Geist haben.

Der Gedanke behagte mir nicht so recht.

»No-Eyes?«

»Ja.«

»Daß man ein Skeptiker ist, selbst ein überzeugter Skeptiker, muß doch nicht unbedingt bedeuten, daß die Erweckung einem endgültig verschlossen bleibt, oder? Ich meine damit, solche Menschen können doch trotzdem mit den Wahrheiten konfrontiert werden und anfangen, sich zu wundern. Das Staunen kann zu Fragen führen und diese, nach entsprechender Suche nach Antworten, zu einer Verringerung der Zweifel.«

Die Greisin nickte. »Stimmt. Das passiert schon manchmal. No-Eyes sagt nicht, daß *alle* Zweifler unfähig sind, die Wahrheit zu sehen und zu kapieren. Aber manche wollen nicht zugeben, daß sie unrecht hatten. Andere wollen gar nicht *wissen,* was wirklich ist – die haben Angst. Und wieder andere finden es ganz einfach zu bequem und gemütlich in ihrem eigenen simplen Glauben.«

Bei diesen Worten mußte ich sofort an die Ewiggestrigen, die Fundamentalisten, die Eiferer denken. Bill und ich kannten einige von der Sorte, und die standen mit Logik und Vernunft so auf dem Kriegsfuß, daß es regelrecht zum Fürchten war.

»Diese Leute tun mir einfach leid, No-Eyes«, sagte ich. »Sie lassen sich von äußeren Dogmen leiten statt von dem, was ihr Geist weiß. Sie sind wie Roboter ... nein, eher wie die Lemminge, die sich zwecks gegenseitiger Unterstützung zusammenrotten und sich dann in eine Massenhysterie hineinsteigern, die sie für ›vom-Geist-Erfaßtsein‹ halten.« Ich schüttelte den Kopf. »Es ist wirklich traurig, wie sehr sie sich auf dem Holzweg befinden.«

Der Schaukelstuhl knarrte. Draußen suchte der Wind irgendwas zwischen den Kiefern. In der Hütte fiel kein weiteres Wort, denn es gab nichts mehr zu sagen. Unsere gemeinsame stumme Trauer um jene, die sich freiwillig für die Unwissenheit entschieden, sagte schon alles. Das Schweigen kühlte zu physischer Kälte ab.

»No-Eyes?« sagte Bill. »Es bezieht sich. Möchten Sie, daß ich Feuer mache?«

»Das wär nett, Bill.«

Er ging zum Kamin, ans andere Ende des Zimmers, und ich behielt unsere Lehrerin im Auge.

Auch wenn sie sich nicht zur Feuerstelle wandte, spürte ich, daß sie Bills Bewegungen aufmerksam verfolgte. Ein koboldhaftes Funkeln blitzte in ihren Augen auf.

»Nur gut, daß Bill keinen Holzrauch im Kopf hat«, brummelte sie.

»Was?« fragte Bill, indem er sich umdrehte.

Rumpel-quietsch. Rumpel-quietsch.

Ich erklärte ihm, wie sie das meinte. »No-Eyes hat mit Genugtuung festgestellt, daß du vor dem Anzünden nach der Luftklappe gesehen hast.«

»Ach so. Das tu ich doch immer.«

»Ja, aber einmal habe *ich* das nicht getan.«

»Du tust das sonst auch immer.«

»Ich war in Gedanken und –«

»Quatsch! Summer hatte an dem Tag *Holzrauch* im Kopf!«

Ich lächelte Bill zu, und er zuckte die Achseln.

Dann grinste er mich an und wandte sich No-Eyes zu. »Ja, ich weiß, was Sie meinen. Sie hat manchmal so Zustände.«

»He, ihr beiden! Was soll das?«

»Summer«, ließ sich ihre Stimme leise vernehmen. »No-Eyes hofft sehr, daß der Holzrauch immer da sein wird . . . ab und zu.«

»Das wird er, No-Eyes. Das wird er.«

Und als ein neugeborenes Feuer seine Stimme zu erproben begann, kehrte Bill zur Couch zurück.

Niemand sprach ein Wort. Bill hütete sich, das Schweigen zu brechen. Wir wußten beide, daß wir der Seherin etwas Zeit lassen mußten, damit sie sich auf den nächsten Gegenstand einstimmen konnte. Nicht, daß sie es nötig gehabt hätte, ihre Gedanken zu sammeln. Aber sie legte großen Wert darauf, daß jede Lektion in der jeweils angemessenen Atmosphäre stattfand.

Während dieser kleinen Pause gingen mir viele Gedanken durch den Kopf. Die Mehrzahl von ihnen entsprang einer tiefen Zufriedenheit, denn endlich befand ich mich mit meinen zwei besten Freunden in *einem* Raum. Und das Gefühl, das mir diese Tatsache vermittelte, war einfach herrlich.

Rumpel-quietsch. Rumpel-quietsch.

Wir erhöhten unsere Aufmerksamkeit.

»Summer, Bill, No-Eyes muß jetzt über ein paar wichtige Sachen reden.«

Bill lehnte sich vor. »Wir hören.«

Die Greisin stieß einen tiefen Seufzer aus. Ihre Obsidianaugen bohrten sich langsam in Bills, dann in meine Pupillen.

»Das wird ernstes Zeugs.«

Wir sprachen kein Wort.

»Sehr ernstes Geisterzeugs.«

Ich wollte schon fragen, ob es um die widerspenstigen Geister ging, besann mich aber dann eines Besseren und hielt meine Zunge im Zaum.

Wieder seufzte sie, lehnte sich müde in ihrem Stuhl zurück und schaukelte mit einem entschlossenen Rhythmus.

»Summer, weißt du noch, wie wir uns das erste Mal gesehen haben?«

»Ja.«

»Weißt du noch, wie ich dir da gesagt habe, wir würden Summer helfen, wie eine Schlange im Gras durchzuschlüpfen?«

»Ja. Ja ... ich habe es nicht vergessen.« Ich hatte auch nicht vergessen, *warum* sie das gesagt hatte, und wenn ihr »Geisterzeugs« damit etwas zu tun hatte, dann würde es wirklich ein ernstes Gespräch werden – ein *sehr* ernstes Gespräch. Und wenn das stimmte, dann waren die widerspenstigen Geister das geringste Problem.

Ihre schwarzen Augen bohrten sich in die meinen. »Gut. Über *die* werden wir jetzt reden.«

Ich wandte mich zu Bill, der mich fragend angesehen hatte. »Sie meint die *Dunklen.*«

Seine Wangen erröteten.

Sie merkte es. »Ja, Bill, wir müssen jetzt über *die* reden. Das ist jetzt die richtige Zeit dafür, denn ihr zwei werdet alle Kraft, alle Macht benötigen, die ihr nur kriegen könnt.« Sie zögerte einen Augenblick. »Es wird schlimm für euch werden ... wird schlimm werden.«

Ich schluckte.

Bill war jetzt sehr aufmerksam, sehr konzentriert. »Wir wissen es, No-Eyes. Wir machen das schon einige Jahre mit.«

Die Seherin schloß die Augen. Als sie sie nach einer Weile wieder aufschlug, waren sie voller Trauer.

»Das war Kinderkram, Bill. Das waren nur Spielchen.«

Bill und ich sahen uns erstaunt an.

»Ja. Die haben nur mit euch gespielt.«

Ich zog die Füße auf die Couch hoch und kreuzte die Beine zum Schneidersitz.

»Aber No-Eyes, wenn das alles nur Spielchen waren, dann spielen die nicht zum Spaß. Sie haben uns immer wieder Aussichten auf Jobs vermasselt, sie basteln ständig am Lastwagen herum, sie setzen Lektoren Zweifel in den Kopf und bringen sie dazu, meine Manuskripte abzulehnen, sie fügen uns gesundheitlich soviel Schaden zu, wie sie nur irgend können. Ich bräuchte Stunden, um alles aufzuzählen, womit sie uns das Leben schwergemacht und uns jede Gelegenheit verpatzt haben, die Wahrheiten an die Öffentlichkeit zu bringen. Unsere spirituelle Reise ist ein *andauernder* Kampf mit ihnen gewesen. Wie kannst du da bloß sagen, es seien nur Spielchen gewesen?«

Bill pflichtete mir bei. »Sie haben mich einmal sogar ins Hospital gebracht. Ich mußte mich am Rücken operieren lassen, und wir waren nicht krankenversichert. Es sieht wirklich so aus, als legten sie es darauf an, daß wir arm bleiben, damit wir mit unserer guten Sache einfach nicht weiterkommen.«

»Spielchen. Alles Spielchen. Das war alles noch gar nichts. Die spielen mit euch wie die Katze mit der Maus.«

Ich seufzte. Wenn wir all die Jahre nur Katz-und-Maus gespielt hatten, wie zum Teufel würden dann die echten Kämpfe aussehen? Jetzt begann ich mir ernsthafte Sorgen zu machen. Ich fing an, mich zu fürchten.

»Die Angst wird Summer vielleicht töten. *Irgendwas* wird die große Macht schon bewirken.« Sie sagte dies mit einer leisen, sanften Stimme – einer Sanftheit, die sich wie eine schallende Ohrfeige anfühlte.

Bill fragte, warum *sie* ihre Anstrengungen intensivieren würden.

»Weißt du noch, was No-Eyes wegen der Schlange-im-Gras-Sache gefragt hat? Summer wird mit ihren Büchern zu Rande kommen. Die Bücher, die Summer die ganze Zeit machen wollte, werden endlich die Kampflinie überschreiten. Das wird *denen* nicht gefallen. Die werden kapieren, daß sie härter spielen müssen. Sie werden mehr Krieger ins Spiel bringen, die Summer und Bill decken sollen. Die wollen nicht, daß irgendwelche Wahrheiten rauskommen, weil das ihre Arbeit erschweren würde.«

»Bisher habe ich das Buch noch nicht geschrieben, No-Eyes.«

»*Bücher.* Summer wird mehr als eins schreiben.«

»Das hatte ich aber nicht vor. Ich wollte nur eines über unsere gemeinsame Zeit schreiben und ein wenig von deiner Weisheit weitergeben. Ich möchte das Buch *Spirit Song* nennen.«

Der Titel gefiel ihr. »Das ist ein schöner Name für das erste Buch. Er paßt. Summer hat viel Gesang im Herzen.«

Ich lächelte. »Ich dachte eigentlich an das, was in *deinem* Herzen ist, No-Eyes.«

»No-Eyes' Gesang ist fast zu Ende. Summer hat noch eine ganze Menge zu singen. Summer wird das mit *vielen* Songbüchern tun.«

Ich wollte mich auf keine Diskussion einlassen. Ich würde *Spirit Song* schreiben und sonst gar nichts. Ich würde eine knappe Zusammenfassung all ihrer Lehren geben, und damit Schluß. Ich kehrte zum eigentlichen Thema zurück.

»In Ordnung. Ich schleiche mich also mit *Spirit Song* durch die Kampflinie. Na und?«

Eine dünne Augenbraue ging in die Höhe. »Na und? Na und? Na, dann werden die sehen, wer einer der Hauptspieler ist!«

Mein Herz setzte aus ... setzte ziemlich lange aus.

»Summer, wenn die erstmal die Hauptspieler kennen – die Spieler, die den Dreh raushaben, wie man gewinnt –, dann werden die bösartig.«

»Sie *waren* schon ziemlich bösartig, No-Eyes.«

»Summer hat den Feind noch gar nicht gesehen. Die werden jetzt anfangen, sich Summer zu zeigen.«

»Ach Gott, No-Eyes«, seufzte ich, »warum muß das ausgerechnet *mir* passieren?«

Bill drehte sich zu mir. »Weil wir uns bereit erklärt haben – *deswegen* passiert es uns.«

Ich starrte in die Flamme. Ich war auf einmal so müde.

»Summer hat Bill«, entgegnete No-Eyes flüsternd.

Ich sah ihn an und tätschelte seinen Schenkel. »Ja, ich hab meinen Bill. Wir sind schon ein gutes Gespann.«

Er streichelte meine Hand, drückte sie dann zärtlich, bevor er seine Aufmerksamkeit wieder der Seherin zuwandte.

»No-Eyes, diese ganze Sache ist für uns eine ziemliche Belastung gewesen. Gerade wenn es so aussieht, als bekämen wir langsam Boden unter den Füßen, schlagen sie wieder zu.«

»No-Eyes weiß das. So wird das allen Hauptspielern ergehen. Die Hauptkrieger können nie Kaffeepause machen, die müssen immer bereit sein ... immer.«

»Aber manchmal erscheint der ganze Kampf so sinnlos. Es ist irgendwie alles so beliebig, so zufällig, das reine Glückspiel. Kopf oder Zahl, Erfolg oder Niederlage –«

»Kopf oder Zahl?« wiederholte sie stirnrunzelnd.

»Wenn man eine Münze hochwirft«, erklärte ich.

Das kannte sie, und sie blickte sofort wieder Bill an, damit er weiterredete.

»Na ja, manchmal fragen wir uns, wozu wir überhaupt zurückgekehrt sind, wenn jede Gelegenheit, mit unserer Aufgabe voranzukommen, augenblicklich zunichte gemacht wird.«

Ihr Gesicht spiegelte deutlich ihre Verblüffung wider. »Summer und Bill wollen aufgeben? Am Ende noch von hier wegziehen?«

Wir sahen uns an.

Ich senkte den Kopf. »Klingt furchtbar, hm? Aber No-Eyes, wieviel muß ein Mensch denn ertragen? Wieviel Herzeleid und Niederlagen kann jemand aushalten?«

»Soviel wie er wieder zurückgibt«, antwortete sie kalt.

»*Zurückgeben!* Wir können Feinde, die wir nicht mal sehen, doch nicht bekämpfen! Womit sollen wir denn überhaupt zurückschlagen?«

»Mit Glauben. Glaube an die Sache und Macht im Geist. Das macht einen starken Krieger aus, Summer. So sind *mächtige* Krieger.«

»No-Eyes, wenn wir keinen Glauben und keinen starken Geist hätten, dann wären wir schon lang nicht mehr hier – schon *lange* nicht mehr hier.«

Sie starrte mich nur zornig an.

Meine Kopfhaut prickelte. »Ich habe soeben deinen ›mächtigen Krieger‹ beschrieben, was, No-Eyes?«

Rumpel-quietsch. Rumpel-quietsch.

Bill war gerade zum ersten Mal in seinem Leben Zeuge eines waschechten verbalen Kreistanzes geworden. Sein Gesicht drückte verblüffte Bewunderung aus – doch er war offenbar nicht *so* fasziniert, daß es ihm die Sprache verschlagen hätte.

»Was brauchen wir also, sobald das Buch erschienen ist und –«

»Die *Bücher*«, korrigierte ihn No-Eyes.

». . . wenn also die Bücher erschienen sind und *sie* ihre Anstrengungen intensivieren?«

»Entschlossenheit. Summer und Bill werden große Entschlossenheit brauchen, und sie werden immer im Bewußtsein behalten müssen, wozu sie überhaupt hier sind. Der Zweck sind die Bücher . . . ihr müßt die Bücher rausbringen, damit die Leute aufwachen.«

»Und dann?« bohrte er nach.

»Dann den Leuten, die euch schreiben werden, mit Briefen helfen.«

»Und dann?«

»Dann den dummen verirrten Geistern helfen.«

Bill sah mich und dann wieder No-Eyes an. »Und dann?«

Schweigen.

»No-Eyes?« flüsterte er. »Und dann?«

»Was denn dann noch? Die Bücher und Briefe und Geister werden die ganze Zeit in Anspruch nehmen, die ihr beiden noch habt. Was will Bill denn *noch* tun?«

Er grinste, um das ernste Gespräch etwas zu entschärfen. »Och, ich weiß auch nicht . . . so ein bißchen Angeln könnte ab und zu ganz nett sein . . . oder vielleicht auch die Zeit haben, ein, zwei Bücher zu lesen. Oder, für Summer, durch die Wälder zu streifen.«

Die Greisin lächelte. »Soviel Zeit wird bleiben«, sagte sie. »Es wird genug Zeit bleiben, um den Kampf nicht einschlafen zu lassen.«

Schweigen.

»No-Eyes hat gesagt, das ist ernster Kram. Das war, was die Alte meinte. Die Leute müssen gesagt kriegen, was hier los ist. Das ist eine ernste Zeit! Die Phönixtage sind jetzt da. Die Krieger der dunklen Seite sind schon so eifrig am Werk. Sie arbeiten mit diesen falschen Propheten, die den Leuten einreden, daß sie sich ihre eigene Wirklichkeit schaffen können. Sie lehren selbstische Geistigkeit. *Deswegen* wollen die nicht, daß die Wahrheiten herauskommen. Die Krieger der Lichtseite kämpfen mit aller Kraft dagegen an. Die Schlachten sind schlimm gewesen, aber es wird noch viel, viel schlimmer kommen. Größere Kämpfe. Mehr Schlachten. Mit jedem Tag größere und mehr, während der

Phönix aufsteigt. Die dunklen Krieger fangen dann an, sich Summer zu zeigen. Sie sind so dunkel und so mächtig, aber Summer wird keine Furcht zeigen – Summer muß denen *ihre eigene* Macht zeigen.«

Schweigen.

»Die Krieger des Lichts und des Dunkels kämpfen schon so hart miteinander. Jetzt wird es große Schlachten um die Köpfe der Leute geben ... und um die Seelen. Jede Seite versucht dann, die meisten Leute auf ihre Seite des Schlachtfeldes zu ziehen. Es ist ein großer Krieg im Gang.«

Schweigen.

»Auch die Geister kämpfen. Kämpfen mit aller Kraft für ihre Krieger in der materiellen Dimension. Der Kampf ist überall ... hier und auch da drüben. Es wird nur noch schlimmer werden.«

Schweigen.

»Die Söhne des Lichts bekämpfen die Söhne der Finsternis. Jede Seite weiß, wer die Hauptkrieger sind. Jede Seite gibt sich extra viel Mühe mit denen. Die Krieger müssen so sein: so mächtig im Geist, im Herzen und im Kopf.«

Schweigen.

»Summer und Bill bleiben stark, hm?«

Zwei Köpfe nickten.

»Müssen stark bleiben, stark in der Macht.«

»No-Eyes?« sagte ich.

»Ja?«

»Führen all diese Schlachten zu einem bestimmten Ergebnis?«

»Ja.«

»Zu etwas wirklich Großem?«

»Ja.«

»*Wirklich* Großem?«

»Ja.«

»Werden diese Kämpfe jemals vorbei sein?«

Ihre Augen blitzten bei dem Gedanken. »Ja.«

Ich hatte eine entsetzliche Angst vor der Frage. Fast hätte ich es dabei bewenden lassen, aber ich mußte es wissen.

»Wann ... wann werden sie vorbei sein?«

Mit einem Mal strahlte sie einen tiefen, feierlichen Ernst aus. »Wenn der Phönix frei fliegt!«

O mein Gott, dachte ich, die ersten Scharmützel von Armageddon werden bereits ausgetragen ... und den Menschen bleibt nicht einmal mehr die Zeit, sich für die eine oder andere Seite zu entscheiden.

»Die haben noch Zeit, Summer. Wenn die Leute aufwachen, bleibt ihnen schon noch etwas Zeit.«

Ich konnte nicht mehr geradeaus denken. Nur zwei Fragen kristallisierten sich selbsttätig aus meinem erschütterten Bewußtsein heraus.

»Wird *Er* kommen?«

»Ja.«

»Wann?«

Rumpel-quietsch. Rumpel-quietsch.

»*Wann,* No-Eyes?«

Schweigen.

»Wieviel Zeit bleibt uns noch, No-Eyes?«

»Summer muß die Bücher fertigkriegen.«

»Du hast meine Frage noch nicht beantwortet! Du weichst mir aus!«

Rumpel-quietsch. Rumpel-quietsch.

Bill berührte meinen Arm. Unsere Augen fanden sich. Meine brannten wie Feuer, seine waren so sanft wie seine Stimme.

»Nein, mein Herz, tut sie nicht. Das *war* ihre Antwort. Es ist noch Zeit ... es bleibt noch etwas Zeit.«

Ich sackte auf der Couch in mich zusammen und ließ mir die Sache möglichst ruhig durch den Kopf gehen. Kein Wunder, daß die Greisin voraussah, ich würde mehr als nur ein Buch schreiben. Wenn es sich so verhielt, dann würde ich wirklich *Bücher* schreiben – massenhaft Bücher. Vielleicht drei. Nein, zehn. Oder vielleicht zwei Dutzend? Na, dann gleich *hundert!*« Aber ich wußte, daß das bloße Wunschträume waren, Ausgeburten meiner Hilflosigkeit, denn jetzt war ein großer, übermenschlicher Chronometer in Gang gesetzt worden. Es stand mir nicht zu, seine Zeiger zurückzustellen, – nur Gott ... und sein Ticken tönte so trauervoll wie eine Totenuhr. Tick ... tack ... tick ...

Drittes Kapitel

Die Bruderschaft

Der Kreis aller bewußtseinsbegabten Lebensformen

. . . tack . . . tick . . .

Endlich hob ich die Augen zum Schaukelstuhl. Was dort saß, war keine Greisin. Sie hatte kein Alter. Kein Geschlecht. Ich sah keine spezifischen Rassenmerkmale. All diese unterscheidenden Attribute waren verschwunden. Was ich sah, war ein Licht-Krieger. Und was ich fühlte, war das Weiterreichen des *coupstick.* Die Tage der alten Kriegerin waren gezählt, die Schlachten, die sie schon ausgefochten hatte, ohne Zahl. Ich war ihre letzte Schülerin, daher wurde der Kriegsschild an mich weitergereicht. Schild und *coup*-Stab waren keine greifbaren Objekte; sie waren die immaterielle Kraft und Zielsetzung, die ein Krieger dem anderen übergab. Mit großer Ehrerbietung nahm ich sie entgegen, denn damit zollte ich ihr, die vor mir gekämpft hatte, so tapfer, so erbittert gekämpft hatte, meine Hochachtung. Mit Liebe im Herzen würde ich meine eigenen *coups* aus Blut und Tränen denjenigen hinzufügen, die bereits die Spur des langen, leidvollen Lebens meiner Lehrmeisterin bezeichneten.

Bill wußte, daß sich gerade etwas Bedeutendes zwischen No-Eyes und mir abgespielt hatte. Er spürte die elektrische Spannung, die die ganze Hütte erfüllte, doch er blieb respektvoll am Rande, bis die Greisin bereit war, ihn wieder in den Kreis hereinzuholen.

»Über die Schlachten haben wir geredet«, sagte sie. »Jetzt haben wir noch anderes Zeugs zu bereden.«

Die hohe Intensität unserer vorigen Diskussion entspannte sich zu einer sanfteren Schwingung, wofür Bill und ich dankbar waren. Wir setzten uns auf der Couch um und fühlten uns augenblicklich gelöster.

Die Seherin richtete ihre Eröffnungsfrage an mich.

»Von was wird Summer schreiben?«

»Von dir. deinen Worten. Etwas von dem, was wir gemeinsam erlebt haben. Ein paar Dinge, die wir zusammen getan haben.«

»Du mußt von den Phönixtagen reden.«

»Ja. Die sind eines der wichtigsten Themen, die ich behandeln werde. Die Menschen müssen von deinen Zukunftsvisionen erfahren.«

Rumpel-quietsch.

Warten.

Ihre schwarzen Irisse zuckten wie Quecksilber. »Du mußt auch von der Pfortenheilkunst reden.«

»Das werde ich.«

»Was noch?«

»Von dir. Ich habe eine Menge über dich zu erzählen. Immer wenn ich an mein Buch denke –«

»*Bücher.*«

»Immer wenn ich an die Bücher denke, die ich noch schreiben muß, habe ich eine ganz bestimmte, starke Empfindung ... ich könnte nicht schreiben, ohne diese Gefühle mit ins Spiel zu bringen – es ist einfach alles zu eng ineinanderverflochten.« Ich warf Bill einen Blick zu.

Da ergriff er das Wort. »Bei all dem, was sie mit Ihnen erfahren hat, No-Eyes, bei all den Seelenerinnerungen, die aufgerührt und zum Leben erweckt worden sind, kann Summer nicht anders: Sie *muß* diese Gefühle herauslassen.«

Die Greisin dachte kurz darüber nach. »Red' weiter.«

»Summer fühlt sich gedrängt, auch diejenigen Seelenerinnerungen zu wecken, die sie in den Herzen so vieler anderer Menschen erahnt. Sie hört die Schritte vieler Geist-Mokassins, die ein paar Hinweise benötigen, um den richtigen Weg nach innen zu finden.«

Der Schaukelstuhl verstummte, als No-Eyes eine Frage einwarf. »Bill meint die Leute, die nicht kapieren, warum sie den Indianerweg lieben, obwohl sie selbst keine Indianer sind?«

»Ja. Summer meint, daß diese ›übergewechselten Seelen‹ in nächster Zukunft eine wichtige Rolle spielen werden, weil sie, ohne selbst Indianer zu sein, denjenigen Teil der Öffentlichkeit darstellen, der aufgeweckt und auf das traurige Los des indianischen Volkes aufmerksam gemacht werden kann. Sie will nur, daß die Menschen wirklich *erkennen*, wie die Indianer in der Welt von heute behandelt werden. Es ist ihr ein echtes Anliegen, in der Öffentlichkeit ein neues Bewußtsein von dem kulturellen Wert und der Bedeutung der indianischen Rasse zu erzeugen – insbesondere von ihrer Auffassung vom Einssein des Menschen mit dem Land.«

Schweigen.

»No-Eyes?« sagte ich.

»Wird Summer auch über die heiligen indianischen Lektionen schreiben?«

Ihre Frage schnitt mir ins Herz – sie tat weh. »Die sind *heilig*, No-Eyes. Es gibt viele, viele Dinge, über die ich ganz bestimmt *nicht* schreiben werde. Immer wenn ich unter der Woche hier herauskam, wenn Bill auf der Arbeit war und die Mädchen in der Schule ... das meiste, was ich da von dir erfuhr, war sogar zu heilig, als daß ich es auch nur *andeutungsweise* aussprechen dürfte. Nein, ich muß die große Heiligkeit dieser Dinge fest in meinem Herzen verschlossen halten.« Ich hielt inne, als ich an andere Bücher denken mußte, die soviel Geheimes, Heiliges ans Licht zerrten. Mir kamen die Verfasser solcher Werke wie Verräter vor, die ohne jede Rücksicht mit Diamanten um sich geworfen hatten, als seien es bloße Kieselsteine.

Bill stupste mich aus meinen privaten Gedanken heraus. »Liebes? Was wolltest du noch sagen?«

Ich sah meine Lehrerin an und begriff, daß sie »in meinem Kopf« gewesen war, denn sie nickte bedächtig beipflichtend.

»No-Eyes muß vor dem anderen Indianerkram warnen. No-Eyes sieht, was viele Leute denken und fühlen werden, wenn sie diesen *Spirit Song* gelesen haben. Die Leute werden aufwachen, kapieren, warum sie sich innen immer so indianisch gefühlt haben. Dann werden sie wissen, warum sie sich zu dem ganzen indianischen Kulturkram hingezogen fühlen. Aber dann werden sie sich mit ihrem neuen Wissen auf eine falsche Fährte machen.«

Bill zog die Brauen zusammen.

Ich glaubte zu wissen, was sie meinte, und wagte einen Vorstoß. »Laß sehen, ob ich dich richtig verstanden habe. Wenn jemandes ›indianische Seele‹ erweckt wird, dann möchte er ein Indianer sein. Dann wird er den Wunsch verspüren, indianische Lehrer aufzusuchen und indianische Dinge zu tun – wie das Medizinrad und die Pfeifenzeremonien.«

»Genau. Und? Warum ist das die falsche Fährte?«

»Weil er damit versucht, sich an den äußeren indianischen Weg zu klammern, anstatt den *inneren* indianischen Weg in sein Herz einzulassen. Solche Leute wandeln auf dem Außenpfad, bevor sie den Innenweg zu Ende beschritten haben.«

»Und? Warum ist das falsch?«

»Es ist falsch, weil sie glauben, sie hätten das Drumherum nötiger als die Ideale. Ohne die Ideale im Herzen ist alles übrige, die Zeremonien und was weiß ich nicht alles, oberflächlich und bedeutungslos. Der indianische Weg ist das, was sich *innen* abspielt.«

Die Seherin lehnte sich in ihrem Schaukelstuhl weit nach vorn. Ihre Augen waren wie glänzender Hämatit.

»Und deswegen wird Summer auch nicht soviel Gewicht auf No-Eyes' Vermächtnis legen.«

Ich ließ mir die Sache durch den Kopf gehen, während meine Lehrerin sich wieder zurücklehnte und den Schaukelstuhl erneut in Bewegung setzte. Wenn sie recht mit ihren Vorhersagen hatte und das Publikum mit dem Wissen, daß ich zu veröffentlichen gedachte, tatsächlich so umgehen würde, dann verstand ich natürlich ihre Bedenken. Ich konnte mir auch durchaus vorstellen, daß viele Indianer alles andere als erbaut sein würden, wenn diese Weißen versuchten, ihre geheimen Bräuche und Riten zu erlernen. Das kam überhaupt nicht in Frage! Hier galt es, uralte Traditionen zu bewahren. Bestimmte Grenzen dürfen ganz einfach nicht überschritten werden. Und niemand wußte das so gut wie ich.

»No-Eyes? Ich frage mich allerdings, ob Menschen mit einer *echten* übergewechselten indianischen Seele die Realität ihres gegenwärtigen ethnischen Andersseins nicht anerkennen und akzeptieren würden. Verstehst du, was ich meine?«

»No-Eyes glaubt schon.«

»Ich meine, ich weiß, daß ich schon als Schoschoni und als Anasazi gelebt habe, aber ich gehe deswegen nicht in Reservate, noch versuche ich, in irgendeine indianische Organisation aufgenommen zu werden. Mein Denken und Fühlen sind indianisch, und das ist genug. Man kann nicht erwarten, von Indianern ernst genommen zu werden, wenn man – in diesem Leben – selbst kein Indianer ist. Habe ich mich klar ausgedrückt?«

»Summer hat sich klar ausgedrückt, außer, daß *du* auch indianisches Blut in deinen Adern hast – nicht sehr viel, aber immerhin. Weiter, Summer, red' noch ein bißchen weiter.«

Ich sah Bill an. Auch er spornte mich an.

»Na ja ... ich denke, daß diese Nicht-Indianer mit den *echten* indianischen Erinnerungen schon ihren Platz kennen werden. Sie werden diese besonderen Erinnerungen wie einen Schatz hüten und sie benutzen, um zur Schaffung einer besseren Welt beizutragen. Sie werden in sich, in ihrem Denken und Handeln, sowohl indianische als auch nicht-indianische Aspekte vereinigen – sie sollten es eigentlich nicht nötig haben, sich in die heutige indianische Gesellschaft hineinzudrängen. Ich meine, das wäre völlig falsch.«

»Wie sollten sie denn dann mit ihren Erinnerungen umgehen?« fragte Bill.

»Sie sollten sie benutzen, wie sie das einst getan haben: um ihrem Erd-Bewußtsein, ihrer Hochachtung vor allem Leben Ausdruck zu verleihen. Sie sollten sie dazu benutzen, um sich wieder bewußtzumachen, wie gut Mutter Erde für sie sorgt, und aktiv den Kampf gegen die Umweltverschmutzung und andere Gefahren aufnehmen. Ihr traditioneller, intuitiver Glaube an die All-Einheit ist das einzige, was all das Schlimme, das der Erde angetan wurde, wieder rückgängig machen kann.«

Der Schaukelstuhl begann wieder zu singen, als No-Eyes das Wort ergriff. »Summer hat die richtige Anschauung von diesem Indianerkram. Jetzt wird No-Eyes reden, aber zuerst mußte sie sehen, wie Summer über die ganze Sache schreiben würde. Es ist so schlimm, wenn die Leute der falschen Fährte folgen. Das gehört auch zum Bruderschaftskram, von dem No-Eyes reden wird.«

Das Feuer prasselte und schickte eine Extraportion Wärme in den Raum, die uns wie eine Aura der Liebe umhüllte. Das Gefühl von Seelenverwandtschaft, das uns miteinander verband, entfachte eine innige Freude in meinem Herzen. Ein Lächeln kräuselte meine Mundwinkel, als die Stimme der Weisen Musik in meiner Seele erklingen ließ.

»Dieser ganze Wegkram ist so unheimlich wichtig. Die Leute kapieren gar nicht, wie wichtig er ist. Alle Leute suchen nach dem Weg zu den Wahrheiten. Na, und wo sind die Wahrheiten? Die

Wahrheiten sind *in* den Leuten drin, in *allen* Leuten. Also was? Was gucken die unter Steinen oder hinter Büschen? Was fahren die in andere Länder? Klettern auf die Berge? Was suchen die nach Lehrern? Oder gehen mal diesen und mal den anderen Weg? Die bilden sich ein, sie bräuchten den Indianerweg oder Summers Weg oder sonstjemandes Weg. Die rennen im Kreis rum wie ein Karnickel vor einem Kojoten! Die Leute lassen überall Stücke von sich rumliegen – die haben nichts mehr, was sie in sich reinbringen könnten!«

»Ja, No-Eyes«, pflichtete ihr Bill bei, »sie glauben, sie müßten sich wie die Verrückten abrackern, um ihren Weg zu finden. Sie zerfusseln und zerstreuen sich auf der ganzen Welt, indem sie zu alten Ruinen rennen und nach den Lehrern suchen, die sie zu benötigen meinen, wo doch in Wirklichkeit alles, was sie brauchen, schon auf ihrem inneren Pfad auf sie wartet. Vermutlich glauben sie nicht, daß ihr Geist sie irgend etwas lehren könnte.«

Die Greisin schüttelte den Kopf. »Tz-tz. Die sind so furchtbar, furchtbar dumm. Die Leute sehen nicht, wie groß das alles ist. Die sehen nicht, daß der schnellste Weg der Innenpfad ist. Die verschwenden einen Haufen Zeit mit all den anderen Wegen, die sie am Schluß doch zum Innenpfad zurückführen. Der Weg zum Großen Geist hat keine Federn, keine Räder, keine besonderen Wörter. Der Weg zum Großen Geist hat keine Rasse, überhaupt keine Außenseite.«

»Und die Bruderschaft?« fragte ich.

»Das ist doch, wovon wir die ganze Zeit reden! Der Weg ist derselbe für alle Geister in den Leuten. Die Leute sind *eine* große Bruderschaft! *Alle* Leute.«

Es war etwas an der Art, wie sie ihre Worte betonte, was mich mit einem Mal begreifen ließ, wovon sie eigentlich sprach. Ich war nicht sicher, ob mein Lebensgefährte das auch mitbekommen hatte, aber so, wie ich ihn kannte, wahrscheinlich schon.

»No-Eyes«, sagte Bill, »wenn Sie ›*alle* Leute‹ sagen, meinen Sie damit soviel wie ›bewußtseinsbegabte Wesen‹?«

»Genau. Die Erdleute denken so eng. Die kapieren nicht, wie groß dieser ganze Bruderkram ist. Und der Geistweg ist derselbe für alle in der Bruderschaft. Deswegen ist der Nur-Indianer-Weg oder irgendein anderer Weg nicht der Weg aller Leute. Der Weg aller Leute ist innen – das ist der Weg von allen in der Bruderschaft. Klar?«

»Diese *anderen* Leute – meinen Sie damit *aliens* ... Außerirdische?«

»Bah! *Aliens!* Das Wort bedeutet ‹Fremde›, nicht? Siehst du. Die Leute denken nicht besonders richtig. Diese anderen sind einfach Brüder, das ist alles. Sind sie Fremde, nur weil sie *da draußen* leben?« fragte sie, indem sie einen knotigen Finger zur Zimmerdecke richtete. »Sind sie Fremde, nur weil sie anders aussehen? Wir haben rote Leute und schwarze Leute auf der Erde. Die sehen anders aus als die gelben, braunen und weißen Leute. Sind *die* Fremde? Bah!«

»Ho-ho, No-Eyes, jetzt beruhige dich«, sagte ich. »Wir wissen, was du meinst. Ich habe sie gesehen, weißt du nicht mehr?«

Bill hatte soeben einen Schnellkurs darüber absolviert, wie wichtig es ist, seine Worte sorgfältig zu wählen. Er bat um Entschuldigung für seine Taktlosigkeit.

Die Greisin wurde augenblicklich sanfter. »Schon recht, Bill. No-Eyes muß sich entschuldigen. No-Eyes wird allmählich einfach zu alt, um noch die Dummheit der Leute zu ertragen.« Sie richtete rasch ihren Rücken gerade, und erneut funkelte die Weisheit aus ihren Augen. »Die Leute haben viele Brüder. Es gibt viele, viele Sorten von Brüdern in dieser großen Bruderschaft. Wir sind alles Brüder. Manche leben weit weg auf anderen Sternen, und manche leben auf Mutter Erde und teilen sich den Platz mit uns.«

Ich starrte sie an. »Mit uns? Du meinst damit unsere fernen Brüder, die sich manchmal hier aufhalten, oder?«

»Die auch.« Die etwas rätselhafte Antwort entsprach durchaus ihrem koboldhaft spitzbübischen Gesichtsausdruck.

Bill und ich tauschten entsprechende Blicke aus. Er beschloß, nun seinerseits sein Glück zu versuchen.

»Sie meinen solche wie die Kleine, die Summer gesehen hat.«

»Ja. Die ist auch eine davon. Die war eine andere Sorte Bruder.«

Schweigen.

Rumpel-quietsch. Rumpel-quietsch.

Ich sah ganz deutlich, daß die Greisin sich köstlich amüsierte. Sie antwortete bewußt so ausweichend, damit wir uns selbst überlegten, wer alles unsere Brüder auf der Erde sein konnten.

Wir saßen schweigend da und zermarterten uns das Hirn.

No-Eyes lachte schon beinahe über unsere vergeblichen Bemühungen. Schließlich erbarmte sie sich und gab uns einen Tip.

»Der andere Bruder ist größer«, brummelte sie. »Er ist *viel* größer.«

Wir lächelten einander zu, aber noch immer stirnrunzelnd, verwirrt. Das war eine harte Nuß.

Wieder hatte die Greisin Mitleid mit uns. »Eines Nachts, als Summer und No-Eyes draußen im Wald waren, da hat Summer gespürt, daß jemand sie beobachtete.«

Meine Augen leuchteten auf wie zwei Vollmonde. »Die Bergwesen! Die Waldläufer!«

»Ja. Siehst du? Seht ihr, wie viele Brüder die Leute haben? Wir sind alle eine große Bruderschaft. Die große Bruderschaft, das sind alle Kinder des Großen Geistes, und alle haben denselben Weg zur Wahrheit – der ist hier drin, in jedem von uns.«

Bill strahlte wie ein Honigkuchenpferd, als er aufstand und zum Kamin hinüberging. »Muß Holz nachlegen«, erklärte er. Und während er das tat, äußerte er seine Gedanken zu dem Thema.

»Ich hoffe, daß eines Tages alle unsere Brüder die Möglichkeit haben werden, aus ihren Verstecken hervorzukommen. Ich meine damit, ich hoffe, daß die Menschen eine höhere Bewußtseinsebene erreichen werden. Es schmerzt uns sehr, daß so viele unserer Brüder um ihr Leben fürchten müssen, nur weil die Menschen sich von Dingen, die sie nicht begreifen, bedroht fühlen.«

»Hmmm, der Tag wird schon kommen, Bill. Wenn die Phönixtage vorbei sind, sagen Bruderfreunde, die No-Eyes hat, werden die Schwingungen ein bißchen anders. Die meinen auch die Gedankenschwingungen, nicht nur die vom Körper. Die Erdleute werden in den Phönixtagen viele neue Brüder sehen, weil die kommen werden, um ihnen zu helfen. Dann werden die Erdbrüder bereit sein, die anderen Brüder kennenzulernen, die schon die ganze Zeit da waren. Klar? Wird schon alles gut werden.«

Bill war mit seiner Arbeit fertig, und als er zur Couch zurückkam, fiel mir noch etwas ein.

»Apropos Bruderschaft, ich habe mir schon oft den Kopf darüber zerbrochen, wie unser Informationscenter heißen könnte.

Jedesmal, wenn ich meinte, ich hätte vielleicht einen passenden Namen, war immer das Wort ‹Bruderschaft› dabei – als ob es einfach so sein müßte. Das gefiel mir aber nicht, weil es auch einige ziemlich üble Organisationen gibt, die sich Bruderschaft nennen. Trotzdem gelang es mir nicht, mir das Wort aus dem Kopf zu schlagen. Könntest du mir erklären, wie das kam?«

»Klar, No-Eyes könnte das.«

Warten.

Schweigen.

»Nun?« bohrte Bill nach.

»Was, nun? Das ist kein besonderes Geheimnis. Summer und Bill wissen doch Bescheid. Summer hat was gesehen ... ein paar Brüder. Das ist ganz natürlich, das ist alles. Diese ‹Bruderschaft vom Berg› * bedeutet *die* Bruderschaft. Vielleicht wußten das Summer und Bill da noch nicht, aber das ist trotzdem, was es bedeutet. Das Haus wird doch oben in den Bergwäldern stehen, wo alle Erdbrüder sind, richtig?«

Ich grinste. »Ja. Das gefällt mir. Danke, No-Eyes. Das gefällt mir sehr.«

Auch ihr Lächeln wurde herzlicher. Es war ein Ausnahme-Augenblick, der die Zeit anzuhalten schien. Als unsere Augen sich ineinandersogen, drängte unsere große gegenseitige Liebe immer stärker, immer unwiderstehlicher nach außen. Mein Herz floß über, und meine Kehle schnürte sich zu.

Die Augen der Seherin begannen schon zu verschwimmen, als sie plötzlich aufsprang und den Kopf abwandte. »No-Eyes hat Hunger. Wir wollen jetzt essen.«

* Gemeint ist das von Mary Summer Rain gegründete spirituelle Zentrum »Brotherhood of Mountain« (A.d.Ü.).

Viertes Kapitel

Das Wissen und das Große Allein

Die Begleiterscheinungen der Weisheit

Und damit war der Bann gebrochen.

Wir folgten No-Eyes in die Küche und halfen ihr, einen Imbiß vorzubereiten: Käsebrote und Zichorienkaffee. Während des Essens erzählten wir ihr einiges aus unserem Alltag. Ich berichtete von den aufkeimenden Talenten unserer Mädchen, und Bill gab einige lustige Erfahrungen aus seinem Arbeitsleben zum besten. Letzteres war eine gute Medizin, denn die Greisin lachte so laut, daß ihre alten Augen zu tränen anfingen. Ich hatte sie noch nie zuvor derart lachen sehen, und mein Herz floß vor Freude über.

Als wir unsere Mahlzeit beendet hatten, bestand ich darauf, das Geschirr zu spülen. Bill nahm sich des Kamins an, und No-Eyes zog ihren Schaukelstuhl näher an das Feuer heran. Als wir soweit waren, daß wir unser Gespräch wiederaufnehmen konnten, holte ich ein Polster von der Couch und stellte es aufrecht gegen die steinerne Kaminverkleidung. Dann forderte ich Bill auf, sich daran anzulehnen, und machte es mir selbst zwischen seinen angewinkelten Knien gemütlich. Jetzt saßen wir aneinandergeschmiegt vor dem Schaukelstuhl, zu Füßen unserer Lehrerin, und waren bereit für ihre nächste Unterrichtsstunde.

Ein paar Minuten lang fixierte sie uns, und ich konnte spüren, wie Bill sich allmählich verkrampfte. Ich tätschelte ihm das Knie, um ihn zu beruhigen. Es dauerte einige Zeit, bis man sich an dieses gelegentliche wortlose Starren der Seherin gewöhnt hatte; sobald einem aber klargeworden war, welch schöne Gedanken sich dahinter verbargen, verschwand jede Unbehaglichkeit.

Dann lächelte sie. »Summer und Bill fühlen sich so wohl. Ihr paßt so gut zusammen. Ihr werdet gute Geisterhelfer sein. Es ist die Liebe, die diese große Macht schafft. Ihr beiden werdet prima Krieger abgeben.«

Wir brachten unsere Freude über ihre Worte zum Ausdruck.

Dann wurde die Stimmung ernster, und ihr Lächeln verblaßte. Der wolkenverhangene Tag trieb Schatten in die Hütte. Das Feuer beleuchtete das tief zerfurchte Gesicht der Frau und verwischte die Spuren, die die Zeit auf ihm hinterlassen hatte. Dünnes graues Haar leuchtete wie ein himmlischer Heiligenschein. Greise Finger spielten mit den Fransen ihres Schultertuchs.

»Da ist noch eine wichtige Sache, über die No-Eyes heute reden muß. No-Eyes dachte, das wäre vielleicht nicht nötig. Das war bei keinem anderen Schüler nötig, den No-Eyes hatte, außer bei Many Heart. Aber No-Eyes sieht, wie es Summer später ergehen wird, und deshalb muß Summer noch ein paar Sachen hören.«

»Worum geht es dabei, No-Eyes?« fragte Bill.

»Es geht um viele Sachen ... darum, was andere Leute von Summer denken werden – und wie das auf Summer, innen drin, wirken wird.«

Die Kritiker, die Skeptiker und Zweifler, kam mir sofort in den Sinn.

»No-Eyes wird über die Gläubigen reden, Summer.«

Ich verhehlte nicht meine Überraschung. »Ich will, daß die Menschen an dich glauben, No-Eyes. Ich will, daß sie erkennen, was für eine herrliche Weise du bist.« Ich lächelte unschuldig. »Die Schüler sollen bei dir regelrecht Schlange stehen, von hier bis da hinten zur Straße.«

Sie wußte, daß das niemals der Fall sein würde, aber ich wußte es nicht. Ich wußte nicht, daß sie nicht einmal das Erscheinen meines ersten Buches mehr erleben würde.

»Niemand kommt in den Wald der alten Frau, außer es ist vorherbestimmt. Es wird niemand mehr zu dieser Hütte kommen. No-Eyes *sieht* das. Wir reden jetzt von Summer, nicht von der alten Frau.«

Bill nahm mich fest in seine Arme.

»Was werden die Gläubigen von Summer denken? Inwieweit und in welcher Weise wird das einen Einfluß auf ihr Selbstverständnis ausüben?« fragte er.

»Die werden alle möglichen Dinge denken. Die werden –«

»No-Eyes, entschuldige, wenn ich dich unterbreche, aber mir ist gerade etwas eingefallen, das ich nicht vergessen möchte.«

»Red' weiter.«

»Ich möchte, daß die Indianer meine Bücher richtig verstehen. Ich möchte, daß sie begreifen, daß sie nicht von einer weißen Autorin stammen, die lediglich aus ihrer Situation oder ihrer Kultur Geld herausschlagen will. Sie sollten, wenn irgend möglich, erkennen, daß ich mit aller Kraft versuche, der breiten Öffentlichkeit die Tatsache bewußtzumachen, daß die Indianer gesellschaftlich auf die übelste Weise ignoriert, ja regelrecht verdrängt werden. Die Menschen sollen aufwachen und den hohen Wert der indianischen Kultur erkennen. Wenn heutzutage von Minderheiten und ihren Problemen die Rede ist, dann spricht man von den Mexikanern, den Schwarzen, den Kubanern, den Asiaten, Vietnamesen und Nicaraguanern ... aber die amerikanischen Ureinwohner scheinen eine so unbedeutende Minderheit zu sein, daß man es nicht einmal für nötig hält, sie zu erwähnen. Im Bewußtsein der Öffentlichkeit sind sie zu einer Art Leerstelle geworden – die Leute *sehen* sie nicht einmal. Ich muß dafür sorgen, daß das anders wird, No-Eyes. Vor allen Dingen muß ich auf die Indianer aufmerksam machen, weil die breite Öffentlichkeit sie so lange unterdrückt und totgeschwiegen hat.«

Bill stupste mich am Arm an. »Du solltest langsam zur Sache kommen.« Dann blickte er zu No-Eyes auf. »Sie schweift immer gern ab.«

Die Greisin nickte verständnisinnig. »Das ist, weil sie so viel zu sagen hat.«

Ich grinste. »Verzeihung. Die Sache ist ... ich möchte, daß das indianische Volk meine Bücher als das ansieht, was sie sind – ein Versuch, die Öffentlichkeit aufzuklären, und kein kommerzielles Projekt, das ihre Kultur ausschlachtet oder gar heilige Geheimnisse ans Licht zerrt. Ich meine, daß –«

»Die Sache«, erinnerte Bill. »Gibt es nichts, was du mit einem einzigen Satz sagen kannst?«

»Die Indianer sollen sich darüber freuen können, daß ich die Bücher geschrieben habe.«

No-Eyes schloß für eine Weile die Augen. Dann öffnete sie sie wieder und blickte mich durchdringend an.

»Summer wird kein heiliges Zeugs verraten. Summer wird aus dem Herzen schreiben. Die Leute werden wissen, was sie davon zu halten haben. Summer braucht sich darum keine Sorgen zu machen.«

Ich atmete erleichtert auf. »Ich möchte ganz einfach nicht den Eindruck erwecken, als wollte ich die Indianer ausnutzen.«

»Wird schon alles gut werden. Erklär' das mit deinem indianischen Blut in *Spirit Song*, und die Leute werden's schon kapieren.«

Schweigen.

Rumpel-quietsch. Rumpel-quietsch.

»Also zurück zu den Gläubigen«, sagte Bill. »Was werden sie denken?«

»Alles mögliche Zeugs. Die werden von Summer was erwarten. Die werden meinen, sie muß hierhin und dorthin gehen ... hier eine Rede halten und dort eine Rede halten. Aber das ist nicht Summers Aufgabe. Und außerdem ist das nicht Summers Weg. Die werden meinen, daß sie ihre Lehrerin ist. Aber auch das ist nicht Summers Pfad. Und da ist noch was, was dieses ganze Reden und Lehren, das die Leute erwarten, verhindern wird.«

»Was, No-Eyes?« fragte ich. »Was für Hindernisse wird es geben?«

Sie sah so aus, als suchte sie nach einer netten Art, mir etwas Unangenehmes zu eröffnen.

»No-Eyes braucht hier ein paar Minuten Zeit. No-Eyes ist nicht dran gewöhnt, Schülern von diesem Zeugs zu erzählen.«

Wir warteten in respektvollem Schweigen.

Das Feuer prasselte hinter uns. Ein wundervoller seliger Frieden erfüllte uns, während wir den Schatten zusahen, wie sie über die rauchgeschwärzten Wände der winzigen Blockhütte zuckten. Und endlich fand unsere Lehrerin die richtigen Worte.

»Summer, Bill, es gibt da was, das heißt ›das Wissen‹. Wißt ihr, was das ist?«

Zuerst versuchte es Bill. »Inneres Gesicht? Wie Summers Vorahnungen, die spontanen blitzartigen Visionen unserer Tochter Aimee und die große Naturverbundenheit ihrer Schwester – und Ihre ununterbrochene außersinnliche Wahrnehmung?«

»Nein. Das ist nur ein winziges Stückchen vom Wissen, aber das ist nicht das Ganze.«

Jetzt war ich an der Reihe. »Bedeutet es, einen spirituellen Meister zu kennen? Ist es die Beziehung zwischen dem Schüler und seinem Lehrer?«

»Nein. Auch das ist nur ein winziges Stück, aber es ist nicht das Ganze.«

Ich befreite mich aus Bills Armen, um mich nach ihm umzuwenden. Er sah ebenso ratlos aus, wie ich mich fühlte. Ich drehte mich wieder um und sah die Greisin auf dem Schaukelstuhl an.

»Bedeutet es, um all unsere verschiedenen Brüder zu wissen und gute Beziehungen zu ihnen zu unterhalten?«

»Nein. Auch das ist nur ein kleines Stück.«

»Ich fürchte, dann wissen wir es nicht.«

Sie war nicht überrascht. Als sie jetzt sprach, wählte sie ihre Worte mit großer Sorgfalt. Sie sprach langsam und wohlüberlegt.

»Wenn die Leute den Innenpfad zu den Wahrheiten nehmen, dann kommen sie schneller an, weil der Pfad keinen äußeren Firlefanz hat, der sie von der Wahrheit ablenkt. Klar?«

Wir bejahten.

»Der Innenpfad öffnet die Geistpforten, und so sieht und begreift der Geist die Wahrheiten. Wenn der Geist die Wahrheiten sieht und begreift, dann *lebt* er sie. Klar?«

»Ja.«

»Soweit konnten wir Ihnen folgen«, bestätigte Bill.

»Also wenn der Geist der Leute bereit ist, die Wahrheiten zu leben, dann steigt das Bewußtsein auf eine höhere Ebene, zu diesem höheren geistigen Verstehen.« Sie hielt inne für den Fall, daß wir irgendwelche Fragen hätten. Wir hatten keine.

»Wenn das Bewußtsein und das höchste geistige Erkennen ganz gleich geworden sind, das nennt man ›das Wissen‹.«

Ich wollte mich vergewissern, ob ich das richtig verstanden hatte. »Du sagst also, ›das Wissen‹ ist, wenn das intellektuelle Verständnis der Wahrheiten die allumfassende Ebene der Selbsterkenntnis des Geistes erreicht hat.«

»Das ist richtig. Deswegen waren Summers und Bills erste Antworten nur Stückchen von der Sache. ›Das Wissen‹ ist alles Geist-Lernen, das zu vollständigem Verstehen führt, *und* das klare Bewußtsein von all dem, was das höhere Selbst weiß.«

Ich grinste. »Menschen, die ›das Wissen‹ haben, sind solche wie du, Two Trees und Many Heart, hm, No-Eyes?«

»Ja.«

»Und die Dreamwalkers natürlich«, fügte Bill hinzu.

»Ja. Und die Leute, die mit allen Brüdern in der Bruderschaft Freundschaft schließen können, haben auch ›das Wissen‹.«

Ich seufzte. »Das muß schon eine tolle Sache sein.«

»Nein. Ist es gar nicht.«

»Warum?«

»Weil die Leute, die ›das Wissen‹ haben, ... die haben auch das Große Allein.«

Ich wiederholte diese letzten Worte ein paarmal im Geist. Sie riefen in mir Erinnerungen an jenen Tag mit Many Heart wach, da wir uns über No-Eyes Bedürfnis nach Einsamkeit unterhalten hatten – über ihr Alleinsein.

»Du hast das Große Allein, nicht wahr, No-Eyes?«

»No-Eyes hat das. Das ist etwas, was ganz einfach mit ›dem Wissen‹ kommt. Das ist der Grund, warum Many Heart nicht die richtige Partnerin finden kann. Er kann in keinem Haus eingesperrt sein. Er muß draußen sein und immer die Freiheit haben, der Geiststimme hierhin und dorthin zu folgen.«

Ich verspürte eine leichte Wehmut. »Und das ist der Grund, weswegen du es unter vielen Menschen oder in Städten nicht aushältst.«

»Zum Teil. Vor allem aber weil, wenn das Bewußtsein die ganze Zeit auf derselben Ebene wie der Geist ist, dann ist es zu zerbrechlich – es ist zu sehr auf die Gedanken und die dumme Ahnungslosigkeit der Leute eingestimmt. Sogar Geräusche tun dem neuen Schwingungs-Verstand und -Körper weh. Alles ist erhöht ... Körper, Verstand und Geist sind extra empfindlich, und sie brauchen die Stille des Waldes, vielleicht sogar die der Wüste.«

»Moment mal«, warf Bill ein, »hier haben wir, glaube ich, etwas nicht ganz mitbekommen. Was war das mit den Schwingungen?«

»Wenn das Denken auf derselben Ebene abläuft wie das höhere Selbst oder der Geist, dann wird auch die Schwingung des physischen Körpers erhöht. Das ist ganz natürlich. Deswegen braucht der Körper einen sehr stillen Ort zum Wohnen. Das hängt alles miteinander zusammen, klar?«

Es war klar.

»Deswegen mußte No-Eyes Summer diese Sachen sagen.«

Es war nicht mehr klar.

»Jetzt kommen wir wieder nicht mit«, sagte ich ihr.

Rumpel-quietsch. Rumpel-quietsch.

»Du hast uns abgehängt, No-Eyes«, sagte ich. »Rein gefühlsmäßig würde ich sagen, du warnst *mich* vor dem Großen Allein, aber ich habe ›das Wissen‹ doch gar nicht.«

»No-Eyes hat nicht behauptet, daß Summer das hat.«

Bill schob mich sanft von sich weg, so daß er seine Haltung ändern konnte. Er streckte sich auf dem Webteppich aus, und ich nahm seinen freigewordenen Platz auf dem Polster am Kamin ein. Ich versuchte, die ganze Angelegenheit zu entwirren.

»Okay. Die Brüder haben gesagt, daß all diejenigen, die die Phönixtage überleben, höherfrequente Körperschwingungen erhalten werden. Wenn ich das richtig verstehe, dann liegt das an bestimmten technischen Operationen, die sie vornehmen werden, um den Zustand der Erde zu korrigieren und die Umweltverschmutzung zu beseitigen. Ist das soweit richtig?«

Die Greisin nickte. Sie sah unendlich müde aus.

»Und ich könnte mir außerdem vorstellen, daß diese schnelleren Schwingungen naturgemäß auch die inneren Einstellungen, die Denkweisen und Überzeugungen der Menschheit beeinflussen werden – das Bewußtsein ... das kollektive Bewußtsein der Menschheit.«

»Red' weiter«, forderte mich die Seherin auf.

»Ist das so weit korrekt?«

»Ja. Das ist richtig.«

»Okay ... wenn also diejenigen, die auf der Erde verbleiben, höherfrequente Körperschwingungen haben und wenn damit auch ihr kollektives Bewußtsein erhöht ist – müßte das nicht bedeuten, daß sie auch ‹das Wissen› haben?«

Sie nickte.

»Na gut, und wie steht es dann mit dem Großen Allein?«

»Es wird überhaupt kein Großes Allein *geben*, wenn der Phönix erst einmal aufgestiegen ist ... nur *vorher*. Die ‹das Wissen› bekommen, *bevor* der Phönix frei fliegt, *die* werden auch das Große Allein haben, weil sie es nicht schaffen werden, mit denen zusammenzuleben, die noch immer die langsamen Schwingungen haben. Klar? Die zwei Ebenen vermischen sich nicht. Das ist einfach ihre Natur.«

Schweigen.

»Ist gar nicht so schlimm.«

Bill setzte sich auf. Er blickte der Greisin aufmerksam, sehr ernst in die Augen. »Wird Summer den Wunsch verspüren, allein zu leben?«

No-Eyes bedachte ihn mit einem warmen, mitfühlenden Lächeln. »Ja ... aber nur, wenn Bill bei ihr sein wird.«

»Was ist mit den Kindern?«

»Das wird alles *später* sein, Bill. Das kommt nicht sofort. Es wird sich schon alles fügen. Summer wird niemand verlassen wollen, den sie liebt, – sie wird einfach nur ein bißchen Einsamkeit und Alleinsein nötig haben.«

Das waren keine erfreulichen Neuigkeiten.

»Ich könnte nie eine Einsiedlerin sein, No-Eyes, es gibt einfach zu viele Menschen, die mich brauchen! Ich würde nie irgendwo ohne meine Familie leben wollen – niemals!«

»No-Eyes sagt nicht, daß Summer je ohne ihre Familie leben wird. No-Eyes sieht Summer und Bill in einer Hütte und die erwachsenen Mädchen in anderen ... mehrere Hütten zusammen. Das wird in den Bergen sein – im Wald.«

Das klang schon viel besser. Wenn die Mädchen erst einmal erwachsen waren, würden sie ohnehin ihre eigenen Hütten haben wollen. Und ich stellte sie mir alle nah beieinander vor – so, wie wir schon immer gewesen waren.

»Aber Summer«, mahnte die Greisin, »sag' niemals, niemals, daß du irgendwas ›nie‹ tun wirst. Manche Sachen passieren trotzdem ... das ist ganz einfach so auf dem Weg. Die erhöhten Schwingungen sind etwas Natürliches. Und ›das Wissen‹ ist auch ganz natürlich.«

Etwas ganz Natürliches hatte sie ausgespart: das Große Allein.

Fünftes Kapitel

Auf der Suche nach dem Ende des Regenbogens

Der Sinn des Lebens

Die Seherin wechselte abrupt das Thema; offenbar gab es über *diesen* Gegenstand nichts mehr zu sagen. Es war ihre Pflicht gewesen, mich vor einer Entwicklung zu warnen, die, wie sie voraussah, in meinem Leben eintreten würde, und als die Weise, die sie war, hatte sie es für notwendig erachtet, mich auf diese Möglichkeit vorzubereiten.

»Summer, Bill, wißt ihr noch, was wir vorher über die Leute gesagt hatten, die überall hingucken? Wie die andauernd suchen?«

»Ja«, sagte ich.

»Hat Summer sich schon mal gefragt, was die *wirklich* suchen?«

»Ihre Wahrheit. Nein, nicht ihre Wahrheit, sondern *die* Wahrheit. Sie suchen überall danach. Sie machen es sich unheimlich schwer.«

»Dabei ist das so einfach«, sagte sie mit einem wunderbaren Lächeln. »Jeder sucht wie verrückt nach irgendwas. Jeder sucht nach dem Ende des Regenbogens. Die finden ihn nirgends. Die suchen den falschen Kram an allen falschen Orten.

Die Leute meinen, sie brauchen einen neuen Job. Der macht sie nicht glücklich. Sie meinen, sie brauchen ein neues Haus oder Auto. Die machen sie auch nicht glücklich. Sie meinen, sie brauchen Liebe. Nicht glücklich. Sie suchen und suchen. Trotzdem sind sie nicht glücklich. Sie *sterben* unglücklich. Sie sind nur dann glücklich, wenn sie hier den Großen Geist finden«, sagte sie, indem sie auf ihr Herz und die Mitte ihrer Stirn zeigte. »*Dann* suchen sie nicht weiter. Wenn sie die Wahrheit im Großen Geist finden, sind sie glücklich und zufrieden.«

Die Weise war damit wieder zum Anfang ihrer Lektion gelangt und hatte den Kreis geschlossen. Wir hatten mit diesem Aspekt der spirituellen Suche begonnen, und dahin kehrten wir am

Ende zurück. Ihre eigenwilligen Sätze hätten kaum aufschlußreicher sein können. Ihre Worte waren schön. So viele, viele Menschen vergeudeten ihr Glück. Sie rackerten sich ab auf der Jagd nach dem heiligen Dollar – dem Goldenen Kalb, von dem sie sich all die materiellen Dinge erhofften, die sie zu guter Letzt auch nicht glücklicher machen würden. Dann würden sie entdecken, daß das Glück ihnen entwischt war, und sie würden die Suche wiederaufnehmen, von einem noch besesseneren Verlangen nach dem magischen Goldschatz getrieben.

Für andere ist der märchenhafte Goldene Topf der Ruhm. Doch auch hier: kaum hat man ihn erlangt, verflüchtigt sich das Glück wieder wie Nebel in der Sonne. Die verschiedensten Ziele werden angestrebt. Die Menschen lassen bei ihrer unerbittlichen, rücksichtslosen Suche eine Spur von Trauer, Zorn, Verachtung und Haß hinter sich zurück. Der fabelhafte Goldene Topf, der größte aller Schätze, ruht jedoch verborgen in jedem von uns. Es ist Gottes liebender Geist der Wahrheit und die Kraft, die die Pforten zu Seiner Wohnung öffnet. Um diesen Schatz zu heben, brauchen wir nichts anderes, als den Regenbogen wahrzunehmen, der sich anmutig über uns wölbt und da endet, wo wir gerade stehen.

Stark vereinfacht, waren dies No-Eyes' Worte. Und ihre Worte waren rein und lieblich – sie waren bedeutungsvoll und schlicht, wie alle großen Wahrheiten.

Rasch erhob sich die Greisin von ihrem Schaukelstuhl. »Wir wollen jetzt raus an die frische Luft«, sagte sie.

Wir folgten ihr hinaus in das goldene Licht.

»Wir gehen in den Wald. Wir schließen diese Sache jetzt ab«.

Die Herbstluft war kühl, und ich befürchtete, die zerbrechliche alte Frau könnte frieren. Ich fragte mich, ob ich nicht zur Hütte zurücklaufen und ihren Poncho holen sollte. Ihr Schultertuch hielt nicht besonders warm.

Gerade als ich mich umdrehen wollte, griff No-Eyes nach meinem Arm. »Ich brauch' ihn nicht, Summer. Mir ist nicht kalt.«

Und das war's. Ich hätte es besser wissen sollen. Bill und ich hatten sie in die Mitte genommen und wechselten beim Gehen einige Worte darüber, daß es allmählich richtig kalt wurde. Bill dachte an den nahenden Winter.

»No-Eyes, möchten Sie, daß ich etwas Brennholz für Sie aufschichte?«

Normalerweise hätte sie dieses Angebot wahrscheinlich abgelehnt. Sie nahm selten fremde Hilfe an, wenngleich sie einige gute Freunde hatte, die regelmäßig bei ihr nach dem Rechten sahen.

Ihre Antwort überraschte mich. »Das wär nett, Bill. No-Eyes wird langsam alt, ist nicht mehr so kräftig, wie sie mal war. Das wäre sehr nett.«

Wir betraten den Wald, und die Greisin vergeudete keine Zeit.

»Was siehst du?« fragte sie, ohne jemand bestimmtes anzusprechen.

Wir blickten uns gegenseitig etwas ratlos an, da uns nicht klar war, worauf sie hinauswollte. Ich versuchte zu antworten.

»Die Kiefern und Zitterpappeln, die ganze Natur, den Geist der Natur.«

»Das sieht jeder! Was siehst *du?*«

Nach einigem Nachdenken versuchte es nun Bill.

»Die Natur bereitet sich auf den Winter vor. Die ganze Natur ist damit beschäftigt.«

Sie zuckte die mageren Schultern. »Schon besser. Und wie macht die Natur das?«

Wir redeten, während wir ihre ausgetretenen Waldwege entlangschlenderten. Jetzt sprach ich wieder.

»Die Tiere sammeln Nahrung und legen einen Vorrat für die kalte Jahreszeit an. Sie legen sich ein dickeres Fell zu und polstern ihre Baue und Wohnhöhlen aus, um es im Winter warm zu haben.«

»Gut!« stieß sie hervor. »In welchem Laden kaufen die ihre Pelzmäntel? Wie hacken sie Brennholz, und wo sind ihre Kamine? Wo ist der Supermarkt, wo die ihre Vorräte einkaufen, hm, Summer? Hm, Bill?«

Wir grinsten. Diesmal war ihr Gedankengang leicht nachzuvollziehen. »Für alle ihre Bedürfnisse«, sagte Bill, »ist bestens gesorgt. Der Große Geist gibt ihnen alles, was sie benötigen, und der Geist des Waldes sorgt dafür, daß die Gaben gerecht verteilt werden.«

Sie seufzte, entschieden nickend. Als sie zu uns emporsah, waren ihre Augen verschleiert.

»Die Leute sind die allerdümmsten Tiere«, sagte sie mit müder Stimme. »Der Große Geist sorgt auch für *sie.* Der Große Geist gibt Essen, mächtige Medizin, die auf der Brust von Mutter Erde wächst, große Kräfte für den Energiebedarf der Leute. Aber die sehen diese guten Sachen nicht. Mutter Erde gibt alles schöne Lebenszeugs ... allen Leuten ... die ganze Zeit. Sie gibt alles, was sie hat, aber die Leute nehmen und nehmen von ihr alle falschen Sachen. Die sind so blind, die sehen das nicht.«

Nach kurzem Schweigen fuhr sie fort.

»Der Große Geist ist so liebevoll. Er gibt den Leuten vier große, mächtige Dinge. Er gibt die Liebe. Er gibt die Wahrheit und den Weg zu ihr. Er gibt die Reichtümer von Mutter Erde, für alle, die ein gutes Earthway-Leben führen.«

Ihre Obsidianaugen glitzerten, als sie zum türkisblauen Himmel emporsah, der zwischen den ziehenden Wolken hervorlugte. Sie blickte zum Großen Geist empor.

»Die Leute können mit diesen vier Sachen das Ende des Regenbogens finden. Mehr brauchen die nicht.«

Mit geschlossenen Augen, gesenktem Kopf fuhr sie fort.

»Aber die Leute sind so dumm. Die kapieren nicht, daß sie ein großer, großer Teil von allem Leben sind – vom Leben der Natur ... vom Leben des Großen Geistes ... daß sie die Brüder von *allen* Brüdern sind. Die sehen nicht, daß sie Teil des Lebens des Geistes von *allen* Lebewesen sind.«

Wir gingen tiefer in den edelsteinfunkelnden Wald hinein, während die weise Seherin mit leiser Stimme von der verblendeten Menschheit sprach, die sich endlich der Realität und der Herrlichkeit des beseelten Kreises allen Lebens bewußt werden sollte.

»Die Leute müssen kapieren«, flehte sie mit einer Stimme, die kaum mehr als ein Flüstern war, »daß das, was sie suchen, in ihrem eigenen Herzen ist, tief innen in ihrem Geist. Wenn die Leute zum Ende des Regenbogens rennen, wo der große Topf voll Gold sein soll, sagen sie: ›Hier ist er nicht!‹ Sie jammern: ›Ich werde ihn *niemals* finden!‹ Aber sie müssen kapieren, daß der große Goldtopf *doch* da ist. Er steht am Ende des Regenbogens ... er ist im *Herzen* der Leute und in *ihrem eigenen Geist.* Er ist die ganze Zeit *da drin.*«

Unsere alte Freundin schüttelte den Kopf. Unendlich müde

flüsterte sie: »Die Leute müssen aufwachen. Wann werden sie endlich erkennen, daß der Große Geist *in ihnen* lebt? Wann werden sie endlich erkennen, daß der Große Geist das Ende vom Regenbogen *ist?*«

Und es gab nichts mehr zu sagen, denn sie hatte alles gesagt.

Nachwort

Wir verbrachten den Rest dieses Herbstnachmittags in No-Eyes' Bergwald. Die meiste Zeit über gingen wir schweigend, jeder seinen eigenen Gedanken nachhängend.

Ich dachte an ihre letzten Worte. Sie war, wie immer, so klarsichtig gewesen.

Die Natur stellte dem Menschen alles, was er benötigte, bereitwilligst zur Verfügung. Ein Jammer, daß er das nicht begriff! Daran hinderten ihn die besinnungslose Hektik, das halsbrecherische Tempo der modernen Zivilisation, die Hochgeschwindigkeits-Tretmühle des heutigen Lebens, deren Gesetzen er sich willenlos unterwarf.

Der Mensch lebte nicht mehr in trauter Gemeinschaft mit seiner Mutter Erde, die sich so liebevoll verschenkte. Der Mensch nahm sich nicht die kostbare Zeit, das winzige Goldblatt der Zitterpappel zu betrachten und das pulsierende Universum in seinen zarten Äderchen zu erblicken. Er beruhigte seine Energien nicht soweit, daß er die bewegenden Geräusche, die ihn umgaben, hätte hören können – wie den sanften Herzschlag der atmenden Berge oder das leise Herannahen des Geistes der Morgenröte oder die stillen Schritte des Nachtgeistes. Konnte er auch nur die Musik des fallenden Schnees vernehmen?

Ja, die Greisin hatte absolut recht, sich so oft über die schuldhafte Gedankenlosigkeit zu empören, die der Mensch in bezug auf seine ihm von Gott geschenkte Umwelt walten ließ.

Der Mensch fährt fort, Mutter Erde in Unkenntnis ihres zarten Geistes zu beschmutzen und zu entweihen. Der Mensch hört nicht auf, sich selbst und anderen durch seine negativen Einstellungen und Emotionen zu schaden. Wann wird er sich die Zeit nehmen, die Augen zum Nachthimmel zu erheben und zu begreifen, daß er ein lebendiger Teil all der funkelnden Schönheit ist, die er dort oben sieht? Wann wird der Mensch endlich erkennen, daß er ein Kind der Erde ist und sein Lebendigsein ausschließlich der kosmischen genetischen Kraft verdankt, die durch Erdmutters nährende Nabelschnur pulsiert?

Die Menschen sind so sehr in ihrem »Oberflächenleben« verstrickt, daß sie nicht einmal auf die Idee kommen, die Schuhe auszuziehen, um die weiche Nachgiebigkeit des Waldbodens unter den Füßen zu spüren. Sie sind zu beschäftigt, um einer Rotkehlchenmutter zuzuschauen, wie sie liebevoll ihre blinde Brut füttert, zu gehetzt, um am Straßenrand anzuhalten und Mutter Erdes unaussprechliche Schönheit zur Kenntnis zu nehmen und den süßen Duft der frischen Bergluft einzuatmen, zu sehr in Eile, um sich einmal zu bücken und an den schimmernden Wiesenblumen zu riechen. Sie haben keine Zeit zu erkennen, daß ihre Flugzeuge, Autos, Schuhe, all die Errungenschaften ihrer Zivilisation sie mehr und mehr ihrem heimatlichen Boden entfremden ... und in ihrer Unwissenheit durchschneiden sie das nährende Band.

Ich bin absolut davon überzeugt, daß jeder, der dieses Buch liest, dieselbe Bewußtseinsklarheit erreichen kann, die mir dank der erleuchteten Lehren meiner weisen Freundin No-Eyes zuteil wurde. Es ist kein mysteriöser, »esoterischer« Vorgang. Es ist ein wesentlicher Aspekt unseres spirituellen Erbes, sich mit der Natur eins zu fühlen und Nutzen aus ihren überreichen, gesunden Gaben zu ziehen.

Ich hoffe, daß dieses Buch Ihnen ein Gefühl für das innere Wesen der Natur geschenkt hat, daß es in Ihnen ein intensiveres Bewußtsein vom Geist des Lebens erzeugt hat, daß es Ihr Herz in einer Weise geöffnet hat, die es Ihnen ermöglicht, ein reiches und friedvolles Leben zu führen – ein Earthway-Leben.

Mögen Sie stets auf sonnigen Pfaden wandeln, und möge die offene Feuerstelle Ihres Herzens allezeit innige Freundschaft anziehen.

Mary Summer Rain
Colorado Rockies
2800 m über dem Meeresspiegel

Mary Summer Rain

Mutter Erde, Vater Wind und die Geheimnisse des Lebens

Spirituelles Wissen für Kinder

5. Aufl., 240 S. mit 106 Zeichnungen, kartoniert
ISBN 3-7626-0483-5

Mary Summer Rain, Autorin indianischer Abstammung, ist als Mutter dreier Töchter überzeugt davon, daß es in unserer Verantwortung liegt, gerade Kindern die spirituellen Wahrheiten so umfassend wie möglich zu vermitteln. Hier kommt ein Buch, das in einfachen, dem kindlichen Verständnis zugänglichen Worten, vom Schutzkreis aus weißem Licht, von Silberschnur und Schmetterling, von Naturgeistern, Akasha und Aura, von Tieren, Träumen und unsichtbaren Helfern erzählt. Ein Buch, das die spirituelle Verantwortung der Eltern ernst nimmt und dabei hilft, daß jedes Kind die universalen Wahrheiten so umfassend wie möglich verstehen kann.

Erika J. Chopich und Margaret Paul

Aussöhnung mit dem inneren Kind

17. Auflage, 251 Seiten, gebunden, ISBN 3-7626-0536-X

Eine wichtige Botschaft des Buches ist: Nur durch die Integration des inneren Kindes können wir als Erwachsene unser volles Potential entfalten. Es geht um die Balance, um eine gesunde Beziehung zwischen einem liebenden Erwachsenen und dem geliebten inneren Kind. Verletzungen aus der eigenen Kindheit brauchen nicht länger unser Erwachsenendasein zu vergiften. Indem wir unseren Eltern vergeben und mit dem wachsenden Bewußtsein für das eigene innere Kind selbst bessere Eltern werden, kann die von Generation zu Generation weitergegebene Wunde geheilt werden.

Verlag Hermann Bauer · Freiburg im Breisgau

esotera
Das Magazin für Neues Denken und Handeln
Tauchen Sie ein in die Welt des neuen Wissens.
esotera befaßt sich nicht mit der Welt des Scheins, sondern mit der des Seins und Bewußtseins. esotera beschreibt die inneren Zusammenhänge, dringt zum Kern und Wesen der Dinge vor. esotera ist die ebenso lehrreiche wie lebendige Auseinandersetzung mit den geistig-spirituellen Phänomenen unserer Welt: esotera berichtet zwölfmal im Jahr über esoterische Lebenshilfen, ganzheitliche Gesundheit, Psi, Urwissen, spirituelle Kreativität und vieles mehr.
esotera
esotera
Zeichen einer Zeitenwende
esotera
Technologien des Heiligen
kompetent
kritisch
informativ
faszinierend
anschaulich
lebendig
esotera erscheint monatlich.
Sie erhalten ein Probeheft kostenlos bei Ihrem Buchhändler oder direkt vom
Verlag Hermann Bauer KG,
Kronenstraße 2, 79100 Freiburg